创业与领导力经验教程系列

创业投资与融资

Venture Capital & Finance

张　青　编著

复旦大学出版社

前 言

中国经济增长正处于投资驱动向创新驱动转型之际,创新创业已成为提高经济增长的质量、实现结构转型的根本动力。相伴而生的是,中国经济增长方式由印钞票保增长向印股票促增长转变。印股票的创业者,有眼光的投资人将成为中国未来经济社会中的重要角色;提高创业者的融资成功率,提升投资人的投资能力,是实践界的迫切之需。

中国经济发展依赖于实体企业的成长,但实体企业的成长离不开金融的支持。新创业的创新、创业与成长过程,存在大量的融资需求,需要天使投资、创业投资、私募股权投资等基金投资的支持。这些基金皆异于银行借款的债权投资,属于股权投资。它们以追求权益增值为导向,借助于金融与实业结合、融合过程,通过价值设计、价值创造、价值防护、价值实现等路径以实现投资的增值。它们具有自身独特的运行规律,需要学界对相关的投资理论与实践进行归纳与总结,以更好地支持创新、创业。这便构成了笔者编写这本教材的初始动机。

我从事经济管理方面的教学与研究已有 25 个春秋,既目睹了中国经济改革开放的现实,也领略了西方管理学引进与中国实践融合的风采,真实地感受到管理科学的博大精深,体悟到管理理论的精妙与艺术,也意识到管理理论与实践的差距,深感立地顶天、知行合一的重要,无论是从事创业投资理论研究,还是投资管理实践,这便成为完成本书的宗旨。

管理大师彼得·德鲁克指出,管理是一种实践,其本质不在于"知",而在于"行",点出了管理学实践性的本质。再好的理论离开了实践,只能是中看不中用的花架子。为此,本书首先强调"立地",直接面向中国创新、创业的实际,讲解新创企业自创立到成熟、重组等全生命周期过程中股权投资问题的实际解决方案,如中国资本市场体系不如西方国家成熟;股权投资退出渠道选择不同于西方;中国股权投资基金的设立、股权相关制度的设计与西方基金企业同样存在差异。如果忽视这些差异,一味地照搬西方的基金投资理论,难免水土不服,也难以取得好的实际效果。再如,投资估值模型的相关变量与参数的选择,若离开了中国市场经济发展的现实,同样也会失之毫厘,差之千里。

虽然管理实践强调"立地"——行的重要,但管理作为一门科学同样存在自己的运行规律和逻辑,离不开"顶天"——知的指导。正如美国学者威利斯·哈曼在《未来启示录》一书中曾指出:在解决问题的过程中,不仅要有效解决"如何做"这类意义上的问题,还要对于"为什么"这类意义的问题具有清晰的认识和透彻的把握。若对"为什么"这层意义上的问题,缺乏透彻的理解和有效的把握,也会失去正确的方向,甚至于逐渐迷失。因此,本书在强调"行"的实际可操作性的同时,还尽量反映"行"后面的"为什么",给出如何做背后的逻辑思路,并应用新的理论来解释和解决实际问题。这便是本书所言的"顶天"含义之所在。

"顶天"的知与"立地"的行,是本书不可分割的两部分。明代著名思想家王阳明的"知行合一"认为,良知,无不行,而自觉的行,也就是知;知中有行,行中有知。知是行的主意,行是知的工夫;知是行之始,行是知之成。我非常推崇知行合一,在整个教材的写作上,将知行予以结合,不仅讲解行,也说明背后的知,将知行统一起来。如投资实践中投资者在选择项目时,依据金融理论非常强调项目组合以规避风险,若不知股权投资组合论与证券市场组合论背后的差异,将有可能造成实际中的投资效率低下;再如,企业价值评估的相对估值法,需要选取市盈率、市销率等指标,但为什么选取这些指标就能判断的企业价值机理是什么,现有的教材则缺乏这方面的深入思考,难以深入了解这些指标评价方法的优势与劣势。

如果说立地顶天、知行合一解决了本书理论与实践结合的问题,那么,跨界整合则是本书与其他教材的风格不同的重要标志。"横看成岭侧成峰,远近高低各不同。"强调多学科、多视角来透视和反映创业投资的全貌是本书的特色。创业投资涉及创新全过程、创业各阶段、涉及市场、技术、制度、经济、金融多学科,但现有的教材或从法律的视角介绍了创业投资在募、投、管、退环节相关法律制度的规定,或者从金融学的视角,侧重于介绍其估值、金融工具(优先股、债券)等的应用与选择,这些对于创业投资无疑都是必要的。美中不足的是,对于创业投资的核心对象——新创企业的创新、创业过程采用黑箱化处理,让读者总是感到缺少一块而不踏实,也造成实际中的投资底气不足。比如为什么VC不喜欢投原始创新的企业,仅从产业经济学进入成本的角度解释无疑有失偏颇,若从市场沉默期、技术接受、非连续创新等多角度、更为宽阔的视野来加以观察,则更能看清问题的本质。本书在此方面进行了探索,强化了对创新、创业相关知识的整合,如技术创新、商业模式、新市场、新企业、新技术等内容,将它们与相关的金融、经济、法律知识加以跨界整合,获取知识的协同。

创业投资与融资是一个问题的两个方面,需要投融资双方精诚合作,方能获得双赢。投资方不仅要了解创业、创新过程,还要换位思考融资方的需求,才能真正理解、帮助、服务好融资方,共同解决新创企业的经营与治理问题。反过来,融资方能够设身处地理解创业投资人面临的风险,才能最大限度地减少与投资者之间的信息不对称,让投资方真正了解自己和自己的企业,投资者才能更加放心地投资、运营,以取得最好投资的效果。

在复旦大学管理学院从事私募股权投资、创业投资教学已近十年,从初次接触西方创业投资方面的教材,到亲自参与中国苏州工业园、曹河泾、张江高科的股权投资实践;从听取新创企业的商业计划汇报,参与尽职调查,到与从事私募股权投资、创业投资实践人士的切磋,吸取实践的养分,再到自己培养学生的创业板IPO成功,形成了该门课程教学投入与产出的良性循环,让我真正懂得了知行合一、跨界融合的精髓。

本书涉及创业投资的筹资、投资、投后管理、退出构成的整个运行过程。基金募集与设立是起点,科学的事前投资分析与项目甄选是前提,有效的事后管理是关键,成功退出是结果。股权投资基金投资成功依赖于基金的筹集、投资行业的选择、项目筛选与组合、尽职调查、交易结构设计、退出机制等环节的协同配合,而创业投资源于新创企业的融资需求,投资量的多少取决于创业企业渠道、融资方式的选择。本书着眼于创业投融资全过程的这些关键管理问题

前　言

而设计,旨在将国际先进的创业投资理论与中国的具体实际结合,聚焦于中国实际,着重解决做什么、如何做的问题。通过对创业投资基金的筹集、投资、运营、回收等环节关键问题的系统剖析,为读者提供创业投资运作与管理的理论、方法与实践的支持。

本书涉及公司理财、经济学原理、市场营销学等相关课程的内容,如果你对这方面知识不了解,需要提前学习;本书适合 MBA、EMBA、管理学和经济学高年级的学生,对于从事投资实践之中的天使投资人、创业投资、私募股权投资、咨询顾问以及对于创业、创新金融有兴趣的人士。

2018 年春修改于复旦思源楼

目 录

Chapter 1 导论 ……………………… 1
  1.1 创业投资的内涵 ……………… 1
  1.2 创业投资的过程 ……………… 11
  1.3 创业投资的功能 ……………… 22

Chapter 2 创业投资基金设立与
         运行 …………………… 28
  2.1 创业投资基金的募集 ………… 28
  2.2 创业投资基金的设立 ………… 35
  2.3 有限合伙制中 GP 与 LP 的
      关系 ………………………… 43

Chapter 3 创业投资行业的选择 ……… 55
  3.1 宏观环境变化趋势分析 ……… 55
  3.2 创业投资的市场机会 ………… 60
  3.3 创业投资的产业机会 ………… 72

Chapter 4 创业投资项目的遴选与
         组合 …………………… 79
  4.1 创业投资项目的发现 ………… 79
  4.2 创业投资项目的遴选 ………… 82
  4.3 创业投资项目的组合 ………… 94

Chapter 5 创业企业的股权设计 …… 101
  5.1 创业者股权与企业价值 …… 102
  5.2 创业企业的所有权与控
      制权 ………………………… 107
  5.3 创业企业的初始股权
      设计 ………………………… 117
  5.4 创业企业的期权设计 ……… 121

Chapter 6 创业投资的风险控制 …… 130
  6.1 创业投资风险因素识别 …… 130
  6.2 创业企业的尽职调查 ……… 140

Chapter 7 创业投资的估值与修正 … 156
  7.1 绝对估值 …………………… 156
  7.2 相对估值 …………………… 162
  7.3 创业投资法 ………………… 167
  7.4 创业投资估值的修正 ……… 171

Chapter 8 创业投资的交易合约 …… 177
  8.1 创业投资交易工具 ………… 177
  8.2 股权的防稀释 ……………… 185
  8.3 创业投资交易条款 ………… 190

Chapter 9　创业投资的退出 ………… 202
　9.1　中国资本市场体系 ………… 202
　9.2　创业投资的退出 ………… 211

Chapter 10　创业融资需求 ………… 223
　10.1　新创企业全生命周期内财务特征 ………… 223
　10.2　新创企业的资金需求量分析 ………… 236

Chapter 11　创业融资渠道 ………… 245
　11.1　创业融资的资本 ………… 245
　11.2　债权融资 ………… 255
　11.3　股权融资 ………… 259

Chapter 1　导　论

创业投资属于股权投资,其内在本质与特性是什么?边界在哪里?功能是什么?创业投资所投资对象聚焦于创新与创业,其过程又是如何?过程中存在哪些环节与因素影响创业投资的回报?这些都是学习创业投融资先要解决的基本问题,它们构成本章讨论的主要内容。

1.1　创业投资的内涵

1.1.1　私募与公募

公募与私募是指资金募集方式的区分,既适用于基金,也适用股票与债券。公募(public offering)是指公开募集,又称公开发行,即发行人通过中介机构向不特定的社会投资人公开地募集资金。私募(private offering)又称不公开发行或内部发行,是指面向少数特定投资人募集资金的方式。两者区别如下。

(1) 募集范围。

公募面向广泛的潜在投资者,范围比较广,投资者(包括机构投资者和个人投资者)在200人以上;私募面向特定投资者,范围比较窄,投资人数应符合法律规定数量,一般比较少,若以有限合伙企业方式募资,投资人数不得超过50人;若以公司型方式则必须少于200人。

募集人数的计算,除投资者为股权投资母基金外,凡投资者为集合资金信托、合伙企业等非法人机构的股权投资企业,都需打通核查最终的自然人和法人机构是否为合格投资者,并打通计算投资者总数。因此,从客观上讲,无论私募基金采取多层基金结构还是平行基金结构的变通形式,皆无法规避人数打通统计的这一硬性标准。

(2) 募集对象。

公募募集对象面向社会非特定投资者,私募募集对象面向社会特定对象。是否为特定对象的判断标准是,其是否具有占有、获取财富的规模和能力,即对投资风险的识别与承受能力。具体体现在对单个投资人的最低投资门槛的限制,自然人投资者投资数额不得低于100万元,且所有投资者必须以货币形式出资。

(3) 推广途径。

为让尽可能多的潜在投资者知悉募集资金的信息,公募可以通过广告、公开发表募集说明书、路演等方式广泛进行推广;私募约束较多,不可以通过广告等途径进行公开宣传,尽管也要做相关文件(如募集说明书等),但只能在小范围内传阅,通过私下串联协商、在小范围内召开说明会等方式进行推广。

(4) 政府监管。

公募涉及广大社会投资者的利益，资金若运用不当而导致无法清偿投资回，可能成为社会不稳定因素，呈现较大的外部性，因而，法律规公募资金必须经过法定部门审批，并受到政府部门的严格监管。如发行人要有较高的信用，并符合证券监管部门规范，按照相关规定定期披露信息，提示风险等等。私募涉及面较窄的少数投资者，对社会的整体影响相对较小，政府对其监管并不十分严格。

(5) 收益承诺。

公募承诺募集资金的固定收益；私募不允许承诺固定收益、保底收益或最低收益，即通常所谓的"保底条款"①，还应向投资者充分提示投资风险。承诺固定收益表现形式之一是保本付息，是否构成非法集资的判断标准为是否签订了保本付息条款。同时，集资形式也不限于货币，承诺给予固定的实物、股权等也可被认为承诺固定收益，也构成非法集资。

(6) 资金使用。

无论是公募还是私募，募集的资金都必须合法、合规使用。如果出现基金募集后被用于挥霍导致无法返还；抽逃、转移、携带、藏匿募资款；伪造投资失败、用于违法犯罪活动等，募新还旧，都将会涉嫌集资诈骗。

(7) 发行过程与风险。

公募发行量大，募集资金规模较大，流动性好，有利于提高发行人的社会声誉或国际影响，但发行过程周期长，手续复杂，费用高昂，有较大的发行风险；私募发行量小，筹集资金规模较小，流通性较差，不能提高发行人的社会信誉，但发行手续简单，可以节省发行时间和费用，发行的成功率较高。

公募和私募各有优劣，各具千秋。随着养老基金、共同基金和保险公司等机构投资者的迅速增长，我国私募近年来呈现逐渐增长的趋势。

【案例 1-1】　　　　　　　　e租宝的非法集资

e租宝是"钰诚系"下属的金易融（北京）网络科技有限公司运营的网络平台，该平台为2014年2月钰诚集团收购并加以改造，2014年7月，被命名为e租宝，打着"网络金融"的旗号上线运营。

"钰诚系"的顶端是在境外注册的钰诚国际控股集团有限公司，旗下有北京、上海、蚌埠等八大运营中心，并下设融资项目、e租宝线上销售、e租宝线下销售等八大业务板块，其中大部分板块都围绕着e租宝的运行而设置。

e租宝累计交易发生额达700多亿元，实际吸收资金500余亿元，涉及投资人约90万名。遍布全国31个省市区。

---

① 保底条款，通常是指合约双方约定的、一方投资但不承担风险、无论盈亏均要收回其出资和收取利润的条款。

> e租宝的经营模式是由集团下属的融资租赁公司与项目公司签订协议,然后在e租宝平台上以债权转让的形式发标融资;融到资金后,项目公司向租赁公司支付租金,租赁公司则向投资人支付收益和本金。
>
> e租宝的实际运作是通过虚构融资项目,把钱转给承租人,并给承租人好处费,再把资金转入其公司旗下的关联公司,以达到事实挪用的目的。e租宝不仅前后花了8亿多元向项目公司和中间人购买资料,还采用收买企业或者注册空壳公司等方式在e租宝平台上虚构项目,平台上95%的项目都是假的。
>
> e租宝的丁宁指使专人,用融资金额的1.5%—2%向企业买来信息,他所在的部门则负责把这些企业信息填入准备好的合同里,制成虚假的项目,在e租宝平台上线。为了让投资人增强投资信心,他们还采用了更改企业注册金等方式包装项目。在警方已查证的207家承租公司中,只有1家与钰诚租赁发生了真实的业务。
>
> e租宝将吸收来的资金以"借道"第三方支付平台的形式进入自设的资金池,钰诚集团还直接控制了3家担保公司和1家保理公司,为e租宝的项目担保。
>
> e租宝广为宣传的口号是"1元起投,随时赎回,高收益,低风险"。e租宝共推出过6款产品,预期年化收益率在9%—14.6%,远高于一般银行理财产品的收益率。
>
> 为了加快扩张速度,钰诚集团还在各地设立了大量分公司和代销公司,直接面对老百姓"贴身推销"。其地推人员除了推荐e租宝的产品外,甚至还会"热心"地为他们提供开通网银、注册平台等服务。在如此强大的攻势下,e租宝仅用一年半时间,就吸引来90多万实际投资人,客户遍布全国。
>
> "钰诚系"除了将一部分吸取的资金用于还本付息外,相当一部分被用于个人挥霍、维持公司的巨额运行成本、投资不良债权以及广告炒作。
>
> **资料来源**:根据相关资料整理。

1.1.2 投资、投机与赌博

投资,通过投入证券或者产业相应的资产而产生价值增值来获取利润,或者通过低买高卖获取差价的行为,往往与企业的融资、管理、资产运作等方面的活动相关联。投资是一种无中生有的艺术。

投机,涉及对未来的预期,确切地描述未来预期,进而构筑头寸来获利[①]。投机者本质上是预测者,在自己的预测基础上行动以获取利润,成功的预测依赖于获取更多的信息或比别人更好地理解信息及其启示的能力。但投机者的预测与实际往往存在差异,投机者需要承担市场波动的风险,其特点是交易的期限短,次数频繁,具有很大的风险性。

投机行为和投资行为没有非常明确的界限。但投机者的出发点不同,其目标不是定价错误的资产,而是那些被投机者认为定价错误的资产。投机者通常认为,无论资产的价格有多高,只要还有人愿意以更高的价格购买该项资产,投机者就愿意购买这项资产并且转卖给那个

[①] 约翰.米歇尔、维普尔.班赛尔,《金融工程》,宋逢明、朱宝宪译,清华大学出版社,1998年版,第142页。

愿意出价更高的人。因此,投机具有赌博的性质,投机者的赌局有一个"傻瓜"出现,从自己的手里购买自己的资产。

投机的获利空间来自于其他人愿意以多高价格购入投机者手中持有的资产,而不是来自资产的实际增值,因而,投机行为的结果是投机者的收益来自于其他人的损失。

投资与赌博之间的差异可通过博迪的《投资学》的公平赌局之例加以区分。假如给你两种选择,A 是你可以稳拿 100 元,B 是给你 100 元作赌注,要你进入这样一个猜硬币正反面的赌局,即猜对再奖励 100 元,猜错则罚 100 元。这里,由于猜对与猜错的概率相等,而猜对与猜错的奖罚金额也完全一样,其风险溢价便为 $100\times 0.5 - 100\times 0.5 = 0$。因不存在风险溢价,投资者宁愿接受 A 中的无风险回报,而不愿接受 B 中的赌局。但对赌徒而言,尽管这种赌局没有风险溢价,他也会接受。因为赌博本身就可以给他带来愉悦。投资、投机与赌博行为之间的差异见表 1-1。

表 1-1　投资、投机与赌博行为的区分(李心丹,2004)

方式	投资行为	投机行为	赌博行为
买卖目的	获取稳定的股息和长期资本收益	短期内获得资本收益	在更短的时期内获取更多的收益
承担风险	较小	较大	最大
决策依据	基本分析为主	技术分析为主	凭臆测与侥幸心理
持有时间	长	较短	最短

与投机行为相近的还有套利行为。套利(arbitrage)是指在两个不同的市场中,以有利的价格同时买进并卖出或者卖出并买进同种或本质相同的证券的行为。套利意味着有风险的头寸,它是一个也许会带来损失,但是有更大的可能性会带来收益的头寸。当同一种资产在不同市场上价格不同;具有相同或相近价值的两种资产定价差异过大;一种已知未来价格的资产当前的价格与其根据无风险利率折现的价格差距过大,以上这些情况都意味着套利机会的存在。

套利、投机、投资的界限并不总是很清楚,一个人在资本市场上决不会仅仅采取一种单一的行为模式,三种行为模式对于资本市场的繁荣都很有价值。

没有套利,资本市场就会有许多漏洞。套利者的套利活动价值就在于抹平了不同市场之间的价格差异,从而很大程度上降低了在资本市场上的搜寻成本。

没有投机,资本市场将会变得非常沉闷。在一个没有投机者的资本市场里,一家准备进行套期保值的公司很可能找不到它的交易对手;股票价格非常稳定,但交易量却几乎为零,一个准备变现股票的人可能要花几天的时间才能给自己的股票找到买主。

没有投资者的资本市场则更加可怕。疯狂投机的人们将把资产的价格无限制地抬高,造成巨大的泡沫,然后通过恐慌性的抛售造成市场大幅度的下跌。于是,资本市场就变成了一个赌场,资本市场里的人就像在演出一场狂欢的闹剧。

1.1.3　基金

基金是一种利益共享、风险共担的集合投资方式,即通过发行基金单位集中投资者的资金,交由基金管理人管理和运用资金,从事实体或者证券投资,以获得投资收益和资本增值。其特点如下。

(1) 专业化。

相对于个人投资,基金通过聚集一定数量的资金形成规模,通过培养专业队伍专门从事投资业务,以发挥其专业优势来降低投资风险,提高投资成功率。

(2) 组合性。

相对于个人投资规模小,难以投资更多的项目的情况,基金是集合资金,规模较大,可通过不同产业、不同阶段的投资组合,以有效分散和规避风险;还可以通过投资于不同的基金和不同的项目来分散风险,形成双层风险分散机制,以实现低风险下,获得高收益。

(3) 组织化。

相对于个人投资者无法成立组织,基金通常需要成立相应的组织机构,制定组织章程、制度来进行资本的投资、运营、回收等工作,但需要比个人投资多支付一定量的组织成本。

(4) 共享性。

相对于个人投资者,基金通过收益共享、风险共担的分配原则和有效的业绩奖励机制,使管理人具有努力提高基金运作业绩的内在动力。

1.1.4 股权投资与债权投资

(1) 股权投资。

股权投资是投到实体经济、投到企业,投资者并获得企业长期所有权的一部分的投资形式。股权的资本金不需偿还。与债权投资人相比,股权投资者可能损失所有的本金,但获得回报则是无上限的,亦即股权投资人的回报是其投资企业价值的一个比例,随着企业价值变化而变化。正是这种无上限的分配方式让股权投资人比债权投资人愿意承担更多有风险和不确定的项目。

(2) 债权投资。

债权投资指以债券为主的投资方式,如购买国家债券、公司债券、地方政府债券,或者是将钱存到银行里或贷给贷款人等等,都是属于此类。债权投资不是为了获取目标企业的所有者权益,只能获取债权,为目标企业提供短期资金供其周转使用。其回报除了正常固定的债息收益之外,到期必须要偿还本金,有固定的回报上限,安全性好。

尽管债权人的投资回报上限是固定的,但债权人仍可能在企业不能履行偿债的情况下遭受本金损失。因此,他首先关注的是其投资回报下限,只贷款给那些风险较小的企业,或者技术和商业模式已经被证明过是可行的企业,或者可以通过一些方法将资产做抵押的企业。同时,债权投资人偏好稳定的、有可预测的现金流的项目,以保障项目收入可以覆盖利息支出。由于不能从增加的风险中获利,反而会因为更具风险的战略而面临遭受更大损失的可能,债权投资人倾向于迫使创业者执行风险较低的战略和商业模式。

股权投资和债权投资同属于投资,其区别主要是:①投资性质不同。股权投资是一种财产所有权交易的方式,资金的转移伴随着真实资产的逆向转移,一般不存在反向交易的可能;债权投资体现买方与卖方的信用关系,债权人转让的是资金的使用权和收益支配权,而不是所有权,资金转移有回流过程,但并不伴随真实资产的转移。②投资期限不同。股权投资的期限一般是3—7年,而债权投资的期限一般是1年以内,甚至短至几个月。

【案例1-2】 哥伦布发现新大陆

意大利探险家哥伦布的最大爱好就是环球航海探险,可是他没有什么钱买船、招募船员。于是他花了7年时间四处奔走,向葡萄牙国王、西班牙女王、英国女王以及无数欧洲王公贵族推销其探险计划,遗憾的是,均没有人搭理。

西班牙女王伊莎贝拉经过多年考虑,直到1492年,终于决定投资哥伦布的探险计划。也正是西班牙女王的这项投资,使得哥伦布发现了新大陆,并由此改变了整个世界,西班牙也因此成为盛极一时的世界大国。

哥伦布的探险计划是由大西洋向西航行,到达东方盛产香料和黄金之地。那是一条从来没有人走过的路线。当时,甚至都没有几个人相信地球是圆的,因而失败的风险很大;但如果沿着葡萄牙人开辟的航线,沿着非洲西海岸向南,绕过南非的好望角前往东方,则不会有任何意外。

哥伦布出身于商人家庭,从小受到家庭的耳濡目染,使他具备了精明的商业头脑,在葡萄牙八年的航海经历又给了他足够的勇气和经验。西班牙女王看到了哥伦布本人的实力及其商业计划的前景和潜力,并愿意与一个普通百姓坐下来讨论航海计划的风险和利益分配问题。

1492年4月17日,哥伦布和女王签订了正式的"圣塔菲协议"。该协议规定:行政上,女王封哥伦布为海军元帅,在探险中发现和占领的岛屿和陆地上,他将担任当地的总督。经济上,哥伦布可以从在这些领地经营的黄金、珠宝、香料以及其他商品的收益分成十分之一,并全部免税,还有权对一切开往那些占领地的船只收取八分之一的股份。剩余的收益都将归女王所有,作为交换,女王需预先支付哥伦布探险的所有费用。另外,哥伦布所有的爵位、职位和权利都可由他的继承人世袭。

带着女王授予的海军大元帅的任命状和协议,哥伦布率领着女王出资组建的船队雄赳赳气昂昂地出发了,完成了一次载入史册的伟大探险,首先发现今天位于北美洲的巴哈马群岛,那是一块欧洲人从来都不知晓的新大陆。

完成航海计划后,哥伦布从伊莎贝拉女王处获得了其允诺的所有物质和精神奖励;女王及西班牙依靠投资这项成功的航海计划而赚得满盆满钵。据统计,1502—1660年,西班牙从美洲得到了18 600吨白银和200吨黄金。到16世纪末,世界金银总产量的83%被西班牙占有,更为重要的是,伊莎贝拉女王的投资得到了一个新大陆——美洲大陆,直到现在,西班牙语还是美洲大陆的主要官方语言之一。

资料来源:根据桂曙光,《创业之初你不可不知的融资知识》,机械工业出版社,2010年版,第4—5页改写。

1.1.5 私募股权投资

新创企业成长过程需要依赖于天使基金、创业投资、私募股权投资、重组基金等相互协同,共同配合,才能实现。创业投资、私募股权投资价值能否实现依赖于企业创业成功与否,创新创业通过科技知识产权依据股份期权化的过程而获得创业技术经济价值回报,创业投资则是创业资本依据股份期权化的过程而获得创业资本经济价值的过程。创业投资是早期阶段的私募股权投资,私募股权投资是创业投资在后期的延拓。

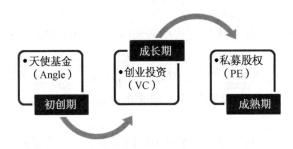

图 1-1 新创企业成长过程中的三种股权投资形式

(1) 天使投资基金。

新创企业成长的早期,是其生命最为脆弱的阶段,也是天使投资发挥重大作用的时期,它往往在企业生死存亡之时起着雪中送炭的作用。

天使投资起源于天使投资人,通常是非机构化的个体的分散的股权投资形式。但独立天使人的资金量有限,个人的精力也无法同时应付多个项目,一些天使投资人联合成立了天使投资俱乐部、天使投资联盟等组织。这样,几名或者十几名天使投资人既可以分享心得、交换信息,也可以分担投资前的项目评估和尽职调查工作,通过资金联合还可提高投资额度并分散投资风险。然而,松散的俱乐部式管理难以满足会员们对资金管理的要求,天使投资基金应运而生。

尽管天使投资做些与股权投资相联系的债权投资或信用担保,但以股权投资为主,并聚焦对创业企业进行股权投资,具有"高风险、高潜在收益"的特征。投资于快速增长的、具有巨大发展潜力的创业企业,因为投资创业企业的早期,使得其与 PE、VC 存在以下的差异。

① 资金来源。天使投资基金不是金融中介,投资来源于自己的钱;VC、PE 是金融中介,投资来源于别人的钱;天使投资循环比 VC、PE 少了融资环节,只有投资、投资后管理、退出三个环节,也不需要进行利润分配。

② 投资标准。天使投资的投资规模小,资本成本更低,可以接受那些达不到 VC 要求的企业。相对而言,VC、PE 投资规模较大,资本成本相对较高。

③ 投资时期。天使投资平均的投资期限在创业后 10 个月左右,主要在种子期和创始期。VC 投资期限往往在种子期、初创期、扩张期,PE 投资重点为企业的扩张期到成熟期。目前,PE 在各国均有向后期投资的趋势,即越来越向 VC、天使靠近。

④ 投资风险。天使投资规模较小,企业尚处于初创阶段,未来的收益未知,回报周期较长,收入较少且不稳定,发展前景不明朗,比 VC 和狭义的 PE,要承担更大的风险。

⑤ 投后管理。天使投资人虽像 VC、PE 一样给予被投企业除了资金以外的其他帮助,参与被投企业的管理与建设,如帮助组织下一轮融资、寻找商业机会、修正现存的成长战略。但因天使投资属于个人投资行为,而创业投资属于机构投资行为,后者的社会关系、商业关系都比前者丰富,其再融资能力也比前者强。

美国波士顿地区活跃天使投资家 Jim Daniell 先生指出,天使投资家应是"三有"人才。

① 有资本。"巧妇难为无米之炊",没有一定量的可以作为投资用的资本金,无法从事天使投资。

② 有经验。天使投资家给予创业企业的,除了金钱,还有丰厚的创业与投资经验与敏锐的市场洞察力。

③ 有关系。天使投资是企业成长过程中所需资金链中的最早环节,但不是全部。此阶段的企业不仅需要孵化、成长而壮大,还需要不断地融资,广泛的人脉是天使不可缺少的元素。天使投资人不仅与 VC、PE 有着密切的联系,与他们共同合作将企业最终推向市场;而且与企业的上游、下游等有良好的关系,帮助早期的创业企业获得各种资源。

(2) 创业投资。

创业投资(venture capital),在各个国家有不同的定义。美国的定义,是指那些从种子期直到上市前培育企业成长壮大,帮助它们从某个创新的技术或想法发展成为实际存在的、构架健全、经营稳定的成熟企业的投资活动。以色列创业投资协会对创业投资对象的限制更多,仅指对于处于早期阶段的、科技型创业企业的投资。欧洲、亚洲和其他大部分国家把其定义为给未公开交易的公司提供融资,强调投资对象的非公开性,并将创业投资等同于私募股权投资(private equity)。这个定义下,创业投资包括了收购融资、内部管理层收购/杠杆收购、外部管理层收购、重组拯救、夹层投资[①]等等。这些定义鲜明地反映了创业投资的特征。主要表现如下。

① 创业投资的对象是那些尚不具备上市资格、处于起步和发展阶段的企业,甚至是仅仅处在构思之中的企业,既包括高科技、新兴企业,也涵盖传统企业,如联邦快递、麦当劳快餐连锁店。

② 创业投资的周期长,一般为 3—7 年,投资流动性差,多数独立的创业投资基金都以股份合伙制的形式存在 10—12 年,创业投资公司在开业 4—6 年内要重新获得流动性。

③ 创业投资均采用股权投资;特别强调创业企业的高成长——它的投资目的不是要控股,而是希望取得少部分股权,通过资金和管理等方面的援助,促进创业公司的发展,实现资本增值。一旦公司发展起来,股票可以上市,或者卖给并购投资者,创业投资人便通过在股票市场出售股票或者转让股权,获取高额回报。

④ 创业投资不仅为企业输入资金,还包括管理、咨询等服务,创业投资者一般希望他的参与或加入能使某家投资企业增加价值,他能够为投资的最终成功提出意见。

(3) 私募股权投资。

私募股权投资有狭义与广义之分。前者仅指 Pre-IPO 阶段,对已经形成一定规模的,并产生稳定现金流的成熟企业进行的投资;后者则包括种子期的天使、创建期的 VC 以及成熟期的私募股权投资,覆盖企业上市前的各阶段,如一期、种子期、首期投资、二期投资、夹层投资等,但在本质上都是一种股权投资。

狭义的 PE 与 VC 虽然都是对上市前企业的投资,但是两者在投资阶段、投资规模、投资理念和投资特点等方面还有很大的不同。

① 投资理念。PE 与 VC 的投资理念很多,两者最大不同在于,VC"允许失败",甚至"鼓

[①] 夹层投资是指回报通常从以下一个或几个来源中获取:①利息收入,通常按一种高于相关银行间利率的浮动利率计算的利息收入;②还款溢价;③股权选择权。这就像一种认股权证,持有人可以在通过股权出售或发行时行使这种权证进行兑现。

励失败",而 PE"不允许失败",失败意味着 PE 声名扫地,失去基金投资者的信任。

② 投资规模。PE 购买的是超过了创业阶段的股权,股权单价变贵了,投资规模大一些。而 VC 购买的企业股权,股权便宜一些,投资规模相应小一些。

③ 投资特点。PE 比较稳健,关注的行业相对会比较传统、宽泛,而 VC 主要关注互联网、信息技术、生物工程等高科技新兴产业,一旦成功,便会获得投资额十倍、数十倍甚至上百倍的利润,以摊薄其投资失败的成本。

在欧洲、亚洲和其他大部分国家,创业投资在相当长的一段时间内成为私募股权投资的同义词。在国内,很多传统上的 VC 机构现在也介入了 PE 业务,而许多传统上被认为专做 PE 业务的机构也参与 VC 项目。由此看来,PE 与 VC 只是概念上的区分,在实际业务中两者界限越来越模糊。比如著名的 PE 机构凯雷(Carlyle)也涉及 VC 业务,其投资的携程网、聚众传媒等便是 VC 形式的投资。这正是本书在研究 PE 时未对两者加以严格区分的原因。也正是基于两者在本质上都是作为金融中介以未上市公司为对象进行股权投资,本书将其称为广义的私募股权投资,而将投资后期的称之为狭义的私募股权投资。

1.1.6 私募股权投资与私募证券投资

私募股权投资是利用私募方式把不确定多数投资者的资金汇集起来,通过发行基金股份设立基金公司,由基金公司委托基金管理人管理和运用基金资产,投资于未上市企业,并从事资本经营与监督的集合投资制度,按照比例,风险共担进行收益分配投资方式。

私募证券投资通过发行基金单位,集中投资者的资金,由基金托管人托管,基金管理人管理和运用资金,投资于股票、债券等金融证券,按照利益共享、风险共担原则进行收益分配的集合证券投资方式。

股权投资与证券皆属于集合制度,都是将大众的零散资金聚集起来,交由专家组成的投资管理机构操作,将基金资产分散组合投资,以降低风险,共享收益。但股权投资基金投向未上市的公司或未流通的公司证券,而证券基金所涉对象主要是股票、债券、期货等有价证券或金融衍生品种,其绝大多数的资金都是用于购买上市公司证券,投资对象的不同导致两者在设立、运作、管理各个环节上均存在较大差异,如图 1-2、图 1-3 所示。

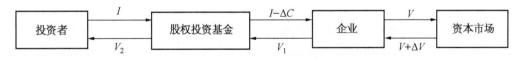

图 1-2 私募股权投资的运作过程

图 1-2 中,I—投资额;ΔC—PE 的运营成本;V—企业价值;ΔV—资本一、二级市场增值;V_1—企业返给投资机构(PE、VC)的价值;V_2—投资机构(PE、VC)返给企业的价值。

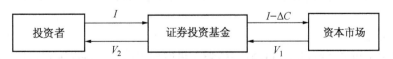

图 1-3 私募证券投资运作过程

图 1-3 中，I—投资额；ΔC—证券投资基金机构的运行成本；V_1—资本市场获得的回报价值；V_2—证券投资基金机构返给投资者的价值回报。

① 投资对象。证券投资主要投向股票、债券、期权、期货等金融工具，属于间接投资；股权投资以流动性较低的非上市股权为主要投资对象，属于直接投资。

② 功能。证券投资几乎不向企业提供管理方面的服务，只是一种单纯的投资行为；股权投资，不仅提供资本，还要提供必要的增值服务（管理服务）。

③ 运作成本。证券投资既包括证券交易成本，还包括基金对项目进行间接投资的代理成本。股权投资既包括项目的经营产品成本，还包括基金对项目进行间接投资的代理成本；具有较高的代理成本。

④ 收益与盈利。证券投资不具有直接经营产品（或服务）的能力，只能通过支持具体的项目公司间接获得收益，其收益来自资本利得和二级市场价差，倚重人的经验与智慧；收益具有间断性，盈利则有一次性、跳跃性的特点。股权投资的收入主要来自在经营过程中资本与劳动相结合，源源不断地生产出特定的产品，通过产品销售源源不断地产生利润，具有较强的连续性或持续性，企业存续与经营的周期也比较长；倚重物的因素（场地、设备、机构、网点等）；利润水平相对较低。

⑤ 风险性。证券投资基金投资于可流通证券，可随时进入和退出，资金流动性强；能及时控制可能发生的损失。股权投资从投资开始到企业成熟为止，时间一般较长，资金的流动性差，属于中长期投资，同时，在科学研究、产品开发和企业成长上市过程中具有极大的不确定性，尤其是对高技术企业，这一特点尤为突出。发达国家高技术企业成功的比率在20%—30%。除了项目公司本身的经营风险，还有股权投资基金与项目公司之间的代理风险；投资运作过程中的多重风险无法通过证券市场那样的流动性来化解，风险较大。

⑥ 退出机制。证券投资可以随时在二级市场上买卖基金，变现十分便捷灵活，可充分化解当期投资风险。股权投资基金则一般是要等到投资企业或项目变现才能退出，常见的退出形式是公开上市、MBO、LBO以及失败时的清算等。

⑦ 投资者的目标群体。证券投资因其变现方便，流动性较好，可吸引的投资群体较为广泛。股权投资因其投资年限较长，风险较大，只能吸引注重长期投资的群体。特别是高新科技项目，常常有很大的失败风险，相对而言，只能吸引更倾向于希望获得高收益的风险偏好者。

1.1.7 开放式基金与封闭式基金

根据基金单位是否可增加或赎回，投资基金可分为开放式基金和封闭式基金。开放式基金是指基金设立后，投资者可以随时申购或赎回基金单位，基金规模不固定的投资基金；封闭式基金是指基金规模在发行前已确定，在发行完毕后的规定期限内，基金规模固定不变的投资基金。开放式基金与封闭式基金是两种形式各异的基金，有各自的特点（见表1-2）。主要体现在以下方面。

(1) 资本总额。

封闭式基金的发行有总量限制，所持份额在投资期限内是不能随便赎回的，即资本总额在一定时期内不变；开放式基金的发行则无总量限制，所持份额在投资期限内能够赎回，即资本总额在一定时期内是可变的。

(2)购买价格。

封闭式基金首次发行结束后,投资者只能在二级市场买卖基金,封闭式基金初始时用发行价,以后根据二级市场交易关系定价;开放式基金的发行、转让不需证交所批准,基金价格不受市场供需影响,只随单位净资产而变,每天只有一个固定价格。

虽然封闭式基金与开放式基金存在较大差异,但在一定条件下,可以根据实际需要转变基金类型。如封闭式基金上市3年后可因业绩下降到一定程度转为开放型基金或经多方协商改为开放型,也可增资扩股,又可延长封闭期。

随着证券市场的发育完善,目前国际上的证券投资基金大多按开放式设立。但对创业投资基金所投资企业的产权不具有流动性的特点,决定其只能从事中长期投资,难以满足随时赎回投资者股份的流通性需求,因而只能按封闭式设立。即使个别号称为"开放式",但就基金本身而言仍然是封闭式。

表1-2 开放式基金和封闭式基金的比较

	封闭式	开放式
投资对象	开放程度低、规模小的市场、变动小,不扩大规模短线投资。流动性低的领域	开放程度高、规模大的市场,其变化多且快,基金规模也应随行变化。流动性高的领域
发行量限制	规模限制,一般不能在封闭期内增减	无规模限定,可放开购买,按需供给,基金总额扩大常适应投资的需求
买卖方式	首次发行结束后,投资者买卖只能求助于二级市场,基金有明确的封闭期	投资者可发行、转让、回赎
价格	初始用发行价(一般为面值的1.02倍),以后交易价格由二级市场供求关系定价	不受市场供需左右,始终是单位基金净值的1.02倍左右,不会溢价也不会折价,其价格只随单位净资产而变,每天只有一个固定的价格
投资方式	资金总额固定,可作长线投资	资金总额一直处于变动中,不能作长线满仓操作,因为其经理总要应付投资者随时赎回兑现的情况
优点	在封闭期内的基金规模不变,有利于从事长期投资并进行相对周密和从容的投资安排	投资筛选、评估与决策周期较长,随时接受投资者申购基金份额或单位的要求,则又有可能导致资金闲置

1.2 创业投资的过程

新创企业的创业过程需要运用各种各样的创新,崭新的科学发现、重新开发现有技术的新用途,发展新的业务模式,释放潜在价值,或者将产品、服务带到新市场,创新与创业相互交织,即创业过程的核心是创新。

从技术角度来看,创新过程涉及研究、开发、试点和推广等不同的产业化阶段,而创业投资人直接关心的自然是某种技术成果究竟到了产业化哪个阶段？何时能够出产品？产品何时能够进入试销阶段？何时产品能够规模化生产？何时企业的生产经营能够达到盈亏平衡点？何时能够开发出相关产品，从而创造出一个全新的产业来？要获得创业投资效果，必须首先了解创新过程。

技术创新能否成功，不仅是技术、产品研发的成功，更是经济上的成功——实现盈利。能否尽早判断技术的经济价值，并在适当的时机，对技术创新企业进行投资，是衡量创业投资者水平高低的风向标。投资者要做到独具慧眼，敏锐地观察并发现投资机会，不仅要熟悉技术创新过程，还要懂得技术本身的动态演化规律。

1.2.1 高技术、新技术与新兴技术

技术(technologies)是指制造一种产品或提供一项服务的系统的知识。这种知识可以是一项产品或工艺发明，一项外形设计，一种实用形式，也可以是一种设计、管理等专门技能。

按技术的功能分，技术可分为用于产品制造过程的生产技术，如新工艺、新流程、新设备及质量检测手段等；用于产生新的产品或改进产品、功能的产品技术，如新产品设计发明等；用于产品生产全过程的管理技术，如在研究开发、试制生产、销售及培训等活动中的管理技术。

高技术(high technologies)依据技术的先进性，相对于传统技术或一般技术而言存在。它以最新科学成就为基础、主导社会生产力发展方向的知识密集型技术，或者说是基于科学的发现和创新而产生的技术。高技术并非仅指某一单项技术，而是指处于科学、技术和工程前沿的科技群落(或群体)，具有跨学科性质，如信息技术、生物技术、航空航天技术和精密仪器仪表等领域。高技术是基于科学的发现、创造而产生的新技术，具有高效益、高智力、高投入、高竞争、高风险和高势能的特点。

新技术(new technologies)基于技术时空动态相对性而定义。在时间维度上，指出现时间较短或相对于传统技术具有新的特征的技术，随着时间的变化而变成成熟技术或者旧技术。在空间维度上，在某区域的新技术，在另一区域则可能为成熟技术。新技术强调使用价值及其为使用者创造价值，技术含量的高低并不是最重要因素。它可以是高技术，也可以不是。如农业上的水稻旱地育秧技术，是一项新技术而非高技术；而转基因育苗，则既为高技术，也是新技术。

新兴技术(emerging technologies)相对于早熟技术存在，基于科学基础上的创新或应用，是具有创造一个新行业和改变原有行业潜力的技术。主要包括从根本性创新中获得的不连续技术，如生物治疗学、数码照相、微型机器人等；集中以前分散的研究成果而形成的改进技术，如核磁共振成像、传真、电子银行、高清晰度电视、互联网等。

早熟技术是指那些新近出现的，但对经济结构和行业发展无法产生影响的高技术。虽然其能同时满足新近出现、高技术两个要素，但因无法得到市场的认可而不能、起码暂时不能对经济结构和行业发展产生重要影响。

随着科学技术的发展、配套环境的变化和市场需求的改变，有些早熟技术会成为新兴技术。如蓝牙技术曾被一些学者列为早熟技术，但现在已经开始有较大规模的市场应用，使之有可能成为一项新兴技术。如用蓝牙技术组建计算机网络，手机中的蓝牙耳机等，有些早熟技术则可能或始终没有足够的商业应用前景或被更新的技术所替代，无法得到大规模的商业化应

用而被淘汰。

早熟技术和新兴技术都具有动态性，相对于某个时点而言，昨天的早熟技术，可能是未来的新兴技术，如互联网、移动通信等。而今天的新兴技术，可能是不久之后的成熟技术或淘汰技术。用动态的眼光来看待和分析早熟技术和新兴技术，同时有必要对早熟技术向新兴技术的演化给予高度重视，提前做出预测和准备。

1.2.2 技术成长

技术通常是把发明和发现推向实际应用的开发活动的产物。例如，晶体管、集成电路和微处理器的发明连续推动了好几代新技术在半导体产业中的应用，继而又推动了新技术在数据处理和通信等领域的应用。伴随着这一过程，技术逐渐走向成熟，某项技术随着时间的延续而成长的轨迹被称为技术成长曲线。

技术成长曲线通过描绘技术性能提升速度的轨迹来反映技术从产生、成长、成熟到衰退的生命周期规律。技术成长曲线的纵轴用来测度产品或工艺性能，如速度、产量和功率等技术性能，横轴通常可以选择时间以评价技术成熟度对产品销售或竞争地位的影响，也可选择技术开发投入。一般而言，许多技术性能提升过程表现为一条S形的曲线如图1-4。即在技术发展初期，性能提高速度相对较慢；随着技术越来越好理解、控制和扩散，技术性能改进速度增加，在成熟阶段，技术会逐渐逼近自然或物理极限而逼近水平线。如蒸汽动力轮船对风力帆船的替代，是因为风力帆船的速度受风和水的物理作用规律的制约。

虽然以每年技术性能的提高可以考察技术的成熟度，但引起技术改进的不是时间，而是技术投入。若以其为横轴，纵轴不变，可以更好理解新老技术替代的过程。图1-4显示，随着技术开发投入的增加，技术性能的改变也要经历递增到递减过程，呈现S型。开始技术性能随着累计投入的增加是缓慢的，接着加速然后又减慢，并迟早会被更先进的技术所代替。在S曲线拐点之前，相对于其他技术，该技术处于先进水平，经过S曲线的拐点，达到最高顶点时，该技术开始受到其他技术的威胁。因此，当现在使用的技术跨过转折点之后，就需要从其曲线下方发现新技术，新技术比现有技术先进，迟早要与现在的技术S曲线相交，并超越现有技术。图1-4反映读写磁头技术变革在推动硬盘系统性能提高中的作用。第一代技术是最初的铁素体磁头技术，经历了无数次渐进改进，使制造商能够把磁头磨得更小、尺寸更精确，第二代技术的薄膜磁头取代铁素体磁头，第三代的耐磁化磁头技术又取代了薄膜磁头。

需要注意的是，随着技术逐渐成熟，要获得同样的性能改进，需要更长的时间或更多的技术投入，或者说给定同样多的时间或给定同样多的技术投入，产品或工艺的性能改进量是不一样的。如戈登.摩尔(Gordon Moore)发现，从发明之后开始，集成电路上的晶体管密度每年翻一倍，这个速度已经减慢到每18个月翻一倍，但是增长速度曲线仍然是非常陡峭的。

虽然技术成长曲线从总体上揭示了技术在其生命周期内的成长轨迹，有助于投资人理解技术竞争环境的动态，为评估投资的技术潜力提供有意义的洞见。但其也存在一些限，主要表现在以下方面。

(1) 它适合大多数产品，不适合某些特定的产品上。例如，在1970—1989年间，所有硬盘的平均面积密度(为硬盘的主要性能指标)，一直呈现稳定提高的走势，年均增长为34%，波动很小，呈直线；不能反映不连续创新的情况。

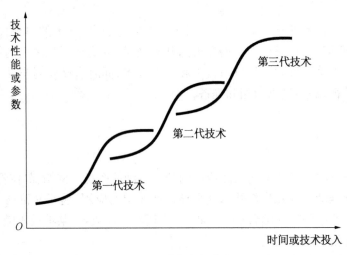

图 1-4　技术成长曲线

资料来源：Christensen C. M. 1992, The innovation's challenge. Process of Technology Development in the Rigid Disk Drive industry. D. B. A dissertation, Graduate School of Business Administration. Harvard University。

(2) 只反映了时间(或投入)与技术性能改进的关系,而有些技术随时间变化的态势并未得到反映。

(3) 无法反映技术改进与市场需求之间的关系。从经济的角度讲,如果技术的改进不被市场所认可,那么这种改进起码就没有经济价值,甚至是对资源的一种浪费,而这恰恰是创业投资者非常关心的。

鉴于此,技术生命周期曲线看似直观明了,但对某一项具体新技术要判断它处于生命周期曲线的具体位置,尤其是判断一项新技术是否处于启动期和成长期,是一件困难且有价值的事情,对于投资者的投资时机把握则十分重要。

处于成长期的技术,其技术理论和原理已被掌握,但距产品的商品化尚有距离,需解决其技术工业化中一系列难度较大的配套技术问题。所需投入很大,但收益甚微。有远见的投资者,应敢冒风险,舍得投入,否则,必将最终陷于被动,这方面的历史教训俯拾即是。美国虽是半导体元件发明国,且在第二次世界大战中将其用于军事,但战后因其生产工艺昂贵而放弃民用的努力。日本则认为半导体大有前途,花力气改进其生产工艺,实现半导体生产的低成本,并以半导体电子产品占据了原属美国的大量电子产品市场。

尽早去探测技术发展成熟的早期征兆,这时收益/成本曲线会变平。按照麦肯锡公司的Richard Foster 的观点,这些征兆是:失去那些有创造力和生产率的研发人员,因他们更愿意去研究令人兴奋和更有潜在价值的技术。

技术成长的动态性决定了投资人既要知晓所投资的各种技术的生命周期阶段,还要了解技术生命周期阶段与竞争优势潜力之间的联系如表 1-3,从而对技术的潜力进行科学把握。因为技术处于不同的成熟阶段,产品的技术基础变化速度非常快,快速技术变革意味着新颖的产品和功能,通常导致快速增长。即便增长较慢或一般,新技术的原有投资基础解体,导致资源快速重新配置,以适应对新产品设计和新制造工艺。

表 1-3 技术生命周期与竞争优势

技术成长阶段	技术对竞争优势的重要程度
1. 孕育中技术	尚未显示改变竞争基础的潜力
2. 发展中技术	已经显示出改变竞争基础的潜力
3. 关键技术	嵌入产品/工艺并使其可行 对增值流(成本、性能、质量)有重要影响 允许以专利或其他形式占有
4. 基本技术	对增值流影响较小;所有竞争者都有的寻常之物

资料来源:Arthur D. Little,The Strategic Management of Technology,European Management Forum,1981。

Harris、Shaw 和 Somers 认为,一旦识别出各种技术,就可以根据它们对竞争优势的重要性予以分类。然后,就可以评价公司相对于竞争对手的地位。技术的重要性用它给某类产品带来的增加值以及它给其他产品类带来增加值的潜力来衡量。具体某项技术的重要性与它处于技术生命周期哪个阶段特别相关。相对技术地位可以用相对于竞争者在专利、技术诀窍和商业秘密、学习曲线效应、关键人才等方面的地位来衡量。相对技术地位在很大程度上(但并不是完全)由公司历史与未来的技术投入决定(如图 1-5)。

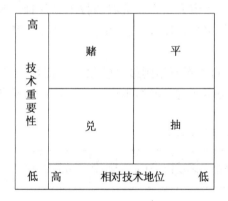

图 1-5 技术组合

资料来源:J. M. Harris, R. W. Shaw,Jr. and W. P. Somers,The Strategic Management of Technology, New York:Booz Allen Hamilton Inc.,1981。

处于"赌"象限的技术,公司最有理由全力以赴。公司应该愿意从事前沿研究开发,打破产品开发过程的界限,投入最新设备。

处于"兑"象限的技术,需要谨慎评价。这些技术可能一度很重要,但由于产业竞争基础的变化降低了其相对重要性。知道这些变化及其为什么发生,常常会导致对公司战略形势的重新认识。但是,虽然"兑"可能说明对这些技术的进一步投资再无必要,但这一行动却有可能因时机不成熟而造成误导。有时,这些技术的一部分可能会与相对更重要的其他技术具有非常微妙的联系。

处于"平"象限的技术处境很尴尬。可能因为产业竞争基础的改变,一项技术被放到这个位置。此时,公司必须做出决策:要么大力投入,使公司在该技术领域(至少)能与竞争对手旗鼓相当;要么从相关的某个产品或业务领域撤出。这时,质疑这些变化为什么发生以及如何发生极其重要。

处于"抽"象限的技术要求公司重新考虑对它们的投入。惯性力量常常会导致公司继续投入那些预计不能获得合理回报的研究开发。定期评价研究开发投入可能会发现需要撤退的领域，并重新配置资源。

1.2.3 技术创新过程

新创企业的成长需要不断的技术创新，但技术创新存在高风险和资本的约束，需要股权投资的参与支持。创业投资作为一种创新的投资方式，较好地弥补现行的融资制度的缺陷，为具有市场前景的技术创新项目提供了新的融资途径，确保其成果商业化、产业化后，获得高额的投资收益。

创新是创新过程的产物，而创新过程是带来新的、市场可接受的产品与服务和/或新生产与交付系统的一组活动。任何技术只有被市场接受才能继续生存，技术创新的成功标准是商业上的，而非技术上的能否执行任务；一个成功创新必须能够回收开发投资和一些附加收益。

如果说技术S曲线解决了技术本身随着时间而变化的趋势，那么，技术创新过程则直接将技术的成长与市场对接，探索其技术转化为经济利润的过程。然而，受到众多因素的影响和制约，技术成长本身带有巨大的不确定性，要将在技术带入市场之初，预测它的未来发展趋势，而成为最后的获利者，不仅需要投资人从充满漩涡的技术可能性大海中识别有商业潜力的新兴技术，还要对其能否商业化作出是否投资、投资多少、何时投资等一系列决策，需要更深层次地了解技术创新的过程。

技术创新过程是新技术自创意开始到最终转化为被市场接受的商品，创造出经济价值为止的全过程。起点是创意，历尽研究、开发、生产、营销等环节，到最终通过创新产品的销售获得利润为终点（如图1-6）。

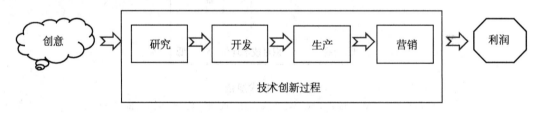

图1-6 技术创新过程

从创意到产品商业化过程中的关键活动来看，技术创新通过研发-生产-营销，将创意转化为利润，其中研究、开发、生产、营销四个环节之间，既可以研究-开发-生产-营销的关系而联结（即技术驱动模式），也可以通过市场需求-研究-开发-生产-营销的链条而联结（即市场驱动模式），还不排除某些技术可以自动地跨越某些阶段，并且环节之间的联结，既可采用线性方式，也可采用非线性方式，而使得技术创新模式呈现多样化。为便于说明整个创新过程中的各个环节及其内在逻辑关系，这里采用线性模式来加以描述技术创新模式。

技术创新模式有市场驱动与技术驱动两种基本类型，前者如一般机械制造行业，后者中最突出的是医药行业。无论是前者还是后者，都必须遵循技术本身演化规律，接受市场的检验，创新是一种同时发生、协调的跨职能部门的相互作用的过程，需要技术人员、生产人员与营销人员相互协同与配合。

我们以 GE 公司以及子公司 IGC（Intermagnetics General Corporation）的液氮超导材料的发展进化过程为例，来区分 S 型曲线的各个不同阶段。

【案例 1-3】   **液氮超导材料的进化**

荷兰物理学家 Heike Kamerlingh 于 1911 年发现超导现象，即某些合金和化合物可以无损耗地传输电流，但之后的四十多年里，只存在于实验室中、超低温下、稀有气体氦的液态里。

（1）种子阶段。1960 年 GE 研发中心开始进行基础研究和一些应用开发，1973 年，GE 公司的研究员 Ivar Giavaer 因揭示了超导现象背后的物理理论而获得了诺贝尔奖。其间，GE 也生产和测试了一些超导合金的小样品。

（2）启动阶段。GE 研究了超导现象可能的应用，并生产出了世界上最早的 100 千高斯（10 特斯拉）的超导体并交给了贝尔实验室。但市场太小，风险太大，GE 没有直接开发商业应用，而是鼓励研究人员在 1965 年创办了他们自己的企业——IGC，但超导体市场仅限于研发实验室，IGC 发展缓慢。

（3）成长阶段。1978 年，GE 公司和竞争对手开发了一种新的医学诊断方式——核磁共振（MRI）。对病人进行检查需要大量的超导体，市场从千万增长到数十亿美元。这时，IGC 的年销售额为 1 200 万美元，而 GE 公司开始自己生产超导体。

（4）成熟阶段。冷冻氮超导体的需求仍然很旺盛，但 IBM 的科学家最近发现一些新材料可以在 −196℃ 下在液氮中实现超导现象，可以更容易冷冻，科学家开始转向研究这些新材料。

（5）淘汰阶段。一旦这些新的超导材料大批量生产，它们将代替现有材料，使得现有材料从技术上被淘汰（按照权威的估算，尽管有全世界的积极努力，但还需要 5—10 年来完全替代现有的材料）。

资料来源：银路、王敏，等，《新兴技术管理导论》，科学出版社，2010 年版，第 117—118 页。

按照创新过程驱动因素的差异，技术创新模式可分为技术推动型与市场型。前者是指技术创新由科学发现和技术发明推动。研究开发是创新的主要来源，驱动整个创新链；它所产生的成果在寻求应用过程中推动创新的完成，市场是创新成果的被动接受者。如无线电、晶体管、计算机的发明导致的大量创新特别是当出现重大技术突破时，会出现大量符合这种类型的创新，就属此列。后者是指技术创新是由市场需求和生产需要所激发。市场的开拓与扩展及节省相对昂贵的原材料和其他消耗成为创新的最重要的动力，市场需求带动整个创新链，最终完成整个创新过程。研究表明，就数量来说，60%—80% 的创新是由市场需求引发。通过上述技术创新过程与模式的分析，投资过程中需要把握的关键包括以下方面。

1.2.3.1 概念设计

概念设计是产品设计的关键环节。产品的结构、性能、质量、成本、交货时间、可制造性、可维护性等都是在概念设计阶段确定的。概念设计阶段投入的费用虽只占产品生命周期费用的 7%，但他将决定产品生命周期费用的 70% 左右（如图 1-7）。最重要的是，概念设计阶段一旦出现错误,尽管可以通过快速迭代加以调整,但这个过程需要花费大量的人力、物力成本。同时,后期阶段将很难纠正,或者将花费几倍的费用来纠正错误。因此,概念设计的成功与否决定了最终产品的质量优劣及市场竞争能力,直接影响企业的获利能力,如何保证概念设计阶段产品设计的质量,已成为现阶段设计人员的当务之急,也是投资人关注的重点之一。

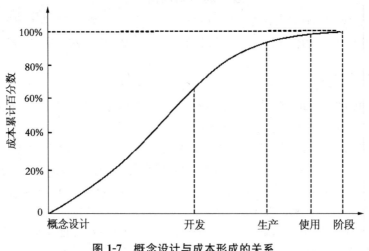

图 1-7　概念设计与成本形成的关系

1.2.3.2　客户需求的转化

技术创新过程是技术与市场结合,创造利润的过程。顾客的需求如何转化为技术特性,转化的效率如何,直接影响技术创新的结果。质量功能展开图,也称质量屋为此提供了较好的思维框架。它将顾客需要的真正质量,用语言表现并进行体系化。同时,为了把顾客需求变换成质量特性,还进一步表示质量需求与质量特性的关系(如图 1-8)。通过设计者把由顾客提出的需求的真正质量忠实地融入产品中,才是真正意义上的客户导向,但仅根据顾客的语言难以构筑产品,因此,需要将它们变换成设计者的语言,才能实现技术领域中的质量特性。

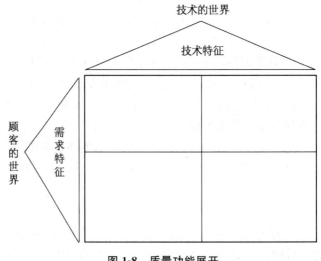

图 1-8　质量功能展开

质量功能展开正是针对上述客户的需求领域与技术领域,采用多层次演绎分析方式,将顾客需求转化为产品开发设计过程的一系列技术特性,在开发设计初级阶段就对产品的适用性实施全方位保证的系统技术方法。其核心内容是顾客需求转换,通过建立质量屋的基本框架,输入信息,再通过分析评价得到输出信息,从而其将需求转换为产品设计方案。

通过上述转化,技术通过产品载体而进入市场。技术转化为产品,并为市场所接受的有效性,即产品可接受性主要体现在以下几项指标。

① 功能特性——对产品要执行的基本功能的评价。例如,家用冰箱的功能特性是转移热量,工程师有一个专门术语来评价冰箱执行这一基本任务的特性,即所谓的下拉效率。

② 获取成本。以冰箱为例,就是每立方英尺容积的价格。

③ 使用方便性——用户与产品的界面形式;以冰箱为例,磁性门和自动除霜器都有助于消费者接受这一技术。

④ 使用成本——以冰箱为例,就是投入使用期间每小时耗电度数。

⑤ 可靠性——产品要求哪些常规服务,可以在何种程度不需要反常服务,而最根本的是预期使用寿命。

⑥ 可服务性——不能使用了的产品到服务需要多长时间,需多少钱。

⑦ 兼容性——产品与所处环境中其他机器的匹配方式。

1.2.3.3 产品创新与工艺创新

技术创新过程涉及产品创新与工艺创新。首先,新工艺可能使得新产品的生产得以实现。新的冶金技术的开发使得自行车链条的生产能够实现,这又紧接着使多齿轮传动自行车的开发得以实现。其次,新产品也可能使得新工艺的开发得以实现。例如,先进的计算机工作站的开发使得企业能够实现计算机辅助制造(CAM)工艺,从而提高生产的速度和效率。投资价值能否实现,取决于产品创新与工艺创新匹配。

从产品创新逐渐转变为工艺创新,从提高产品的性能转变为提高降低成本的工艺。市场中出现了拥有更先进技术的竞争对手。花费同样的努力(人力资源和资金)去发展新兴的技术比起发展成熟的技术,将产生更高的成本/性能比。因此,进行技术监控和预测来对相互竞争的技术的 S 曲线进行比较,以判断某种技术是属于新兴技术还是成熟技术。

产品的任何一个层次的系统性能提高,既受本层次的创新推动,还被更低层次的元件性能提高与构架设计改进所推动。但元件和构架具有相对性,如在计算机的设计构架中,包括中央处理单元、半导体存储器、硬驱与软驱以及输入输出外围设备相互作用,而计算机又是信息处理系统架中的元件。

对应于一定的市场需求,建立在现有技术原理上的元件性能提高,但元件之间的技术连接没有大的变化,称之元件创新;市场需求是多种元素组合,消费者的需求结构发生改变时,即新市场的出现必然带来产品功能——评价系统性能的参数的重新定义,构成产品功能的技术特征的变化,而导致构架技术创新。一般来说,它们采用经过实践考验的元件技术,并且先降低主流构架技术的性能。在产品系统设计中,基本原理基本上保持不变,产品构架基本维持不变,元件彼此之间连结方式的重新安排,称之为架构创新。

在主流市场强调的性能方面得到显著提高,并获得一定程度的商业成熟度,形成新的技术构架;到某一点时,新构架就会在满足原市场(定义)和要求的性能方面超过旧技术。当这种情况发生时,新技术就侵入原市场,迅速替代旧技术。如传统手机与智能手机,手机市场主流市场特别强调通话质量功能,而智能手机在保持一定通话质量前提下,发展手机的社交、智能等功能,随着电信市场的发展,正好满足客户的需要,替代了传统手机。

一项技术打破了现有的渐进式技术创新模式并产生一个技术动荡期。主导设计(或行业标准)的出现标志着动荡期的结束和下一个技术周期的开始。新的主导设计出现后,参与竞争的企业要么转向新的行业标准,要么冒被摈弃于市场之外的危险。任何技术在所有的可能标准之下都占有优势,主导设计的出现,是市场竞争的自然选择,还涉及政治上的、组织间的和以市场为基础的各种技术变体之间的竞争,主导设计出现是技术周期中的分水岭。在此之前,竞争推动不同技术按照各自的方向前进;在此之后,被选择的技术本身所具有的技术推动力促使它进行更深层次的技术变革。在技术周期的下一个阶段,创新从主要的品种、产品转向关键的工艺,并随后进行渐进性创新——对现有的标准设计进行不断的、且常常是重要的改进。

1.2.3.4 创新的风险与不确定性

在技术创新过程中,大多数创意都不能转变成新产品,创造利润需要经历比较漫长的过程,涉及研发、生产、营销诸多环节,存在较大风险与不确定性。研究表明,几千个创新思想中最终能够成功的往往只有一个,许多项目都不能最终成为技术上可行的产品,即使技术上可行,也未必能获得市场的认可。

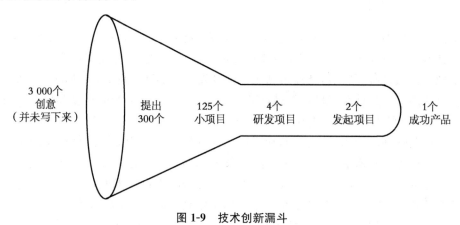

图 1-9 技术创新漏斗

据一项综合先前创新研究成果和基于专利、投资及调研数据的研究显示,3 000 个初始的创新思想中,仅仅有一个能够最终在商业上获得成功(如图 1-9)。制药产业也有类似的结论,5 000 个化合物中仅仅有一个能够成为新药,而且只有不到 1/3 的新药能够收回研发成本[①]。此外,从发现一个新药品到投放市场需要大约 15 年,总耗资约 3.88 亿美元。因此,创新过程常常被人们认为是一个漏斗,开始时有许多有发展潜力的新思想,但到最后能够成功的却寥寥无几。在风险投资和创业领域,能把技术梦想化为利润,诸如英特尔公司、3M 公司、Polaroid、惠普及数字设备公司只是众多创新者中的一小部分。

---

① Melissa A. Schilling, Strategic Management of Technological Innovation (Third Edition) Mc Graw Hill Higher Education,2007.

Chapter 1　导论

产品创新是一个复杂的过程,涉及大量分别作用而又相互影响的因素,企业必须应对内部和外部的事件,其中有些是它们无法控制的。不确定性存在于创新、创业的整个过程,识别并管理不确定性成为创业者与投资人需要始终关注的问题。

皮尔森(Pearson,1991)不确定性图为分析和理解不确定性和创新过程提供了一个框架,它能够传达一个涉及不确定性的复杂信息,能够识别创新过程中与不确定性有关的广泛的组织特征,帮助管理者思考创意怎样转化为创新。

如果创新项目涉及新开发的技术,那么设想中的产品的类型可能是不确定的;若已经认识到一个市场机会,最终的产品创意可能很好地建立起来,但究竟如何开发这个产品仍然存在很大的不确定性。皮尔森将不确定性划分为两个维度:(1)目标的不确定性(业务或项目的最终目标是什么);(2)手段的不确定性(如何达到这个目标),两个维度进一步分割并加以组合,得到如图1-10四个象限。

	过程的不确定性 低	过程的不确定性 高
结果的不确定性 低	3. 应用工程	1. 探索性研究
结果的不确定性 高	4. 市场机会与技术能力的结合	2. 开发工程

图1-10　皮尔森不确定性图

资料来源:A. W. Pearson (1991). Managing innovation: An uncertainty reduction process. In Managing Innovation,J. Henry and D. Walker,eds,Sage/OU。

第1象限为探索性研究。其业务手段和目标不确定性程度皆很高,最终目标还没有明确定义,如何达到这个目标也不清楚。该业务通常涉及技术尚未成熟的工作,潜在产品或市场也未得到充分认识,大多在大学实验室中完成,通常没有实业界面临的资金和时间的压力。在此情形下,创意和开发可能不会立即发现可能的商业成果的创新活动的领域,实际中存在一个如何评价该领域研究项目价值的问题。技术管理者可能更好地理解技术,而经营管理者可能看到广泛的商业机会,若希望公司在项目支持和项目舍弃上采取正确的决策,持续不断的正式与非正式的讨论则是全面探索所有可能性的最佳方法。

第2象限为开发工程。其目标清晰,但达到这个目标的手段还不具备,在进行过程中也许会发现更多的途径,究竟如何达到其目标存在相当多的不确定性。这些业务大多在制造型企业内部完成,通过不断琢磨其生产流程,寻找提高效率、降低成本方法予以实现。在此情形下,究竟怎样达到这个目标还非常不确定,需要展开多个不同的研究项目。

第3象限为应用工程。目标存在不确定性,这一象限与试图发现如何最有效地利用技术有关,其中许多产品因成本或表现的原因可能被证明是无效,而有些新改进的产品将从这种努力中产生。在此情形下,企业正在探索已知技术的潜在用途,管理层的精力应集中于选择进入的市场。

第4象限为开发工程。其主导的业务是通过市场机会与技术能力的结合改进已有产品或创造新产品,因其具备如此多的确定性,类似业务之间可以通过竞争来开展,开发的速度常常是成功的关键。在此情形下,科学家常常把其业务看作对已有技术做些小改进,但经营管理者常常感到非常兴奋,项目以最少的技术新颖性就能较好地对接市场的。

1.3 创业投资的功能

创业投资是标准的在金融、产业两大领域进行跨界的资本,作为金融资本,有很好的收益和风险的匹配;又是主动投资,周期很长,参与程度很深,带有产业资本的属性。在市场经济条件下,企业通过生产经营活动和资本运作方式实现价值增值。

创业投资属于资本运营,通过投资价值发现、价值共创、价值防护、价值实现等过程实现价值增值的最大化(如图1-11)。价值发现、价值创造是股权投资家进行资金融通、增值服务、整合资源、优化资源配置结构,提高资本效率的过程;一些企业从私人企业,走向公众企业,是PE陪伴企业家一起长大的。素有"金手指"之称的红杉基金一直是VC领域价值发现和价值创造的标杆,众多萌芽期的公司在发起时甚至成长期都是在红杉体系内运营或由投资人和企业家共同推动完成的。价值防护是将投资风险分散、分割、规避和转移的过程。价值实现就是通过资本市场运营,实现股权投资退出的过程。

(1) 价值发现。

证券投资要获得好的回报,需有投资价格被低估的股票,投资者具有发现价格的功能,其前提是企业存在价值,而创业投资对象是新创企业,在该企业价值不存在的前提下,通过资本运作,创造出新企业,并发现价值的过程。

创业投资机构凭借股权投资市场的非均衡性,通过多种渠道,先选赛道、再选选手;独具慧眼从众多项目中发现具有发展潜力和投资价值的项目或企业,或处于相关行业领先地位的非上市企业,并寻求与相关负责人达成投资合作意向,借助于市场的非均衡性而独享高成长性;或是与少数几个投资盟友分享其高成长性。

创业投资机构对目标企业进行尽职调查,充分了解目标企业管理团队、技术水平、核心竞争力、业务结构、财务状况和市场状况等信息,据此进行筛选和做出投资决策,并与企业家达成投资合作意向,完成对目标企业的投资。

(2) 价值共创。

创业投资过程,实质既是其投资过程,也是为投资企业提供增值服务,利用其自身的优势与投资企业一起,进行价值共同创造的过程。这一过程包括以下内容。

① 资金融通。创业企业成长离不开资金支持,融通资金是股权投资的最重要功能。以创业企业的未来收益现金流作为担保,通过私募方式,募集资金以满足企业成长的资金需求,促进健康发展。

② 价值设计。对股权投资而成为项目公司的股东后,创业投资机构需要对发现的项目进行科学的价值设计,包括产权结构、法人治理结构、资本利得模式、资本退出(上市、股权转让等)等方面的设计。

③ 资源整合。根据投资的企业发展战略和市场需求对资源进行识别与选择、汲取与配置、激活和有机融合,以培育投资企业的核心竞争力,通过对投资企业的同业、异业领域的客户资源整合,有形实体与无形技能、知识资源的整合,帮助投资企业创造新的价值。

④ 管理提升。充分利用自身在战略、管理、财务等方面的优势,通过增值服务来优化企业的经营管理,建立起有利于企业长期发展的业务构成、财务制度和治理结构,改善其收入、成本结构,完善财务状况,提高企业运作效率和利润率,最大限度地提高企业的内在价值。

(3) 价值防护。

创业投资的最终产出＝F(企业家的人力资本,PE 的金融资本),金融资本与企业家之间存在的信息不对称与信息不充分,使得企业家存在道德风险和委托代理问题,这决定了创业投资机构在投资之前,必须事先设计价值如何分割,防患于未然；在投资之后,通过合约设计,补救于事后;对投资的企业管理层形成有效的约束和激励,对股权投资所获得的价值形成有效的防护,确保被投资企业管理层在追求自身利益最大的同时,也实现了股权投资的利益最大化。

(4) 价值实现。

创业投资的项目经过数年的培育,获利能力获得实质性提高,基金管理人总是寻求在企业的整体价值得到社会认可之后与企业不再具有成长潜力之前的某个最佳时机以合理价格转让股权,通过资本市场公开发行股票,或者溢价出售股权,借助于股权转让,达到价值实现。这种特殊的价值实现机制,即退出机制,包括 IPO、并购、MBO、LBO、清算等等。创业投资不是通过市场均衡机制来实现"高风险、高收益",而是运用市场的非均衡机制来获得超额利润。

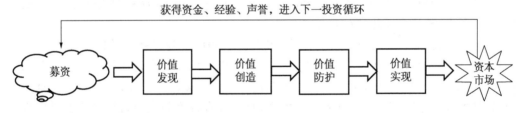

图 1-11　创业投资功能

创业投资正是以"以退为进,为卖而买"为主要目的,通过募、投、管、退四个运作环节,产生的价值发现、创造、整合、实现功能,实现从募资到退出的投资循环,保持创业投资基金持续运行。基于此认识,本书的主要内容包括以下内容。

① 导论。正确理解创业投资与私募股权基金的本质,无论是创业者、企业家,还是基金投资者都很重要。分析创新与创业过程,弄清其中的融资需求特征,是试图解释创业投资的特征,剖析天使投资、创业投资、狭义的创业投资等等在企业成长过程中不同阶段的股权投资的区别,探讨股权投资的本质,是进行投资需要解决的最基本问题。

② 基金的募集与设立。基金的募集是创业投资运作的首要环节,需要解决的是通过何种渠道、采用何种流程这两个重要问题。而两大问题又与基金组织构架密切相联,本章主要讨论募集的渠道与信托制、公司制,有限合伙制组织形式,最后重点讨论有限合伙制中有限合伙人与无限合伙人之间的关系。

③ 投资行业的选择。创业投资基金成立之后资金投向具有不可逆性,其决策非常关键。与现有教材仅进行商业计划的微观层面分析不同,本书将其分解为行业的选择与项目筛选两章,聚焦其中的关键问题进行深入探究。投资行业的选择首当其冲,本书主要从宏观环境的发

展趋势、投资的市场机会与产业机会三个侧面进行全方位的透视。

④ 投资项目的筛选。成功的投资决策,除了解决行业选择的"选赛道"问题,还解决投资项目的"选赛手"问题。发现具有潜在价值的投资项目,进行项目组合是本章重点。通过产品、企业家团队、商业模式等关键要素的深度挖掘,发现项目投资的关键点,同时,研究如何进行有效组合以规避投资风险,提高投资项目的成功率。

⑤ 股权设计。创业投资对象是不具备上市资格的处于起步和成长阶段的企业,甚至仅仅是构想之中的企业,其投资过程实质是通过资本投入获取股权、通过退出出售转让股权,获得资本回报的过程。股权是投资的核心。为此,股权设计先探讨股权融资与企业价值的关系,所有权与控制权内涵及其分离的实现形式,以及初始股权、期权设计与兑现问题。

⑥ 投资风险控制。风险存在于股权投资的全过程,如何科学地识别与动态监控是确保创业投资价值实现的保证。为此,本章从认知风险、制度风险、开发风险、生产风险、市场风险等方面识别风险因素;同时,重点探讨投资前的尽职调查,研究现场调查方法和逻辑分析方法。

⑦ 价值评估及其修正。结合新创企业的特点,科学地评估新创企业的价值,是创业投资者决定投资多少以获得投资企业股权的重要依据。本章从绝对估值、相对估值两类方法优劣的比较,为实际评估提供方法选择的支持,同时,考虑到投资者与创业者之间的信息不对称、信息壁垒造成的投资价值的偏差,进一步探讨价值评估的修正机制。

⑧ 交易合约设计。创业投资实质是投资者与创业者之间缔结与履行合约的过程。交易工具如普通股、可转换优先股、参与优先股、可转换债券的选择,反稀释形式的选择,以及其一些特殊具体条款,构成本章讨论的重点。

⑨ 投资的退出。成功的退出是投资者获得丰厚回报的最为关键的环节,是其后续募集更多的资金,实现基金循环的关键。公开上市、并购、二级市场并购和管理层并购等不同的退出方式所产生的退出回报存在很大差异。退出方式的选择非常重要。而退出方式的选择又与退出通道密切关联。中国资本市场体系如何构成,及其发育程度如何也直接影响着退出方式的选择。因此,基金投资的退出方式构成本章重点探讨的问题。

【案例1-4】 **吉列高科技感应式剃须刀**

吉列创办于1901年,随着在家剃须和每日剃须变得流行,吉列生意兴隆。20世纪10年代,吉列在美国市场占有率已超过80%,并且从此以后稳居行业内的领导地位。剃须刀片是浴室用品中科技含量最高的产品。吉列在湿剃须刀的大多数重大技术创新上都处于先行者地位。

剃须刮面可以追溯至古埃及,但是直到20世纪初期,每天剃须才成为人们日常生活中的普通行为。最初的剃须刀是"湿的"——必须使用水、肥皂或是其他准备工作,这样才能平滑地刮过表面。

湿剃须刀原则上可以分为两种:一种带有可替换的刀片,这被称作为卡式剃须刀或是系统剃须刀;另外一种则是一次性剃须刀,这种剃须刀当刀片变钝时就可以直接丢弃掉。如果顾客非常希望享受紧贴皮肤的感觉,他们会倾向于选择卡式剃须刀;而青睐一次性剃须刀的顾客通常对价格比较敏感，第二种细分湿剃须刀片市场的方式是将其分为剃须刀(刀柄)与刀片(一次性剃须刀和卡片式剃须刀)。

创意

在英国雷丁的吉列公司的设备研究所里有 40 位工程师、冶金专家和物理学家，他们每天都在思索有关剃须的情况。1977 年，约翰·弗朗西斯早已经想出了如何制造一种更薄的剃须刀片，以使吉列剃须刀更容易清洁。另一个设计师则想起了他多年前曾尝试过的一个创意：就是将一个弹簧装到了更薄的刀片上，这样可以使刀片贴合一个人的脸部轮廓。他做了一个简单的样品，做了测试，并且认为效果很不错，于是把这个创意提交给他的老板，然后就去做下一个项目了。吉列公司认为收到这个的创意，也认为非常好。不久之后，这个创意就成为了吉列高科技感应式剃须刀的技术核心。

开发

西蒙斯小组暂停了所有与一次性剃须刀相关的技术开发，只留下哪些接近完成的项目。小组同时决定，必须让消费者建立起这样的感知认识：感应剃须刀并不仅仅是一种新型的剃须刀头技术。1988 年，新剃须刀的外观得到了改善，增加了不少新特点。1988 年底，吉列已经有 22 项与感应产品相关的专利正在申请或已经获得。西蒙斯在描述新产品的时候，如是说："感应系列创下了在单一剃须体系中结合最多先进技术的记录，而且毕将具有非凡表现。"但是吉列还需要更大的成功来证明对感应剃须刀的投资是正确的。新产品必须使吉列在美国和欧洲的市场份额增加 4 个百分点，用来补偿巨额的广告费用。

测试

1983 年，吉列在 500 个人中间进行了感应剃须刀样品的测试。比起 Atra 和 TracII 系列，他们更喜爱这款产品。在吉列公司位于南波士顿研发总部，工程师们得知后欢欣鼓舞。接下来他们就开始考虑怎样批量生产这款复杂的产品。"有时我们晚上躺在床上都在考虑该怎样解决这个问题。"唐纳德.L.丘克(如是说，他是吉列剃须技术实验室的主任。在 1986 年 6 月，带着顾客的测试结果和最初的制造成功，从在公司会议桌旁的讨论开始发展到具有实质性的制作设备，吉列的安全分隔剃须刀赚得了 1 000 万美元。一年以后，公司证实了又有 1 000 万美元进账的事实。经理们说，这就是感应系列将会成为吉列主打产品的时候了。

生产

制造一把带有浮动部件的剃须刀所需要的技术并不能使制造更加容易。

弹簧。弗朗西斯最初的想法需要把刀片安装在一支很细的橡胶管上——紧紧地，可能还带有一些可压缩的流体物质。但这样制作，造价高还非常复杂。吉列想在剃须刀上安装一个皮肤保护层，它可以在刀片修剪胡楂的时候使皮肤平展，这个皮肤保护层是安装在一个固定的弹簧上的——这可没法对付橡胶管子。

树脂。当工程师们决定在盛放胡楂的小筒子里浇铸一个悬臂式的塑料弹簧，吉列采用通常的苯乙烯塑料，这种材料便宜而且好用。但测试表明，这种材料会慢慢失去弹性，工程师们经过努力，转向更结实、能够保持弹性的"诺力 1 号"的树脂。

刀片。让吉列的科学家们辗转反侧，难以入眠。在 Atra 系列里，双面刀片只是简单地滑进塑料胡楂筒的狭槽内，用一个钢质的空格杆隔开。而感应剃须刀的刀片则是"浮动"在弹簧上，它们是各自独立的。这就意味着刀片要足够硬，才可以维持形状，尽管每片刀片都没有一张纸厚。工程师们决定在刀片上贴上钢质的支撑杆。问题在于，怎样做？对于批量生产来说，蒙古合剂太脏而且太贵。答案就是用激光。工程师们先制作一个激光样本，一点一点地把刀片和支撑杆粘在一起，而不产生任何可能损伤刀片边缘的热量，完全依靠一个更常用于制作心脏起搏器之类的东西的过程。这个复杂的制作过程可以让胡楂筒变得足够硬，以便于复制。

组装。剃须刀头可安装在一次性剃须刀上，也可安装在卡片式剃须刀上，吉列的管理层必须决定装在何处，但存在严重分歧。很多美国经理认为，自从一次性剃须刀在美国推出后，其市场占有率一直稳步上升，并且前景依然乐观；它们的销售量已经超过卡片式剃须刀；尽管吉列的一次性剃须刀价格较高，但是吉列已经证明自己完全有能力继续在一次性剃须刀市场遥遥领先于BIC；吉列于1985年推出的卡式Atra Plus（有润滑片）销售业绩平平，一次性剃须刀是吉列的未来之路。与此相反，许多欧洲的高层经理认为应该安装在卡式剃须刀上。

经过内部讨论和组织调整，后一种生产方案被采纳，约翰·西蒙斯成为领导人。他决定1990年1月开始生产。这对于南波士顿的工程师们来说是一个非常困难的任务。他们组成了一个9人的任务小组，一周工作7天，这样持续了15个月。丘克说"我跟他们说过：在不久的将来，感应剃须刀将成为你们生活的一部分。"在制造手柄的时候，队员们制造了一个塑料框架，这个框架由浇铸的没有任何瑕疵的钢质外壳所覆盖，而这种外壳的每一半都是由22个独立的分公司制造的。"很明显，这是制造过程中最难的一部分。"诺曼·普鲁克斯如是说，他是北美维尔金森之剑公司的主席，也是吉列打算挖到自己公司的一个竞争对手。"在批量生产方面，他们肯定已经遇到了不少有趣的难题了。"

在波士顿的工厂生产感应系列后，西蒙斯于1990年年中在德国柏林开始第二家厂，为此，除已经投入的5 000万美元有形资本外，吉列还需再投入6 000万美元准备长期设备及存货。如果感应系列上市失败，这些投资将化为乌有。

营销

开发及制造过程投入成本庞大，导致感应系列产品价格偏高。西蒙斯加强了在吉列欧洲集团对营销活动，将营销重点、最好的技术和大多数广告费用都应用于卡式剃须刀上，提高了卡式剃须刀的盈利及价量比率。

西蒙斯小组和吉列长期以来的广告代理商天联广告公司计划于1989年斥资8 000万美元进行重树公司形象的活动。这笔支出约为1989年刀片与剃须刀集团年销售额的10%，其中欧洲与北美各占一半。在此前的数年里，公司每年在美国的广告投入只有1 500万美元广告费，在欧洲则是2 000—3 000美元，而吉列的这次行动则标志着公司在广告投入上的大幅度增加。新广告活动的主题为"吉列，男士的选择"，这个广告活动从短期来看会为Atra与TracII提供支援，同时也为吉列感应剃须刀上市期间及上市之后提供支援。

他们希望于1990年1月橄榄球超级杯赛期间首先在美国上市，接着在欧洲16国进行首轮展示，随后的一个月内于日本推出（舒适最早进入日本，领先吉列）。虽然各国语言不同，但是吉列计划在各国推出影像和音乐相同的广告。吉列产品在过去的国际性推介中往往"以一国家为基准",针对"不同文化区域内可以感知的微妙差异"进行调整。

西蒙斯小组将剃须刀定价为 3.75 美元,它比某些非一次性剃须刀便宜,又足以维护感应系列的声望形象。供替换的刀定价为 75 美分,比 Atra 贵 25%,比一次性产品约贵 1 倍。一次性刀片平时定价为 35 美分,有时会打折到 10—20 美分。基于卡片式刀片比一次性刀片较为耐用的考虑,可以发现每刮一次胡子,用感应系列的成本是 6 美分多一点,而 Good News! 为 3.5 美分。然而,每片感应片刀能使用 10—12 次的假设下,上述的计算才成立,如果每片刀片消费者比预估的多使用一次,可能会对吉列的损益造成重大影响。

并不是所有人都赞同西蒙斯的计划。有些人认为吉列应该采用更渐进的方式推出感应系列剃须刀,先从某些市场开始,评估市场反应,据此调整市场活动,逐渐建立大众对产品的认知——这种方法也许可以降低一半以上的上市成本。

另外有些人则会担心公司产品的相互竞争问题,他们不确定在 1990 年 1 月推出这种新产品的时机是否成熟。吉列的 Atra 和 Good News! 系列剃须刀在卡式剃须刀市场和一次性剃须刀市场分别居于无可争议的领导地位,而这两款剃须刀在过去一年之内无论在销售还是在利润上都创下了历史纪录。

还有一些人甚至质疑,在如今这个市场上,低成本的一次性剃须刀已经逐渐取代卡式剃须刀,那么公司为什么还要花大工夫在这种先进同时也是昂贵的卡式剃须刀上呢?

投入与回报

吉列自从 1977 年推出 Atra 之后就再没有推出新的剃须刀,但是公司一直在研发新产品。的新剃须刀拥有支轴和独立悬吊的刀片,能够随着脸部曲线调整角度。1975—1983 年间,高科技感应式剃须刀共获得 5 项专利,且消费者测试表明,紧贴、舒服、美观方面都要优于 Atra 和 Trac Ⅱ。同时,高科技感应式剃须刀是吉列公司推出的耗资最多的项目:当产品上架时,吉列公司将会花费掉近 2 亿美元,用于科研、设计以及加工。接着就是广告,公司计划今年一年投放 1.1 亿美元在电视台,以及印制宣传单上。包括在 1 月 28 日的超级碗(职业橄榄球联赛一年一度的冠军赛。

1988 年,吉列的销售额占市场总额的 62%,其中卡式占 32%,一次性占 24%,其他刀片(包括双刃刀片)占 6%。在最重要的欧洲市场,吉列的市场地位大体相当于甚至好于其在美国市场的地位,吉列在北大西洋市场的销售量站到总量 70%,而其营业利润占到总量的 75%。1989 年,吉列的净利润估计会上升 6%,达到 2.85 亿美元,销售额上升 7%,达到 38 亿美元。而且 65% 的利润和 32% 的税收都来自于剃须刀和刀片的销售。

现在,吉列所有的技术都是为了制造出更好的剃须刀。基础剃须刀标价 3.75 美元,远低于 Atra 系列和 TracⅡ 系列,目的就是为了把客户从老型号那里吸引过来。但是,在标价 3.79 美元的 5 片装里,胡楂筒就比吉列老型号的要贵 25%,这样,每个胡楂筒就可以赚得超过 8 欧元的利润。

资料来源:根据[美]约翰.E·艾特略,《创新管理:全球经济中的新技术、新产品和新服务》,王华丽、刘德勇、王彦鑫译,上海财经大学出版,2008 年版,第 46—47 页相关资料整理而成。

Chapter 2　创业投资基金设立与运行

私募股权投资基金的营运面临着三大关键问题:第一,如何募集优质资金,以确保资金池的充裕和稳定;第二,如何选择较优的投资方案,以确保基金有良好的投资收益预期;第三,如何平衡融资与投资之间的关系,以确保系统整体最优化。投资收益预期、投资回报需要以融资成功、融资多少为前提,为此,本章讨论私募股权投资基金的筹集与设立问题。

2.1　创业投资基金的募集

充裕、稳定的资金来源是私募股权投资基金顺利设立、健康运行的前提和保证,只有募集成功并达到设立的基本条件,才能开始基金的设立工作。资金募集的成功对于私募股权基金的成立和运作至关重要。私募股权投资基金公司应根据实际情况,从以下列渠道中予以选择。

2.1.1　基金筹集渠道

私募股权投资的长期性、非流动性、高风险性决定了其募集对象必然具有耐心,具有长期投资理念,高风险鉴别能力和承受能力。其主要来源包括以下方面。

在国外,金融业实行的混业经营模式,保险、银行、基金、投行等金融机构在统一、开放的金融市场上进行融资、投资,社会保险基金、福利基金和捐赠基金以及银行资金等金融机构成为私募股权投资的主要来源。

在中国,政府对金融业实行"分业经营、分业监管"体制,倾向于禁止商业保险基金(包括人寿基金)、银行资金直接从事投资业务。但随着金融业内部系统管理技术、风险控制艺术的提高和金融监管体系的完善,正在逐步放开商业保险和银行运用部分资金从事投资业务的限制,可直接进入或者通过信托渠道间接进入私募股权投资。有效地拓宽了私募股权投资基金的渠道。

(1) 银行。

银行通过吸收存款而获得的资金,具有短期性特点,决定了银行的资金只能以贷款的方式运用,加上挤兑风险的存在,银行对资金流动性、安全性要求较高。从一般意义上讲,银行资金不适合于私募股权投资。但这并不排除将其中少部分长期存款资金,尤其是银行的资本金用于长期投资。银行具有资金规模大、资本实力雄厚的优势,将银行运作资金的较小比例用于私募股权投资基金,不会对银行总体资产构成威胁。因此,大多数国家目前都允许银行投入小部分资金（通常为5%）参与私募股权投资基金。

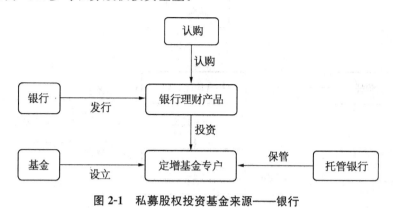

图 2-1　私募股权投资基金来源——银行

商业银行通过境外设立子公司的形式，或通过理财顾问服务直接向高端客户推介私募股权投资产品的方式直接进入，如图2-1，或将拟募集的私募股权投资基金设计成信托产品，银行以理财产品的形式加以承销，将这些产品推荐给理财客户，可以间接实现私募股权投资基金的募集。

（2）保险。

保险资金因需要随时应对客户的理赔支付，决定其只能投资于流动性资产，资产的安全性、流动性尤为重要。保险机构只可能对那些风险较易识别，失败概率较低的标的物进行保险来分散和化解风险。与具有长期性、风险较难识别，失败概率也非常高的私募股权投资基金，尤其与创业投资难以相容。同时，保险资金的运用，直接或间接涉及众多投保人、投资人的利益，人多面广，在法律及监管层面一直持谨慎态度。

然而，比如人寿基金的保险资金，即便是商业保险，其理赔支付具有较强的规律性，其中有相当部分的资金处于沉淀状态，可用于长期投资。同时，虽然风险资产随时处于"理赔"风险之中，但保险公司的资产规模大，只要控制在适当比例（如不超过5%），并不会造成整体性风险。因而，可以拿出小比例的资产用作私募股权投资，既可解决私募股权投资基金的来源问题，又可给保险资金带来相对较高的投资收益。

社保基金参与私募股权投资的资金量大，能够容忍的投资时间较长，对投资回报率的要求更加成熟、合理，是私募股权投资优良的资金来源。企业补充养老保险基金则可通过投资信托产品、信托产品再投向私募股权业务的方式参与私募股权投资。

（3）信托公司。

信托公司无论是以其固有财产，还是以信托财产参与私募股权投资，在法律制度层面都已不存在障碍，但因两者的性质与成熟程度不同，监管部门对他们的监管要求存在差异。

信托资金是向第三方发售、募集获得，其可用资金量远大于信托公司的固有资金，资金体量优势明显，同时，其相关规范比较完备、成熟，银监会的放开程度更深，信托公司自主空间更大。相反，银监会对信托公司固有资金的政策监管较严，实质性控制的内容较多。如以固有财产投资额度不能超过净资产的20%。

需关注的是，目前证监会要求拟IPO的企业不能存在信托持股，故信托资金的PE投资无法通过IPO方式上市退出，但若采用固有资金投资PE，则不存在信托持股问题，可通过IPO方式上市退出。

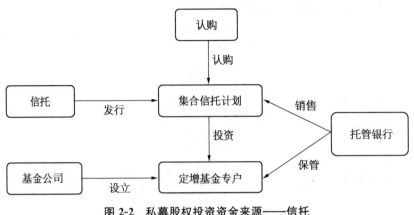

图 2-2 私募股权投资资金来源——信托

信托可以是单一信托计划也可以是集合信托计划。通过集合信托可向公众募集资金,而通过单一信托,则可以定向地向某一位投资人募集资金。有些投资人在找好大额机构资金(比如说保险资金)和投资项目之后,经常用到信托"通道",即向信托公司缴付一定的通道费之后,可以通过发信托的方式来募资金。但按照潜在的市场规则,目前集合信托需要承担刚性兑付的义务,使得单一信托存在借通道的资金渠道模式,而在集合信托计划下,信托公司通常不会出借通道。

(4) 证券公司。

理论上讲,证券公司可通过基金子公司直投、资管业务、资产证券化业务等参与私募股权投资;实践中,通过设立直投子公司或直投子公司设立基金的方式全面参与私募股权投资。但后两种方式参与私募股权投资时机尚不成熟。资管资金直接参与企业的股权投资将违反监管政策,但可通过购买信托计划、由信托计划从事私募股权投资的方式,间接参与私募股权投资。

资产证券化业务,是以特定基础资产或资产组合所产生的现金流为偿付支持,通过结构化方式进行信用增级,在此基础上发行资产支持证券的业务活动。证券公司可以通过将基础资产证券化,发行资产支持证券的方式参与私募股权投资活动。

(5) 公益基金会。

各种社会福利基金和捐赠基金虽然对"资金支付期限"和安全保值的要求均较高,但当基金规模较大时,也同样可以抽出较小比例的资金投到私募股权基金,以获得更多的收益。中国公益基金会正在崛起,但真正有钱的并不多。与耶鲁大学校友基金、斯坦福大学校友基金、哈佛大学校友基金动辄 600 亿—700 亿美金的资金相比,国内最有钱的北大、清华大学教育基金会有 40 亿元人民币左右,与之相差甚远,但它们还是可以拿出一部分资金来做私募股权投资。

(6) 企业。

中国国有大中型企业正面临产品结构转型和企业组织结构转型的关键时期,吸收他们的资本参与创业投资或者私募股权投资基金,可以解决其闲置资金的运用问题;通过基金发现项目、培育国有企业再创业功能;通过参与基金决策,提高他们的资本运作能力。

20 世纪 80 年代末、90 年代初所崛起的一批民营企业,依靠机制上的优势,加上当时正处于供不应求的短缺经济时期,得以迅速发展。其中不少企业在经过一段时期的原始积累后,已经形成一定规模,但进入当下的过剩经济之后,普遍面临"钱不知该往哪儿投"的问题。一些文化层次虽低但富有远见卓识的民营企业家开始寻求通过参与私募股权投资,来提高资本运作能力,发现新的经济增长点。因此,同样不失为私募股权投资募集资金的好选择。

(7) 母基金。

母基金即基金的基金(fund of fund,FOFs),如图2-3,在国内已经出现,且数量增长很快。从投资人那里募集资金成立母基金,母基金自身不去直接投企业,而是寻找有历史业绩且业绩良好的私募股权投资基金机构(称之为子基金),成为这家子基金的投资人,即通过子基金去投资企业,而不进行直接股权投资。母基金的优势在于,它比一般的投资人更了解市场上哪家私募股权投资基金机构做得好,能够筛选出优秀的私募股权投资基金机构,排除差、伪私募股权投资基金机构,具有分散投资、降低非系统风险的作用。FOF的运作与管理模式不同于直接进行股权投资的PE或VC,只能作为子基金的投资人从子基金的盈利中分享一部分,其管理费和利润分成的比例少于PE或VC。

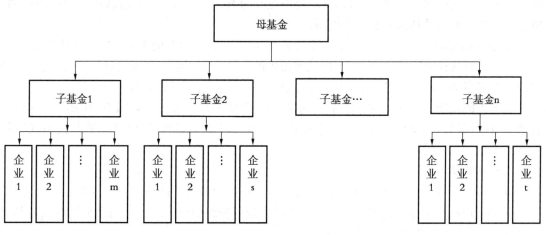

图2-3 母基金的结构

(8) 政府引导基金。

政府引导基金是政府设立的按照市场化运作方式运作的政策性基金。国家发改委2009年在全国范围内成立了20家创业投资基金,并提供财政专项资金予以支持,而各地政府也从财政预算中配套安排一定的专项资金。即使不发达地区的地方政府,也会拿出一部分资金成立政府引导资金,以吸引社会资金投入本地企业。政府引导基金具有"让利于民"的特点,资金来源相对有保证,是私募股权投资的重要来源。

政府引导基金是一种典型的FOF,其资金来源主要有:支持创业投资企业发展的财政性专业资金;引导基金的投资收益与担保收益;闲置资金存放在银行或者购买国债所得利息;个人、企业或社会机构无偿捐赠的资金等。通过参股、融资担保或跟进投资的方式,投资于创业投资领域,但并不直接从事创业投资。

政府引导基金的特点有:①投资的政策导向性。投资主要围绕着中央政府的相关产业政策、地方政府重点发展的产业,而进行特定的、满足符合国家战略新兴产业标准的、具有优先发展必要的行业进行投资。如政府支持战略新兴产业、智能制造、绿色环保业等。②融资的杠杆性。政府引导基金往往是整个项目投资的20%,借助于政府政策的支持来吸引和撬动社会资金完成整个项目投资剩下的80%。③考核方式的财政性。政府引导基金的组织形式为独立的事业法人,独立对扶持创业投资企业行使权力并承担相应的义务,其绩效考核纳入公共财政考核评价体系,但可以避免经营性国有资产运营绩效考核所所面临的保值、增值、评估等问题。

2.1.2 构建网络,广结善缘

研究人员发现[①],投资者更可能将资金提供给和他们有直接生意或社会关系的创业者、以前做过生意的伙伴或大学室友,而不是将资金提供给和他们没有关系的人。这意味与投资者的社会关系确实有助于筹集到资金,利用融资者的社会网络(social networks)以接触各种资金来源,是取得融资成功的重要途径。

社会网络是由一个人或一群人组成的小团体为"节点",人与人之间的关系为"线段"所组成。一个网络之中的个人透过关系,在动态的互动过程中相互影响,不但影响了个体的行动,也会改变相互的关系从而影响整体网络。

Jaobos提出的社会资本是个人在社会的结构位置上所拥有的资源,在个人或社会单位(组织)所拥有的社会网络里所蕴含、提供或衍生的各种实际或潜在资源之总和,包括网络本身与透过网络所动员的资产,也是行为主体通过非市场化途径得到的资源。

一个人成功的关键并不仅在于个人的属性,更重要的是个人在社会网络中的位置,这种社会关系可以提供信息及政治资源。社会资本大小与其社会网络规模、网络位置与网络联结的强弱有关。

(1) 网络规模。

罗伯特·梅特卡夫定律(Metcalfe's Law),网络的价值等于网络节点数的平方,网络的价值与联网用户数的平方成正比。在有n个成员组成的网络中(如图2-4),每个成员可以与其他成员建立 $n-1$ 个关系,则网络价值(V)为

$$V = K \times n(n-1) \approx Kn^2 \qquad (2-1)$$

其中,K是个常数。式2-1表明,融资者所在网络规模越大,则其获得的价值越大。

(2) 网络位置。

在网络规模一定的情况下,投资者获得的价值与其在网络中的位置有关。占据了交换资源的良好位置,则其拥有的资源较多,称之为"洞效果"(hole effects)(图2-5中C区域)和占据了"桥"的位置。

---

① Shane, S. Cable. Network ties, reputation and the financing of new ventures. Management Science, 2002, 48(3): 364-380.

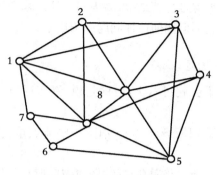

图 2-4　网络价值与规模

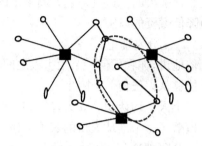

图 2-5　网络之结构洞

社会交换理论认为,处于网络中心位置(图 2-6 中 A、B 点)的因为交换而取得大量资源的人,组织中的其他人对其行为必有一定期待,为了一直保持这个结构位置上的优势,个人也乐意满足这样的期待以保有其位置。同时,个人的资源取得与组织的存在息息相关,使得这个人也乐于付出更多,保有更多资源,以符合他人对公平交换的要求。此人若离开了离开网络中心位置,则会丧失很多资源。

两个团体间之间的联结称之为"桥"(Bridge)(图 2-7 中 D 线段),虽为弱联结,但在信息扩散上极有价值,因为它是两个团体间信息通畅的关键,但它必然是弱连带,否则当这对好朋友呼朋引伴让两团体成员也发展出其他的连带时,这条信息通路就不再是唯一的,也就没有"桥"的价值了。只有善建弱联结的人才有机会成为"桥",因此,在不同的群体之间积累人脉,这种跨越群体的关系往往是通向有价值资源的关键。

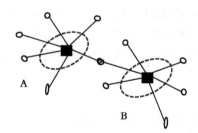

图 2-6　网络之中心位置

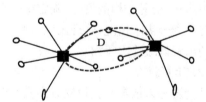

图 2-7　网络之中的桥

(3) 网络联结。

按照强弱程度划分可分强、弱联结。弱联结的人,弱连带却会连出一张大网络,社会网的范围会很大,收集到求才的信息会很多,能够将信息传递得较远;强联结的人往往会陷在一个的小圈圈中,信息东传西传都是很小范围的信息,而且常常是重复的信息,但信任程度高。

在中国,"人情"比信息更重要,强联结对人们的行动提供了信任的基础,借由信任关系,人们才愿意提供"人情"的帮助。中国人在圈内和圈外、对熟人与陌生人,往往遵循着完全不同的行为法则。与家人之间存在强联结,服从需求法则,大家都是一家人,有福同享,有难同当。与生人之间存在弱联结,服从公平法则,童叟无欺,一分货一分价。与陌生人之间没联结,服从随机原则,可能公平地对待你,也很可能不公平地对待你。

虽然中国人对陌生人缺乏契约精神,但是对熟人圈中的个人信誉和口碑却特别在乎。不管你是好人、坏人,也不管你在外面怎么骗人,但在圈子内部是不能骗自己人的。一旦在熟人圈中失去了大家的信任,很可能会给一个人的事业带来灾难性的结果,因为圈子的影响和辐射力量是非常强大的。这就是熟人圈带来的制约,熟人圈不但能使信任问题迎刃而解,而且还能极大地降低融资的风险。

(4) 六度分隔理论。

通俗地讲,你和任何一个陌生人之间所间隔的人不会超过六个,也就是说,最多通过六个人你就能够认识任何一个陌生人。

若每个人平均认识260人,其六度就是$260^6=1\,188\,137\,600\,000$。消除一些节点重复,那也几乎覆盖了整个地球人口的若干多倍。

六度分隔理论(six degrees of separation)说明了社会中普遍存在的"弱纽带",但是却发挥着非常强大的作用。有很多人在找工作时会体会到这种弱纽带的效果。通过弱纽带,人与人之间的距离变得非常"相近"。

总之,六度分隔理论解决了融资者能够认识到投资者的可能性问题,如何将可能变为现实,创业投资与私募股权投资者必须扩大网络规模、占领网络的中心位置、结构洞与桥位置、强化与投资者之间的联结关系,寻找信任基因,建立信任关系,才能取得理想的融资效果。

2.1.3 基金募集的流程

(1) 募集文件准备。

募集文件的准备是一个工作量比较大的前提性工作。基金发起人应首先就拟募集的基金形成初步的设立方案,对目标投资人进行路演以吸引投资人的投资。在此设立方案的基础上拟定《资本招募说明书》说明基金设立的权利义务关系。《资本招募说明书》的内容通常包括基金组织形式,交易结构的设计,确定基金存续期限、规模,投资领域,投资策略,拟投资项目的储备情况及资金需求情况,管理团队,预计收益水平,管理费及绩效分成比例风险控制以及对投资者的出资认缴要求等内容。

(2) 市场推介。

基金发起人依据基金设立方案及运营基本原则和《资本招募说明书》,按照公募、私募的法律相关规定要求向各潜在投资者发出募集资金的邀请,并进行接触,与他们达成初步投资意向以后,基金发起人通常可聘请律师起草相应的《出资协议》《公司章程》《管理协议》及相关文件初稿,作为各方讨论的基础,按照共赢的理念,尊重各方利益,通过谈判协商调整投资方案,修订相关的法律文件。

(3) 确定出资意向。

有认缴意向的投资者签署《投资者认购意向书》,或者以签署框架协议等形式确定合作意向及法律关系。认购意向书中应包含拟认缴资金金额、资金来源、有关"已阅读《资本招募说明书》中的基本内容,了解基金的风险并愿意承担投资风险"的提示等内容。

(4) 签署正式协议。

在各投资者及基金管理企业达成合作意向的情况下签署相关协议,并办理基金企业设立的名称预核准及工商登记等事宜。具体设立流程如图2-8。

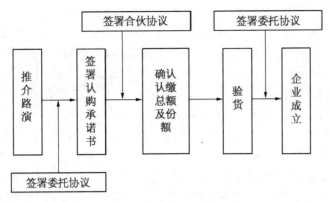

图 2-8 基金公司设立流程①

2.2 创业投资基金的设立

私募股权投资基金依据其资金来源、投资主体之间责、权、利分配形式的不同,产生了契约型、公司型以及有限合伙型等不同的组织与运行模式,现对这三种不同的模式运行的特点分析如下。

2.2.1 契约型

【案例 2-1】　　　　　　　　　**达晨财信基金**②

深圳市达晨创业投资有限公司(下称深圳达晨)于 2000 年 4 月 19 日在深圳市注册成立,是由湖南省广播电视产业中心全资发起设立的一家从事创业投资、股权投资的国有控股的专门投资机构,注册资本为人民币 1 亿元。

在深圳达晨管理的基金当中,最早的达晨财信基金是通过信托计划募集并进行投资管理的专项基金。2007 年 2 月,深圳达晨的核心管理团队与湖南信托一起共同成立了达晨财信创业投资管理公司(下称达晨财信),达晨财信注册资本金 1 000 万元人民币。湖南信托以达晨财信为投资管理顾问成功发行了金额为 3 000 万元的信托计划,项目资金分别投资了包括深圳金百泽科技有限公司、武汉大学有机硅新材料股份有限公司以及华南理工大学控股的广州华工百川自控技术有限公司。2007 年 4 月,通过湖南信托公司发行的"深圳达晨信托产品系列之创业投资一号集合资金信托计划"后,7 000 万元资金迅速募集到位。以达晨财信作为信托计划的投资管理顾问已投资了华工百川、金百泽、武大有机硅、福建圣农、亿纬电源、大富豪、恒泰艾普 7 家公司。

---

① 依据隋平、李广新编著,《泛资管时代私募股权投资基金操作》,第 57 页的流程修改。
② 邹菁,《私募股权基金的募集与运作》(第 4 版),法律出版社,2014 年版,第 87—88 页。

达晨财信基金是典型的契约型组织模式。从案例中可以看出,契约型基金无须设立专门的实体,委托人(投资人)与受托人(信托公司)签约,发行受益凭证来募集资金。在对信托投资计划进行尽职调查的基础上,将此信托计划的投资理念及策略、项目选取的标准、行业价值、备选企业及其风险因素分析方法制作成报告书,经信托委员会通过,进行推介发行。一旦发行成功,信托计划即可成立,基金募集成功。

具体言之,作为受托人的湖南信托依照《信托公司集合资金信托计划管理办法》和信托合同,通过信托平台募集资金和设立基金,发行基金凭证;投资人作为信托计划的委托人与受益人,通过购买基金凭证将财产委托给受托人管理,并作为基金的"股东",参与投资与分配,按照信托合同获得相应的收益或承担风险。信托合同一经签订,基金财产的所有权与经营权随即转移给湖南信托;基金保管人是第三方银行,对基金财产负有保管权和监督权,按照信托公司提交的符合信托合同的投资计划进行资金拨付,并反馈相关信息;湖南信托以自己的名义管理基金财产,发掘投资对象进行股权投资,并依据信托合同的约定享受投资成果。

实际操作中,信托公司可以自己直接作为基金的投资管理人,聘请投资顾问就项目遴选、项目决策、投后管理提供专业咨询意见,如湖南信托聘请达晨财信为投资管理顾问;也可以仅作为融资渠道,扮演资金募集人的角色,与基金管理人合作,共同完成股权投资的任务。其运行机制参见图 2-9。

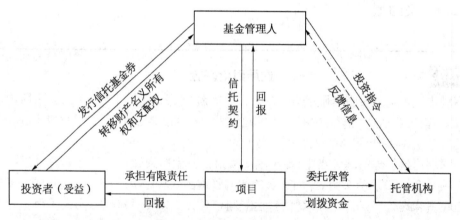

图 2-9 契约型基金运行机制

在上述信托关系中,委托人与受托人之间有《信托合同》,委托人与投资顾问之间有《投资顾问合同》,受托人与基金保管人之间有《资金保管合同》,受托人与被投资企业之间有《股权转让合同》或《增资合同》,因此,该类型的基金称之为契约型。契约型基金具有以下特点。

(1) 基金的稳定性。

信托资金的募集要求一次到位,不能分期出资,募集资金全部到位后,方能进行投资运营,以确保投资项目的融资需求,避免投资管理人后期融资不足的风险。但同时也意味着此运行模式相对于公司与有限合伙制模式,资金利用率较低。

信托财产运作受信托财产隔离制度的保护,既不受投资人的经营状况和债务关系的影响,也不受信托公司的破产、清算等影响,可以确保信托在相对封闭的安全环境内不受干预的运用。

信托主要是通过私人关系来维持基金组织的稳定,集合信托计划的不同委托人之间不存在相互关系,个别委托人的变化不会影响信托的存续,而投资者很难通过向管理人申请赎回或转让的方式退出基金,从而确保了该种类型的基金具有较好的稳定性。

(2) 连带责任承担。

契约式基金不具备独立的法律人格,无法以基金的名义进行借贷或为他人提供担保。作为受托人,基金管理人可以代表基金持有者对外投资和举债,也可以自己的名义申请过桥贷款或者为被投资企业进行担保。但基金出现资不抵债的问题时,投资人依照法律规定只以出资为限承担投资损失,而基金管理人若没有过失,也不对负债承担任何责任。

(3) 准治理结构。

为了保障投资人的合法权益,契约型基金建立了受益人大会制度并设立投资决策委员会,类似于公司制的股东会与董事会,具有严格的议事与表决程序。受益人大会是信托基金的权力机构,由信托受益人组成,用以规范基金财产的运作与管理,建立严密的风险控制,设立投资决策委员会作为信托的决策机构,通过定期或不定期的形式讨论和决策投资的重大问题,行使投资管理的重大决策权。即使有些信托计划,不设立决策委员会,也会确定项目的内部决策机制。

(4) 委托代理风险。

契约式基金存在双重委托-代理风险。一是投资人与受托人之间。因为私募股权基金进行信托,信托公司不得披露委托人的身份,无须进行信托公示或者信托登记程序,因而,无法确保信托关系中财产所有权的转移与确认,无法按照信托制度的规定进行,投资人的权益无法得到完全意义上的保障。目前信托公司具有募集资金的专业实力,但投资能力尚待提升。同时,作为基金保管人的银行也很难对投资对象进行评估,而无法对基金的投资行为进行有效监督。信托公司一旦集所有权与经营权于一身,不仅因无连带责任和监督不够,还因能力不足或产生败德行为,致使投资人陷入被动。二是信托与投资顾问之间,私募股权投资作为非常专业的投资,聘请投资顾问解决信托能力不足是明智之举,但投资顾问非信托关系中的一方主体,仅提供顾问咨询服务,既没有投资决策权,也不能实施投资决策,只是信托公司的委托人,而不是投资人的委托人,他们对投资人的诚信和善管义务缺乏相应的约束,从而产生委托-代理风险。

(5) 投资运作效率。

投资人会议对受托人的投资决策行为缺乏充分的权力来进行监督。投资人若对基金管理人不是很满意,只有选择用脚投票的方式进行回应,投资人基本上难以干预作为委托人的基金管理人的决策。相反,因为基金管理人权力过于集中,易于导致决策失误。此外,基金由受托人发起,如果受托人没有重大过失或违法违约行为,投资人一般不能通过投票方式解任受托人,投资人在契约型基金中往往处于被动地位。总体看来,投资运作效率比较低。

(6) 运行成本。

以信托形式设立的契约型基金,借助于契约关系将各方联系在一起,有法律地位却无公司实体,可以免除大量的独占性不动产、动产和人员投入,减少了交易与运营成本;表面上可以减少设立有关投资决策与审查、投资后的监督等方面的制度安排,相应降低制度成本。但基金本身并不是一个独立法人或独立的财产主体,通常必须设立托管人制度来对基金进行财务核算,无疑增加了一道制度成本,债务连带责任问题不可避免以及较难克服委托—代理风险;导致投资者与受托人签订设立相关合约的签约成本也较高。总体上看,其制度成本比较高。

(7) 税收。

信托计划本身并不构成法律实体,而仅仅是财产流动的管道,因此,基金的收益可以有效地避免双重税负。但在我国目前的法律框架下,信托在 IPO 之前,必须将拟上市企业的股权及权益转让给第三方或由第三方代持,因此,其收益可能打折扣或引发双重税收。

综上,契约型基金作为基于信任而委托他人管理财产的行为方式,尽管其具有信托财产独立、法律关系明确等优点,但存在较高的委托代理风险、较低的投资运作效率和较高的制度成本,因而,世界各国的私募股权投资基金很少采用这种形式,只有当遇到信誉状况特别好的信托公司,投资人具有非常强的风险鉴别和承受能力,又能够通过亲戚朋友等私人关系有效约束受托人时;或者那些缺乏资金但具备投资经验的主体或机构,通过专业信托的推介与募集,其募资渠道比较成熟,投资者对信托公司相对信任时,才可以采用。

2.2.2 公司型

【案例 2-2】　　　　　　　　**深圳市创新投资基金** [①]

深圳市创新投资集团有限公司(简称"深创投")是深圳市政府 1999 年出资并引导社会资本出资设立的、专业从事创业投资的有限责任公司。是中国目前影响最大、规模最大的本土创投公司。注册资本 42 亿元,管理各类基金总规模约 2 109 亿元。

深创投的主要股东包括深圳市国有资产监督管理委员会、深圳市投资控股有限公司、上海大众公用事业集团股份有限公司、广东电力发展股份有限公司、深圳能源投资股份有限公司、中兴通讯股份有限公司等。

深创投从自有资金对外投资开始,逐步积累经验和业绩,通过各种合作模式扩张管理投资资金规模。目前深创投作为发起人或投资管理人参与的私募股权基金模式有:政府引导基金、中外合作基金、受托管理基金、战略合作基金、信托投资基金五个大类。

深创投参与上述基金的模式有:直接担任上述基金的投资管理人,受托负责基金的运作和管理;与上述基金的投资人共同设立投资管理公司,接受上述基金的委托管理基金的运作;担任上述基金的投资顾问,例如在深国投创新资本一号股权投资集合资金信托计划中就担任了该信托计划财产运用的投资顾问。

深创投主要投资中小企业,自主创新高新技术企业和新兴产业企业,初创期和成长期及转型升级企业,涵盖信息科技、互联网/新媒体、生物医药、新能源/节能环保、化工/新材料、高端装备制造、消费品/现代服务等国家政策重点扶持的行业领域。

深创投已从以自有资金进行投资为主的基金成功实现了向以管理多个基金投资为主的基金管理人的角色转变,并成为中国本土以创业投资领域为主要投资方向的最主要的公司制私募股权基金。

---

① 邹菁,《私募股权基金的募集与运作》(第 4 版),法律出版社,2014 年版,第 85—86 页。

深创投基金的组织式属于公司型。这类基金依照《公司法》设立,通过发行基金股份将集中起来的资金进行项目投资。设立基金持有人大会,对可能影响基金持有人利益的特定重大事项进行表决,负责项目筛选和投资管理,重大投资项目需报董事会批准生效。基金持有人选举设立董事会,由大股东和独立董事构成,负责对受托的基金管理公司进行监控。董事会选聘基金管理公司负责管理基金业务。基金管理公司聘请若干投资项目经理进行投资的市场化运作,包括投资项目分析、投资组合和日常的基金管理。选择一家银行作为基金保管人,托管基金资产、执行投资指令、监督基金管理公司行为。基金保管人与投资公司签订保管契约并收取保管费。公司型基金的运行机制见图 2-10。

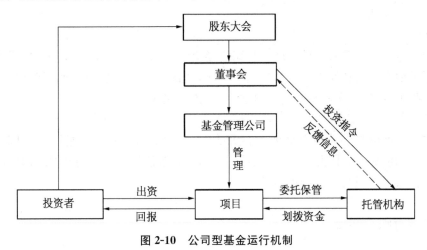

图 2-10 公司型基金运行机制

相对于合伙制度,公司型基金具有以下特点。

(1) 组织稳定性。

公司型基金具有法律上的法人地位,能独立地行使经济权利、履行经济义务、并承担经济责任,为基金开展业务活动带来了极大的便利。

公司能够通过组织程序随时解决运作中的重大问题,公司的财产作为独立于股东的法人财产权,不会因为某个股东的退出而受到任何影响,具有较好的组织稳定性,有利于基金进行长期规划和投资。

(2) 有限责任。

与有限合伙制普通合伙人要承担无限责任不同,公司型基金所有的出资人以其自有财产为限对其债务承担有限责任,并通过股东大会参与公司的重大决策。经营管理人员必须对公司履行"诚信、善管"义务,否则就会受到相应处罚。

(3) 资本闲置与债务承担。

一方面,公司型基金在必要的时候,通过召开董事会决定公司是否需要负债,以何种方式负债以及负债规模的大小,而债权人在给公司借款时,也要对公司的资信和还款能力进行评估,来规避债务风险,可以有效防范公司过度负债。另一方面,法定资本制要求注册资本必须在公司设立两年内认缴到位,既导致资金的闲置,还导致投资人丧失对进一步投资的选择主动权。

(4) 委托—代理风险。

通过比较完善的法人治理机制和与之相适应的制度约束,可以防范经理人员的"内部人控制",转而实施更灵活、更多样化的业绩激励,如持股、期权等制度去激励经理人员。然而,公司型基金可能带来"大股东控制"所形成的委托-代理风险,不过,通过实行独立董事制度,可由占董事会较大多数的独立董事来防范大股东控制公司运作。

(5) 投资决策效率。

根据决策权、执行权和监督权相互分离和相互制衡的原则,建立现代公司治理结构。将基金委托于专业化的投资管理公司进行运营管理,投资管理公司按照市场化方式经营基金,承担相应权责。公司内部的权利、义务与责任能够得到准确划分,有利于提高投资决策效率。但私募股权投资适合于以投资经理为核心圈的扁平型管理模式,多重机构之间的制衡与协调则可能导致决策效率降低。

(6) 税负。

公司型基金存在双重税负的问题。公司需要交纳公司所得税,将收益分配给投资人之后,投资人还要缴纳个人所得税。为了解决这一问题,我国近年的立法对于私募股权投资基金实施税收优惠政策,但仅限于高科技行业,税赋成本依然较高。

(7) 制度成本。

公司的最大问题是多重制度设计(如股东大会、董事会、监事会、管理团队)可能给公司运作带来较大的制度成本。因此,对于一些原本不需要太多制度安排的财产组织形式而言,公司的制度优势就很可能只是一种制度包袱。

2.2.3 有限合伙制

【案例 2-3】　　　　　　　　**深圳南海成长基金**[①]

深圳市南海成长创业投资合伙企业(有限合伙)(以下简称南海成长)成立于 2007 年 6 月 26 日,基金规模为人民币 2.5 亿元,由 3 名普通合伙人、45 名有限合伙人组成,由深圳市同创伟业创业投资有限责任公司担任主投资顾问,深圳国际高新技术产权交易所担任联席投资顾问。

南海成长是一家根据国外私募股权基金架构所募集和设立的基金。在投资决策上,有限合伙人决策权利让渡给普通合伙人,主要由普通合伙人和投资顾问完成;在费率上,普通合伙人有权收取 2.5% 的管理费和投资净收益的 20% 作为业绩提成。

在对有限合伙人的招募过程中,南海成长非常重视控制有限合伙人的投资风险,着力于控制有限合伙人投资的规模。南海成长采取的首要措施为资金的审查。一般国内认为募资是规模越大越好,但是南海成长在资金募集时,却首先考虑到有限合伙人的投资能力。要成为南海成长的有限合伙人,必须承诺投资南海创投的资金是他闲置资金的不到 20%。

[①] 邹菁,《私募股权基金的募集与运作》(第 4 版),法律出版社,2014 年版,第 98 页。

> 在投资方向上,南海成长根据市场的需求不断调整自己的投资策略。其最初的投资范围为拟上市企业股权。南海成长成立后,根据形势的变化,郑伟鹤举行南海成长合伙人大会,表决修改了有限合伙协议,调整投资策略,"我们后来发现高交所提供的都是一些早期项目;再者,深圳的创投领域竞争比较激烈,南海成长希望拓展 Pro-IPO 市场。"转为更多地涉及早期一段的项目。南海成长目前主要投向一些新能源、新农业、新制造、先进制造业、医药等行业。所投入项目百分之七八十都派出了监事,不仅在每个企业中提供一定增值服务的帮助,同时在其他方面也给企业带来很多提升。
>
> 南海成长不仅在短期内募集到了大量的民间资本,而且在短短不到半年的时间,基本上将所募集 2.5 亿元投资完,共投资了 12 个项目。在此之后,深圳同创伟业创业投资有限公司又成功为南海成长募集了多支基金,募集金额合计达几十亿元,每期基金规模逐期扩大。
>
> 南海成长基金是一种典型的有限合伙制型,它依据《合伙企业法》成立。在有限合伙制下,合伙人被分为有限合伙人(LP)和普通合伙人(GP)两类,有限合伙人仅以出资为限承担有限责任,有限合伙人是主要的基金份额持有人,其出资份额通常会占全部出资的 8 成以上,享有对合伙企业的财产权,以其认缴的出资额为限对私募股权投资基金债务承担有限责任。普通合伙人作为基金管理人,通常需要不少于 1% 的资本金。代表基金对外开展经营活动,对基金的债务承担无限连带责任。

有限合伙型基金的组织架构一般包括投资决策委员会、顾问委员会和合伙人会议。其中投资决策委员会主要负责对涉及合伙企业的重大事项作出决策,一般由普通合伙人组成。虽然作为有限合伙人的基金份额持有人可以通过顾问委员会到作为普通合伙人的基金管理人的经营活动中进行监督,并且,顾问委员会的意见通常会得到基金管理人的充分尊重,但它们并不享有运营企业方面的权利,基金管理人的决策具备一定的独立性。因此,即使顾问委员会对基金管理人的投资决策有不同意见,基金管理人仍然代表基金对外开展经营活动。

合伙人会议则由全部合伙人组成,通常负责对合伙人退伙、身份转让、权益转让、清算等事项作出决策。总之,作为普通合伙人的基金管理人,在基金的运营中占据主导地位。他们在履行管理职责时会产生一定的日常费用,通常将由所有基金份额持有人共同承担。有限合伙人基金的运行机制见图 2-11。

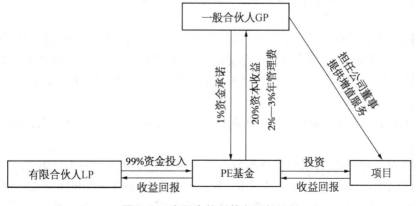

图 2-11 有限合伙制基金运行机制

有限合伙制基金具有以下特点。

(1) 基金组织稳定性。

有限合伙是由全体合伙人所组成的"人的聚合",以及全体合伙人之间的一种协议关系;仅仅通过"合伙协议"的事先约定,将较难调整基金运作中所可能出现的诸多不确定性关系,其稳定性较差。

(2) 当事人责任承担。

有限合伙人享受有限责任的保护,不能参与合伙企业的日常管理;普通合伙人对基金债务承担连带责任,消除了有限合伙人承担连带责任的顾虑,但它所体现出的优势依然有限。有限合伙企业仅限于对"普通合伙人"高度信任的少数投资者。

有限合伙型企业虽没有法人身份,但不会影响其权利的行使,可以根据需要以合伙企业的名义申请贷款或者提供担保。同时,在普通合伙中,所有合伙人都对债务承担连带责任,也不会出现债权人利益得不到保护的问题。

(3) 委托—代理风险。

为防范委托—代理风险,有限合伙可以通过业绩报酬对普通合伙人建立起激励机制,通过无限连带责任的风险承担,靠合伙人之间的私人关系选择普通合伙人,通过合伙协议来事先约束普通合伙人,以降低基金管理人的道德风险。合伙人之间的协议变得越来越复杂和冗长,但仍无法穷尽运作过程中所可能出现的意外情况,使得委托—代理问题的解决具有一定的局限性。也可依靠私人关系对普通合伙人进行约束,但有限合伙的合伙人人数不得超过一定数量。

(4) 投资决策效率。

有限合伙型基金的所有权与经营权相互分离,由有资金优势的有限合伙人与有"专业才能"的普通合伙人进行组合,实现了资源的合理配置。有限合伙型的管理人作为普通合伙人,组成投资决策委员会,可以较为独立地对涉及合伙企业的重大事项直接做出决策。而作为主要基金份额持有人的有限合伙人,仅能间接地通过顾问委员会发表意见,决策效率高。

(5) 制度成本。

有限合伙虽然只涉及签订合伙协议的成本和管理成本,但对于参与和从事像PE这样复杂的资本运作而言,由于投资者较难评估未来运作过程中的诸多不确定性和各种风险,仅签订创业投资有限合伙协议的成本就不低。因为一旦合伙企业发生亏损,有限合伙人须以其出资承担损失,普通合伙人则要对合伙企业债务承担无限连带责任。

(6) 融资结构较为灵活。

有限合伙型基金没有最低资本金的限制,存在协议出资的制度空间。资金的使用实行承诺制,只是在需要投资时,投资人才把现金交给基金管理人,可以在最大程度上提高资金的时间效益。有限合伙人能够较为自由地转让其持有的份额,其他合伙人并不享有优先购买权。

(7) 税收。

有限合伙制不具有法人资格,不属于纳税主体,基金取得的收益,仅需在合伙人层面交纳个人所得税。

综上,契约制、公司制、有限合伙制作为私募股权投资基金设立的主流形式,各有优劣、各具千秋。一般而言,信托制资金虽一次到位,资金效率不高,但其成熟的筹资渠道、类似于有限合伙制的内部治理体制与分配制度为基金管理人所采用;公司制以其完善的内部治理机制与外部法律环境,通过政策优惠避免双重征税,在实际中拥有自己的一块天地;有限合伙制在设立程序与要求、治理机制、利润分配等方面具有灵活性;能够有效地规避双重征税,而受到私募股权基金的青睐。具体选择时,需要综合考虑资金募集的难易程度、资金利用率、投资管理人的责权、利的分配,IPO 退出的难易,税收成本以及法律监管等因素。随着我国金融实践的发展,私募股权基金还出现了基于主流形式的 PE 混合形式,其中以"信托+有限合伙"的混合制 PE 最为典型。

2.3 有限合伙制中 GP 与 LP 的关系

【案例 2-4】　　　　　　　　　温州东海创投的流产[①]

2007 年 7 月 16 日,全国第二家、长三角地区首家有限合伙制私募股权机构——温州东海创业投资有限合伙企业(以下简称东海创投)成立。

东海创投最初拟募资 10 亿元,最低进入门槛为 500 万元,而且投资额必须是 500 万的倍数;首期基金规模为 5 亿元人民币,共有 10 个合伙人组成包括佑利集团、民扬集团、环宇集团等 8 家乐清民营企业和 1 位乐清籍自然人张建文在内的 9 个 LP 和杰思汉能 1 个 GP。该 GP 有二十多年的产业投资经验,在利益分成上,按 1.5% 收取管理费,收益提成为 20%。

然而,在成立不到一年的时间里东海创投却与其管理团队北京杰思汉能分道扬镳。由于管理者与投资人利益取向的不一致,双方的合作目前已告一段落,东海创投已将其所有股权关系及剩余资本转入温州环亚创业投资中心。东海创投的股权关系也一并纳入环亚创投的体系中,成为环亚创投的子公司,今后东海创投将不再承担具体的业务工作。

为了确保有限合伙人的资金安全,东海创投设立"联席会议"作为最高决策机构。根据合伙协议,东海创投的 10 个合伙人均为联席会议成员,胡旭苍出资额最高,担任联席会议主席;每一个投资决策须获得联席会议成员 2/3 的赞成票方可通过,而每个合伙人的投票权数,则根据"每 500 万元作为一股,每股代表一个投票权"计算得出。杰思汉能作为 GP,在东海创投的出资额很少,连拟融资额 10 亿元的 1% 都不到。这就使得 GP 最终成为有限合伙人聘请的经理人,并无最终决策权。任何一笔资金的流动都必须经过大家的签字才可以投资。

东海创投有限合伙协议约定 9 个合伙人定期开会,共同分析市场,商讨投资决策。但每个合伙人都有自己的思想,大家往往很难对一项决策达成统一意见。而且三天两头开会,董事长忙,只能派总经理过来,但总经理对大事又没有拍板的权力。东海创投给予有限合伙人广大权利的初衷最终演变为有限合伙人控制普通合伙人,进而取代普通合伙人,最终导致了东海创投的夭折。

---

① 邹菁,《私募股权基金的募集与运作》(第 4 版),法律出版社,2014 年版,第 99 页。

我国目前的 LP 还不成熟，尚不能够做到投资以后完全由普通合伙人管理，为了保护自身利益，有限合伙人往往要求参与普通合伙人的经营管理。而有限合伙人与普通合伙人之间意见的不统一，成为东海创投中途折翼的一个很重要因素。

从东海创投的流产案例可以看出，中国的有限合伙制下，有限合伙人与普通合伙人还处在纷争和博弈的征途上，有限合伙人完全不参与普通合伙人的经营管理，将经营决策权全部交给普通合伙人在短期内难以实现，两者权利义务的清晰划分还有待中国本土具有职业信任感的 GP 的逐步培养和 LP 的逐步成熟。

基金投资人 LP 与 GP 之间存在委托—代理关系，在选择完 GP 之后，GP 能否忠实地履行其应尽责任呢？由于 LP 不能直接观测到 GP 选择了什么行动，能观测到的是间接变量，这些变量由 GP 的行动和其他的外生随机因素共同决定，充其量只是 GP 的不完全信息。所以，GP 随时可能做出不尽勤勉责任甚至侵害 LP 权益的行为而产生道德风险（moral hazard）问题。

对于创业投资基金而言，创业投资不具有公开信息，仅仅通过市场本身来监督 GP，就相对困难；并且基金资产的价值无法通过公开市场加以评估，也较难通过市场本身来评价 GP。相关的实证研究表明：创业投资的高度不确定性确实增加了 GP 采取机会主义行为的可能性。为了解决道德风险问题，LP 必须建立相应的激励与约束机制。

2.3.1 LP 对 GP 的激励机制

LP 与 GP 之间的委托代理关系在组建协议中得以确定，GP 受 LP 之托进行专业理财。但它们之间存在着严重信息不对称，而合同难以完全规避信息不对称和代理人风险，LP 对基金运营的直接监控并不可行，激励机制尤为重要。

从委托代理角度看，合同关系是企业的本质，调整 LP 和 GP 之间关系的创业投资基金的制度安排是通过一系列合同安排来实现的。LP 与 GP 签订合同以后，将不能控制 GP 的实际行动，委托人 LP 通过建立以下激励机制，确保 GP 的行为不偏离其收益最大化目标。

$$Y = 管理费(MF) + 附带收益(CI)$$
$$= \sum_{i=1}^{n} \alpha \times A_i + \beta \times P_i \tag{2-2}$$

普通合伙人收入（Y）包括两个部分：管理费用（MF）和附带收益（CI）。管理费主要用于日常开支，但除了人员工资、差旅费用、办公场所租金外，创投基金几乎没有其他开支，日常管理成本较低，大部分管理费成为普通合伙人的收入，可视为 GP 的基本工资。附带权益相当于奖金。因为业绩是变动的，GP 的业绩好，则收益高；其业绩差则收益低。

（1）管理费。

股权投资是周期长的过程，需要经过多年的等待才能获得投资回报。但相关的支出却从第一天就开始产生：支付工资、进行尽职调查，需要相应的管理费加以支持。管理费（management fee）根据基金规模大小提取。

$$管理费 = \alpha \times 承诺资本(A) \tag{2-3}$$

α 一般取 2%—3%，且在基金存续期内会保持不变，但考虑到在基金运作的初期和中期，投资经理要选择投资机会、组织交易和管理被投资公司，投入劳动较多；而基金运作的末期，投资经理则将注意力放在筹集新基金上,投入的劳动相对较少。为体现投资经理在参与基金管理程度上的差异,一些基金规定在运作初期采取比较高的管理费率,随后逐渐降低费率,以鼓励投资经理人尽快归还投资者的投资资本。

管理费的大小还与挂钩的指标基数关联。在实践中,为了防止投资经理人不进行投资而坐享管理费的行为倾向,有的基金以投资资金为基数,通过较低廉的费用鼓励投资经理人尽可能把签约资金投资出去,但这一办法也会导致降低投资质量。也有基金以投资的市场价值为基数,这种挂钩办法不仅存在对非上市公司估值的实际困难,还因初期估值偏低而造成管理费用规模偏低,而难以支撑早期阶段的基金的运行。因此,以承诺资本作为挂钩指标更为科学。

与承诺资本相关的还有投资资本。如果将基金存续期内产生的管理费的总和定义为终生费用(lifetime fees),则基金的投资资本(investment capital)为

$$投资资本 = 承诺资本 - 终生费用 \tag{2-4}$$

红杉资本的规模为 2 亿元,存续期为 10 年,其间每年的管理费为 2%。红杉资本的终生费用是 4 000 万元(2 亿元×2%×10 年),投资资本为 16 000 万元,其终生费用占承诺资本的比例并不低。这意味着红杉资本需要获得至少 25% 的投资报酬率(4 000/16 000)才能赚回管理费,达到收支平衡。

(2) 附加权益。

附加权益(carried interest)是普通合伙人能分享的基金收益,是 LP 给 GP 薪酬的最大部分,实质是 LP 给 GP 的看涨期权,即有权但无义务在未来按照设定的价格买入一项金融资产,其大小为投资组合的未来价值。如果投资组合出现亏损,GP 的附加权益没有任何价值,当然,也没有必要为损失承担责任。若投资组合价值上升,则可以获得 20% 的资本利得,且这一比例随着投资组合风险的增加而提高。期权的行权价格是基金的标准成本,期权的期限相当于基金的期限。附加权益的期权价值可能会增加。

$$CI = \beta \times P = \beta \times (退出收益 - 承诺资本) \tag{2-5}$$

若红杉资本的投资者承诺在基金中投入 2 亿元,而总的退出收益是 5 亿元,那么基金的利润为 5 亿元 − 2 亿元 = 3 亿元。实践中,多数基金将 β 值设定为 20%,也有达到 25%—30% 的,视具体情况而定。一个享有 20% 附带权益的 GP 就会获得 6 000 万元。

(3) 管理的基金个数。

基金寿命一般为 7—10 年的有限性,决定了 GP 不能永远持有资金。要获得持续发展,就必须不断募集新的资金。GP 的收入不仅取决于某只基金的规模与收益,而且取决于其管理的基金数目(n),数目越多,则收益越多。

对于新基金,即使 GP 在业内资历尚浅,并不存在这种与业绩挂钩的明确激励措施,但 GP 依然会努力工作,因为他们只有创造一个良好的业绩记录,建立良好的声誉,方能保证更加容易得筹集到后续基金。

因为 GP 要安排已有的投资者和将来的基金,在所投资公司中与其他 GP 联合投资,并与新的所投资公司的企业家谈判。在融资过程中,投资者在很大程度上是对 GP 个人的投资,GP 的声誉是对投资者资金安全性的保证,也是对投资者信任的回报。

投资者可凭 GP 的声誉来决定是否投资于他的基金,基金能否成立和顺利运作取决于 GP 的声誉,过去的经历和业绩都十分重要。如果创业投资家的声誉好、资历深、经验丰富、具有专

长等良好信用时,他们能够吸引机构投资者出资组建基金,其他的 GP 也愿意与其联合投资,而且对其推荐的企业普遍看好,能吸引优秀的创业家来寻求投资,在与新的初创公司的企业家谈判中,创业投资家会具有很强的谈判能力。

股权投资市场的参与者数量有限,大家经常打交道,若 GP 经营业绩不良,失去声誉,失去了大家对他的信任,则很难再从机构投资者中筹集资金,或加入其他有限合伙公司,很难获得金融界一些专业机构的支持与合作。基于上述压力,普通合伙人会极力维护其声誉,努力提高投资的质量。

总之,GP 的收入不仅与其管理基金的规模相挂钩的管理费用,抑或与业绩相联系的附加权益密切相关。

虽然管理费用一般来说是固定的,更准确地说管理费率是固定的,但所管理基金的数量不同,所得的管理费也不同,如果 GP 管理的基金数量与规模越大,其所获得的管理费也越高。

附加权益以利润分配形式对 GP 的努力给予补偿,是联结 LP 与 GP 的利益纽带,刺激 GP 有动力从事带来利润的增值活动,同时也有益于 LP。附带收益的存在,使得 GP 的工作即使没有被直接考察,这种报酬结构仍然激励他们努力工作。使其收入与经营业绩高度相关的报酬形式是解决投资者与创业投资家之间代理冲突的最有效的激励机制,对于防范基金管理人的机会主义行为非常重要。

GP 也愿意接受将大部分报酬体现为附带收益形式的报酬结构,以此向潜在投资者传递一个信号:GP 自信有能力盈利。一般而言,如果 GP 愿意降低管理费以得到更多附带收益,机构投资者更愿意投资于该基金。同时,GP 要想不断地募集新的资金,就要努力保持和提高自己的声誉,成功的业绩是显示 GP 能力的信号,而成功的业绩、良好的声誉,能使其增加所管理的基金数量及规模,增加 GP 收入,从而形成对 GP 持续激励的良性循环。

2.3.2 LP 对 GP 的约束机制

PE 基金面临类似问题:一旦基金筹集完毕,有限合伙人对资金的追索权受到限制,很难限制普通合伙人的机会主义行为。补救措施之一就是利用合伙协议条款限制普通合伙人的机会主义行为。作为有限合伙人的大多机构投资者,可能投资于多个基金,在基金组合中,机构投资者希望每支基金有其独立的投资领域,并能对 GP 行为进行适当的限制。机构投资者有两种选择:①类似于有限责任公司的董事,LP 审查 GP 的投资决策;②在最初的合伙协议中对 GP 进行限制。

从法律的角度,有限合伙制之中 LP 之所以承担有限责任,其前提条件是 LP 不参与基金日常管理,不干预 GP 的投资决策,只能参与基金顾问委员会等,起咨询的作用。

从成本的角度,谈判和强制执行合同条款的成本很高,且限制行为的利益大于成本时,限制性条款就会包括在合同中。

不同合同的监控难易程度和机会主义行为诱因不同,最佳的限制性条款也有所不同。订约双方应在限制某些行为的利益与谈判、签署和监督执行合同条款的成本之间进行权衡。可能导致限制利益增加或监控成本下降的有关基金或企业的某些因素将导致限制性条款增加。

从效率的角度,限制性条款的数量是风险投资服务的供求关系的函数。如果对经验丰富的 GP 服务的需求增长迅速,而投资家服务供给在短期内固定不变,那么,私募股权投资服务的价格就会上升,私募股权投资家的预期报酬就会增加。私募股权投资服务价格,即 GP 收益不仅包括有形的货币报酬,还包括通过某些活动获得的个人声誉,这有助于他筹集下一只基金。但是,LP 的预期收益可能因私募股权投资家的这类行为而减少,因此,他们设法阻止私募股权投资家的这种行为。限制性条款产生增删的原因可能有以下两种。

1. 私人利益调整是一种最优反应

基金预期回报和私募股权投资家树立声誉的行为确定了一个可行合同的帕累托边界。预期回报的增加必然伴随着树立声誉活动的减少,反之亦然。如果私募股权投资家使两者组合达到最优,那么需求的增加就会引起货币报酬的增加和限制性规定的减少。在通常情况下,合同中限制性规定的调整更易操作,且成本较低。

2. 机构投资者中的代理问题

改变二八开的利润分配方式会引起机构投资者的广泛关注,可能在风险投资业引起连锁反应,如价格战。与直接改变利润分成比例相比,变更限制性条款是一种不太直观的价格调整方式,引起注意相对较少。负责选择风险资本投资的投资管理人发现以这种方式做出的让步不太容易招致监管者的审查。投资者主要依靠激励而非直接监督来规范 GP 的行为。因此,机构投资者一般要求在合伙协议中限制 GP 的投资活动。

总之,无论从法律、成本以及市场效率等方面进行考量,一般采取第二种解决方案。这种限制性条款可分为三大类 14 种,每种限制性条款都同一种 GP 可能进行的谋取个人私利但给有限合伙人带来损失的机会主义行为相挂钩。

1. 出资比例

GP 对基金的出资不低于 1% 法定下限,使 GP 利益与 LP 的利益之间形成一定关联,但很难真正代表 LP 的利益以及得到有限合伙人的信任。为防止 GP 损害 LP 的利益,减少代理成本,要求 GP 注入 1% 的资本,可以对 GP 轻率的冒险行为形成一种钳制作用。

2. 投资分期到位安排

若全部出资一次性到位,基金的投资回报率会而降低,因此,较多基金倾向于采纳分期注资的方式。协议一般约定承诺资本全部到位的最短和最长期限,即所有资本在基金成立后的第 2—5 年间全部到位。LP 采用分期到位注入资金,意味着 LP 与 GP 之间的博弈不是一次性的,而是重复博弈,LP 保留了所承诺的首期注入资本以外的资本撤销权利,可以根据与 GP 的上一次博弈结果决定以后是否投资和投资数量。相对于一次性注入,可相应减少投资风险,同时,可甄别和优选高声誉、好业绩的 GP,淘汰低声誉、低业绩的 GP,对 GP 形成约束。

3. 存续期

PE 的存续期是有限的,一般约定为 10 年,经 LP 同意可申请延长至少两年。这种延长一般都会得到批准。有些协议中规定需要 LP 一定的投票通过率(通常是 2/3)才能展期,有些协议则把展期的权利交给了 GP,展期通常是 3 年。基金存续期满,所有的现金和证券都被分配完。

在基金融资过程中,为了防止普通合伙人可能进行的机会主义行为,除上述三种基本的约束条件外有限合伙人通常采用下列合同条款来约束融资过程,如表 2-1 所示。

表 2-1 合同限制条款[①]

基金管理	投资类型
限制对单一公司的投资规模	限制投资于其他基金
限制债务的使用	限制投资于二级市场证券
限制对更早期和更晚期基金的联合投资	限制投资于杠杆收购
限制合伙企业资本利得的再投资	限制投资于外国证券
普通合伙人的行为	限制投资于其他资产类别
限制普通合伙人的跟投	
限制普通合伙人出售合伙权益	
限制普通合伙人募资	
限制普通合伙人的其他行为	
限制新增普通合伙人	

1. 最小融资规模

LP通常对基金规模有明显偏好,大多数合伙协议给基金设定最小和最大融资规模。如果GP无法从其他投资者募集超过最小融资规模的资本,这往往表明其他潜在投资者可能拥有最初投资者没有的负面信息,最初的投资者可能选择解散基金。这项规定的作用类似于 IPO 中的"最大努力"(best efforts)条款,约束如果承销商不能卖出某一最低数量的股份,该次发行将被取消,最初的投资者可以收回其投资。

2. 投资额限制

单笔投资限额在协议中有关集中度限额,或者基金百分比的条款,即限制基金投资于单一公司的资金比例,以保证投资组合的多样性。基金投资的项目数量足够多,可防止 GP 在对某个企业已经投入了大量资金后,依然在其身上花费过多的时间和资金;或者 GP 可能会追求高风险策略,将大量资金投资于一家陷入困境的公司,以期奇迹出现,达到分散投资风险的目的。其单笔最小投资额度可采用:

$$最小单笔投资 = \frac{基金资金总额}{VC合伙人数量} \times 每个合伙人能够管理公司数量 \qquad (2\text{-}6)$$

假设某 VC 管理一支 3 亿元的基金,拥有 5 位合伙人和 10 位投资经理(国内比较典型的外资 VC),还假设每位合伙人能够管理 10 家公司,投资经理能够管理 5 家公司,那么,

$$最小单笔投资 = \frac{3亿美元}{5 \times 10 + 10 \times 5} = 300 万美元$$

如果某企业的融资需求达不到 300 万元,PE 很有可能不会感兴趣。为了达到集中度限额的规定比例,LP 采取的措施是征得 LP 顾问委员会的批准,而对于那些资金总额不太大的项目,要想参与只能允许 LP 对交易进行联合投资。

PE 的管理成本随着有限合伙人数量的增加而上升。LP 可能担心基金规模太大,投资太

[①] Gompers Paul A., Joshua Lerner. The Use of Covenants: An Empirical Analysis of Venture Partnership Agreement. Journal of Law and Economics, 1996, 39(2): 463-498.

多的项目,因而超出GP的管理能力和精力。通常,只要LP明确同意,基金最终规模可超过合同设定规模的10%—20%。

考虑到不同阶段的融资需求,各个阶段的投资规模也存在差异,如表2-2所示。

表2-2 不同阶段的VC单个项目投资规模

阶　　段	投资规模
种子	10万美元—100万美元
早期	100万美元—1 000万美元
成长期	1 000万美元—3 000万美元

由于PE公司管理能力有限以及出于对项目管理效果的考虑,资金规模为5亿元以上的大基金通常并不会投资很多项目,而是通过投资于成长期、成熟期的公司,提高单笔投资的额度,来保证投资项目不至于过多。

3. 借债与再投资的限制

作为期权持有人,GP往往倾向于利用杠杆融资增加收益的变动性,获得更多收益,但这样做会给LP带来不必要的经营风险。因而,LP通常会限制GP的借贷能力,即便同意,也会对债务规模、时期加以限定,或对投资组合公司债务的担保加以限制。

基金机构每隔几年筹集一支基金,而当管理多只基金时,若各支基金之间资产相互交易,可能引发机会主义行为。例如,GP将较早、较晚成立的两支基金投资于同一家处于困境的公司,以使其公司脱离困境;后将利润进行再投资,而不是向LP分配,因而损害LP的利益。对于这种行为,大多数合伙协议进行了限制,通常要求GP在进行这样的投资前必须得到绝大多数有限合伙人的批准。

4. 限制PE向投资对象投入个人资本

一旦PE向某个特定项目投入私人资本,使其过分关注该项目而忽视对基金其他投资的管理,并且在企业应当放弃的时候,也不会终止投资。因而,合伙协议规定,在创业投资家向企业投入个人资本以前,必须得到指导委员会或投资者的同意。有的协议则要求,创业投资家对基金的每一个投资项目都投入一定数量或比例的个人资本。

5. 个人跟投

跟投基金所投资的目标公司可能会为GP带来巨额的财富,同时,会带来GP减少对LP参与而GP没有投资项目的关注,甚至会牺牲投资组合中的其他公司利益来为该公司牟利。对于有问题的公司,GP可能会不愿意终止融资。因此要么GP投资于某一家公司的金额可能受到限制,要么需要获得LP顾问委员会的批准。而针对跟投的时点与价格,合伙协议会要求GP与他们所管理的基金在同一时间、按照同一价格进行投资,以规避GP按照非常低的估值购买新成立公司的股权,之后迅速让合伙基金按照更高的估值投资于该公司。

6. GP出售合伙权益

虽然GP出售自己在基金利润中的份额不能完全与LP的权益相比,但仍可能是一笔不错的投资。因此,LP会担心这样的交易完成后会减少GP继续监管投资的积极性。因此,合伙协议会禁止GP完全出售合伙权益,或者要求得到大多数(或者绝大多数)LP的批准。

7. 未来募资

新募集一支基金会增加 GP 收取的管理费，但也可能会降低 GP 对现有管理基金的重视程度。此外，募集基金活动会严重分化合伙关系，使得 GP 可能进行次优的选择，比如之前提到的交叉基金投资，或者高估投资组合公司的价值。合伙协议可能会限制 GP 发行新的基金，除非现有的基金已经投资了规定的比例或者达到了某个规定的时间。募集资金可能被限定于固定规模或专业领域的某只基金。

8. GP 用于投资的时间

GP 的时间是稀缺性资源，为防止 GP 投资其他的项目，降低管理合伙企业的对投资的关注与时间。这一限制通常存在于最需要 GP 全身心投入基金工作的合伙企业的前几年，或者在基金的资金已经投资了一定比例之前。

9. 新的普通合伙人

通过雇佣较少经验的 GP，私募股权投资者可能会减轻自身的工作负担。但就向新的雇员介绍公司文化这点来说，引入新的合伙人所付出的代价也是相当大的。而且，LP 通常会选择将他们的资金交给在基金募集书中提到的特定个人来进行管理。因此，许多基金要求，新增任何 GP 都需要获得顾问委员会或者一定比例的 LP 批准。很多情况下，为了不破坏合伙协议的规定，新的雇员通常会先以"风险投资合伙人"的身份出现，直到一支新的基金募集，那时他们才成为真正意义上的 GP。

10. 投资的类型

LP 会担心 GP 追求的投资类型。如果 GP 投资于专业领域，将可获得相当优厚的报酬。如果他们选择投资于股票而非高科技的创业企业，那他们获得的报酬就过多了，因为其他人能做得更专业并且管理费更低。GP 可能选择投资于其他资产类别来获得在这些方面投资的能力。同样，VC 公司也试图做并购投资，但结果也不乐观。LP 希望 GP 将他们的专业能力用在拥有良好投资业绩记录的行业上。

在国内的实践中，为吸引到投资人，不少私募股权基金采用有效机制，确保有限合伙人收回投资之后才可分享利润分配，具体解决办法有回拨机制、优先回收投资和结构化设计等方式。

1. 回拨机制

回拨机制是建立在 PE 每单个项目退出后就分配的前提上，要求 GP 从每单个项目获取的收益分配中拿出一定比例存入以 LP 名义专门开立的 GP 收益分成账户，收益分成账户中的资金用于确保 LP 收回其全部实缴出资额，也即作为某些投资项目亏损后补亏的有效方式。当有限合伙取得的现金收入不足以满足分配要求时，收益分成账户内的资金进行回拨，直至 LP 收回全部实缴出资，在已确保 LP 收回全部实缴出资的前提下，GP 可自行支配收益分成账户的资金。如有限合伙终止时，LP 仍无法收回全部投资，GP 应将其从有限合伙中获取的其他收益回拨，直至 LP 收回全部实缴出资。

例如，某有限合伙协议就约定所募集的人民币基金在利润分配时每个盈利项目应留存收益的 40%，用于弥补可能亏损项目的投资本金。同时，若 LP 总体平均收益高于约定的有限合伙总体投资收益的 25%，超出部分应进行回拨，回拨部分按合伙人的实缴出资比例分配。

2. 优先回收投资

优先回收投资不是就单个项目计算并分配普通合伙人的收益，而是所有项目"一揽子"计算和分配，在分配之前首先要确保投资人已全部回收投资。其约定投资收益分配顺序为：投资

者先取回投入基金的全部出资(投资总成本),其余部分向全体合伙人按投资比例进行收益分配。先计算基金的内部收益率 IRR:

IRR≤8%,全部投资回报分配给全体合伙人;

8%<IRR≤10%,8%部分分配给全体合伙人,其余收益分配给普通合伙人;

IRR>10%,回报的 80%分配给全体合伙人,剩余 20%分配给普通合伙人。

3. 结构化设计

所谓结构化设计就是将收益权进行分层配置,购买优先级的投资者享有优先收益权,购买次级和劣后级的投资者享有劣后收益权。在固定收益类私募股权投资产品中,劣后级投资一般由融资方投资,期满后,投资收益在优先保证优先级受益人本金、预期收益及相关费用后的余额全部归劣后级受益人;若出现投资风险,也先由劣后级投资者承担。

我国本土 VC/PE 投资机构的募资模式及投资风格近年来发生了快速的改变,逐渐形成了具有"中国特色"的 VC/PE 发展路径。行业内一些 PE 基金早已开始在基金投资收益模式上进行创新,曾出现参考信托产品普遍采用的"结构化概念",将 LP 分为优先及劣后两个级别。

有限合伙制 PE 基金借鉴结构化模式,设置优先、劣后两种级别的 LP,出资比例 3:1,GP 在基金中出资 1.0%,每年收取管理费 2.2%。投资项目开始退出后,投资收益分配顺序为:①先返还优先 LP 本金,优先 LP 本金收回后,继续对该类 LP 分配出资额 50.0%的投资收益;②返还劣后 LP 本金;③返还 GP 本金;④上述分配完毕后,如还有剩余投资收益,优先、劣后 LP 和 GP 分别按 30.0%,45.0%,25.0%分配。

从结构来看,劣后级 LP 和基金的 GP 为优先级 LP 提供了"安全垫",使其可以先行收回投入的本金,并获得出资额 50.0%的投资回报。然而,也正是因为提供了"安全垫",且晚于优先 LP 参与投资收益分配,这两类出资人所承担风险加剧,对于投资收益预期也更高,劣后 LP 在剩余投资收益分配时将获得最大比重,而 GP 则将以 1.0%的出资在剩余投资收益分配时获得其中 25.0%的份额。

可见"优先回收投资"不仅确保投资人优先回收投资,而且上述案例更进一步确保投资人在取得年回报 8%的基础上,GP 才可以取得利润分成。无论是"回拨机制"还是"优先回收投资"均反映了目前中国 GP 在募集资金时的处境,为吸引到投资人在利润分配时所做的妥协与退让。

【案例 2-5】   **1898 咖啡馆**

1898 咖啡馆与北京大学校友创业联合会有着天然的渊源。北京大学校友创业联合会是北京大学校友会下属的分支机构,是杨勇联合北大纵横创始人王璞、一起写网(17xie) CEO 徐志勇、奥琦总经理孔令博等校友共同推动,于 2010 年 3 月由北大正式批准成立的。某种程度上可以说,北京大学校友创业联合会是北大首家以服务年轻校友为目标的官方组织,以三四十岁的中青年创业校友为主要服务对象。联合会以"汇聚校友力量,实现互惠共享,帮助校友持续创业,形成北大创业者全球的项目、资金、人才的互动"为宗旨,为北大校友创业者搭建与官、产、学、研、媒等各界朋友交流合作的平台,助力校友们持续创业发展。成立 5 年时间,联合会已成功举办了 800 多期校友活动,组织走访了近 200 家各行各业优秀的校友企业,共有数万人次校友参与。

北京大学校友创业联合会开展了很多丰富多彩并且富于实效的活动,但缺乏属于自己的活动场地和运营经费。作为首任秘书长的杨勇,在他看来,这是最需要解决的问题。他动了不少脑筋,也补贴了不少钱。

开一家咖啡馆是杨勇很早就有的想法,主要诉求就是解决北京大学校友创业联合会的活动场地和运行经费,但是一直找不到合适的场地。事实上,目前1898咖啡馆位于中关新园9号楼的400多平方米的场地,是杨勇持续跟进了两年才拿到的。杨勇对开咖啡馆并不熟悉,也没有什么把握,当时只是想,即使咖啡馆做不成,这个场地也可以用来做自己公司的办公室。随后,围绕着咖啡馆如何服务好校友,并克服传统协会的缺点,杨勇开始构思一整套新的模式。杨勇想,首先,这家咖啡馆应该是大家的而不是少数人的。其次,既然是大家的,如何保证大家"常回家看看"呢?因此,做一家校友咖啡馆的倡议迅速得到了校友们的积极响应,经过一番前期的沟通和磨合,咖啡馆第一批联合创始人便陆续产生了。

2013年10月18日,历经半年的筹备,1898咖啡馆盛大开业。当天,北京大学常务副校长吴志攀、中关村管委会副主任王汝芳、北京大学校友会秘书长李宇宁等出席开业仪式并致辞。中央宣传部原办公厅主任、北京大学首届研究生会主席薛启亮,以及王瑛、刘佳、赵文权、孙陶然等北大创业校友代表出席活动并发表了演讲,特约央视知名主持人、北大校友张羽全程主持。1898咖啡馆的牌匾是著名经济学家厉以宁先生题写的,厉老还专门题写了"从来新路新人找"的寄语。开业当天还有别出心裁的拍卖环节,拍品分别为第一杯咖啡、终生免费咖啡、未名湖图咖啡杯和江湖令,拍到者分别为宋宇海、赵文权、孙陶然、徐志勇,价格分别为1898元、18 980元、18 980元、39 800元,由杨勇公司员工担任拍卖师,那红负责产品介绍和展示。从18日到20日这3天,全场免费提供咖啡及点心,总计超过1 500人次的校友及创业者前来体验、交流。短短1个月的时间,通过微信传播,世界各地的北大校友中就有很多人都知道了1898咖啡馆的存在。

1898咖啡馆在室内设计上非常用心,既有历史厚度又有时代气息,在不经意间会让你发现许多北大特色元素:一进门,正对面的服务台后墙上装饰成了红楼的样子,能够马上勾起你的北大印象;左边的三角地,一层一层贴满了大家写下的感悟,那些真挚的话语能够瞬间点燃你的北大情怀,让许多校友又回到了那段青葱岁月;通道尽头肃穆的"大学堂",是一个能容纳70人的会议室,来到这里你就会期待着思想的交流和智慧的盛宴;木质桌子的桌号也是以博雅塔、未名湖等学校特色景点来命名的,让你仿佛身临其境。

2014年春节,1898咖啡馆通过微信和口碑传播在越来越多的熟人圈子中"火"起来了。谈论的人越来越多,来"取经"的人也越来越多,大家带着各自的想法,希望在这里获得点石成金的诀窍。不同的人、不同的想法、不同的商业模式,都极大地刺激了杨勇对众筹的思考和认识的深入。

以1898咖啡馆为基地,杨勇按照每月一到两次的频率,开始分享自己的实操经验。哈尔滨工业大学法学院院长赵宏瑞教授与杨勇交流后,写了一篇文章《"众筹"公司的股权设置路径突破》,认为北大1898咖啡馆众筹模式与来自大洋彼岸的众筹模式完全不同,是一种符合中国文化特点的全新模式,他称之为众筹2.0。同时,北大各地校友会,甚至其他高校的校友会也纷纷考虑参照1898咖啡馆众筹模式,建立自己的校友交流平台。

可以说，1898咖啡馆自横空出世之日起，就拥有了一套完整且具有很强创新性和操作性的理念与规程，使得咖啡馆能够健康运行。而作为联合创始人的股东，能够各得其所。

1898咖啡馆众筹模式，只面向熟人圈遴选股东，在股东人数不超过200人的前提下，从年龄、院系、行业、发展阶段等维度去筛选股东，优化股东结构。

从专业和行业上看，发起人基本覆盖了北大1977—2000级的所有学院、专业，涉及金融、移动互联、新能源、新媒体、教育、法律、高科技等诸多领域；以科技、文化产业为主，新能源、新媒体、环保节能等新兴行业与教育和医疗等传统行业适当搭配。

从年龄上看，八成左右发起人是"70后"。"70后"校友多处于事业上升期，大多已有所成就，但继续上升的动机仍非常强烈，因此积极寻求合作，带动了圈子的活力。同时，也吸收成功的"50后""60后"企业家，如北大纵横创始人王瑛、蓝色光标董事长赵文权、拉卡拉董事长孙陶然、佳美口腔董事长刘佳等。另外，也吸收特别优秀的"80后""90后"创业校友。

从创业阶段和资源上看，股东基本覆盖财务、法律、银行、投资等领域，能够最大限度地为处在各个创业阶段的校友提供所需资源。

从参与者特征看主要聚焦以下人群：处于事业发展期，有实现更大发展的强烈动机；愿意分享，需要广交朋友拓展入脉圈子；乐意参与校友活动，希望与校友互动合作。尽量剔除事业发展处于非常稳定状态、缺乏进取心、只出钱不参与互动分享的人。

咖啡馆以开业为节点分前后两批招募股东，开业之前是第一批，出资额3万元，开业之后是第二批，出资额5万元。分批招募之所以有金额溢价，是因为考虑到前期组建有风险、有难度，参与的人投入多、贡献多。一旦咖啡馆成功开业，其口碑、影响力和圈子价值日益凸显，后期参与的价值和热情都会越来越高。

许多人找到杨勇咨询，并且在准备开始自己的项目时希望得到一个方案文本，杨勇的回答是，筹备1898咖啡馆时，就没有详细方案，只是确立了几条基本规则：按照出资额返还等额消费卡，股份完全平均，承诺3年内咖啡馆不倒闭。

众筹咖啡馆的组织架构设计很有特色（见图2-12），设有执委会、监事会、轮值主席、秘书处。执委会相当于董事会，执委要求由圈子里有一定公信力且乐于作为志愿者为大家服务的人担任。

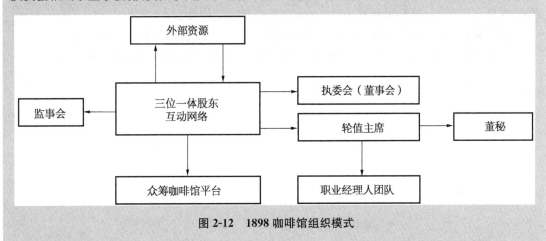

图2-12　1898咖啡馆组织模式

秘书处的主要任务是为股东提供服务,说白了就是帮股东赚钱。同时,招募职业经理人专职打理咖啡馆的日常运营。这样,几方面的权利与义务都得以平衡与兼顾。执委定期轮换,可以随时过问咖啡馆的经营情况;股东一年获得一份财务报告,如果认为有问题,可以通过执委"代言"查账。

为激励股东互动参与,1898咖啡馆建立了"股东值班制":每位股东每年要在咖啡馆值一天班,上午当服务员,体会一下服务工作;下午约朋友在此聚会聊天;晚上要办一场主题活动。这不仅提高了大家的参与感和归属感,客观上也起到扩大宣传、提升消费的效果。

1898咖啡馆从筹备到开张,都是联合创始人共同出钱、出力的结果。咖啡馆内悬挂的乐视电子屏,是联合创始人、乐视高级副总裁高飞捐赠的;整整两面墙的书架上摆满的各类经典图书,是联合创始人、当当网CEO李国庆捐赠的;咖啡馆使用的饮水杯具,是联合创始人、花色优品创始人万格格捐赠的,标志也是花色优品免费设计的……这样的贡献也能给付出者带来一些好处,例如经常会有人询价购买乐视电子屏或者花色优品的创意产品……事实上,这三五万元的咖啡馆入资,很多股东很快就通过股东圈子的资源整合赚回去了。1898咖啡馆在纽约时代广场大屏幕播放宣传片,也是股东们出钱出力、自主协作的结果。纽约时代广场是全球知名品牌的传播圣地,可口可乐、三星、索尼等国际大牌企业长期在此宣传,五粮液、银联国际、海尔、伊利等中国品牌也曾先后登陆。1898咖啡馆的宣传片由轮值主席那红牵头推动,从发起、组织,到拍摄、制作,再到宣传、展示,都是由1898咖啡馆的联合创始人自发提供相关资源来实现的。

大部分单店咖啡馆是不赚钱的,所以最初做咖啡馆时大家预期都比较低。从1898咖啡馆近两年的经营情况来看,实际运营情况要比预计的好很多,当初设想可能有20%的消费者是股东之外的人群,而目前每天流水的70%都来自非股东群体。这,就是1898咖啡馆众筹模式的神奇魅力!

1898咖啡馆的众筹模式,通过"小圈子"打造"大平台",基于股东校友的信任形成高效互动合作,围绕创新创业主题,汇聚官、产、学、研、媒等全方位资源,形成创业生态圈,为企业家、创业者、投资人提供聚会、学习、交流和合作的平台,使创业者在这里能够获得自己所需要的支持,让好项目更容易找到投资,让资金更容易找到好项目。

资料来源:根据杨勇、韩树杰著,《中国式众筹》,中信出版社,2015年版改写。

Chapter 3　创业投资行业的选择

投资机会指有利于投资的一系列因素所构成的良好的投资环境和时机。私募股权投资是一个由面到点的过程。所谓的"点"即是产业,"面"则为企业所在的产业。理性选择是先选择一个具有盈利性的产业,再在所选择的产业中选择具有较好成长性的企业。

投资机会的选择对其取得成功非常关键。选择正确,犹如顺风扬帆,事半功倍;选择错误,则如逆水行舟,事倍功半。尤其在互联网思维下的企业成长价值链愈加分段化、精细化的今天,机会来得急,走得也快,机会选择更为重要。只有识时之义,观时之变,用时之机,知时之行,时行时止,才能抓住机会,谋定而后动。为此,本章主要介绍宏观经济发展趋势、行业的市场机会与产业机会,私募股权投资基金进行行业投资机会选择的宏观逻辑与产业逻辑。

3.1　宏观环境变化趋势分析

社会与经济环境复杂多变,经济盛衰交替、技术的变革、政治和制度改革、社会和人口因素的变化,都是投资机会产生的重要来源。了解这些因素的发展过程及其趋势,可以预测其未来的发展方向、潜力与机会,但它们往往处于萌发阶段而不被多数人接受和认可,因而,一旦能够及早地发现并把握,就有可能成为未来趋势的先行者和领导者;一旦被人们认可,它将产生持久影响,带来巨大的利益。

3.1.1　经济发展趋势

经济发展具有萧条、复苏、繁荣、衰退阶段而呈现周期性变化趋势。熊彼特认为,这种经济周期是创新所引起的旧的均衡的破坏,同时向新的均衡的过渡过程。

在复苏阶段,创新直接引起工厂经济活动的增加,包括引入新产品、提高既有产品的质量、采用新的生产技术、开辟新的市场、获取新的原料、实行新的公司组织架构等方式。此时的创新直接引起工厂内生产部门的扩张,新工厂的创建,进而带动日常消费品的部门、工厂扩张,社会日常消费品需求的开始增加,投资、投机机会增多。

在繁荣阶段,大量的投资、投机机会已经脱离起初的、最基础的本部门、本工厂内部的技术创新或产品创新,整个社会的货币需求急剧增大,银行信用开始扩张,不仅为工厂或部门,也在为投机行为提供着资金。在此阶段包含着大量的过度投资或投机以及投资失误行为。

在衰退阶段,过度投资、投机行为导致创新所获得的超额利润和盈利逐渐消失,并开始消退,货币需求逐渐减少,银行信用开始收缩,生产资料和日常消费品的供给都有所减少,整个经济开始收缩,进入衰退期。

在萧条阶段,由于大量的部门、工厂停止生产(衰退阶段导致的直接后果),导致生产资料与日常消费品的供给量减小,导致物价增高;而由于大量部门、工厂的关闭,整个社会的收入水平却在减小。此时,只有下一轮的创新活动的开始,才可以引领经济走向下一轮的复苏。

经济周期不同阶段对于不同行业的机会也不一样。当经济处于繁荣期,人们可支配收入增加,购买高档品、奢侈品来提高生活质量意愿强烈,在复苏期投资进行高档品、奢侈品生产的行业具有较好的价值。相反,经济处于衰退期,投资生活必需品的行业则具有良好的发展前景。

美林证券[①]对美国1973年4月—2004年7月的月度数据进行实证研究,利用OECD的GDP缺口估计值和CPI同比数据两个指标,将美国的经济周期划分为衰退、复苏、过热、滞胀四个阶段,分别计算四个阶段不同的资产以及不同的行业资产回报率,构建了美林时钟模型,在判断所处经济周期的基础上,提出对应各个阶段表现较好的资产或行业进行配置,从而在经济变动的过程中获益(见表3-1)。

表3-1 美林时钟对经济周期的划分标准

	衰退	复苏	过热	滞胀
GDP缺口	↓	↑	↑	↓
CPI同比	↓	↓	↑	↑

当经济进入衰退期,经济增长由波峰开始回落,通货膨胀下降,物价水平走低,企业利润减少,经济依旧保持持续低迷的状态,此阶段中,包括日用产品和食品的主要消费行业、包括汽车服装休闲的可选消费行业及医药行业这些防御能力较强的行业表现较为强势。同时政府为刺激经济而采取的一系列积极的货币政策,会刺激对利率敏感的行业如金融、房地产的崛起。因此,衰退阶段应投资于防守增长型的行业,比如:主要消费行业、可选消费行业、医药行业。

经济走过谷底转向复苏期时,可选消费行业的需求会非常的旺盛,同时政府为刺激经济发展采取的一系列积极的政策措施会营造出较为宽松的市场环境,这些会促使企业加大对生产设备及新技术的投入从而改变产能落后、利润下滑的现状,从而带动信息技术行业和电信行业的发展,企业扩张性投资也会带动金融服务业的发展。政府建设公共设施及扩大生产的过程会带动基础原料和工业需求,基础原料的需求增加会带动能源行业价格的上涨,所以在复苏阶段后期,石油和天然气行业会慢慢的兴起。复苏阶段应投资于周期增长型行业,比如:信息技术业、电信行业。

进入过热期,经济增长与通货膨胀同时上涨,信息技术的发展推动着各个行业的发展,交通、航空、建筑等一些工业部门繁荣发展,对石油、天然气等能源的需求也不断增加。过热阶段后期,不断扩张生产导致产品积压严重,可选消费的供过于求,导致可选消费行业表现较差。为避免通货膨胀进一步上升,央行会减少货币的供应或加息,此时工业股一般会有较优异的表现。经济增长在过热阶段后期会逐渐放缓,此时应增加对主要消费、医药等防御行业的投入。过热期应投资于周期价值型行业,比如:石油和天然气行业、信息技术行业、工业、主要消费行

---

① The Investment Clock, Merrill Lynch, 2004.

业、医药行业。

进入滞胀期,通货膨胀问题较为严重,生产过剩,企业的存货积压严重从而放慢生产投入,石油和天然气行业虽会继续上涨但是上涨速度会越来越缓慢。央行会继续放慢货币的投入,利率开始上升,市场投资环境收紧。在滞胀期,应投资于防守价值型行业,比如:石油和天然气行业、医药行业、公共事业、主要消费行业。

经济周期理论表明,随着企业家将创新引入经济系统,不仅给物质产品生产,而且给消费品生产带来了投资机会。不同行业或多或少都会受到经济周期的影响,但影响的大小不同。像煤炭、石油、化工、房地产、证券这种行业就具有很强的周期性,而食品饮料、医药这种行业周期性就不明显,教育培训行业具有较强的抗周期性,可以为投资者带来更加稳定的业绩和利润。因此,对于不同行业带来的投资机会也存在差异。

资本的逐利性和不流动性使得私募投资者要求投资的高回报性,而投资的风险性也是投资者需要考虑的重要因素。从经济发展周期来看,在经济衰退期投资,风险较高,可降低投资成本,未来的获利空间较大;投资于经济繁荣期,投资成本会增大,未来收益可能相对小一些。如何寻求投资风险与收益之间的平衡是投资时机选择必须考虑的重要因素。

经济发展的周期性在资本市场的反应比较直接,相对于私募股权投资于实体则相对比较间接;投资者比较难以把握一个行业的投资周期变动规律,且容易被市场表象欺骗,投资周期性的行业风险比较大,尤其是市场极度繁荣之时,而经济不同阶段过渡之间转换的拐点恰恰是最佳的投资机会,如何科学地识别与把握最为关键。

3.1.2 技术发展的趋势

技术的发展为投资提供了技术机会。技术使人们可以做以前不可能做的事情,或更有效地去做以前所做的事情。技术突破可以为新产品的发展提供机会,渐进式改进技术则为企业工艺改进、产品升级提供机会,例如,大规模集成电路技术、彩色显像管技术的不断的渐进性改进,为开发各种类型的彩色电视机提供了机会。相关行业技术进步提供的机会为本行业提供原材料、能源、配件的"上游"行业及以本行业产品为原料、部件的"下游"行业的技术进步也将为企业提供技术机会。例如,航天技术的进步使卫星传输信号技术日益实用化,这为通信业提供了新的技术发展前景和机会。

技术的发展还为投资提供市场与产业机会。物联网、新能源、新材料、移动商务(流动人口交流能力)等新技术创造了新的应用前景和新的需求,为项目投资提供了新的市场机会。以电子信息化与互联网、移动增值服务为基础的经济形态,当前包括软件、互联网、通信、自动化在内的电子信息技术已渗透到各个领域和行业,催生出各类新兴业态。随着网络通信速度、容量、清晰度、互动功能、交易、支付结算六大技术瓶颈的解决,以互联网为核心,结合手机、电脑、电视等大众化消费品,衍生出无限的商业开发价值,形成世界上最大的商业、消费与服务平台。如电子技术和通信技术的发展加速了移动通信技术的演进,为手机业发展提供了广阔市场。同时,重大技术突破及相关技术的进展为新产业诞生、原有产业的改造和升级提供了可能。在新的技术革命的推动下,信息、生物、新材料、新能源、空间、海洋等领域的高技术产业迅速发展。

经济发展存在的周期性背后与技术创新浪潮紧密相关,这些创新浪潮通常被认为是由前一个周期的衰退所引起的;在每个经济周期中都存在与主要能源相关的主导性技术;而技术的本身也存在自己的周期发展趋势。通常由诞生于硅谷的描述新技术、新概念在媒体上曝光度随时间的变化曲线——技术循环曲线(The Hype Cycle)或技术成熟度曲线来体现。

著名的 Gartner 咨询公司依其专业分析预测与推论各种新科技的成熟演变速度及要达到成熟所需的时间，分成 5 个阶段。

科技诞生的促动期（technology trigger）：在此阶段，随着媒体大肆的报道过度，非理性的渲染，产品的知名度无所不在，然而随着这个科技的缺点、问题、限制出现。

过高期望的峰值（peak of inflated expectations）：早期公众的过分关注演绎出了一系列成功的故事——当然同时也有众多失败的例子。对于失败，有些公司采取了补救措施，而大部分却无动于衷。

泡沫化的底谷期（trough of disillusionment）：在历经前面阶段所存活的科技经过多方扎实有重点的试验，而对此科技的适用范围及限制是以客观的并实际的了解，成功并能存活的经营模式逐渐成长。

稳步爬升的光明期（slope of enlightenment）：在此阶段，有一新科技的诞生，在市面上受到主要媒体与业界高度的注意。

实质生产的高峰期（plateau of productivity）：在此阶段，新科技产生的利益与潜力被市场实际接受，实质支援此经营模式的工具、方法论经过数代的演进，进入了非常成熟的阶段。图 3-1 是 Gartner 2016 年 7 月进行的技术周期循环曲线。

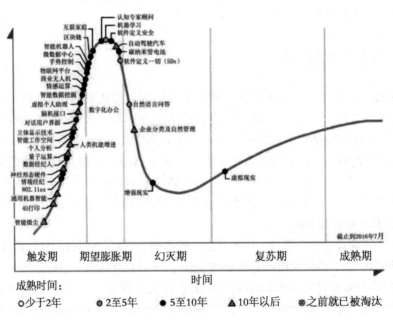

图 3-1 技术循环曲线

（来源：Gartner 2016 年 7 月）

图 3-1 显示，最新新兴技术的发展存在以下趋势。

（1）感知智能机器时代的到来。由于强大的计算能力，海量数据，并在深度神经网络的前所未有的进步，拥有智能机器技术的企业能够充分利用数据，调整适应新环境，解决前人从未遇到的问题。因此，智能机器技术将是未来 10 年里最具破坏性的一类技术。围绕着与此相对应的中智能微尘、机器学习、虚拟个人助理、认知专家顾问、智能数据挖掘、智能工作空间、会话用户界面、智能机器人、商业无人机、自动驾驶汽车等。

（2）透明化身临其境的体验技术已经并将继续成为以人为中心，它将提高人、企业和事物之间的透明度。随着技术演变更加适应工作场所和家庭环境，并且与企业和其他人的互动加强，这种关系将变得更加交织。围绕着这一趋势的4D打印、脑机接口、人类机能增加、情感运算、互联家庭、碳纳米管电池、增强现实、虚拟现实等。

（3）平台革命正在酝酿。在这些动态生态系统中，组织必须主动了解和重新定义他们的战略，以建立基于平台的商业模式，并利用内部和外部的运筹帷幄的方法以产生价值围绕着这一趋势，神经形态硬件、量子计算、区块链、物联网平台等。

这三方面的趋势将给投资决策者们带来显著的机会，为各类组织提供链接新商业生态系统平台的新机遇。

3.1.3 社会变革趋势

社会变革和人口的发展通过改变人们的偏好和创造以前并不存在的对某些事物的需求来为投资提供机会。只有顺应社会大势的发展、人性的良性发展、为社会贡献更多的总福利，投资才能获得持久的效益。基于人口的变化，消费需求发展呈现以下趋势。

（1）需求的小众化。

中国庞大的人口基数，每个层面消费群体的绝对量都很大，为投资中国经济内部回旋余地和循环空间较大的主因，即大众化时代，中国特殊的人口结构（尤其是过去一胎制的人口政策的结果）与过去二十年在生产与渠道上的快速扩产，商品普及与渠道渗透基本完成；但未来消费的顾客数量与人均消费量几乎没有什么增量、甚至会出现下降，大单品的增长时代基本结束，社会进入小众时代，需求各异、个性彰显，多样化才能赢天下。现在的机会可能更多的是存量的结构升级与中小规模的品类创新，对基数特别大公司的产品创新的边际贡献会比较有限，业绩增长就比较困难。但对一些非常具备创新能力、能够深刻理解消费者的中小公司来说，可能反而是不错的机会。

（2）需求的高层次化。

从马斯洛需求层次理论来说，在生理需求、安全需求等生存需求满足后，社交、尊重、爱等归属需求以及自我实现的心灵需求就会大幅度增加。所以，服务业最重要的是要站在用户的角度，建立更好的体验、口碑以及由此递进的用户黏性，是要提升消费者在功能需求、体验满足、情感共鸣与文化认同上的总效用。体验消费与服务消费的占比将持续提升，同时商品与服务的融合也越来越普遍，对于消费者的认知来说，"服务即产品、产品即广告"。在当前的宏观经济背景与中产阶层占比快速提升的条件下，服务业的空间仍非常大。

（3）消费偏好的变化。

随着人均GDP进入人均4 000美元以上的新阶段，引发消费偏好的变化。按照国际经验，在这个阶段大众消费将完成从传统家电类耐用消费品向汽车、住房等高端消费品的升级换代过程，为汽车业、住房业的投资提供了难得的机会；同时，个性化服务需求大幅增长，部分人群将向更高端的消费转型，追求比如说医疗、养老、健康、休闲、旅游文化艺术、旅游、娱乐等方面的精神满足。尤其是中产阶层的崛起，从原来的郊区游，慢慢地需要去九寨沟、去拉萨、去三亚、巴黎购物,去马尔代夫,去澳大利亚自驾游。满足这个人群对于消费、服务、产品品质的需求是一个巨大的投资机会。而互联网一代的人口占比的迅速提高,导致文化、精神类的消费机会增多,给自媒体业的发展带来了机会。

(4) 消费者价值观。

消费升级不仅是消费品的升级,更重要的是消费者价值观的升级。在商品的丰富程度非常高,个人时间、体验、注意力等超越商品成为稀缺资源,人们对待商品的态度也发生了变化,由"以物为中心"到"以人为中心"即由我消费是为了拥有更多财富、物质、资源,升级到了我消费是为了成为理想中的最好的自己。

(5) 跨界成为新的消费引爆点。

一辆辆既像轿车又像跑车的汽车飞驰在高速公路上;可以看到很多年轻人一边听着跨界音乐,一边喝着绿色健康的新型蔬果汁,跨界已成为不少都市潮人新的生活哲学,今天的消费者已经不再屈就于千篇一律的产品,跨界车、牛奶咖啡等丰富而个性化的解构性产品大量涌入市场,跨界成为新的消费引爆点。例如化妆业的药妆美容及药妆品的兴起,药妆美容是21世纪国际上兴起的以追求健康美容为宗旨的新模式。是一种由有一定经验的皮肤科医生确诊,以有效的药妆品为依托,在医生指导下进行的美容护肤疗法。

从社会发展来看,中国呈现老龄化、绿色化的趋势。

(1) 老龄化。

中国人口数量,未来20年有两个高峰,2020—2030年的15亿人口总量高峰;2030—2040年,老龄化高峰,围绕着老龄化,养老业成为中国投资热点。

(2) 绿色化。

随处可见随着环保意识的加强、各国环保法律和政策体系的逐步出台,促使企业将环境保护、资源节约作为企业经营的方针。世界各国都在致力于研究和生产有利于保护环境的技术,如太阳能、风力发电、潮沙发电、天然气等清洁能源,还有绿色农药、绿色肥料、滴灌技术,等等。同时,由于人均土地越来越少,对农业科技的需求快速增长。

3.2 创业投资的市场机会

所谓机会辨识,即要通过分析、判断和筛选,在众多的机会中发现利己的、可以利用的机会。投资者在辨识某个机会之前,首先需要对该机会进行明确的界定。所谓机会界定,即判断特定机会的商业内涵和商业边界即市场需求空间。在此基础上,才可能对该机会进行辨识,进而才可能判断该机会对于投资是有关的、还是无关的,是有利的、还是无利的。

3.2.1 市场类型

市场类型影响着企业行为的各个方面,决定着初创企业的客户反馈、获取活动和具体开销,改变客户需求、采用率,产品的特征、定位,发布战略、渠道和活动。简言之,需要完全不同的客户探索方式、最小可行产品以及销售营销战略。

现有市场与新市场,区分的依据是该市场是否已经成立,定义明确,拥有大量客户?客户是否清楚市场名称?市场是否存在竞争对手?相对于竞争对手,企业产品是否有优势(如更好的性能、特征、服务)?具备上述条件的,是现有市场;相反,则是新市场。

在现有市场中,是否有部分群体愿意购买专门为满足其特定需求设计的产品?即使该产品价格较高,或是某些与该利基群体需求无关的产品性能表现不佳,他们也会购买吗?如果是,这个市场是重新细分市场中的利基市场战略。若是现有市场的低端,是否具备愿意以很低的价格购买性能"尚佳"产品的客户?如果是,企业应考虑重新细分市场中的低成本战略。

俄罗斯、巴西、日本和中国皆有大型地区市场,并与美国之间存在语言和文化壁垒,若这些国家的企业采取、借鉴或复制美国成功的商业模式和企业,使其适应本国市场的语言和购买偏好,那么它就是克隆市场。

表 3-2 市场类型优缺点分析[①]

	现有市场	重新细分市场 (利基或低成本市场)	新市场	克隆市场
客户	已存在	已存在	新客户或开发老客户的新消费习惯	新客户
客户需求	产品性能	购买成本 感觉性需求或问题	简单便利	复制国外市场已经成功的创意
产品性能	更快更强	满足低端市场需求 满足利基市场需求	忽略传统属性,按照新的客户需求改善产品	满足本地市场需求
竞争对手	已存在	已存在	无竞争或存在其他初创企业竞争对手	无竞争或存在国外竞争对手
面对风险	竞争对手存在	竞争对手存在 利基战略失败	市场冲突	文化冲突

现有市场,提供的新产品或服务通常运行速度更快,能更好或更低廉地解决问题,或是从其他方面改善客户定义的具体属性;需要面对大量的竞争对手,如智能手机、社交网络、血糖仪还是飞机市场,竞争行为包括产品和特征的对比。

新市场,因为开发了一种从未出现过的全新类别产品,则没有现实的竞争者,如某些癌症药物。

现有市场,用户、市场和竞争对手都是已知因素,用户能够描述对其具有重要意义的市场和属性,营销渠道及体系已经构建,营销活动相对容易;关键在于了解是否存在足够大的客户规模以及能否说服他们购买产品,问题的焦点在于竞争。

新市场,没有已成立和明确定义,也尚没有客户,没人知道这种产品能做什么,也不知道为什么要购买这样的产品,缺乏营销体系与渠道,获取反馈和创造需求变得非常困难,需要新建,开发成本非常高;问题的焦点是创建新市场。

针对现有市场上的产品创新,表现为提高质量、性能,降低成本,属于连续性创新,面对尚不存在的市场,产品创新与市场创新同步进行,属于不连续性创新。

---

① Steve Blank,Bob Dort,《创业者手册》,新华都商学院译,机械工业出版社,2013 年版,第 93 页。

新市场相对于现有的成熟市场，人们没有相关的市场知识（包括生产者），产品也是未定型的，需要识别与发现这些潜在需求，从而与消费者共同创造市场需求。现有市场针对的是客户的显性需求，通过传统的市场获得市场信息，并通过传统的方式销售产品与服务，通过市场调研那些可以明确描述的顾客需求，可以得到相应的信息反馈。

新市场针对的是尚未表现出来的潜在需求，这些信息难以获得，尤其无法获取对于将来适用的产品、服务所需要的投资和能力方面的计划信息，或者获得的信息极不可靠；消费者不再是公司所选择生产的商品或服务的被动接受者，卖主和买主通过共同研究来寻找新的消费者潜力和新的产品设计。只有通过对全新的调查，潜在的需求才能显现出来，并被用来评估新技术的市场潜力，用于指导产品设计、生产能力开发和市场开发。市场的调研需要供需双方共同参与，通过互动过程，加以识别与发现。

现有市场依靠传统的 CRM，充分利用现有客户资源，关注现有客户需求，使企业采取更有效的措施，保持和扩大目前产品客户群体，保证企业平稳发展。由于市场已经存在，市场知识是现成的，所以企业营销主要是转移新的产品知识；企业应用传统的方法进行市场调查和研究，主要是接受来自消费者的反馈信息，获取的是现存市场的显性需求信息。

新市场的核心问题，就是创造新的市场知识，它不同于市场信息处理，也不是对传统商业知识的"存储"，需要商业智慧。同时，涉及企业与顾客之间的互动，需要企业与顾客共同创造新的产品与市场知识。其关键是如何拓展知识渠道，利用外部知识，并与外部知识源共同创造新的知识。

依据现有市场与新市场比较表明，为一项刚刚出现，尚未得到广泛使用的新兴技术拓展市场，同样给传统的营销管理带来了一定的挑战，需要采取与一般产品不同的市场拓展思路和方法。那么，股权投资企业如何选择市场类型呢？请看案例3-1。

【案例3-1】　　　　　　　　　蓝海不是遍地黄金

VC总是与高科技如影相随，高科技创造了新市场的成长性特点，呈现一片蓝海，吸引着VC一哄而上，2 000年左右，硅谷著名投资家科斯拉、杜尔等人投资创立网景，仅仅16个月后，该公司上市股价一路飘升，拉开了互联网神话的序幕。随后，他们乘胜追击，连续投资Amazon等公司，并屡屡创下高额回报奇迹。他们为观望的VC家们打开了一扇窗，窗内财富暴涨的风景刺激了所有VC的神经。在"淘金梦"的驱使下，PE家"千树万树梨花开"，一夜间全都冒出来。但一场"创新之死"的灾难早已坐镇前方，等待这些盲目的鱼儿上钩。

到2000年，大批的网络公司猝死时，VC们才幡然悔悟，原来他们集体跳进了一个巨大的资本黑洞，而这个资本黑洞吃了钱都不会吐骨头，想撤都没有机会了，到2005年，网络又不失时机地为对蓝海跃跃欲试的VC们献上了一道蓝海大餐，Web2.0再一次成为席卷资本全球的风暴。融资的渠道变得空前畅通，一些现在看来莫名其妙的"创意"，都能让VC心花怒放。可是，这场轰轰掘金，只留下硕果仅存的结局。

蓝海虽然是企业煞费苦心要寻找的天堂门，也是VC们要猎取的资金驻足的热门，他们无一例外地把蓝海看做战无不胜的神话。但是，现实的蓝海也不是遍地黄金，有无数企业刚刚进入蓝海就沦为牺牲者，而VC折戟蓝海也屡见不鲜，是一窝蜂般涌向蓝海并集体壮烈牺牲的惨剧还在上演。

3.2.2 市场进入

新市场与现有市场相比,不存在任何竞争对手抢占市场份额,也无须进行价格竞争,但面临着当前并不存在的市场,是没有客户的市场,没有现实需求,需要创造需求,企业在新市场中竞争时,首先靠的不是在产品特征上战胜对手,而是要让客户相信其市场愿景是真实的,能够以全新的方式解决他们的实际问题。此类经典案例包括Facebook、物联网等。不过,用户群体有哪些,新市场本身如何定义等问题还都不明确。其次,这些客户即使在产品发布时拥有无限需求开发预算,企业也不会获得任何市场份额。开发新市场需要长期客户培植和养育。相对于进入现有市场,进入新市场不仅难度大,而且成本高。

若某公司占有74%的市场份额,即形成有效的垄断市场。对新进入者来说,和对手正面交锋完全没有任何胜算(如搜索引擎市场的谷歌和社交网络市场的Facebook)。

若市场中存在两家最强的竞争对手,其联合市场份额大于74%,且其中一方的市场份额不到另一方的1.7倍,则会形成两强垄断,新进入者的攻击也不会影响其市场地位,如在电信行业中,思科和瞻博网络公司(Juniper)形成对核心路由器市场的两强垄断。

若市场中存在两家最强的竞争对手,其中一方占有41%的市场份额,且构成另一方市场份额1.7倍以上,则会形成市场领袖。对新进入者来说这种市场也很难进入。在具备明确市场领袖的市场中,企业可考虑重新细分市场机会。

若市场中的最大竞争对手拥有至少26%的市场份额,则会形成不稳定市场,企业排名变化会出现剧烈波动。新进入者可能发现某些现有市场进入机会。

若市场中的最大竞争对手拥有不到26%的市场份额,则不会对市场形成实际影响。希望进入现有市场的新进入者很容易进行渗透。

相对于现有市场,进入新市场的难度高,必然导致进入成本高如表3-3。若进入一家独大的新市场,必须准备好花费3倍于营销对手销售和营销预算的开支。而进入拥有多个竞争对手的现有市场中,企业的进入成本较低,但仍需花费目标对手销售和营销预算1.7倍的开支。

表3-3 市场类型及进入成本①

	市场份额	进入成本(相当于业内领袖的销售或营销预算)	进入策略
独家垄断	>75%	3倍	重新细分或寻找新市场
两强垄断	>75%	3倍	重新细分或寻找新市场
行业领袖	>41%	3倍	重新细分或寻找新市场
诸侯争霸	>26%	1.7倍	利用现有市场或重新细分市场
自由竞争	<26%	1.7倍	利用现有市场或重新细分市场

---

① Steve Blank, Bob Dort,《创业者手册》,新华都商学院译,机械工业出版社,第93页。

3.2.3 市场沉默期

源自过去20年对数百家高科技初创企业开发新市场的结果调查表明,开发新市场的初创企业在推出产品之后,往往需要3—7年时间才能形成足够产生利润的市场规模。其中重要原因是,有些技术的产生来自于科学发现的推动和技术研发机构的创意而非直接的市场需求,新技术产生后一般都会与市场需求有一定差距,无法立即与市场"对接",需要经过一段所谓的发明—创新时滞或市场"沉默期"如表3-4。在市场"沉默期"内,新技术会不断改进以找到其现实需求或挖掘其潜在需求。不同新技术满足市场需求的能力是不同的,一些新技术会随着投入的增加使其市场需求不断增大,并为创新企业带来利润。

还有一些新技术要么市场需求始终不明显;要么还没有为创新企业带来足够的回报就被更新的技术所淘汰。这类技术的市场需求可能一直没有明显的增长、或者在出现小幅增长后便开始下降,市场需求始终无法超过商业成功临界线,而无法给企业带来利润。

总之,无论是新技术形成利润的时间,还是市场沉默期,只要其大于PE/VC基金的时间(10年),等到基金退出才成熟,因此,PE/VC都不会投资这样的新市场。

表3-4 部分创新产品的市场沉默期

创新产品	市场沉默期(年)	创新产品	市场沉默期(年)
35毫米照相机	40	无酒精啤酒	6
圆珠笔	8	微波炉	20
信用卡	8	个人计算机	6
佐餐软饮料	10	电话应答机	15
干啤酒	9	磁带录像机	20
电子计算机	10	电视游戏机	13

3.2.4 新市场的消费者采用行为[①]

不同的创新方式对于消费者行为的一贯行为模式是否改变是存在差异。称之为连续性创新,如推出的佳洁士承诺能使你的牙齿更洁白不需要改变消费者刷牙习惯,这种产品的正常升级,面对这种创新不需要改变当前的行为。对于不连续性创新,如新研制的牙膏是一种漱口水,你在使用的时候并不需要牙刷,那么这些新产品与你当前的支产品,必须改变消费者以往刷牙习惯。正是牵涉消费者行为的改变,面对不连续性创新产品采用,技术市场的消费者可以依据其决策的差异划分为:创新者——热情型消费者;早期采用者——幻想型消费者;早期随大流者——实用型消费者,晚期随大流者——保守型消费者;落伍者——怀疑型消费者,并且遵循图3-2所示的分布。

---

① Based on information contained in Moore, G. 1991. Crossing the Chasm. New York: Harper Collins. 4.

一般地,新产品或服务的接受过程往往遵循着一种分布规律,正像图 3-2 所描绘的。最早接受新产品的顾客可称为创新者,他们的数量很小。跟随创新者接受产品的顾客可称为早期接受者,其后大众顾客开始接受这种产品,最后是较晚接受新产品的落后者,数量也较小。尽管由于个人偏好的差异,现实情况不总是严格地表现为这种形态,但是对创业者来说这个模式很有借鉴意义。平均来看,大多数产品的接受过程呈现出这种模式。

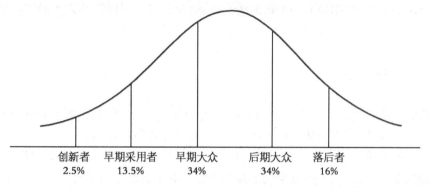

图 3-2 技术采用生命周期

在创新者和早期采用者,早间期大众和后期大众这两个消费者群体之间存在两条裂缝,创新者和早期采用者是新产品的最先接受者。这两者与早期随大流者之间存在着时间间隔。解释这段时间间隔的答案存在于购买过程中的决策时滞。因为,创新者和早期采用者往往更富冒险精神,受到过良好的教育,有着较高的收入,更愿意尝试一些尚未经过市场检验的新产品;而所有的一般消费者从开始接触新产品到决定购买它通常需要一定的时间来考虑,正是这种决策时滞造成了这个时间上的间隔。消费者在作出购买决策时,都会遵循以下步骤(Hills,1997 年):开始接触到产品、对产品开始感兴趣、对产品进行评估和评价、对产品进行试用、最终采用产品。所有的消费者都会遵循相同的步骤来购买产品,他们之间唯一不同的地方就是彼此之间从一个步骤发展到下一个步骤所需要的时间长短不同。因此,企业营销策略的目标就是帮助潜在顾客缩短他们在决策采用过程中所需要的时间。

实现顾客群从早期接受者向早期大众的过渡,对创业成功至关重要。多数市场中,创新者和早期接受者数量太小以致无法维系新企业的生存。只有实现顾客群从早期接受者向早期大众的过渡时,顾客数量会发生激增,进而获得使企业足以存活下来的销售额,同时销售额的增加使得企业能够享受规模经济的效益,因此,多数市场中在顾客接受模式的钟形曲线的中部边际利润最高。新企业股权融资的高成本也迫使它们实现从早期接受者向早期大众顾客的过渡,以便有资金偿付投资者。

但实现这种过渡非常困难,被 Geoffrey Moore 称之为跨越鸿沟。之所以这么难,是因为这两种顾客群的需求不同,早期大众顾客寻求的是问题的解决方案,而不只是产品和服务的新颖性。例如,对于计算机软件产品,创新者和早期接受者顾客只注重软件的新奇,而大多数顾客往往需要获得培训和支持、指南,以及顾客服务热线,等等。

正是上述原因,对于新市场的判断与估计是艺术与科学的结合。对于现有的市场,比如电脑市场,科学部分是最重要的,即使产品是全新的(例如一个新药品)。而当 PE 在评估一个新市场的时候,因为该市场还没有任何产品,或者现有的产品尚未找到获利的途径,同时,缺乏比较的标准,市场测试更偏向于一门艺术。如 eBay 作为一家成功打开新市场的公司,最开始,很多 PE 对 eBay 表示不屑,即使 eBay 的最终投资者 Benchmark Capital,也是在得知公司盈利后才入资的。同样,1999 年,当谷歌向风险投资机构进行首轮(也是唯一一轮)融资时,互联网搜索已经不是什么新鲜词了。所有主流的互联网门户都有搜索技术,搜索引擎已经被视为这些门户上的附属工具,而不是一个能自己发掘巨大利润的东西。对谷歌的投资实际上是寄希望它创新的搜索技术能最终影响用户习惯,使一个纯搜索网站能独立产生收入。虽然谷歌立足于一个已存在的市场,但却找不到清晰的盈利模式,对其投资同样需要艺术而不是科学的商业视野。不止一个风险投资家曾公开承认视野上的狭隘导致这种类型投资的失败。

3.2.5 市场竞争

行业的竞争格局决定了一个行业的盈利空间,了解这个行业目前的竞争格局如何以及未来的发展趋势如何,有利于判断该行业的投资价值,高度竞争行业不宜进入。

企业竞争的本质不是产品之争而是认知之争。基于此,战略学家将战略定位分为两种:基于行业空间的业务定位;基于头脑空间的品牌定位。有了头脑空间就有了市场空间,这两种定位如果能够完美契合在一起,就能碰撞出战略奇迹。

1993 年特劳特发现了著名的"心智阶梯"原理。心智阶梯是指为方便购买,消费者会在心智中形成一个优先选择的品牌序列——产品阶梯,当产生相关需求时,消费者将依序优先选购。一般情况下,消费者总是优先选购阶梯上层的品牌,品牌在消费者心智中占有某个品类或特性的定位决定了产品在行业空间中的定位。

感冒药"白加黑"品牌之所以总能被列入到前 3 位,是因为其以黑白两色分开,白天服白片,晚上服黑片为特色,准确地选择了自己的定位,在国内尚属首创,在人们心中占据了第一的重要位置,因此,占据首位很重要,受众对任何以"第一"为标签的事物都具有较高的识别度,从而收获战略溢价。定位理论更是分外强调把握顾客"第一心智"的重要性。

例如,携程与 L 公司是国内在线旅游预订业排名第一、第二的巨头,两家公司几乎同时成立,并先后在纳斯达克上市。从两公司的业绩表现来看,携程营业收入及净利润的表现都远远超过 L 公司,作为行业龙头的携程,其经营状况可谓蒸蒸日上,而市场占有率排名第二的 L 公司,经营状况则是步履维艰。

比如,美国第二大家电零售连锁企业——电路城在 2008 年 11 月申请破产保护。与电路城陷入巨大困境形成鲜明对比的是,第一大家电零售连锁企业——百思买却在经济危机之下,取得了不俗的经营业绩。

波士顿咨询公司的研究表明,在一个稳定的市场,第一名的市场份额往往是第二名的 1.5 倍。如果你不能做到首位,那往往只能是消费者的"备胎",如果不能在消费者的头脑空间中占据位置,那么唯一的方式是不断地打折降价,低价销售,并且只能在一些缝隙市场和边缘市场里沉浮。因此,一个充分竞争的产业,其最终会形成双寡头或三寡头的产业格局。

1996 年谢斯提出了"3 法则",几乎所有的成熟市场都具有一个相同的市场结构,即处于行业核心位置的只有 3 个最主要的通才型企业,提供范围广泛的产品和服务,有效地控制了大多数细分市场。与"提供全线产品的通才型企业"近距离格斗是极其困难的,但它们也为一些规模较小、市场范围较窄的"专家型企业"留出了空间。

通常,一个行业的三巨头控制了 70%—90% 的市场,而专家型企业通过吸引一小群具有特殊需求的顾客,各自拥有1‰—5‰市场份额。但从本质上说成功的专家型企业是其细分市场上的独家垄断者,它们控制着其细分市场80%—90%的市场份额。

两不靠而掉进壕沟的企业财务状况都很糟糕,它们或是因为太弱小不能成为市场份额导向的通才型企业,或是因为太大而不能成为以利润为导向的专家型企业,即规模过小的通才型企业和规模过大的细分市场专家型企业都不可能长期生存。

当然了,在个人保健和消费者服务行业,大规模的行业重组不会发生。比如美容店、理发店之类,这些行业的特征是个性化关注和密集的手工劳动。同样,在专业服务领域也不适用"3法则",如律师事务所、会计师事务所、咨询公司和广告公司等,尽管这些行业有一些大型公司存在。

无论是二元法则,还是"3法则",在本质上它们完全一致。因为第三名是个安全度不够高的位置,离壕沟较近,第三名以及任何一家期望成为通才型企业的企业通常会被推入壕沟。

在多数互联网的细分行业中,行业领先者基于网络扩张的低成本较容易迅速扩大规模,快速确立领先优势,对追赶者形成压倒性优势。可以看到,在已经上市的互联网企业中,多数企业都是某个细分行业的龙头。这些企业的地位随着规模的扩张愈加稳定与强势,而行业格局就不会轻易发生改变,更有甚者,还会形成赢者通吃,有第一无第二的局面。

3.2.6 市场成长空间

市场的成长和成熟受自身规律和多种因素的影响和制约。一旦条件具备,新需求就会产生,处于潜在需求中的市场就会变为现实的市场,过去鲜为人知的移动通信需求在短短几年中迅速增加,为移动通信业提供了新的机会。

市场机会的大小(Q),取决于项目进入时机(t_1)、市场的初始规模(S_0)、市场的成长速度(v)、持续时间($T=t_2-t_1$)有关,综合起来表示如式(3-1)。

$$Q = S_0 + \int_{t_1}^{t_1+T} v\, \mathrm{d}t \tag{3-1}$$

(1)初始市场规模(S_0)。

初始市场规模按照其计算范围的不同,可以分为总有效市场、可服务市场以及目标市场。

总有效市场＝全球市场总和;

可服务市场＝销售渠道可达市场;

目标市场＝可能成为消费者的潜在群体。

例如,对于共享单车的开发商来说,总有效市场为中国12岁以上适龄人口,可服务市场或潜在服务市场就要小多了,包含有共享单车投放的城镇,而目标市场则可能仅限于能够使用、愿意使用共享单车的人群。

面向消费市场,该创意形成市场销售收入的大小分析,需要考虑针对的是某个缝隙市场,还是大众市场?购买行为是偶然的,还是经常性的?哪种渠道能支持目标价位?以目前的购买频率来看必须提供哪种支持?其初始市场消费力形成的销售收入估算则取决于人口规模(population)、渗透率(penetration)、购买频率(purchase frequency)和价格(price)。

$$销售收入＝人口规模\times 渗透率\times 购买频率\times 价格 \tag{3-2}$$

致力于实现特定消费群体的公司,只需将可以接触到的人数、该人群的客户渗透率、每次购买的价格以及购买频率相乘,就可以得出年收入数字。

通常,先尽可能精确地计算出目标人群的数量,根据市场类推对定价和购买频率做出最接近的估算,然后再确定实现目标所需的客户渗透率。

人口规模取决于是否刚需,若是,则关注此市场的人口规模就大,渗透率高,反之,渗透率低;在有效人口规模的情况下,取决于购买频率,频率越高,则市场规模越大。如短距离出行是绝对的刚需,特别是日渐拥挤的大城市和高峰期,一直都是巨大痛点,公交、地铁、出租、私车都无法解决,因此,共享单车简单方便易用,几乎彻底、完美地解决了城市"最后一公里"的困扰。

与此不同的是,对于婚庆行业的市场规模,虽然结婚是显而易见的刚需,但大多数人一辈子就结一次婚,属于低频消费,2014年全国婚庆行业服务营业额达到7 000亿左右规模,婚庆行业整体利润率水平趋于走低并将持续。

在交通出行领域中按用户规模排序:公交用户>出租用户>专车用户;按需求频次,则查公交、等公交、坐公交绝对是高频,但公交相关的移动应用却不温不火,原因在于公交的票价太低。

当然,计算完4P(当然,如果你加入第5个P,即利润率,你就可以考查利润而不是收入)之后,你就要把重点转向寻找系统性的方法,来确定计算背后的假设是否有希望成为现实。

【案例3-2】 **分众模式淡出**

分众模式的一个核心因素是,它挖掘出用户乘坐电梯等"无聊时段",并用电视屏幕推广告的方式将之填充。这种广告模式相比传统广告更具有强制性,因为用户无法选择,无法躲避。而这种"绑架用户"模式一度大获资本和纳斯达克的欢迎。

随着分众传媒成功上市,背后的风险投资者获得巨大的收益率后,分众媒介的概念受到了资本市场别是风险资本的眷顾,之后航美传媒、华视传媒纷纷在海外上市。一时间,几乎所有针对细分受众市场的户外媒体都具有了商业价值和投资价值,再造分众、复制分众、分众一度成为潮流之一。似乎在户外媒体行业存在这一现象:只要有人流动的地方,就有可细分的市场存在,进而可以通过资本的支撑圈地扩张,最后壮大上市。也可以说在户外媒体,每个人都可以有自己的故事,都有一堆证明其媒体可以创造巨大成功的理由。随着新浪并购分众传媒,户外 新媒体市场将失去一个可供参考的行业标杆,而江南春作为分众媒体的领军人物逐步淡出分众市场。

在资本的助推下,分众传媒以一套独特的商业模式——"分众营销+新型载体",获巨大成功,风险资本从中获得巨额收益,但分众传媒的成功是否具有持续性和可复制性?风险资本投资户外媒体是否具有一个统一的模式和确定的未来收益?

事实上,从传媒角度来看,衡量一个媒体的商业价值主要是看受众价值以及受众与媒体的接触深度。其衡量指标主要有五个:媒体受众的数量、受众的质量、接触媒体的频次、接触的时长和受众的稳定性。分众传媒的主流受众群体主要是出入于写字楼的公司白领等社会精英,从受众的质量来看是非常好的,楼宇广告的接触频次也较多。但是,从其他三个指标来看,分众传媒并没有很好的表现。首先,分众传媒的受众数量是有限的,仅限于出入写字楼而且是乘坐电梯的人群。其次，虽然白领对分众楼宇广告的接触频率比较高，但是由于每个人在电梯口的停留时间有限，这将导致广告的到达率难以判断。最后，分众传媒的商业模式面临内容缺失等诸多问题。以分众传媒为代表的户外传媒，只能为客户提供平台，但不能提供实质内容，其发展建立在对市场的抢占和掠夺的基础之上，当市场达到饱和时，必然出现发展的瓶颈。因此，随着分众模式的发展，很多分众类企业的商业价值和投资价值被质疑，例如，医院视频广告，受众规模和质量有限，接触频次极低，其商业价值已经被否定，如健康传媒、易取传媒、分时传媒目前已经疲态尽显。

总之，分众传媒的成功是有时限和很大约束的，其成功有必然的因素，但也夹杂着很多运气的成分，在长期和理性看来，是不具可复制性的。

(2) 机会窗口的大小(W)。

新的市场空间 创业板中有这样一批公司：得益于新技术、新政策开拓出新的市场空间，业绩实现超常规发展。新技术带来新市场革命性技术的出现与成熟，往往会带动一批新产业快速发展。典型的如互联网技术，使网络产业从诞生开始便呈爆发式扩张，至今方兴未艾。而大多数网络股，从成立至上市，都只有短短几年时间。这样的发展速度，在成熟产业中极为罕见。

还有一些新技术的出现与成熟，如液晶显示器技术、移动通信技术、LED照明技术等，其意义与影响面虽不如互联网这样大，但仍然迅速拓展了广阔的市场空间，使一些置身其中的公司实现了快速发展。例如生产手机充电电池的比亚迪股份，生产LED零部件的晶元光电等公司，都借助于市场容量快速扩张实现了业绩高增长。

对于创业企业来说，除了当前的市场规模需要足够大之外，市场的成长性、延展性也是很重要的评价指标。因为具有潜力的、庞大的市场并不一定就是还在发展的市场，庞大的、正在发展的市场也并不一定就是某一个创业项目成功的必然市场。

应当认识到，市场容量、不断增长等条件都仅是一个项目是否成功的必要条件，而不是充分条件。创业者应当对自己的企业、自己的产品/服务的市场容量和潜力作一定的调研，应当知道市场问题是投资者是否投资的关键之一。

国外有学者认为，特定的机会仅存在于一定的时段，并将特定商机存在于市场之中有一定的时间跨度，称之为"机会窗口"显然，特定机会的时间跨度越大，成长性越好，机会窗口才会越大，投资者得到的机会越多，相反，投资者得到投资的机会就越小，甚至是无法抓住机会。

一般而言，随着时间的变化，市场会以不同的速度增长，并且随着市场的迅速扩大，往往会出现越来越多的机会。但是当市场变得更大并趋于稳定时，市场条件就不那么有利了。因而，当一个市场开始变得足够大，并显示出强劲的增长势头时，机会窗口就打开了；而当市场趋于成熟时，机会窗口开始关闭。如图3-3所示，机会窗口于第10年打开，第15年时开始关闭。

特定市场机会形成之初的市场规模。因为初始市场规模决定着投资项目可能实现的销售规模，决定着项目投资之初的利润。一般地看，初始市场规模越大越好。只要原始市场规模足够的大，即便某个项目只占了很小的市场份额，也可能获取较大的商业利润。

(3) 进入机会点(t_1)。

市场是动态变化的，进入市场时间不同，机会窗口的有限性决定其可利用的市场机会差别很大。机会是时间的函数，市场规模总是随着时间变化的，因此，而可能带来的风险和利润也

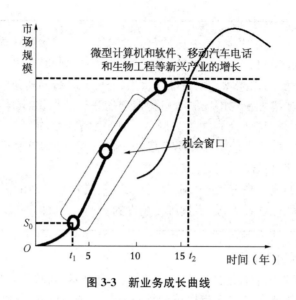

图 3-3　新业务成长曲线

会随着时间而变化。

在某些时段可能比其他时段更具有商业潜力,投资者选择正确进入时间点,便可充分利用这段黄金期的相应机会,相对于其他时段进入,可获得更多的商业利益。所谓抓住机会的含义正在于此。成功的投资者是在别人还没有醒悟过来时就努力去抓住机会。

进入晚了不行,如果等到机会窗口接近关闭的时候再去投资,留给投资者的余地将十分有限,投资企业也将很难盈利。当然,即使抓住了机会,也不一定必然很快成功,但抓不住机会,则注定是失败的。

择机早了不行,产品可能成功,但市场没接受,于樯橹灰飞,先驱成为先烈。因为,如果企业所经营的产品只能满足既有市场的有效需求,而不能创造出新的有效需求即创造出新市场,则这个企业注定不会再有潜力;所以,不值得对其进行投资,

但如果所经营的产品必须等到 20—30 年以后才会产生有效需求,那么,VC 也没法等它 20—30 年。毕竟对于一项 VC 而言,通常是希望在投资 5—7 年后就能够退出获利;所以,所投资企业的产品被市场接受的过程一般不应超过 3 年。

(4) 市场成长速度 (v)。

多数事物在成长过程中,增长速度(同比增幅)都不是均匀的。一般来说,规模小时增速快,而规模大时增速则慢。如人类的生长,按照世界卫生组织的统计,一个男童从出生到 5 岁时,其体重的增长速度,随着体重的不断增加,呈逐年下降趋势。新企业成长也是如此。

高成长的概率较之主板公司明显要大,当然不是偶然的,最根本原因是中小板公司营业收入的规模小,净利润绝对值的起点相对低。规模小、利润少时,可能只要多卖出一些产品,多一点使用财务杠杆——提高负债率,业绩就会有明显提升,而一旦规模大、利润多,再想大幅度提升业绩,则相当困难。这是因为,当企业达到一定规模之时,支撑其业绩高速增长的条件已不是多卖些产品那么简单了,还需要公司经营者能力相应提升,管理模式及时改变,新产品研发及市场开拓卓有成效,乃至利用资本运作进行成功并购。所以说,每一家公司或迟或早,都会遇到自身的发展瓶颈,都会受制于产品或服务的市场容量、公司的管理能力等一系列因素,公司不可能无限制地高速成长。

虽然与大公司相比,小公司具备更为明显的高成长潜力,那么是不是说,创业板公司一定比主板公司更具备投资价值,投资创业板企业,其回报也肯定更加丰厚呢？当然不是。小公司固然具备了高成长优势,但同时也有其天然的缺陷。比如与大公司相比,小公司在面对技术、市场、财务等风险的冲击时,抗击打能力更弱,业绩的不确定性更大,更容易出现逆转,一蹶不振甚至夭折。因此,在创业板公司的群体中,我们既会看到更多持续高速增长的精彩,也会目睹创业未半中道崩殂的无奈。所以,对投资者而言,在享受小公司高速成长可能性的同时,也要相应承担更大的投资风险。总体来看,创业板与主板都是多层次资本市场的组成部分,两者并无高下之分,更不存在替代关系。对于投资者而言,创业板的根本意义在于,基于风险承受能力、投资偏好的不同,投资者可以在更加丰富、各具特色的投资品种间,做出不同的选择,进行更加合理的资金配置。

(5) 机会存在的持续时间(T)。

机会只存在于特定的时间段,时间越长,则机会越多。对于不同的项目,机会持续的时间存在很大的差别,不仅受消费者的偏好改变外,新老产品的替代速度也是一个重要的因素。

新老产品替代过程,实质是新技术应用逐渐增加、旧技术应用逐渐缩小的过程,而导致老产品在市场占有率下降、新产品市场占有率上升的现象,直到老技术支持的产品占有率降为零,新技术支持的产品占有率到100%而结束。一般说来,伴随着新老技术逐渐替代,会出现新老产品市场共存交替的阶段。

这里的新技术存在两种类型,一是持续性技术,其主要特征有：①持续性改善原有的产品性能,客户需要什么样产品就生产什么样的产品,而且越做越好；②技术进步的速度一定会超过市场的需求。

二是破坏性技术,其降低原有的性能指标,不求改善、提高原有的主流性能特征,而是进入新的性能改善曲线,而这个新的性能改善通常更方便、更简单、更便宜、更小、更容易操作,作为破坏性创新的通路。①

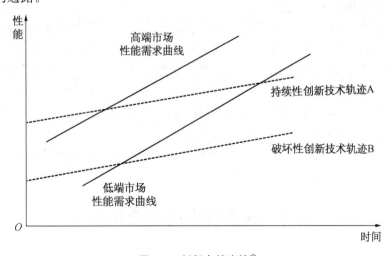

图 3-4　创新者的窘境①

---

① Christensen, C. M. The Innovator's Dilemma: When New Technology Cause Great Firms to Fail. Boston: Harvard Business School Publishing, 1997.

如图3-4，曲线A，起初市场上，客户对某种产品性能需求会特别高，当一个新产品出来的时候，它满足不了市场需求，但持续性技术不断进步一定能够满足市场的需求，最后甚至超过市场需求。但随着拥有持续性技术的企业竞相参与更高性能、更高利润市场的竞争，追逐高端市场、提高产品性能的速度已经超出了顾客的实际需求，并且最终失去了意义。

持续性技术创新的趋势是，技术越来越高级，产品越来越复杂；客户越来越高端，定位越来越高大上，有一股向上的力量推着持续性技术公司往更高的技术方向发展，势不可挡，但最终被困于技术的牢笼，无法挣脱。

破坏性技术虽然最初只能应用于远离主流市场的小型市场，通常不在原有的主要竞争对手重要的产品性能上进行竞争，而进入一条新的性能改善曲线（曲线B），并且这个新的性能改善通常更便宜、更方便、更简单或者更小、更可控，更重要的是日后主流市场客户所需要的，其性能将足以与主流市场的成熟产品一争高下。

【案例3-3】　　　　　　　　　　诺基亚的覆灭之路

1996年，诺基亚发布了全球第一部智能手机。2007年，诺基亚智能手机出货量占了全世界的50%。智能手机的一半价值在于操作系统，诺基亚的智能操作系统塞班是1998年其与另外几家公司合资成立的，塞班后来逐渐被诺基亚自己控制在手里，成为诺基亚的操作系统。2007年，塞班的操作系统占了全球智能手机操作系统的70%，然而，它没能稳定占有智能手机的市场，而让苹果后来居上，最终被其替代而覆灭。

基于工业化时代功能为王的理解，诺基亚发展智能手机，追求的是更加高级的(功能)手机，或者说是一个附加了上网功能的功能手机；曲线A中，诺基亚一再坚持提高通话质量，即技术进步的步伐，超过市场需要的步伐，造成性能过度供给，产品性能必将发生改变。而通话质量足够好后，该功能对用户而言重要性大大降低，相形之下，娱乐功能就变得更加重要，即消费者关注价值点发生变化了。

基于互联网时代情感为王、体验为王的理解，苹果正是把握了消费者对于智能手机新价值的追求，将智能手机定位于不是一个带有娱乐功能的通信设备，而是带有通话功能的移动娱乐设备，沿着审美、情感的价值点，进行智能手机的技术创新，如曲线B，最终超越并替代了诺基亚。

对于诺基亚来讲，率先拥有了破坏性创新技术，却依然把它当做作持续性技术去用，形成所有谓的"创新者窘境"。

3.3　创业投资的产业机会

从历史的角度看，不仅产品具有生命周期，产业也具有生命周期，产业的更替不可避免。随着科学技术的不断突破，一些原来作为国家经济支柱的产业(如钢铁业、重化工业)在发达国家正在萎缩，而以电子信息、新材料、新能源、生物工程、航空航天为代表的新兴产业正以超常的速度得到发展,为新产业之中的企业提供了难得的投资机会。

投资方向的决定具有前瞻性。投资的目的是通过投入、运营获得盈利。按照波特的竞争优势观点,企业竞争优势取决于产业本身的盈利性与企业在产业之中的竞争地位。同样,项目投资最终能否得到相应的回报,首先取决于产业是否具有盈利性。然而,某个产业具有投资的机会,并不意味投资就能够获取满意的回报,还与投资对象所处的竞争地位有关,前者与投资产业的市场结构、产业规制、产业壁垒、技术创新等因素关联;而后者则与项目投资的产业内的竞争状况、投资项目所在的产业链位置以及项目本身的核心能力等因素有关。

3.3.1 市场结构

市场结构分为完全竞争、完全垄断、垄断竞争与寡头垄断,它们的市场集中度存在较大差异,完全竞争的市场因为充分竞争而使得企业的经济利润荡然无存,而高度集中的完全垄断产业采取削价和其他竞争战略为进入者设置高壁垒而获得高额利润。现实之中的产业面临的市场结构则通常处于两者之间,可以通过产业集中度加以刻画。产业集中度一般用规模最大的 4 家或前 8 家企业的有关数值(销售额、增加值、职工人数、资产额等)占整个市场或行业的份额来反映项目投资所处市场的垄断程度的大小。

这意味着在完全竞争与完全垄断之间,对于同一产业来说,在其他产业条件不变的情况下,产业集中度的提高,大企业支配市场的势力越强,行业的利润率也越高。产业集中度对企业盈利的影响是通过两个路径来实现的。一是,产业自身集中度提高或降低带来的影响;二是,受到上下游产业集中度变化使其市场支配力相对提高或降低带来的影响。

产业利润率的水平除受产业集中度影响之外,还受其他产业条件的影响。行业利润率最终的结果取决于产业集中度、其他产业条件等多种因素的变动方向和大小的综合影响。例如,在产业进入壁垒由高变低的同时,集中度提高,其结果是这两个影响因素对利润率的作用相互抵消,使利润率的变动较小。

从产业关联视角来看,产业上下游垂直链、横向产业链之间议价能力决定了其获得要素供给的原材料、劳动力、设备成本,以及产品销售价格进而决定了产业盈利水平,而潜在进入者、同行业之间竞争、替代品进入又从产量方面影响产业的盈利性,如图 3-5。

如正在迅速成长的产品市场或服务市场有很多,吸引了大量投资者的注意,比如 PC 市场、物流市场、生物技术产品市场等。但这个行业是否在结构上有吸引力则需要更深入的分析。Sahlman(1996)[①]分析了计算机磁盘驱动市场和生物技术产品市场的不同。他指出,计算机磁盘存储行业在结构上没有吸引力,而生物技术行业在结构上具有吸引力。磁盘驱动制造商必须设计出产品,满足原始设备制造商(OEM)和最终用户的现有需要。这与轮胎行业中厂商制造产品满足汽车制造商和最终用户的需要一样。在这样一种行业中,技术变化或顾客所用基本设备的重大改变都会使行业受到影响,其竞争的日趋激烈也会使价格越来越低。这样一种行业里要想建立一个可持续运营获利的企业非常困难,因而缺乏吸引力。而生物技术行业创造一种新的产品后可以通过专利的形式得到一定程度的竞争保护,要想持续运营并提高

---

① Sahlman, W. A., Stevenson H, Roberts. M. J., Bhide, A.. 《创业管理》,郭武文译,中国人民大学出版社,2005,第 127 页。

竞争门槛相对容易得多,所以在结构上更具吸引力。同样分析可表明,物流行业在结构上也并不具有吸引力。

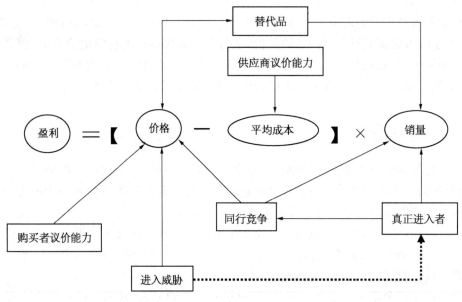

图 3-5　五力模型与产业盈利之间关系[1]

3.3.2　产业所处的发展阶段

产业的生命周期对投资产业选择产生的影响是综合性的。一个行业都经历从初创期、成长期、成熟期与衰退期。如图 3-6 所示,在行业的初创期,市场集中度高,但企业数量少,属于垄断经营阶段。这时市场规模小,顾客对产品了解少,产品技术不成熟,性能不稳定,整体风险较大。成长期表现为行业市场规模迅速扩大,进入者越来越多,产品创新频繁,成熟期使行业规模达到最大,产品标准化,规模与成本成为主要的竞争手段。企业兼并重组使市场集中度迅速提高,行业进入垄断竞争阶段。衰退期则表现为市场规模下降,企业纷纷退出市场,广告大减。

从投资产业的选择而言,一定要选择处于开发期或成长期的行业,而且产业的生命周期一定要较长。Robinson,Fornell 和 Sullivan (1992)[2]提出了企业内部资源与能力的差异会对进入时机产生影响。他们对财富 1 000 强企业的 171 家的研究发现,先行者往往比跟随者拥有明显不同的技能与资源组合。而拥有强大营销能力与共享制造的企业往往成为跟随者。对于新出现的行业,到底应该在其早期进入还是在成熟期进入,视具体情况而定。

主导设计是指对于一种产品或服务来说,所有企业都采用的将产品或服务的各部分组合起来的一种方式。哈佛商学院教授威廉艾伯纳西 (William Abernathy) 和麻省理工学院斯隆

---

[1]　Gerard George, Adam J. Bock,《技术创业——技术创新者的创业之路》,机械工业出版社,2009 年版,第 107 页。
[2]　Robinson, W. T., Fornell, M. Sullivan (1992), Are market Pioneers Intrinsically Stronger than Later Entrants? Strategic Management Journal, 13(8): 609-624.

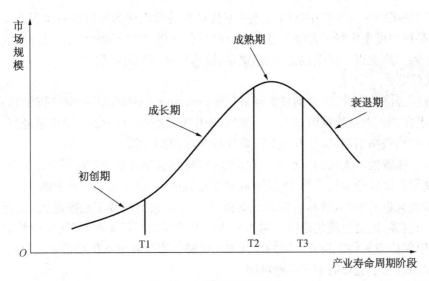

图 3-6　产业寿命周期阶段

学院教授吉姆尤特巴克（Jim Utterback）认为，产品演进一般都经历渐进性变革和激进性突破的过程。激进性突破是指一种新的制造方法或一种全新的产品设计的出现。每当产业发生激进性的技术变革，新企业都会蜂拥而至，参与竞争。这个阶段是新企业进入的最佳时机。此时不存在产品的主导设计，新企业不会因为必须采纳现存企业驾轻就熟的产品技术标准而面临竞争的劣势。更重要的是，一旦主导设计被建立起来，行业中的竞争基础就改变了。企业之间的竞争不再是看谁拥有最符合顾客偏好的设计，而是看谁能够最有效率地生产出标准化设计。由于现存企业规模更大而且拥有更多经验，所以，一旦主导设计在行业中出现，它们就能更有效率地进行生产，从而拥有独特的优势。主导设计一旦形成，企业间竞争的重点就转向效率和规模的竞争，而在规模方面，新企业相对于现存企业往往处于劣势。

以家用录像系统（VHS）磁带为例。一旦录像行业将 VHS 标准作为主导设计，新企业几乎就不可能引入其他磁带制式了。像松下那样生产 VHS 磁带的日本企业，就能比其他任何企业更有效率地生产磁带，并能竞争过其他任何企业。

3.3.3　进入壁垒

进入壁垒是指"一个产业中原有企业相对于潜在进入企业的优势。这些优势体现在原有企业可以持续地使价格高于竞争水平之上而又不会吸引新的企业加入该产业。"它是"使新厂商进入后无利可图，但同时行业内原有厂商定价高于边际成本，赚取超额利润的因素。"进入壁垒就是新厂商比老厂商多承担的成本。其高低既反映了市场内已有企业优势大小，也反映了新进入企业所遇到的障碍的大小。相对于市场集中度和产品差别两者而言，进入壁垒更具有综合性，它几乎涉及影响企业投资与运营绩效产业因素的各个方面。

事实上，进入壁垒是通过产业集中度间接影响产业利润率的，且产业集中度、产业进入壁垒、产业利润率三者均呈正相关关系。即进入壁垒是决定产业集中度的重要因素，产业集中度又是影响产业盈利水平的关键要素。设想若在高壁垒情况下，产业集中度依然很低，竞争程度很高，这时不可能使产业利润率保持高水平。只要潜在竞争者在进入和退出市场时是完全无障碍的,厂商规模的扩大或集中度的提高并不意味着垄断程度的提高和竞争程度的下降。因此,这就从某种程度上解释了低进入壁垒产业的高集中度为何不能为产业内的厂商带来高的利润率的原因。产业进入壁垒包括:规模壁垒、技术壁垒、规制性壁垒等。

(1) 规模壁垒。

存在规模经济的产业,厂商的最低经济规模(minimum efficient scale,MES)越高,则进入门槛越高,潜在进入者就越难以进入。一般地,规模壁垒越高,行业的集中度就越高,但集中度不都是由于规模壁垒引起的,还有企业策略性行为,政府干预等。

大规模意味着投入大量的资产而呈现资本密集特点,如汽车、航空、石油化工等、尤其是软件开发业规模经济效应更加显著,产品不需要重复的投入,边际成本趋近于零。

形成如此大量的资产,意味着资金成为进入行业巨大的门槛。规模越大,在行业中越领先,盈利能力越强,地位也就越稳固。例如全球最大的零售商沃尔玛,利用规模效应形成的议价优势,可以保持与其他零售商之间的进货成本优势。而这种成本优势带来的收益,又会进一步支持沃尔玛的竞争优势能够来不断巩固。

随着规模扩张,一般都会出现效率递减,或者说空间(规模、地域、管理幅度、多事业部等)与利润之间可能有一个最优解或次优解,超过这个最优解的空间拓展,反而会导致规模不经济。

但只有那些产品毛利率能够随着规模增长不断提高,或者至少毛利率与同业相比较优势日益明显的公司,才拥有真正的"护城河"。相反,一些企业的营业规模虽然在一段时期内能够持续增长,但却可能陷入"规模不经济"的局面,具体表现为毛利率持续下降,或者与同业公司相比较,毛利率优势趋于消弭。这样的公司,即使盈利绝对值能够保持增长,但其"护城河"的防护功能仍然是脆弱的,即无法降低竞争对手潜在的威胁性。

(2) 技术壁垒。

技术壁垒是指在位厂商对该行业生产经营关键技术的垄断,或者是潜在进入者在获得关键技术时遇到的各种困难。根据"一流企业卖标准,二流企业卖技术,三流企业卖产品"的市场规律,在以后的竞争中,知识产权将发挥越来越重要的作用。国际上欧美国家纷纷采用高技术壁垒来限制我国家电产品的进入。家电企业取得许多国际认证,如质量体系方面的 ISO 9000 系列认证,环保方面的 ISO 14000 认证,产品安全性方面的 UL、TUV 认证,等等,这些认证构成了强大的技术壁垒。

专利技术是一家公司最实质性的优势,它使你的产品很难或不能被别的公司复制。如谷歌的搜索算法,搜索效果比其他的搜索引擎都好。超短的页面加载时间和超精准的自动查询增加了核心搜索产品的稳健性和防御力。谷歌在 21 世纪初所向披靡,而现在很难有搜索引擎公司做得到谷歌那时做到的事。

一般而言,专利技术在某些方面必须比它最相近的替代品好上 10 倍才能拥有真正的垄断优势。人们会认为,那些优势微不足道的产品只是有了一点改进而已,就很少有人买,特别是在这个已经很拥挤的市场里。

如高通公司的市场定位已经脱离了一般意义上的产品生产,而是专注于技术研发,以使公司专利池中的专利数量持续增加,进而将专利地中的所有专利作为一个整体授权给手机和系统设备厂商所用。这样,这些下游厂商已经习惯于从高通购买专利授权,而不会重新投入到上游核心技术的研发中。高通公司的这种技术领先定位,已经形成了非常强大的专利技术壁垒,如果没有革命性的替代技术出现,高通在自己选定的技术领域中的地位将相当牢固,进而能够保持长久的竞争力。

标准是技术的最高层次。过去是先有产品后有标准,现在往往是产品未动,标准先行。谁先是标准的制订者,谁就具有了产品竞争和市场的优势。跨国公司通过专利及标准来与国内的竞争对手开展竞争,发达国家和跨国公司都力求将专利变为标准以获取最大经济利益,标准化成了专利技术追求的最高体现形式。发达国家利用其先进技术优势控制国际标准化工作,并通过标准建立技术贸易壁垒。

产品是技术载体,技术壁垒的高低可以通过项目产品与其他产品的差异化的水平体现出来。产品差别是形成市场进入壁垒的重要因素,产品差别的存在使企业间非价格竞争更为激烈,产品差异优势产生于顾客对非常类似、相互可以替代的一类产品之一的偏好,也可以是由于不同顾客具有不同的购买习惯的偏好类型。产品因为其独特性导致消费者形成偏好,导致转换成本的增加,形成壁垒。

从动态的视角,无论是技术标准、还是产品,其技术壁垒的高低,实质取决于其技术创新水平。在一个产业中,当厂商研究、开发出原创性的新技术并使其产品具有明显优势(包括产品的功能优势和成本优势)时,就会产生差异化的产品市场,将创新厂商与其竞争对手分隔开来,形成暂时的、一定程度上的垄断格局,即对除创新厂商以外的所有厂商构筑一定的进入壁垒。与此同时,也会不断有厂商通过模仿逐步学习和掌握新技术,随着越来越多的厂商成功掌握新技术,进入壁垒将逐渐降低或瓦解,壁垒内的厂商数量增多,利润率下降。在这一过程中,会出现更新的优势技术来构建新的差异化的产品市场和进入壁垒。如此循环往复,推动整个产业的技术进步和演化。

当技术创新使整个产业进入壁垒提高时,产业集中度就会相应提高,同时改变市场份额在厂商之间的分布结构,从而使整个产业的盈利水平提高。如果技术创新成果不能对其他在位厂商或潜在厂商构成壁垒,则产业集中度和厂商之间市场份额不会改变,厂商及整个产业的盈利水平也不会改变。因此,技术进步是通过构筑进入壁垒来影响产业集中度和市场份额分布的,进而影响厂商和产业的利润水平。

(3) 规制性壁垒。

产业规制划分为经济规制和社会规制两种类型。经济规制主要指政府对厂商在价格、产量、进入和退出等方面的决策进行的限制。如许多国家的政府都会对电力、电信、铁路、航空业等基础设施产业,以及自来水、煤气、公共交通等公共事业产业进行比较严格的准入规制和价格规制,以保障基本的经济秩序和公众利益。

政府许可主要是指政府对某些产品市场参与者的资格存在限制性规定。这种限制性规定越多,资格审查越严,进入的门槛越高,对于已经介入其中的企业来说,就越拥有强有力的市场保护屏障。最典型的政府许可市场就是军工行业。

国家的法律法规、方针政策都会对创业的成功与失败带来直接的影响。在中国则尤为重要,如新劳动法、出口退税等。国家政策的每一次调整,既可能催生很多很好的新投资机会,也可能对一些投资领域产生重大的不利影响。比如,新能源行业一直受到国家扶持,这几年也涌现了众多优秀的公司,但是,生产的太阳能和风能领域的简单制造业产能过剩,受到政策限制。可见,即使在新能源行业,由于政策导向不一样,发展的机会不一样,投资方向也就不一样。

在国家鼓励发展的行业中,一定存在着众多的投资机会;而在限制发展的行业即使再努力,也无法突破已然存在的天花板。例如,这两年的房地产市场,如果无视政府对房价的严厉调控,继续看涨这个行业,投资可能就面临风险。学习和掌握国家的政策,除了关注产业政策外,还有一个重要的方面,那就是对国内外资本市场要有前瞻性的研究。

反垄断规制主要指政府在厂商兼并、串谋、市场集中等方面的限制和豁免。政府通过反垄断法,产业政策扶持、鼓励或抑制某一产业的投资和经营活动来调节产业供求关系和经营秩序,保障产业适度竞争、健康发展。

社会规制主要指政府在健康、安全和环境等方面的规制。通过禁止特定行为、对营业活动进行限制、确立资格制度,以及执行检查、鉴定制度和基准、认证制度等方式进行社会性规制,使厂商履行相关义务、承担社会责任,保护社会及公众的健康、安全和生活环境。如出于安全考虑,国家规定所有的汽车必须配制全球定位系统(GPS),这一政策对于GPS和汽车行业都产生影响。

在价格规制下,既不能为垄断厂商带来很高的超额利润,也未给消费者赢得利益,导致经济缺乏活力且效率较低,降低因经济规制导致的产业壁垒,形成竞争压力,已是大势所趋。美、英、日等发达国家已逐步推行放松规制、激励性规制、引入竞争机制和完善产权制度等举措进行产业规制改革,以提高这些垄断产业的效率。与此相反的是,社会规制随着人们对人类健康、安全和生态环境的关注却有不断得到加强的势头。这意味着关系到人类健康、安全和生态环境的产业的进入成本和生产成本将会不断提高,其进入壁垒和产业集中度也会相应升高。

产业规制这一要素对产业盈利性的影响都会通过产量、集中度、技术创新等要素得到传递和反映。因此,在产业盈利性分析评价过程中,可以将产业规制作为一种产业环境因素。在进行定性分析的基础上,评估产业规制环境变化对产业的价格、成本、集中度、产量、技术创新等要素的影响,从而预计其对产业盈利性的影响。

尽管从市场上看,存在多种多样的产业机会,但实践中,却很少有成功的企业会盲目地搜寻所有的产业。实际上,真正能够进入企业选择视野的仅仅是那些总在某种程度上与企业现有业务相联系的产业。任何一个成熟的企业总是时刻密切关注着企业现行经营活动领域的需求、技术变化情况,当一个企业的核心业务已发展到增长的极限时,企业所面临的现实选择不外乎三种途径:一是使业务更加国际化;二是扩大产品范围;三是用新产品去开拓新的市场。前两种方法都是利用现在已经得到的东西,前者是为现有的产品寻找新的市场,后者是为现有市场寻找新的产品。第三种途径是一个"根本性"措施,即实现多样化经营或实现战略转移以进入新的业务领域。

Chapter 4　创业投资项目的遴选与组合

投资行业的选择犹如比赛选择赛道,项目的选择需要消耗大量的时间与资金,同时,要冒很大的风险,而项目最终成功的概率较低。于是,投资者不得不做出艰难的选择,哪些项目是值得投资的,然后还必须确保以严格而谨慎的方式执行这些项目。项目开发是基金公司寻找投资对象的基础,项目筛选是投资者获得优质项目、主动控制投资风险的关键,项目组合是项目投资规避风险的重要补充。本章探讨基金投资过程中三个关键问题。

4.1　创业投资项目的发现

投资者在找项目,而项目(即企业)也在找投资者。成功案例的背后往往有个如何在车间或者寝室发现"下一个重大机遇"的故事。然而,实际之中,投资者寻找一个好的项目比较困难。通常是基金管理人凭借着他们对投资理念、所在行业的深入了解、发展战略,确定其未来所专注的行业,然后,在这些行业中,通过下列渠道进行广泛搜寻,最后进行筛选获得最终要投资的目标。

(1) 主动联系投资企业。

在国外,私募股权基金公司聘用刚毕业的聪明的大学生,这些大学生要了解清楚某个行业中具有一定规模的未上市企业。然后,分析师会主动打电话问企业的 CEO 或者 CFO 是否考虑接受私募股权融资。出乎所有害羞的人们的意料,这种方法是有效的。很多未上市企业因为各种各样的原因,从来都没有考虑过私募股权融资。有的是因为创始人就没有考虑过,或者他们认为自己不够资格,或者他们太过忙碌于开发和管理业务。不过,只要有人接触他们,就存在可能性。但是,这种方法只适合那些业务已达到一定规模,其业务、前景和财务信息可公开获得的企业。

随着中国私募股权投资业的发展和社会投资资本的增多,中国私募股权投资资本市场资本选择项目正向项目与资本双向选择、项目选择资本转型。优秀的私募股权投资家,已经改变了传统的"坐商"的理念,待在办公室里等项目时代已经结束,取而代之的是"行商"理念支配下的主动出击,去发掘有潜力、价值的项目,甚至培育有价值的项目。

(2) 朋友介绍。

无论是创业投资,还是并购投资项目,朋友或出于纯粹的利他——帮助创业者;或出于自利—可能已经作为天使投入公司或者会收到中介费(通常是融资额的一定百分比,可能想验证之前投资的正确性,或者是考虑机构投资者可能会向早期投资者购买股份,此时手中的股份可以溢价变现),会将项目介绍给私募投资基金。

【案例 4-1】　　　　　　九鼎的全国性的"经纬"交织网络

2010年以来,九鼎已经完成了全国范围内近30个办事机构的组建,并派驻了专业人员,这些"驻军"在各自辖区内拉网式的搜寻符合九鼎投资标准的目标企业。这构成了九鼎业务网络的"纬线"。

在其重点关注的五大业务领域,即消费、农业、医药、先进制造、新兴产业内,九鼎建立了国内最大规模的专业投资队伍。他们心无旁骛,在各自专业领域内精耕细作,从事该领域内的项目调研和行业开发,这便构成九鼎业务网络的"经线"。经纬交织,形成了一张覆盖全国的业务网络。

资料来源:根据相关资料整理。

(3) 中介机构。

包括商业银行、投资银行、股票经纪、朋友、会计师、律师和公司内部的业务拓展专员等,虽为中介,成为投资者的信息渠道,但动机不同。

① 商业银行。

作为给企业提供信贷资金的金融机构,尤其是大型银行拥有大量的员工,成千上万的网点渠道,可以充分掌握项目资源,了解业内各种规模和经营状况的有兴趣的企业,银行内部的信息库能很清晰地看出这家公司成长的历程,财务状况一目了然,如浦发银行推出了一个庞大的股权基金项目库系统,撮合PE基金与企业合作。在该项目库中,净利润超过500万且营业收入增长率不低于30%的项目多达十余万个,对于寻找优质项目越来越难的PE来说,这无疑是个巨大的宝藏库。同时,企业通常都会主动上门找资金。其中不乏初创企业,它们虽有很好的成长性,但风险也相对较大,且缺乏必要的抵押品,但超出正常银行服务范围的或者会违反标准的贷款操作时,银行并不敢给其提供贷款服务,但可将其推荐给与之已建立联系的私募股权投资机构,既可解决私募股权投资机构的项目来源;也可为银行自身培育未来的客户。

PE对于投资者是一种缺乏流动性的资产,但可为银行提供流动性。一家公司可以融资几百万美元并将资金放置在银行账户或货币市场基金账户中。随着开发产品或者技术的需要,企业会逐渐提出资金,当资金用完后,企业又进入下轮融资。因此,这部分企业存款能冲抵银行资产负债表上流动性较低的资产年(贷款)。

【案例 4-2】　　　　　　中国商业银行的投贷联动机制

投贷联动主要是指商业银行和PE投资机构达成战略合作,在PE投资机构对企业已进行评估和投资的基础上,商业银行以"股权+债权"的模式对企业进行投资,形成股权投资和银行信贷之间的联动融资模式。目前主要用于中小企业的信贷市场。比如,产业基金设立之后,对某企业进行股权投资,银行再跟进一部分贷款;或者PE基金对某企业进行财务投资,可以优化企业的财务结构,规范企业发展,银行会及时跟进一部分贷款。

PE建立在对一个企业完全熟悉基础上做出的投资抉择,能够增进企业在银行面前的信用,还可通过银行的客户信息确定其投资的项目,解决其寻找优质项目难的问题。

② 投资银行。

企业的股东或者管理层常常挑选一家投资银行代表企业,通常按照"选美比赛"的方法挑选。挑选过程中,参选的投资银行会展现他们为代表企业所制定的策略和所设定的价格,被选中的投资银行会起草早先提到的项目建议书,并向感兴趣的机构推荐。

投资银行向一些企业提供兼并、收购、并购和首次公开发行(IPO)服务,为 PE 基金提供寻找投资机会,尤其在并购业务方面,获得服务费用和未来合作机会,投资银行也希望和 GP 保持良好关系,以期能从他们身上获得更多的业务。

投资银行向并购公司推荐标的企业时并不收取费用,但是当一项交易成交时,投资银行会获得各种费用,包括提供融资方案的安排费、提供贷款的承诺费(商业银行也会获得承诺费)以及联合费(当该投资银行联合几家银行提供融资时)。所有这些费用的收取要视交易完成的具体情况而定。但是如果投资银行通过 PE 投资于交易,或者已经推荐其高净值客户投资于这些基金,就可以与并购公司维持更长期的关系。另外,投资银行也希望和 GP 保持良好关系,以期能从他们身上获得更多的业务。

③ 股票经纪人。

股票经纪人会关注各种公司和行业,可能了解哪些企业在寻求出售其某些部门。但他们,须保持必要的监管距离,以确保他们没有从内幕消息中获利。

④ 各类管理咨询公司、会计师事务所、律师事务所。

这些中介机构通常都与企业建立有广泛的联系,会计师和律师是一些有才干的企业家的朋友。无论在企业发展初创期,还是成长期,成熟期及困境,企业家都离不开他们的咨询服务,会计师和律师则希望企业能得以继续生存并继续他们的咨询服务,倾向于企业与私募股权公司接触。有了这些机构提供项目来源,既可减少信息收集成本,又有信誉保证的作用。

会计师和律师是项目的另一个来源。他们往往认识一些有才干的人,这些人掌握着一些有前景的创意,因为这些未来的创业家在创立公司前,一般会咨询这些会计师和律师。而且,随着企业成长并开始产生收入或者需要融资,创业者们可能会和他们的会计师和律师讨论公司目前的状况,而会计师和律师则倾向于建议企业和私募股权公司接触。律师和会计师希望企业能得以继续生存并继续使用他们的服务。

(4) 政府机构。

各类高新技术开发区、经济技术开发区、创业服务中心和孵化器以及行业协会,也都是创业项目的重要来源之一。

(5) 商贸洽谈会。

投资者参加会议和行业展览会、阅读行业期刊并与业内的意见领袖建立联系。有时候他们可能会聘用业内专家作为外部咨询顾问或者派驻他们到公司以利用他们的专业知识和商业网络。大部分时候,他们问问题并耐心聆听。在饭局上没有比私募股权公司从业人员更敬业的人了。

(6) 专业杂志与网络。

不少的优秀研发项目通常不屑于在通俗杂志上做广告,他们总有一种"酒好不怕巷子深"的优越感。因此,要寻找到高质量的创业项目,显然不能仅限于一些通俗的传媒。留意一些专业杂志,则很可能找到一片尚未开发的处女地。互联网络作为信息的聚散地,尤其诸如一些众筹的专业网站,时常有一些最新项目需要投资的信息,是获取新项目投资机会的重要渠道。

(7) 业务拓展人员。

作为企业里的高管,通常负责与外部利益相关者如供应商、分销商或者伙伴公司建立联系,鉴于成功和投资者接触可作为拓展职业生涯的途径,他们会将企业作为投资机会向私募股权公司展示。

(8) 创业与研究开发部门。

大型实业公司的附属创业管理部门往往有许多创业项目。尽管这些项目大都与母公司具有战略上的联系,但完全依靠母公司提供资金来源,有时会显得力不从心,因此,有时也借助于外界的私募投资机构为其提供部分资本金,并希望得到创业投资机构的增值服务。此外,研究开发部门,一旦发现好的研发项目,不妨鼓动研发人员以独立创业的方式创建新企业,而私募则为其提供资本支持和创业管理服务。待其培育成熟后,再卖给他原来的母公司。当然,在这种情况下,一定要处理好研发人员与其原来的母公司的关系,尤其是在知识产权上要进行准确界定。

从总体上看,中国的PE考察项目的自我判断力尚在培养过程中,加之社会信誉状况较差;朋友介绍和中介机构介绍这两种渠道占有相当重要的地位。尽管如此,PE最相信的还是自己的判断力;与创业家直接联系仍是最为重要的项目来源渠道。不少私募投资机构之所以非常注重公司形象和社会知名度,并建立自己的网站,就是为了更广泛和更便捷地吸引创业家直接前来联系。

在我国不成熟的市场经济体制下,政府在经济发展中的资源配置作用依然较强;因此,政府主管部门推荐也成为一个很重要的项目来源渠道。政府推荐的项目往往还附带有许多政府资源可以利用。

私募股权投资项目来源渠道虽然较多,但项目筛选的淘汰比率非常高;所以,有意识地建立多种项目信息渠道仍是十分重要的。积极参加各种与创业相关的社会经济活动,广结良缘,才能建立起广泛的非正式联系。

中介、创业者和私募股权公司都必须清楚,真正稀缺的资源是合伙人。通过推荐符合私募股权公司特点的项目,并筛除不符合条件的项目,中介就会成为私募股权公司重要的合作伙伴。不过创业家在这个过程中并不被动,通过调查和准备,创业家不仅会对寻找投资者或收购方产生深远影响,而且对发现合适的投资方也有深远影响。这里再次强调,企业与私募股权公司间的匹配水平,对企业未来的经营结果将产生深远影响。

4.2　创业投资项目的遴选

4.2.1　项目筛选的基本流程

私募股权投资项目筛选通常要经过受理投资申请书、筛选投资申请书、审查商业计划书、约见会谈企业家、尽职调查和投资项目决策等六个环节,决策之后便要起草和签署正式的法律文件,将资金打到企业的账户上,完成整个投资的工作,如图4-1。

经过这六个环节,投资家才能最终实现"沙里淘金"的梦想,进入创业投资家视野的项目也

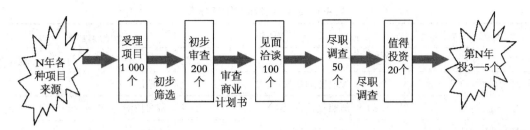

图 4-1 项目筛选过程

越来越少而精。据业内人士估计,通常在 1 000 份商业计划书或可行性研究报告中,第一次筛选后的淘汰率即高达 90%,剩余的经与对方约见和会谈后,根据筛选标准与所了解的情况,又淘汰 50%,余下被认为是有价值的项目,经审慎调查后再进行淘汰,最后真正能够得到 PE 资本支持的项目仅在 1%左右。

当然,也并不是所有的投资项目筛选都必须经过以上六个环节。一些由投资人主动找上门的项目,如果投资人觉得特别好,则往往会省略掉其中的某些环节。通常任何来源的项目都需要打动第一个人,不管是 vc 的合伙人还是投资经理;然后他要把这个项目拿回去在 vc 定期项目评估会上进行讨论和排序,如果这个项目能够在基金内部被一致看好,并能指派专门团队来和项目方进一步沟通,包括最终把这个项目送到基金内部的最高决策机构——投资委员会上去一致通过,方可得到项目投资。但是,这时能拿的钱相对于当初的投资额而言,通常就是个零头。

项目筛选决策对于投资最终成功至关重要,但筛选决策形式与过程存在与否与私募股权公司的规模有很大关系。只有少数几个合伙人的私募股权公司更倾向于以团队的形式做决策,所有的合伙人都会被通知并且会或多或少地参与到尽职调查的所有阶段和最终的决策中。对于有五六个合伙人的中等规模的公司,这种集体决策的做法就有些不明智了,更可能的情况是:项目由一两个合伙人主导,其他合伙人根据书面材料和主导合伙人所做的展示集体做出投资决策。这种中型公司经常会在每周的例会上做投资决策,所有的合伙人都会通过当面或者电话的形式参与其中。对于较大型的公司来说,所有合伙人都参与例会的方法不太可行,因此,投资决策几乎都是由高层合伙人组成的委员会做出的。如果有一个投资委员会,那么一份书面记录就成为其他委托人与该委员会沟通交流的重要方式。此外,通常只有在大型的私募股权公司公司,才能够找到不负责主导投资的初级投资人,他们的主要职责是筛选潜在项目,履行尽职调查和负责多种其他细节工作。

4.2.2 投资项目筛选标准

私募股权投资的目的不是为了获得所投资企业的产品利润,而是借助于企业的潜在价值将企业做大,以获得资本增值收益。因此,投资企业的质量是私募股权投资关注的重点。先讨论企业的核心要素,然后给出基本标准,再细化。

表 4-1 是 Wells、Poindeter、Premus 等专家通过调查得到的选择创业投资项目的三套筛选标准。

表 4-1 创业投资项目筛选标准

Wells		Poindeter		Premus	
因素	权重	因素	重要性	因素	权重
管理层的承诺(S_{11})	10.0	管理层的素质(S_{21})	1	管理团队(S_{31})	9.7
产品(S_{12})	8.8	预期收益率(S_{22})	2	高增长潜力(S_{32})	8.2
市场(S_{13})	8.3	预期风险(S_{23})	3	产品的技术评估(S_{33})	7.5
营销技能(S_{14})	8.2	股权比例(S_{24})	4	股权的价格(S_{34})	7.2
工程技能(S_{15})	7.4	管理层持股(S_{25})	5	现金流量(S_{35})	7.2
营销计划(S_{16})	7.2	合同保护条款(S_{26})	6	市场定位(S_{36})	7.2
财务技能(S_{17})	7.4	企业创业阶段(S_{27})	7	股权比例(S_{37})	5.5
制造技能(S_{18})	7.2	合同否定性条款(S_{28})	8	专利与法律考虑(S_{38})	3.9
参与交易者(S_{19})	5.9	利息红利政策(S_{29})	9		
行业(S_{110})	4.2	现有资本(S_{210})	10		

三套标准归纳起来,可以得到创业投资项目选择的三要素模型:(1)管理团队,管理层的承诺(S_{11});管理层的素质(S_{21});管理团队(S_{31});(2)产品(或服务),专利与法律考虑(S_{38}),而预期收益率(S_{22})和高增长潜力(S_{32})是产品创新性、独占性的体现;(3)商业模式产品(S_{12})通过营销计划(S_{16})和市场定位(S_{36})实现与市场(S_{13})对接,构成商业模式的商业系统;市场定位(S_{36})构成商业模式的定位的重要元素;参与交易者(S_{19})而对营销技能(S_{14}),工程技能(S_{15}),财务技能(S_{17}),制造技能(S_{18})等构成商业模式的资源与能力维度,预期收益率(S_{22})和高增长潜力(S_{32})是商业模式的盈利模式的体现;构成商业模式的现金流量(S_{35})。

依此,本书归纳得到筛选投资项目的三元标准模型,进一步推导出项目质量的三大基本标准(1)创新型的产品;(2)独特性的商业模式;(3)高素质的管理团队。

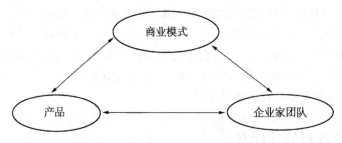

图 4-2 投资项目选择的三要素模型

在三大基本标准中,创新型产品是基础性标准,独特的商业模式是前提性标准,高素质的管理团队是组织保证性标准。没有创新性产品,再好的商业模式和管理团队也没有意义;缺少独特性的商业模式,管理团队再优秀,产品再创新,也无法实现或充分实现其自身价值;无论是什么样的产品,还是什么样的商业模式,都需要强有力的高素质的管理团队来实现,从这种意义上讲管理团队是第一位的。人力资源虽然在企业的资产负债表中无法体现,但其重要性却往往超过了各类资产,在创业期的企业身上会表现得更加明显。对大量高科技、高技术公司来说,核心管理人员、技术人员构成的管理团队很可能是企业最宝贵的财富。

当然,由企业核心要素模型所推论出的 PE 项目筛选的三大基本标准,仅仅是提供了一个评价 PE 项目潜在价值的理论框架,实践中的 VC、PE 会根据项目具体情况,在三要素中寻求平衡。有时投资者喜欢投资能够引起轰动效应的产品,哪怕其创业团队很青涩;有的投资人会更喜欢连续创业者,他们懂得如何建立和卖掉公司,或许可以得到试运营的资金支持;而有时候,某个罕见的概念(如 Google)有惊人的利润潜力,投资者也会很愿意投资,并且对创业团队和产品开发有足够的耐心。有时投资人则喜欢投资具独特性的商业模式,如共享单车、亚马逊等。

4.2.3 产品

虽然产品来源于好创意,但只有实在的产品才能为投资者带来盈利。很多初次创业者会照搬《创智赢家》节目的经验去为自己争取投资,却不知道,与其花时间去恳求投资人,不如花时间认真锻造自己的产品。在让投资人相信他们说的话之前,创业者需要先做出某种东西,并将它展示出来。简言之,投资人是投资于产品,而不是想法。判断一家公司是否拥有一个产品,简单的方法是"被卡车撞"实验:倘若明天一场突如其来的事故让你撒手人寰,你的公司是否有什么东西——任何东西——可以拿得出手卖掉?如果答案是肯定的,那么恭喜你,你的公司肯定拥有某种产品;如果答案是否定的,那么从现在开始努力做产品吧!对于创业投资来说,其主要投资的产品可以概括为以下几类。

(1) 创新型产品。

产品是企业盈利能力的载体,分析企业所拥有的产品,研究其可持续发展的价值、生命周期。创新性是 PE 考虑产品的首要维度,但必须能够创造出新市场,但又不能太超前因为,如果企业所经营的产品只能满足既有市场的有效需求,而不能创造出新的有效需求即创造出新市场,则这个企业注定不会再有潜力;所以,不值得对其进行创业投资。但如果所经营的产品必须等到 20、30 年以后才会产生有效需求,那么,一个 PE 也没法等它二三十年。毕竟对于 PE 而说,通常是希望在投资 5—7 年后就能够退出获利;所以,所投资企业的产品被市场接受的过程一般不应超过 3 年。根据产品性质的不同,产品可分为以下四种类型,见表 4-2。

对于革命性产品,虽然技术与创新含量都很高,资金需求量也异常巨大;通常由国家直接资助,用于国防领域,同时,产品开发所需要周期长,超过创业投资基金的周期,因而不是创业投资投资对象。创新性产品、改良性产品、替代性产品的开发周期超前市场,比较适合创业投资。

(2) 短周期产品。

使用周期相对较短的产品,如在吉列销售了剃须刀后,客户必须持续地购买新的并与之匹配的剃须刀片。只要剃须刀一经售出,企业便为自己稳获了一个新增的且持续的收入源。同样道理,只要以较低的价格出售打印机,此后就可以不断销售的墨粉中获取利润。有些机器生产商和用户签署年度维护协议或服务合同,除了获得正常机器销售收入外,还能从不断增加的机器服务内容里获利。机器是使用周期长的产品,但因损耗和维护需求,它们也有短周期成分。

表 4-2　创新性产品分类

产品	技术创新水平	开发周期	实例
革命性产品	产生于人类历史上的重大科技革命,从根本上改变人类的生活方式,需经过比较漫长的过程才能为消费者所接受。	需要十年乃至数十年。	人类最初研制的巨型计算机,几乎没有什么商业实用价值,且一般商家也买不起。
创新性产品	新开发,且有商业运用前景的产品。	超前市场2—3年,通过适当的市场宣传和推介,很快就能够被市场要受。	智能手机。
改良性产品	对创新性产品进行适当改良而开发出的产品,或提高原有产品的使用性能、或降低其生产成本。	超前市场1—2年左右,能创造出较大的新市场。	便携式电脑相对于台式电脑,在核心技术上并没有多大创新,但使用性能大大改善。
替代性产品	根据消费者的新需求,开发出一种不同于原有产品(或服务)的新产品(或服务)。	超前市场1年,能运用规模经济优势获得超额利润。	苹果手机8是苹果手机7的替代品。

与短周期产品相反的是长周期产品市场的厂家,虽然单品销售额高(如住宅、洗衣机、轿车),但消费者对这类产品的需求极少超过一个单位,这些产品的再购买周期相对较长,并且在经济下行时期,消费者会推迟这种类型的大额投资,而难以保证投资者获得持续的现金流。

(3) 刚性需求的产品。

面对严重经济危机,谁也无法保证客户是会购买这个或是那个公司的食品和饮料产品,但即使在深度的衰退期,食品饮料的包装也不会停止下来。无论人们是否会购买品牌产品,或打折产品,但作为玻璃包装品的销售总能维持。同理,玻璃仅适于运输相对较短的距离,玻璃市场不会受制于国外低成本厂商的压力。在任何经济阶段都必须购买的产品的制造商,也是有潜在投资价值的对象。

(4) 由外部影响和监管带来需求的产品。

为了获得客户的信任和监管当局的批准,许多产品必须得到独立专业机构的测试和认证。在这个领域,特别是瑞士通用公证行(SGS),显示出了领先的市场地位。几乎每个行业的制造企业,都依赖于这些公司提供的认证和检测服务,所以,这是能确保稳定收入的业务。任何社区、城市或机场都需要一组现代化的消防车。

汽车保险商 GEICO 也属于此类。根据法规,驾驶者必须至少买一份车险。GEICO 最初不用销售人员,通过电话谈妥合同,且只把军队的军官作为客户(统计数字表明,这种客户的事故率较低),因此,快速地发展成为一家利润丰厚的汽车保险商。

(5) 边际成本接近于零的产品。

主要是软件产品,一旦开发出来,以后无需额外费用就可以拷贝;像 SAP 的 ERP 软件,微软的操作系统和 office 软件,生物药品也归于这一类。新品的初始研发成本很高,但一旦产品成功推入市场,每片的成本较低,很快就能收回初始研发成本。

(6) 市场上最便宜的产品。

除了质量、形象或外部影响外,作为市场上最便宜的产品,也能构成一个独特的卖点。不过,纯粹的价格战一般都会导致利润率缩水。这里的艺术在于,在采取低价的同时,还要保持一个可接受的质量水平。如亚马逊通过一个复杂的物流网络、较好的客户服务和庞大的规模,这家在线零售商在与竞争者的较量中,构筑了自己的成本优势。

4.2.4 商业模式

(1) 商业模式的构成要素。

商业模式画布[①]认为,商业模式构成的九要素是:客户关系、价值主张、客户细分、渠道通路、核心能力、关键业务、重要伙伴、成本、收入。这九个要素通过价值创造收入:提出价值主张、寻找客户细分、打通渠道通路、建立客户关系。而价值创造需要基础设施:衡量核心资源及能力、设计关键业务、寻找重要伙伴;基础设施引发成本,确定成本结构。根据成本结构,调整收益方,形成的差额即利润,构成其内在逻辑。

魏炜和朱武祥认为,商业模式由业务系统、定位、盈利模式、关键资源能力、现金流结构和企业价值等六项要素构成,业务系统是核心概念,是供应商、生产商、销售商构成的整体,其中整个交易结构的构型、角色和关系决定业务系统的效率。定位指满足利益相关者需求的方式,盈利模式强调与交易方的收支来源及收支方式,关键资源能力强调支撑交易结构的重要资源和能力,现金流结构是指在时间序列上现金流的比例关系,最后的企业价值是商业模式构建和创新的目标与最终实现的结果。

魏朱六要素之间的逻辑关系是:企业的价值及其实现效率和增长速度由其成长空间、效率、能力、速度及风险决定。企业的成长空间受其自身定位的影响,而企业的成长效率和能力受业务系统、关键资源能力的影响。同时,盈利模式的存在,会对企业的自由现金流结构造成影响,最终影响企业价值的实现速度和效率。

无论是国外,还是国内关于商业模式的定义,概括起来的共性主要有三点:企业价值是商业模式的最终追求,是评判一个商业模式是否适合企业的标准之一;商业模式是一个由多种要素组成的整体,必须是一个结构,而不仅仅是某个要素;各组成要素之间必须有内在的逻辑关系,这个内在逻辑关系将各个组成部分联系起来,使它们互相支持、共同作用,形成一个良性循环。

魏朱的商业模式与九要素之间的关系,将客户关系、价值主张、客户细分、渠道通路、成本与收入组合构成盈利模式,核心资源与能力、定位则从关键业务的角度,而现金流结构、企业价值则是上述四个要素的衍生物,因此,构成商业模式的关键要素可以概括为四个方面。

(2) 定位。

业务定位是商业模式的起点,它的确立涉及对过去的分析,对现在的把握和对未来的预期。换而言之,业务定位是沟通过去——"已有格局",现在——"自身特征"和未来——"商业模式的确立以及最终企业价值的体现"的一个桥梁,业务定位在商业模式中具有引导性、启发性和决定性的作用。

产品定位着眼于产品具体功能的确定,市场定位着眼于市场范围(收入、地理、年龄)与客户定位,前者基于企业本身的优势,确定市场需要的产品功能;后者则是基于市场上客户的需求,确定企业产品所对应的细分市场。与此不同的是,商业模式定位则指供给方(产品)与需求

---

① [瑞士]亚历山大·奥斯特瓦德(Alexander Osterwalder),[比利时]伊夫·皮尼厄(Yves Pigneur) 著,《商业模式新生代》,王帅、毛心宇、严威译,机械工业出版社,2011年版。

方(客户)之间的连接方式的定位,从而体现了商业作为连接供求双方中介的本质。

农业科技设备-农产品,采用直接连接方式:供给方利用农业科技设备自己生产农产品直接提供给消费者,供-消;也可采用间接方式,供给方提供农业科技设备出售(或租赁)给其他农户生产农产品提供给消费者,供-出售—农户-消;供-租赁-农户-消。不同的连接方式决定整个产业链的交易成本与现金流的高低,决定了企业价值的实现。

独特的(unique)客户价值是满足了这个需求就意味着为客户提供了独特的客户价值,该需求并不是显而易见的,并不是谁都想得到做得到的,必须与众不同,而且是"与众大不同"。

(3) 独特的价值主张。

业务定位就是找到长期的顾客,找到为我们带来利润增长的顾客,当然,同时需要给顾客提供独特的价值。如以前,必胜客、百胜客在国外是不外卖比萨的,只有来店里才能吃到比萨。而达美乐跳出来说,我要做外卖比萨。很多老板一看到机会,就冲动起来。先不要冲动,要先分析一下定位是不是依次符合我们所分析的:长期的、利润增长的、独特的价值。

第一,现在人们越来越忙,交通越来越拥挤,出门越来越不方便,塞车时间越来越长。在这种情况下,外卖是长期市场还是短期市场?答案是长期的。

第二,外卖利润高,还是在店里面卖比萨利润高?答案是外卖。

第二,我给顾客提供什么?达美乐极其聪明,在进入台湾地区市场时写了八个字,叫做"全台最快外卖主比萨"。

看一下这八个字能不能符合刚才定位所提到的三个方面。①达美乐是做什么的?卖比萨的。②达美乐是为谁做的?是为想要外卖的人做的。③达美乐比萨跟别人的比萨有什么不同?是最快的。这就是达美乐的独特价值,用四个字来说,就是"价值主张"。

独特的价值可能是新的思想,新的模式,而更多的时,给客户提供良好的体验和方便的服务,使得客户能够用更低的价格获得同样的价值,物超所值,超越客户的期望,能让客户心情愉悦。如芬兰Rovio公司开发的小游戏"愤怒的小鸟"取得了巨大的成功,关键在于"愤怒的小鸟"好玩,切合用户的需求,操作简单,关卡设置合理,产品不断升级,为客户带来愉悦的享受,从而受到市场的欢迎。

(4) 关键资源能力。

企业的业务系统主要是决定企业的经营活动,而完成这些活动的保证就是关键资源能力。所谓关键资源能力,是企业所掌握的有形资产、无形资产、技术和能力等的总和。企业的资源和能力主要涉及实物资源、金融资源、人力资源、信息网络、无形资产、客户关系、隐形资源等。明确企业所需要的资源和能力,并获取、建立和分配这些资源和能力是保证企业高效运作的关键。

独特资源是多年积累的特色资源,别人很难复制,这是挖掘资源独特性的窍门。另外,人人都有亲朋好友,要充分利用这一资源,但要注意下列要点:

① 他的资源是不是你商业模式所需的关键资源;
② 获取该资源的难易程度;
③ 不通过亲朋好友,而是通过正常渠道能否获取该资源;
④ 该资源的成本(利益诉求)是什么。

贵州茅台和它的竞争对手相比,一是茅台的品牌和独特的口感是其他竞争对于无法比拟的,二是茅台酒厂现金非常充裕有大量的预付账款。第一个优势使茅台酒变得与众不同,如果这个优势因为广告等方式得到进一步的发扬,那么,酒厂的业务肯定会变得更好。但第二个优势对于酒厂的意义就小很多。大量的现金资产对于酒厂的经营没有本质上的用处,如果通过提高预付账款的数量来增进这个优势,对酒厂的发展可能还有反作用。

而大多数制造、施工企业的商业模式,通常是先生产后销售,赚取价差。现金流结构表现为"先垫资生产,后销售回款",一次性投资和一次性收入。但是,若企业在产业链中缺乏谈判地位,往往采购必须当期支付现金,销售却形成应收账款,这就导致企业回款慢,现金流压力大。

轻资产公司之所以受到很多学者和VC的青睐,就在于其现金流结构能够实现早期较少的投入就可以带来后期持续的、稳定的较高回报。

在客户初期投入较大的情况下,借助金融工具,或分期付款,或融资租赁,降低客户一次性购买门槛,无疑会吸引到更多客户;在客户每次投入不大又重复消费的情况下,预收款同时配以高质量的服务,能够在保持甚至提高客户满意度的同时释放企业的现金流压力。

(5) 业务系统的独特位置。

行业的产业链是一个行业的纵向关系集合,了解一个行业的上下游行业是什么?它的整条产业链又是什么?它的产业链布局如何?这些信息有助于投资者了解该行业在整个国民经济中所处的位置,并通过对该行业上下游信息的掌握,找到该行业的投资时机。

虽然价值创造是上下游合作的根本,但更重要的是,价值分配关系决定了产业投资者能够获得其所创造的价值,而价值分配则取决于投资者投资项目所在的产业链位置。在全球化竞争的环境中,构成产业链的不同环节因为不同位置而获得不同的附加值。位置取决于在价值链中的角色定位,是产业价值链中的集成者,还是某个环节的局部者,是平台,还是中介,不同的角色对应价值分配中的不同地位与收益。

例如在竞争程度白热化的计算机行业,戴尔凭借其独特的直销模式,减少了销售的中间环节,节省了不必要的成本和时间,使公司产品价格低于很多竞争对手,但仍然具备相当大的利润空间。戴尔的产品毛利率明显高出其他公司,在一个产品高度同质化、原材料高度同质化的行业,能取得这样的成绩殊为难得。

【案例4-3】 **风投为什么投资这家企业?**[①]

广东有一家文具制造企业,该公司是15年前创立的。起初只是宝安县城的一家小小文具店。现在有两大制造基地:广东潮阳和深圳观澜。潮阳工厂有七万平方米厂房,近2 000名职工,观澜工厂也有几百人。之前的销售额不到4亿人民币,利润接近3 000万元。一家境外著名风险投资机构调查了近半年时间决定以极高的估值对公司投资。这是为什么?

中国是文具制造大国,全国文具制造业的规模达3 500亿元。但没有一家文具制造商市场占有率超过1%,说明这个行业规模巨大,但行业集中度极低。行内有两家企业获得了融资。一家是"浙江贝发集团",是中国最大的书写笔出口商,该公司以产品出口为主,借助

---

① 罗飞,为何我投资这家文具企业?因为它是价值整合者,深圳特区科技,2007(5):17。

2008 年奥运赞助商的角色,加大了国内市场的品牌和渠道推广。另一家是 2007 年 1 月在中小企业板上市的"浙江广博股份公司",它是中国最大的相册出口商,借助上市募资约 3 亿元,公司市值已达 30 多亿元。

相对这两家竞争对手,广东的这家企业的竞争力何在?公司的持续增长性如何?公司年轻的董事长一语道破天机———公司定位于文具行业的"价值整合者"!该公司经营内销市场已有十几年,销售渠道已建到县城,产品品牌有极高的美誉度。企业正在实施哑铃型的"商业模式",一头抓品牌市场渠道,一头抓新产品研发,除了已有的产品自己生产,新产品都以 OEM 方式外包。实际上,公司几年前已尝试为大企业集团作办公文具的"集约供应商",康佳集团、中兴通讯都集中向该公司采购。

正因为文具行业集中度低,进入终端门槛不高,才形成渠道较高的利润率;正因为文具行业产品技术含量不高,门类众多,造成制造的利润率极低,大量的外包生产才成为可能。广东的这家文具企业,借助于其产品品牌、内外销渠道、新产品的选择和设计能力,使之最有能力成为该行业的"整合者",而整合的一分投入可以带来三四分的产出,这是企业持续增长的奥妙之处。

(6) 独特的盈利模式。

盈利模式是指在价值链所有权和价值链结构确定的业务系统中,利益相关者之间在进行利益分配时,企业利益的表现。主要是解决收入的获得、成本的分配、利润的赚取等问题,与企业发展相匹配的盈利模式,不仅能为企业带来丰厚的收益,更能为企业建立一张互利共赢的价值网。

出行的难易,几乎关乎所有人,市场足够大,绝对的高频,同时,前期要烧大量的现金而让许多企业望而却步。共享单车的问世,给问题的解决提供的可行方案。其盈利模式比较独特,通过收取押金来回收资金,分时租赁来部分变现来保持企业现金流的持续,并进行扩张,值得关注。

$$收入 = 单位押金 \times 用车人数 + 单位租赁费 \times 用车次数$$

共享单车对于使用者收取一定数额的押金,构成其收入来源之一,因为使用者众多,形成巨额的资金沉淀,既可获得相应的利息,也可进行投资获得相应的投资收益;共享单车另一收入便是分时租赁费,若有 1 亿用户,每天用一小时,便有 1 个亿的收入,可以用来补偿 1 千万辆自行车的投放与硬件损耗及其他管理费用。

理论上讲,不着眼眼前盈利,而是解决现金流,不出售硬件而通过收取押金来弥补现金流,减少了一般互联网企业为培育用户而通过海量补贴产生的现金支出,是该盈利模式独特性的体现。实际操作中,上述盈利模式的实现必须满足相应的假设条件:

(1) 一定时期分时租赁费应该大于该时期内存量的车辆的硬件损耗及其他管理费用
(2) 一定时期内押金、租赁费等现金流入大于硬件损耗补偿、管理费、新车购置现金流出。

4.2.5 高层管理团队

LP 和 GP 之间的关系与 GP 和企业家之间的关系存在相似之处,如:分期投入资本,设计降低代理成本的激励机制,有特定的保证投资收益分配机制等。但也存在差异:(1)甄别机制。LP选择GP时评估的是GP所管理的基金的回报率,具有一定的客观性;GP选择企业家时则更多地通过经验判断,带有主观性。(2)监督机制。LP通常很少对GP的行为直接干预,而GP则通常会参与企业的运作,起积极的顾问作用。

GP与企业家都是不同层次的代理人,其最后的委托人是LP。实际上使得GP与企业家在一定程度上"同荣俱损"。企业家获得成功,会给自己带来可观的收益;GP也因此分享到LP的收益;相反,企业家失败了,将很难再筹集到资本,企业家的声誉受损,GP既难获得相应的收益,声誉也随之受损而很难再筹集到新的基金。

从这个角度来看,GP与企业家之间的治理关系更加微妙,要实现"双赢",GP选择企业家显得更加关键。正因为如此,许多VC、PE表示,他们宁愿投资于具有二流创意的一流团队,也不愿投资于具有一流创意的二流团队。

因为产品创造需要团队,产品商业化也离不开人的推动。有好产品却没有健全的管理团队,与只有一个好想法没有什么区别。苹果公司CEO史蒂夫乔布斯1997年重回苹果担任公司CEO之后,带领公司开发出为世人所熟知的iPod、iPhone,终于摆脱了被微软打压后一蹶不振的局面,成功转型为一家高科技的消费电子类企业。

对于初创阶段的企业而言,核心团队的人力资源以及依附于此的智力资源是最具价值的资产,决定了一个企业在前景具有相当大不确定性的情况下能够有能力和信心,排除万难走多远。正因为如此,很多风险投资家认为对于人的评估是他们工作中最重要的一部分,他们相信成败取决于管理团队的能力和优势。

中国的市场经济刚刚起步,要找到一个潜力巨大的市场空间并不困难。因为经济尚处初级阶段,无论是职业经理人的储备、高效的人才市场,还是具有成熟经营理念和创业激情的创业者都很缺乏。因此,在中国考察投资对象,更要先考察其创始人及其核心团队。具体可以从以下角度进行考察。

(1)激情、执着、专注。

企业处于创业阶段,往往面临着机会、资金、人才、市场等各种各样的问题。这些问题往往使得企业初创之时的道路显得格外艰难曲折,并制约着企业的进一步发展。面对困境时,如果创业团队对企业的工作缺乏激情,不能以一种积极向上的进取姿态与团队成员共同打拼,企业最多昙花一现,很难做大。

更为重要的是,激情的展现不仅仅是个人的事情,它还能够潜移默化地影响着团队其他合伙人的创业情绪及态度,进而影响整个团队的工作氛围。一支拥有无限激情和能量的团队,也必然会是有着高度凝聚力和进取心的团队。

在复杂多变的环境下,处于初创期的企业一直面临生存压力,需要团队的执着专注,否则,企业就很难有长远发展。投资者最怕的就是创业团队容易受外界的诱惑而花心,今天做这个,明天想那个,缺乏专注和专业性。马化腾的腾讯,在创业初期都不顺利,多次面临生死困境、举步维艰,马化腾甚至曾有过出售腾讯的计划。正是因为他们执着、坚持,最终还是取得了成功。

(2)灵敏的商业嗅觉、战略眼光和创新能力。

有人问柳传志:企业家最珍贵的素质是什么?柳传志回答:市场感觉亦即商业嗅觉。做企业是要赚钱的,钱要从市场上来,对市场需求有天生的敏感性应该是企业家的特质。商业嗅觉通常是高技术领域叱咤风云的企业领导者大多具备的素质,如苹果公司的史蒂夫·乔布斯、微软的比尔·盖茨、Google的创始人谢尔盖·布林和拉里·佩奇。

一个成功的企业家能成为团队的精神领袖,必因他不吝与队友分享共同的商业成果;在和队友共同艰苦奋斗的同时,更应为他们规划出光明的未来,具有战略眼光。

企业家运用基本知识体系进行创业的能力,创业能力包括运用单一知识的能力和将这些单一知识协同运用的能力。

(3) 执行能力。

创业是实践活动,创业机会存在一定的时空,除了精准把握机会,还需要很强的执行能力。创业团队既应具有与创业本身相关行业的经验,熟悉相关行业的运行规则,同时具有创业经验,成功的经验固然重要,而失败的教训更是难得。不论在哪一个工业领域,也无论在哪一个行业,只要曾经参与创业,就会是一段十分珍贵的经历。创业的过程,特别是企业的初创阶段,就是一个不断试错、不断学习改进的过程,团队不仅需要有相关的行业与创业经验,还要勤奋努力,才能真正完成创业的历史重任。张帆认为,当年红杉资本之所以舍聚众传媒而取分众传媒,也只是因为"在整个项目的论证阶段和观察执行阶段,江南春的领导力、对广告行业深刻的理解、对人才的态度,他本人的工作魄力、刻苦精神,都给我留下非常深刻的印象"。"在我看来,这就是创业精神的精髓"。

(4) 互补协同。

在现代高度专业化的社会中,一个人不可能掌控方方面面的专业知识和技能,在团队人员具备成功创业所需要的经验、专业知识、技能和个性后,企业需要做的是将专业的事交给专业的人去做。如果说激情代表着创业团队的发展姿态,专业能力则无疑代表着创业团队的发展实力。那么,将他们的专业能力组合起来,使他们的技术、能力和经验相互补充、协调统一则是执行能力的具体体现。创业团队规模越大,互补协同效应越强,创业成功的可能性就越高,而新企业存活下来的几率就越高,其成长也越快。

新创企业尤其是科技创业企业往往具有比较强的技术力量,但具有管理经验、财务背景和市场开拓能力的人才则比较缺乏。这种专业结构不健全的团队,很难发挥出团队应有的战斗力。大量的科技型企业缺少营销骨干、营销策划,形成创新创业过程中的明显短板,无法产生创业团队的协同作用。

(5) 人品。

VC、PE投资涉及双重委托—代理,企业家的道德风险对于创业成功影响非常之大。人品不好,大笔的钱交给创业者怎能放心?

审慎,不轻率,表里如一,言行一致,确定了目标后努力去达到,不轻言放弃,问其为何要做到这些的理由,创业者的答复很简单,自己的命运要掌握在自己的手中,一旦破坏了声誉,后面的成本会更大,修补也更难。

KPCB的掌门人约翰·杜尔因投资互联网搜索引擎谷歌(Google)而声名远播。在回答"如何判断一个团队的领导者"问题时,杜尔的回答是"好的领导者都是好的交流者。他们超乎常人地正直,因为他们通常最早发现问题。这让他们有点冷酷,在思维层面绝对的诚实。他们是好的雇主,他们永远在搭建由富有才华者组成的网络。他们还是好推销员,他们永远在销售企业的价值"。

对创业者人品的判断是个很有挑战性的工作。因为有很多的表象会迷惑你,最常见的方法就是通过不同渠道对创业者进行背景调查,一旦发现创业者有过不良的商业、为人处世等方面的记录,正常的VC会选择直接放弃投资。

【案例 4-4】 阿里巴巴的创业团队

CEO——卓越的创业者马云

马云既非名校出身,也没有海外留学经历,但在其进行创业之时已在互联网商海中沉浮五余年,使得他对国际市场、中国外贸市场、生产厂家、进出口有着深入的了解。他充分相信自己的判断,认为互联网将是一个无穷的宝藏,里面有大大的生意可做。

在管理上,他了解欲望所使、人性所向,他能全面、充分、彻底地激发出员工的积极性和意志力。擅长以个人奋斗、成功经验为"诱饵",用企业文化、价值理想来"包装",拿豪言壮语、语出惊人来"布道"。

在马云身上,能看到其打破常规、逆反思维、反教条、出其不意的个性风格。阿里巴巴并不是马云的首次创业,在此之前的坎坷经历让马云比一般的创业者拥有了更多独到的看法、创业的激情、踏实的经验和对市场敏锐的触觉,洞察出电子商务行业在中国的发展前景,并保持坚定的信心,抵御了各种诱惑,坚持发展电子商务。

阿里巴巴创建初期,马云带领整个团队夜以继日地工作。为了扩大知名度,他到各个大学去作演讲,到商务会议和论坛上宣讲他的 B2B 模式,出击全球,用他绝世的口才征服了世界。

在阿里巴巴进入互联网寒冬之时,他具有高瞻远瞩的眼光,带领企业脱离困境。他的"疯狂",他坚定的信念和决心,为他赢取了员工们的信任,造就了阿里巴巴强大的凝聚力。

CFO——蔡崇信

蔡崇信生于台湾,7 岁去美国,美国耶鲁大学法学博士。1999 年,蔡崇信以瑞典著名投资公司 Investor AB 副总裁的身份到杭州对阿里巴巴进行考察,经过考察,他不仅促成了对阿里巴巴的 500 万美元投资,还决定加盟阿里巴巴。蔡崇信毕业以后在华尔街做了 4 年律师,担任专门从事收购投资的 Rosecliff InC 公司副总裁及瑞典 Wallenberg 家族主要投资公司 Invest AB 副总裁,加入阿里巴巴之前年薪已达百万美元。但他看到了阿里巴巴广阔的发展前景,依然抛弃了华尔街的超高待遇来到中国。在创业初期,他主持了阿里巴巴香港总部的设立,负责国际市场推广、业务拓展和公司财务运作。蔡崇信在华尔街投资机构的工作经历,为阿里巴巴融资策略的制定、融资机构的选择提供了经验支持以及风险投资领域良好的人脉基础。

CPO——关明生

关明生先后获得 Loughborough University of Technology 和伦敦商学院授予的工程和科学学硕士学位。他在国际企业管理领域有 25 年经验,担任过 4 年中国区总裁,在另一家财富 500 强企业 Ivensys Plc 也担任过中国区总裁。他曾在美国通用电气公司工作 15 年,历任要职,在业务开发、销售、市场、合资企业和国家级分公司管理方面卓有建树。2001 年 1 月关明生加盟阿里巴巴。进入阿里巴巴后,在他的协助下,马云带领阿里巴巴做了三件大事"延安整风运动""抗日军政大学"和"南泥湾开荒",进而形成了使阿里巴巴团队在网络泡沫中奇迹般活下来的九条价值观:客户第一、群策群力、教学相长、质量、简易、激情、开放、创新、专注,这也是阿里巴巴企业文化的精髓。

CTO——吴炯

吴炯于2000年5月加盟阿里巴巴,此前,他在1996年1月加入雅虎,主持搜索引擎和电子商务技术的开发。吴炯是具有强大功能、效率卓著的雅虎搜索引擎及其许多应用技术的首席设计师。1999年11月23日,吴炯作为唯一发明人主持了雅虎电子商务基础软件系统的设计和应用。他的加盟,为阿里巴巴的发展提供了强有力的技术支撑。

马云虽然不懂得技术,但却能够以其独特的领袖气质和思维模式、富有远见的战略决策和企业布局,充分发掘他的17位追随者的不同的专业技能,进而实现这些人之间的优势互补,使得团队能够快速发展壮大。

资料来源:丁栋虹著,《创业管理:企业家视角》,机械工业出版社,2012年版,第78页。

【案例4-5】 电话设备转换装置生产商

卓玛公司生产一种独特的电子交换盒,该产品可以被应用于所有形式的BT和电话设备。目前,除了卓玛公司外,没有其他厂商生产这种附加通信盒,而且任何人在未来两年内进入这个领域的可能性都很低。如果竞争者进入,卓玛公司的专利应该能使它获得某些安装类型的垄断优势。

企业家A,在BT和相关设备生产领域有7年的工作经验,创建了公司并且成为公司的总经理。此前他曾为一家大型通信网络集团和其他几家通信领域公司工作。他是电子科技大学的电子工程学学士,今年32岁。

运营官B,副经理和首席运营官,在公司已有1年时间,他在企业电话设备和相关领域有17年的工作经验,已经在这一领域撰写了两本著作并获得通信领域6项专利。目前,他领导公司所有的市场运作,拥有国内著名大学的MBA经验。

会计师C,副经理和首席财务官,在公司已有2年时间,并在通信领域有多年工作经验,她为两家上市公司工作了6年并且是一名注册会计师。

为什么这家企业的背景资料令风险投资者兴奋?第一个因素是因为产品是独特的。就像前面提到的,产品仅由这家公司生产,而且在一段时间内恰好没有潜在竞争。第二个让风险投资者感觉愉悦的因素是公司的人员具备这一领域的经验以及在这个行业长时间的资历,这样的背景往往使风险投资者对未来前景更有信心。

4.3 创业投资项目的组合

私募股权投资基金虽然有高投资收益,但流动性很低,因而面临着较大的风险。如何分散投资风险,保证投资收益是私募股权投资基金能否顺利发展的重要因素。是运用投资组合理论来分散投资风险,还是对几种项目进行集中投资,是GP需要做出的重要决策。

4.3.1 投资组合

私募股权投资的单个项目如何分析、评价其质量,私募股权投资基金投资多个项目应如何组合。不同行业的收益与风险不同,初创期、成长期、成熟期和衰退期的收益与风险也存在差异,如何科学地组合投资,提高收益降低风险,是基金公司需要考虑的关键问题。

风险投资的风险分散,是指风险投资者通过科学的投资组合,例如选择合适的项目组合、不同成长阶段的投资组合、投资主体的组合,使整体风险得到分散而降低,从而有效地控制风险。

投资组合可使风险大的项目把风险分散到组合中的其他项目上,而且除了正相关情形外,风险还将大为降低,这就是风险分散原理。可利用协方差和相关系数来说明这个原理。

红杉基金公司有项目 A 和项目 B,以收益率作为项目利润的表现,若 x、y 分别为 A、B 的收益率可能值,则 A、B 的期望收益率为 $E(x)$、$E(y)$,A、B 的风险分别为标准差 $\sigma(x)$、$\sigma(y)$。为简便起见,假设投资者把资金均分到 A、B 项目上组成投资组合,则总投资收益率为 $\frac{1}{2}(x+y)$,总投资收益的风险为 $\sigma\left(\frac{x+y}{2}\right)$。

$$\sigma^2(x) = E(x^2) - [E(x)]^2$$

$$\sigma^2(y) = E(y^2) - [E(y)]^2$$

$$\sigma^2\left(\frac{x+y}{2}\right) = E\left(\frac{x+y}{2}\right)^2 - \left[E\left(\frac{x+y}{2}\right)\right]^2$$

$$= \frac{1}{4}E(x^2+y^2+2xy) - \frac{1}{4}\{[E(x)]^2 + [E(y)]^2 + 2\times E(x)E(y)\}$$

$$= \frac{1}{4}[\sigma^2(x) + \sigma^2(x) + 2\mathrm{Cov}(x,y)]$$

若 A、B 完全正相关,$R(x,y)=1$,$\mathrm{Cov}(x,y)=\sigma(x)\times\sigma(y)$,此时,有:

$$\sigma^2\left(\frac{x+y}{2}\right) = \frac{1}{4}[\sigma(x)+\sigma(y)]^2$$

$$\sigma\left(\frac{x+y}{2}\right) = \frac{1}{2}[\sigma(x)+\sigma(y)]$$

这意味着组合投资的风险等于 A、B 两项目风险的平均值,即风险被分散到两个项目之上。

若 A、B 完全负相关,$R(x,y)=-1$,$\mathrm{Cov}(x,y)=-\sigma(x)\times\sigma(y)$,此时,有:

$$\sigma^2\left(\frac{x+y}{2}\right) = \frac{1}{4}[\sigma(x)-\sigma(y)]^2$$

$$\sigma\left(\frac{x+y}{2}\right) = \frac{1}{2}[\sigma(x)-\sigma(y)]$$

此时,组合投资的风险是两项目风险之差的一半,不仅分散了风险,而且大大降低了风险。在其他情况下,有时组合投资的风险为

$$\frac{1}{2}[\sigma(x)-\sigma(y)] < \sigma\left(\frac{x+y}{2}\right) < \frac{1}{2}[\sigma(x)+\sigma(y)]$$

同样意味着组合投资的风险得到分散,并有不同程度的减小。

根据组合投资理论,各项投资的相关性越小,越能有效地分散风险。但是,由于私募股权投资是与管理密切结合的投资方式,而且投资也不可无限细分,因此,项目组合也有一个可能和有效的数量范围。

现代金融投资理论认为,构建资产组合是谋求在适当的风险水平下最大化投资的期望收益,是厌恶风险的投资者的理性选择。如果一个公司投资于更多项目,投资的期望收益率将是所有项目的期望收益率以其投资金额为权重的加权平均,但其方差的求取中将有更多的协方差项,各个项目间的协方差对组合收益方差的影响一般会远超过项目自身的收益方差。

由于项目收益的全部风险并不都相关同步,单个项目的收益风险(收益率的标准差)通过组合投资就可以得到化解。换句话说,如果某个项目和其他项目相结合,那么其收益的部分偏移就可能为其他项目收益的相反变动所平衡或抵消。

不同的资产类别如股票和债券,两者之间可能只有很低的相关性,也就是彼此关联不大。投资组合的主要目的是使所进行的证券投资分布在彼此相关性低的资产类别上,以减少总体收益所面临的风险。比如,有些年头股票市场表现不佳,但债券市场表现出色,债券市场的盈利可以弥补股票市场的损失。

证券面临的风险包括系统性风险和非系统风险。非系统性风险通常是由证券市场内部的某个偶然因素尤其是某种证券的供求关系的影响所致,而证券市场总是趋于均衡的(尽管永远不会绝对均衡),因而,只要投资组合中的证券品种足够多,就可以有效地分散风险。能通过资产组合而最终消除的风险是各资产本身的风险,即非系统风险。因此,在证券投资领域中,存在"不把鸡蛋放在一个篮子里"的策略。尤其是随着证券市场的发育成熟和世界统一市场的形成,非系统性风险越来越成为证券投资风险控制的主要方面以后,组合投资便更是成为证券投资风险控制的基本手段而受到广大中小投资者的青睐。

系统性风险的产生根源是外在力量对整个证券市场系统的影响,组合投资并不能完全消除所有的收益风险。所以,只能通过对大势进行研判,适时投资或适时退出来克服。

项目资产组合的整体风险可通过持有更多的资产组合使其非系统性风险趋近于零,整体风险趋近于系统风险。前者因为能够消除所以不能要求额外的收益,后者则因无法通过组合投资消除,需要有相应的收益加以补偿。

需要注意的是,私募股权投资与证券投资本身的不同特点,如表4-3,决定了其不能如证券投资那样通过项目组合来分散其非系统性风险。

表4-3 证券投资与私募股权投资的风险比较

比较项目	证券投资	私募股权投资
风险成因	供求关系失衡导致市场价格波动	所投资的企业本身
投资项目	几十种、上百种	十来种
市场均衡	通过价格实现	无法实现证券市场的近似均衡
控制策略	增加组合数量	加强企业监控、提供增值服务

(1)风险成因。证券投资基金的风险主要来自供求关系失衡导致市场价格波动,PE基金投资的风险主要来自于所投资企业本身。

(2) 风险控制。证券投资基金投资组合中的证券种类通常可以多达几十种,甚至上百种,受资金、技术、管理水平等多方面因素的限制,如若是过分地分散投资,则必然是分散精力;这样,又怎能为所投资企业"创造价值"呢? PE 基金投资组合中的项目种类通常只有十来种,很难达到大数定律所要求的数量。运用组合投资来分散风险的效果自然是要大打折扣。

(3) 风险控制策略。证券投资基金只能被动地通过多多益善来规避风险;PE 基金投资通过主动对所投资企业进行全方位与全过程的监控加以规避。

4.3.2 价值投资——幂定律

组合投资的假设:证券投资的收益服从正态分布,没有希望的公司会倒闭,中等公司会一直持平,好公司的回报会达到两倍甚至四倍。这样通过多种投资组合,其中成功公司的回报可以抵消失败公司带来的亏损,而保持一定的投资回报。

私募股权投资的回报指数分布,是最不平均的分布,一小部分公司完胜其他所有公司,即通常所说的二八定律:20%的公司创造 80%的收益。如果你看重撒大网,而不是把注意力放在仅仅几个日后价值势不可挡的公司上,一开始你就会与这些稀有公司失之交臂。私募股权投资中,投资者都想努力从公司创立早期呈指数级的增长中获利,但只有一小部分公司较之其他公司获得了呈指数级增长的价值(见图 4-3)。

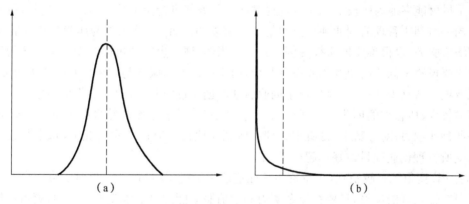

图 4-3　正态分布与指数分布

以股神巴菲特为代表的价值投资理论支持者认为:投资者应该把所有鸡蛋放在同一个篮子里,然后小心地看好它,在时间和资源有限的情况下,决策次数少的成功率比投资决策多的要高。价值投资对投资对象的选择提出了严格的要求,投资者需要花费更多的时间、精力去挑选一个收益最好的、最安全的投资对象,但是由于只需要选择一个投资对象,投资者可以拥有更多的时间和精力去做好这项工作。而且,在投资期间可以集中全部精力关注投资对象的动向,一旦出现风险预期,也可以第一时间加以解决,不用因为投资组合经常性的变动而手忙脚乱。

据美国《风险资本》杂志的统计,1998 年美国全部风险投资中有 6.9%取得了 10 倍以上的回报,10%取得了 5—9.9 倍的回报,20%取得 2—4.9 倍的回报,30%取得 0—1.9 倍的回报,23%部分失败,10%完全失败。所以,风险投资组合的成功往往依赖于一两个项目的巨大商业成功。可以近似地认为,一个项目或项目组合的成功概率越过风险投资的总体平均成功率,就是一项有效的组合投资决策。故没有必要进行不同项目的组合。

根据投资组合理论,投资对象的数量达到一定数目才能具备分散风险的条件。私募投资的项目越多,在不确定的未来,所承受的风险就越小;而依据价值投资理念,遵循幂次法则,私募股权投资所投资的项目,应尽可能少,不应当迷信组合投资;但也并不意味着就必须拒绝进行组合投资。尽管组合投资不是风险管理的主要手段,但毕竟还是辅助手段之一。综合两种理论,可实行适度的组合投资,集中投资,适度分散。对看好的企业,就要下重手去投资;对不很看好的企业,就不要拿一点钱去碰运气。

那么,究竟应该把鸡蛋放在一个篮子里还是几个篮子里?其实这并不是问题的关键,因为两种做法都不乏成功的案例,最重要的问题是能找到怎么样的篮子,能找到几个篮子的问题。因为每一个篮子都代表一家企业对自身和投资市场的定位,篮子符合市场需求,装上再多的鸡蛋也不愁。相反,若篮子本身有问题,即使每个篮子里面的鸡蛋再少,也会有全部损失的风险。具体如下①。

1. 每个基金经理在同一时期所管理创业项目最好不超过 10 个

研究表明,组合中的资产个数达到 10 个以上时,组合的收益风险可以降低到能够接受的程度;组合数达到 25 个以上时,组合的风险将不会随着投资资产数目的增加而明显减少。当然,过多地向其他风险领域投资,虽然可以减少风险,但同时也降低了获取超额回报的可能性。实践表明,分散投资的项目应在 30 个以下较好,而国外创业投资家投资的企业数一般都在 10 个以上。

为了尽可能多地为所投资创业企业提供增值服务并进行全方位、全过程的监控,单个基金经理在同一时期所管理的创业项目显然是不宜太多的。否则,就无法为所投资创业企业提供有效的增值服务,也很难监控所投资创业企业。当然,情况也完全可以根据基金自身的特点而定。对主要投资于创业前期的创业投资基金,由于提供增值服务与监控所花的精力较多,所管理的创业项目就宜少些;对主要投资于创业后期的创业投资基金,由于提供增值服务与监控所花的精力较少,所管理的创业项目就可以适当多一些。对于业务熟悉的资深基金经理,可以多管理一些创业项目;对于新手,则宜少管理一些创业项目。但在通常情况下,每个基金经理在同一时期所管理创业项目最好不超过 10 个。

随着 PE 竞争越来越激烈,大量资金往往追逐少量优质项目。所以,对于真正有成长性而且风险可控性较好的项目,只要在资金实力和增值服务能力可以承受的范围内,就可以较为集中地投,而没必要非要再找几家别的创业投资公司联合投资,更没必要因为担心别人说"吃独食"而不敢独自承担投资与提供增值服务的职责。

2. 不同阶段的投资组合应与其投资理念、能力相匹配

创业企业的成长有其特殊的轨迹,一般要经过四个发展阶段:种子期、创业期、扩张期、成熟。不同的成长阶段,企业所需的投资、面临的风险以及投资者投资增值的机会和空间都是不同的。按投资阶段的专业化程度不同,分为多阶段、单阶段专门投资基金,前者在企业的各阶段都可以进行投资,并通过不同阶段的组合投资来分散风险和保障基金能够均衡地向投资者分配收益;后者则专注投资某一个阶段,如专业性并购基金就仅仅投资处于再创业过程中的创业企业。但即使是那些各个领域都投的 PE,它通常也有自己相对专长的投资阶段以及与之相适应的投资理念。例如,主要由具有技术开发背景的管理团队组成的 PE,则主要投资于创业

---

① 刘健钧著,《创业投资原理与方略》,中国经济出版社,2003 年版,第 201—203 页。

前期;主要由具有市场营销背景的管理团队组成的PE,则主要投资于创业中期(扩张期);主要由具有商业银行和证券投资背景的管理团队组成的PE,则主要投资于创业后期(过渡期);主要由具有投资银行背景的管理团队组成的PE,则更适合于作并购基金。

3. 跨行业组合投资时,不超出自己所熟悉的行业范围

PE按投资行业的专业化程度不同可以分为综合性、行业性基金。行业性基金通常有一个主业,再附带投资于相关行业。综合性基金虽然投资于多个行业,但它的行业分布应当与基金经理的专业跨度相适应,即在投资管理过程中,至少应当有一个基金经理熟悉该行业。

4. 采取投资主体多元化

集合多个投资者,联手进行投资活动,分担投资的风险,这已经被其他领域的实践证明是一种推动发展、分摊风险的有效方法。例如,国际金融市场上的银团贷款、政府和多家公司联合进行大型项目特别是基础设施和基础产业项目的投资等等,都是行为主体组合的成功例子。

5. 尽量塑造专业特色

随着PE事业的发展,PE本身也正在向专业化方向发展。有利于提高专业化管理水平、打造自身的品牌,获得投资者认可。因为,PE的资本提供者大部分都是具有风险鉴别能力的成熟投资者,他们大都曾经创建过企业,如果基金投资于他们所熟悉的行业或领域,将自然增加几分亲切感和认同感。

6. 看准了的项目就尽可能集中投资

每个项目尽可能派驻一个董事,尤其是对那些处于创业前期的创业项目,由于创业过程中的各种不确定性因素多,投资方与企业管理方的信息不对称性高,就更是应当如此。有时除了派董事外,还可同时派财务总监。只有当所投资创业企业已经处于IPO前的过渡期等创业后期阶段时,派不派董事便不是十分重要了。对于以跟投角色进行投资的机构,也可以考虑不派董事,而将表决权委托给领投。

从一定意义上说,所有创业投资都是由组合的主体进行,各个投资者提供创业投资的最初来源组成创业投资基金等形式,交由专业的创业投资家进行具体的投资活动。于是,创业投资基金就成为创业投资投资主体组合的最普遍、最简便有效的方式。

除了创业投资组织形式内部的投资主体组合外,为了尽量降低投资的风险,创业投资家在进行投资决策时,有时会选择和其他的创业投资组织合作,例如其他的创业投资公司等,联合几家创业投资组织,共同进行某一项投资活动。一般来说,这样的组合包括:其他的创业投资公司、其他非专业的但是愿意进行创业投资的公司、金融服务机构、大学或其他机构合作、上述多个主体等五种合作形式。这种合作的结果不仅降低了每个合作主体的风险,而且也会使总体的风险降低。

【案例 4-6】　　　　　　东方富海基金的投资项目组合

根据"稳健、专业、品质"的投资逻辑,东方富海为获得稳定的收益,规避相应的投资风险,对其投资项目进行了主动组合。它以行业、成长阶段为主线构建投资组合,力求减少业绩波动性和单一项目回报不理想的影响,保证投资的稳健和专业,依据经济结构调整、消费结构升级而产生众多的机会,而长期受到资本市场的欢迎。具体言之,东方富海基金选择了IT、消费、新材料与新能源、医药、先进制造业等5个方向作为主要投资方向。在作为投资重头戏的IT行业,由投资培养唯思软件等企业开始,逐步在网游、信息安全、存储、支付等领域布子,在互联网游戏平台领域,除唯思软件外,投资一家国内最大的在线网页游戏运营商,此外还投资了游戏开发商明珠数码,覆盖了平台、运营和开发多个环节;在手机支付领域,先后投资了远程支付的上海联付、近程支付的上海锦诺两个早期项目。投资组合中,IT企业占据近半壁江山,先进制造企业占一半,此外,消费、新能源与新材料、健康医药企业各占一定比例。这种行业分布并不是偶然形成的。

第一期基金成立于2007年11月,当时,PE行情十分火热,Pre-IPO项目大行其道。这些项目规模大,风险小,退出时间短,获利快;而早期项目则由于规模小,模式并不完全成熟,投资风险大。是跟别人一样找关系、拼价格、比酒量投资Pre-IPO项目,还是坚持自己的逻辑?我们面临投资策略上的选择。

东方富海团队于1999年进入创业投资行业后,见证了很多小企业的成长,对团队优秀、业务有特点的成长型企业有所偏爱。以成长期项目为主,兼顾早期和成熟期项目,将资金的40%投资于成长期项目、40%投资于成熟期项目、20%投资于早期项目,希望通过不同成长阶段的项目组合,获取稳定而持续的回报。

在早期项目中,对圣妃羊奶的投资,我们在联合创始人设立公司、一起建厂时就已介入,直至现在羊奶投产进入全国市场。唯思软件在我们刚投资时只有7名员工,有收入但还没有盈利,而现在其注册用户突破5 000万元,同时在线用户突破80万,已成为全球最大的电子竞技平台。星源材质在我们投资时只有一条湿法中试线,而现在它已拥有4条干法生产线,是国内唯一从事动力锂电池隔膜的企业。基于投资阶段上的这种组合策略,其投资项目一般有两三年的培育期,第三年开始进入IPO期,第四年后才进入投资回报期。

Chapter 5 创业企业的股权设计

创业投资是创业者不断释放股权获得融资,逐渐丧失企业控制权,投资者获得股权的动态过程。创业者本身存在控制权与财富之间的权衡选择,创业者与投资者之间存在利益冲突、控制与反控制的博弈,如何达到共赢,投资者与创业者必须学会妥协。为此,本章主要讨论:(1)股权融资与企业价值,(2)企业股权与控制权,(3)初始股权与期权设计三个问题。

【案例 5-1】   1号店易主

于刚和戴尔的同事刘峻岭于2008年创立了1号店,启动资金是创始团队的几百万,不久融到了2 000万元资金。受金融危机袭来,VC不再投资电商。截至2009年10月,1号店已经无钱可烧。困境中的1号店开始与平安集团接洽。

2010年5月,平安出资8 000万,收购1号店80%股权。据传最早平安董事长马明哲要求全资收购,讨价还价后创始人团队才留下了20%的股权。马明哲看中的是1号店的医药资源,希望通过互联网来推动其健康险的发展。但随着整合的进行,1号店并没有起到对主营业务拓展的预期效果。

2011年5月,平安将20%股权作价6 500万美元出售给沃尔玛。同时沃尔玛出资购买了用于兑现1号店管理团队与平安集团签订的股权激励协议的股权。同年8月,沃尔玛正式入股1号店,并从平安集团手中接手50%股权,后通过增持1号店股份,到2012年10月正式宣布控股1号店,取代平安成为1号店大股东,持股比例约51%,平安集团持有1号店36.9%的股份,于刚等管理层则持股11.8%。

与此同时,1号店原财务副总郭冬东、原人力资源副总梁勇的职务分别由此前的沃尔玛电子商务团队成员宋侑文和戴青接任。此外,沃尔玛电商团队60余人已经进入1号店。

2013年沃尔玛控股后先控制了1号店只有自营业务的运营权,后控制第三方平台业务。虽然1号店原有团队在2014年开始在营销上发力,展开的新业务包括跨境电商、互联网金融、O2O、互联网医药等,并取得了在线销售商品超过800万,拥有注册用户接近9 000万。但良好的业绩之下,并没有摆脱之后的人事变动命运:2015年初,以CTO韩军为首的众老臣离开1号店,据称财务部门已经被架空,最后于刚以离职而告结束。

1号店于刚团队在弹尽粮绝的困境中启动融资,平安集团基于产业战略布局的需要,想利用1号店的医药资源促进其健康险的发展,两者之间进行了股权交易,在于刚团队将80%的股权转让给平安集团,也将公司的控制权拱手相让。当平安发现平安集团发现产业链整合未能达到预期效果时,将其控制权转让给沃尔玛退出变现,1号店的控制权变成平安集团和沃尔玛之间的博弈游戏。

以上案例显示,这是一场资本与创业者之间的博弈游戏,以于刚及其团队人员的身份由公司的合伙人变成了职业经理,高管团队随之被沃尔玛团队替代,最终全部逐出1号店而告终。作为创业家的于刚,一方面追求企业价值的增长,一方面需要掌握企业的控制权,面对鱼与熊掌难以兼得,企业家如何权衡两者,留给创业者的思考非常深刻!这便构成本章进行讨论的首要问题。

5.1 创业者股权与企业价值

5.1.1 财务投资与战略投资

在投融资领域,虽然投资的根本目的都是为了获取回报,但根据投资直接目的不同,投资者可以分成战略投资者和财务投资者两种类型。1999年7月,中国证监会发布了《关于进一步完善股票发行方式的通知》,其中对战略投资者作了明确界定。该通知规定"与发行公司业务联系紧密且欲长期持有发行公司股票的法人,称为战略投资者。"中国银监会则具体规定了投资中资银行业战略投资者应达到的5个标准,即投资所占股份比例不低于5%,股权持有期在3年以上,派驻董事,入股中资同质银行不超过两家及向中方银行提供技术和网络支持。简言之,前者关注的是长期回报,而后者比较注重短期回报。投资目标导向的差异而导致它们在投资相应的维度存在差异,主要体现如表5-1所示。

表5-1 战略投资者与财务投资者的比较

	战略投资者	财务投资者
投资对象的选择标准	投资于同业或相关行业企业,与目标企业有竞争关系。投资或者并购目标企业有完善自身产业和价值链	投资的目标企业一般与自己没有竞争关系,没有所谓长期战略目标的局限,只追求高额回报
投资的内涵	投入资金,还帮助企业完善公司治理结构,改善经营与管理,甚至向其输入高端技术和先进设备,帮助目标企业开拓市场	除注入资金外,不关注目标企业的技术、管理和日常经营活动
投资的期限	较长,甚至会与目标企业终生厮守、荣辱与共	较短,一旦达到预期的投资回报目标,迅速撤离,寻找下一个"猎物"
股权转让方式	不会轻易转让股权,即使转让一般也是被动的	倾向于主动地向战略投资者转让股权或通过股票市场套现离场
投资者的身份	大型企业或跨国公司,通常被称为机构投资者	银行或非银行金融机构,既有机构投资者也有大量的个人投资者

依据上述投资者的划分,创业投资与私募股权投资属于财务投资者,在1号店案例之中的平安集团与沃尔玛则属于战略投资者。

5.1.2 创业者的股权与企业价值

创业企业随着业务的不断扩张,在内部融资规模难以满足其需要时,外部股权融资成为其选择路径时,创业企业将面临股权出售与企业价值增加的权衡,尤其是控制权的丧失,案例5-2,便呈现出这一动态过程。

【案例 5-2】 同创公司的创业融资之路

李一凡、唐键、孙铁俊三人是大学的同学,因共同的兴趣开始从事开发IT产品的创业,经过协商,按照50%、30%、20%比例,共同投资1 000万元正式注册成立同创有限责任公司,他们分别担任公司的CEO、CTO、COO。

表5-2 原始股东的股权

股东	股权类型	股份	股份比例
李一凡	普通股	5 000	50%
唐键	普通股	3 000	30%
孙铁俊	普通股	2 000	20%
合计		10 000	100%

同创公司凭着自己的优秀团队和独特的创意很快吸引了天使投资人的关注,天使投资人凭借自己的创业经验、对信息产业的感觉和实地考察,发现同创公司在产品、技术等方面做得都不错,有做大做强的机会,并且有独特的工艺,受专利保护,其他企业一时难以抄袭模仿。此时,同创公司正有开分公司的打算,李一凡已经起草好商业计划书,正四处寻找创业投资人未能获得成功,其原因在于市场还不明朗,商业模式有待证实。这恰为天使投资人的进入提供了机会。

天使投资人尽管对于同创公司的产品、技术等方面比较认可,但在公司估值上则认为到目前为止(未融资前)只值1 500万元,而同创创业者则认值2 500万元,经过一番讨价还价,最后商定估值为2 000万元。天使投资人决定投资500万元,条件是投资前设立10%的期权。

借助天使投资人的资金支持,内部发行每股0.5元的股票,同创公司得到了较快发展,半年后成立6家分公司,员工队伍发展到50多人,一些关键员工也因为企业的发展而获得了相应的股票期权,其股权结构如表5-3所示。

表5-3 天使投资后与员工持股计划执行后的股权结构

股东名单	股权类型	融资前价值	股份比例	股票(万股)	融资后价值
李一凡	普通股	1 000	35%	2 000	875
唐键	普通股	600	21%	1 200	525
孙铁俊	普通股	400	14%	800	350
员工持股	普通股		10%	500	250
天使投资人	优先股	500	20%	1 000	500
合计		2 500	100%	5 000	2 500

然而,同创公司在天使轮融资获得一段时期发展后遭遇了管理和业务的瓶颈。软件测试屡屡出错,软件未能按时投放市场,收入也因此未能按预期进账。天使轮融资的钱烧光后,因业务的暂时困难,A轮投资谈判一拖再拖。在公司濒临绝望之时,知名VC红松资本伸出了融资之手。红松资本将此时的同创公司作价1.5亿元,投资5000万元,并要求其投资后新增5%的股票作为以后的员工期权,但红松资本不参与稀释,全部由原股东承担。A轮投资后公司(员工持股计划执行后)的股权结构如表5-4所示。

表5-4　A轮投资后公司(员工持股计划执行后)的股权结构

股东	股权类型	股票数	股份比例	股份(万元)
李一凡	普通股	1 750	24.5%	5 250
唐　键	普通股	1 050	14.7%	3 150
孙铁俊	普通股	700	9.8%	2 100
员工持股	普通股	500	7%	1 500
天使投资人	优先股(次级)	1 000	14%	3 000
员工持股		357	5%	1 071
A轮VC投资人	优先股	1 785	25%	5 355
合　计		7 142	100%	21 426

在VC投资的3年后,同创公司将总部搬到省城,在全国各地开设公司100多家,并开始新一轮的融资,公司准备进入国际软件市场。此次投资由蓝石资本领投,VC京东资本跟投,谈判结果以12元/股成交,VC投资1亿元,公司融资前估值为10.9704亿元。B轮投资后公司(员工持股计划执行后)的股权结构如表5-5所示。

表5-5　B轮投资后公司(员工持股计划执行后)的股权结构

股东名单	股权类型	股份数(万股)	股份比例	融资后估值(万元)
李一凡	普通股	1 750	21.94%	26 880
唐　键	普通股	1 050	13.16%	16 128
孙铁俊	普通股	700	8.77%	10 752
员工持股	普通股	857	10.74%	13 164
天使投资人	优先股(次次级)	1 000	12.53%	15 360
A轮投资人	优先股(次级)	1 785	22.38%	27 418
B轮投资人	优先股	834	10.45%	12 810
合　计		7 976	100%	122 511

又过了2年,经受过考验的优秀团队、明确的目标、外加充足的资本,同创公司如虎添翼,利润非常可观,一举成为行业的翘楚,IPO上市计划提到议事日程。经过董事会协商,选

定了上市的地点、承销商,确定了路演的行程和策略,在知名投行高盛的帮助下,最后在纳斯达克上市,成功增发3 492万股,上市时原始股定价每股22元,就这样在众多投资商、中介机构的帮助下,同创公司最后成长为总股本为11 498万股,市值大约25.229 6亿元的公众公司。IPO时同创公司的股权结构如表示5-6所示。

表 5-6 IPO时同创公司的股权结构

股东名单	股权类型	股份(万股)	股份比例	融资后估值(万元)
李一凡	普通股	1 750	15.26%	38 500
唐 键	普通股	1 050	9.16%	23 100
孙铁俊	普通股	700	6.10%	15 400
员工持股	普通股	857	7.47%	18 854
天使投资人	普通股	1 000	8.72%	22 000
A轮投资人	普通股	1 785	15.57%	39 270
B轮投资人	普通股	834	7.27%	18 348
上市新发行股	普通股	3 492	30.45%	76 824
合 计		11 468	100%	252 296

上述同创公司创业成长之路表明,真正的技术创新往往是从新创企业开始,大企业是从小企业成长起来,成熟企业是从创业企业起家。创业企业成长过程,既是融资扩张的过程,也是股权稀释的过程,更是企业价值增加过程。表5-7所示呈现的是同创公司创业成长过程之中股权结构与价值变化的动态。

表 5-7 同创公司创业成长过程股权结构与价值变化

股东	天使轮	A轮	B轮	IPO
创始人	70%	49%	43.87%	30.52%
天使投资	20%	14%	12.53%	8.72%
A轮		25%	22.38%	15.57%
B轮			10.45%	7.27%
股价(元/股)	0.5	3.0	15.36	22
企业价值(万元)	2 500	21 426	252 296	252 296

由表5-7可以看出:

(1)创业企业成长是其股权稀释与控制权丧失的动态过程,创业者面临着融资与部分控制权丧失的权衡。

在新创企业成长过程中,创业者始终面临两难选择:①是获取外部投资,若寻求外来股权投资的注入,会使得企业实现在相对短时间的快速扩张,减少企业的风险,提高其控制市场占有率能力,增加企业的市场价值,但外部资金的注入,以创业者出让股权进行交易为代价,股权减少削弱他们对于企业的控制力,创业者会丧失一部分控制权;②拒绝稀释自己的股权,不接受外部的资金支持,其结果企业家有可能为了保障自己对于企业的控制权而丧失飞速扩张的大好时机,失去市场,最终导致企业销售大幅度下滑和企业价值下降。

创业者的两难之处在于既要权衡成长和控制权之间的关系,又要把握企业要在多大程度上发展,在多大程度上出让控制权。企业越要发展,尤其要快速发展,就越要分散创业者自己的股权,分散他们对于企业的控制权。当然,对于大多数创业者,希望达到的理想境界是既不丧失控制权,又可以获得外部的股权投资等,使企业获得充分发展,以接近潜在的最高盈利点。然而,这种最佳境界往往是可遇而不可求的。同创公司的案例也是比较理想的情况。

实际之中上,不是所有凭借自身力量的企业都不能快速发展,有的企业可以不从外部融资,也能够保持快速发展。同时,不是所有能够从外部融资的企业都必然成功,天使投资和创业投资都是风险较高的投资,它们所投资的企业之中,相当部分是以失败而告终。

创业者的选择常常进退两难:要么放弃一些股权(可能不再控股),以取得更高的利润;要么牢牢把握自己企业的控制权,放弃企业快速发展的机会。创业者应当何取何舍,要看其创业的初始动机。

(2) 创业者股权稀释程度与企业价值增长成正向变动关系,但创业者股份的占比大小与其所代表的价值无关。

如同创案例中,创业者不从外部融资时,股份占比100%,企业价值为1 000万元,若决定从外融资,则面对财富与控制权的选择,损失部分股份,丧失部分控制权,可能会给企业带来所需要的投资,促进企业价值的提高。在天使轮、A轮、B轮、IPO时,创业者的股份占比分别为70%、49%、43.87%、30.52%,其对应获得的价值分别为1 750万元、10 500万元、53 760万元、77 000万元。

(3) 创业者的股份占比例很高,但其所含价值却微乎其微,甚至可以是零;相反,创业者的股份占比例不高,但其所含价值却很高。

在同创创业过程的动态来看,虽然创业者手中的股份从100%下降到30.52%,IPO后该企业市场价值为25.229 6亿元,创业者的30.52%的股份却代表了7.7亿元的庞大价值。

(4) 其他条件不变的情况下,创业者融资越早,融资成本越高,创业者为投资者出让的股份越大;对应的是,投资者投资越早,风险越高,所要求的股份也就越大,相应的未来预期收益越高。

创业者同样要获得1元钱的投资,在天使轮、A轮、B轮、IPO时,分别要放弃股份是2股、0.36股、0.083股、0.045股,意味着,越早期融资成本越高;从投资者角度来看,天使投资人投资500万元,IPO时获得22 000万元,回报高达44倍,A轮投资人红松资本的第一轮获利7.85倍,B轮投资人VC均获利1.83倍。显然,越早投资一个有希望的公司获利越大,当然,失败的可能性也越大。

随着创业过程的延续,VC在不同阶段的所承担的风险是不一样的,投资的时间越早,承担的风险就越大,投资的时间越晚,承担的风险就越小。即随着接近IPO退出,风险程度就越低,获得收益越容易,获得收益的周期就越短。这符合VC高风险和高收益之间的关系。也正是这种风险与收益的对应关系,构成了VC进行投资收益的巨大吸引力,鼓舞了很多科技人员勇于去创新、创业,从而造就了许多成功的新创企业。

5.2 创业企业的所有权与控制权

5.2.1 所有权与控制权

控制权理论认为,虽然代理人的行动实际上是可观测的,但是,不可证实,即项目可带来可证实的、也能转移给投资者的利益,但同时还带来不可证实的、仅仅为创业者所有的私人利益。反之,这些利益的大小,又取决于创业者采取了哪些与项目相关的不可证实的行动。因此,控制权的分配是至关重要。

中国法律规定"同股同权",即相同的股票拥有相同的权利。这里的"股",是指股东的收益权。股东的收益取决于企业的价值,即未来各个年度的现金流的折现,由未来的现金流决定,股东的所有权当然地体现为对未来现金流的要求权,故收益权又称之为现金流权。"票"指股东对公司的控制权。股东按照股份的数量进行投票,投票的目的是影响公司的决策,行使自己的控制权利,使公司能够按照自我意志与利益的方式运行,并从中获得最大利益的权利。

股东拥有对公司的控制权,给予持有者在股东大会上赞成或者反对某项提案的投票权力,其中包括任命或罢免公司董事的重要事项。具有在年度股东大会上投票及选举董事会成员的权力,董事会对公司拥有最终控制权。所有权是指收益权的拥有权,在公司持续稳定经营时,拥有按比例分配公司赢得的权力;在公司进行清算时,在满足其他利益相关者的请求之后,拥有按比例分配公司资产的权力等。

"同股同权"意味着收益权与控制权匹配,但实际之中控制权通常独立于收益权的权利。对创业者来说,放弃控制权的成本很高,故不能轻言放弃,在融资时将会坚持一定"要价"。如果创业者必须放弃控制权,他将会在控制权对投资者价值最大时才这样做。而投资者在融资合同中将会坚持设置关于投票权、董事权与清算权的固定附带条款。当公司外部融资能力增强时,势必出现控制权从投资者向创业者的转移。

股权投资者与创业者之间的信息不对称会随着项目的进行而减弱,这时创业者的才能逐渐显示出来,同时产生一些中间信息。股权投资者将从如何更有利于创业企业成长的角度重新考虑控制权的让渡,即对不胜任者更换,或者让创业者获得更多的控制权。控制权一般配置原则是:当利润很低、情况不好时,最佳途径是给投资者控制权,控制方看起来像是债权;但运作情况好转时,越来越多的控制权将转移到创业者或权益所有人(因为权益所有人偏好高风险)。

5.2.2 控制权的判定

股权是对公司的终极控制权利,公司最重大的事项通常是基于股权由股东(会)决定的,如公司章程修改、董事任命以及融资等。一般情况下,控制权通过控股权为载体来实现。即控股权持有者通过"股东大会—董事会/监事会—管理层"的机制来行使其决策权、经营权和监督权,取得控股权一般也就意味着取得了控制权。如果控制权基本掌握在一位大股东手中,而这个股东对公司拥有无可争议的控制权。股权与控制权之间的关系如图5-1所示。

图5-1显示,一般来说,在一家非上市公司中,股份比例是决定控制权的最重要因素。股权层面的控制权包括绝对和相对控股:绝对控股权情形下创始人持股达到67%,也就是达到三分之二,公司决策权基本可以完全掌握在手中;绝对控股权情形下创始人至少要持有公司至少51%的股权;而相对控股权往往需要公司创始股东为持有公司股权最多的股东,与其他股东相比可以保持对公司的相对控制力。

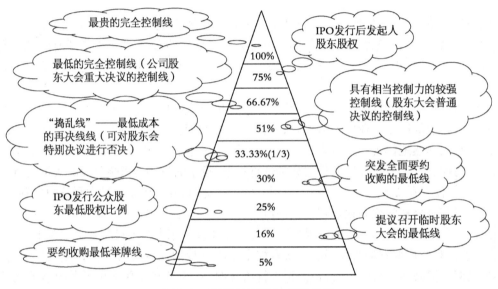

图5-1 股权与控制权之间的关系

同样,股份比例中34%、51%和67%,即是否占到1/3、1/2、2/3以上的股份比例是很重要的,因为1/3、1/2、2/3以上的股份比例分别对应股东赋予了不同的控制权。这涉及控制权有终极控制权与直接控制权之分。其他股东有可能间接行使控制权,即使某个拥有公司的股权,也不具有控制权或表决权;实际上更多关注掌握公司终极控制权的股东。

因此,控制权又可定义为有否决权的关键少数(blocking minority),如拥有表决权的25%,那么在中的三个股东都没有达到"有否决权的关键少数",这说明该上市公司实际上为公众持有。在这里,什么是"有否决权的关键少数"? 在大多数国家,股东大会上的大部分提案仅需要大股东的投票表决即可通过,但关于那些可能改变公司性质的重要提案,如公司的收购、合并以及清算等,则需要绝对多数(supermajority)即超过表决权的75%才能通过。因此,"有否决权的关键少数"至少拥有25%的股份,虽然并不能保证持有者拥有公司控制权,但却赋予其否决某项提案的权力。换言之,持有至少25%股份的股东所提出的一项收购提案,如果遭到其他股东反对,就无法实行,但是这位股东却有足够的权力否决某项自己并不赞成的提案。因此,欧洲公司治理研究所采用"有否决权的关键少数"和"多数控制权"作为衡量什么是大股东的临界值。

但需要注意的是,持有51%的所谓"绝对控股权"实际上对应的只是一条能控制住股东大会普通决议的具有相当控制力而非绝对控制力的股权线而已。"国美事件"中"黄陈"之间关于控制权的争夺战便是经典案例。黄光裕方面所持国美电器的股权从最初上市时的75%被不断主动减持或被动摊薄至1/3之下,但黄光裕通过对《公司章程》的修改,不断将本来应属由股东大会行使的许多权力"下放"给了董事会,希望能通过充分利用股东大会和董事会在表决机制上的差异,最终实现以最低程度的相对控股来保持最大程度的绝对控制。

5.2.3 企业的实际控制权

虽然中国法律规定同股同权,但在实际操作之中,企业的实际控制权受一些因素的影响,常常存在与收益权不相匹配的情况,形成了两者之间分离,两者的错位和不对称。这种不对称的存在不仅意味着企业的实际控制权并不完全依赖于其股权,同时,还形成了股东之间的利益剥夺,最可怕的就是控制性的小股东结构,在这种结构中,收益和控制权被大大地分离,剥夺的效率非常之高,后果也相当严重。其基本思类似于股东的杠杆控制,即通过较低的所有权股份掌握控制权,实现杠杆控制体现股东与董事会两个层面,其方法主要有:所有权的金字塔、代理投票、联合投票、股权分置,以及赋予长期股东附加投票权的公司章程条款等。

1. 股东层面

大股东对公司拥有无可争议的控制权或至少拥有相当大的控制权。由于这些大公司都具有较高的市场价值,对大股东——通常为创始人来说,他们面临的主要问题是如何能长期保有公司的控制权。对于这个问题,大股东们给出的简单答案通常是采取杠杆控制,可以通过相当少的现金流量权控制相当大比例的(有时是全部的)表决权。

(1) 股权金字塔。

金字塔结构,源于家族企业。首先是将家族在各家族企业以及各类投资中的权益都集中到一个家族控股公司名下,而家族控股公司则由家族成员持有。在分配资产(遗产)时,就很可能自然地将不同的资产板块在不同的家族成员中分配。

20世纪初,许多家族企业仍然是通过贷款或者增发股份的形式来获得外部一般是选择抵押贷款,贷款金额很难超过企业本身的融资,然而就贷款而言,一般是选择抵押贷款,贷款金额很难超过企业本身的价值,如果企业本身就是负债运转,那么贷款所获得的资金就更加捉襟见肘;如果增发股份,那么家族所持有的股份难免会被稀释,最终很有可能导致资产丧失大股东的地位而不得不出售公司股份。

1987年巴黎股价大跌之时,路易威登(Louis Vuitton)并购了酒类奢侈品牌酩悦·轩尼诗(Moet Hennessy),并成功上市。之后被迪奥集团的控制人伯纳德·阿诺特成功收购了其大部分股权,而入驻LVMH。为推动它的发展,试图建立一个奢侈品帝国,阿诺特要去并购那些具有悠久历史的奢侈品品牌,需要一大笔资金,同时,如果通过增发股份的方式去收购,那么控制权的稀释显然会是一个严重问题,此时,一种新的股权架构被引入进来,以此来达到控制和收购扩张的双重目标,这就是金字塔股权架构产生的初衷[①]。

公司实际控制人通过间接持股形成一个金字塔式的控制链实现对该公司以及关联公司的控制。在这种方式下,公司的实际控制权人只要控制第一层公司,就能通过公司控制链条取得

---

① Morten Bennedsen, Joseph P. H. Fan. The Family Business Map. Palgrave & Macmillan, 2014:141-143.

对下属所有公司的最终控制权。金字塔结构是一种形象的说法,就是多层级、多链条的集团控制结构。

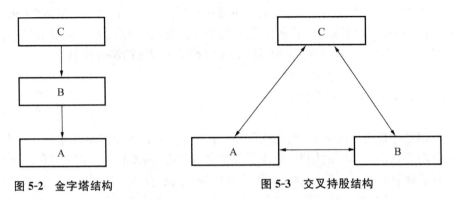

图 5-2　金字塔结构　　　　　图 5-3　交叉持股结构

(2) 交叉持股。

与金字塔的是纵向的、链式控制结构不同;交叉持股结构,采取的交叉持股,实现横向控制的放大。其具体操作常常会是今天注册这个企业,然后再注册另外一家企业,用相同的资金成立很多企业,再回头与其他参股者共同成立经营公司,形成少数股权控制结构。如图 5-3 中,A、B、C 三个企业通过相互持股,形成你中有我、我中有你的控制结构。交叉持股的应用更加灵活、更加隐蔽。

交叉持股可以使企业的融资更加高效,但同样也会使得资本空洞化。当两个企业间相互交叉持股时,实际上只有同一资金在公司间来回流动,但每一次流动都会导致两个公司同时增加资本额。就例中 A 公司和 B 公司相互持有的 50 元,账面上使得 A 公司和 B 公司的资本金都增加了 50 元,但实际上 A 公司与 B 公司相互退还了出资,这 50 元谁也没掏,两家公司的净资本一点也没有增加,虽然两家公司的注册资金是 100 元,实际上两家公司的资本金都只有 50 元。

家族通过交叉持股的股权持有关系,可以削弱其他参股者的力量,进而对整个企业集团实现绝对控制,从而保障家族对企业的控制权。同时,公司的实际控制人——家族只要出一点钱,甚至在不出钱的情况下,可以获得企业的控制权,而使得这种结构成为实际控制人损害其他股东权益的利器。

金字塔以纵向链式的结构放大控制权,交叉持股以横向持股的方式放大控制权。当两者结合在一起,可以最大限度地分离现金流权和控制权,往往使得控制性股东以较少的资金代价获得了较大的控制权,因此为控制性股东剥夺其他股东提供了便利的条件。

(3) 有限合伙。

有限合伙企业的合伙人分为普通合伙人(俗称管理合伙人或 GP)和有限合伙人(LP)。普通合伙人执行合伙事务,承担管理职能,而有限合伙人只是作为出资方,不参与企业管理。因此,可以让股东不直接持有公司股权,而是把股东都放在一个有限合伙里面,让这个有限合伙持有公司股权,这样股东就间接持有公司股权。同时,让创始人或其名下公司担任 GP,控制整个有限合伙,然后通过这个有限合伙持有和控制公司的部分股权。除创始人之外的其他股东,只能是有限合伙的 LP,只享有经济收益而不参与有限合伙日常管理决策,也就不能通过有限合伙控制公司,如图 5-4。

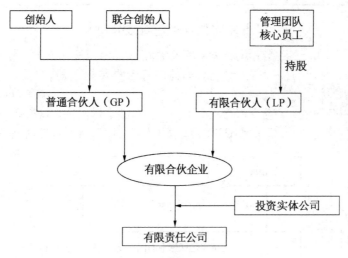

图 5-4　有限合伙制(A)

在图 5-4 中,创始人和联合创始人要对有限合伙企业承担无限责任,如果仅是作为持股平台不会出现什么问题,但是如果有限合伙企业要做其他投资或者经营业务就容易产生较大的风险,因而可以再设立一个壳公司(如图 5-5),以有限责任公司的有限责任阻断架构 A 中 GP 的无限责任。在架构 B 中,如果壳公司设立与税收较低的地区,还可以产生合理避税的效果。如此一来,不仅可以保证创业者对公司的控制,还可以保证实体公司不会因股东矛盾出现问题。

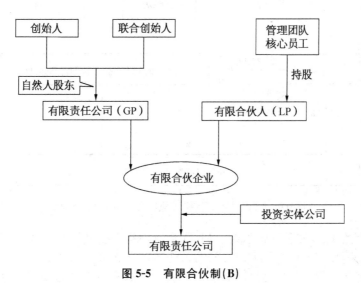

图 5-5　有限合伙制(B)

【案例 5-3】 **北京宝亿嵘影业有限公司**

2010 年 8 月 20 日王宝强注册成立北京宝亿嵘影视传媒有限公司,是一家专业从事影视项目研发、策划、制作、宣发、艺人经纪为一体的综合性传媒公司,主要依托王宝强的品牌形象及相关的资源优势。

2016 年 3 月 23 日的北京宝亿嵘影业有限公司股东会上做出决议,北京宝亿嵘影业有限公司的股东构成变为王宝强(股权占比 62%)、任晓妍(股权占比 25%)、宋喆(股权占比 13%)。

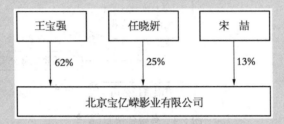

图 5-6 北京宝亿嵘影业有限公司股权结构

2016 年 4 月 8 日,北京宝亿嵘影业有限公司股东会决议内容显示,与会一致同意设立共青城宝亿嵘投资管理合伙企业(有限合伙)成为新股东。北京宝亿嵘影业有限公司首次出现"自然人(王宝强)+有限合伙"的架构,其中王宝强出资 100 万元(股权占比 5%),共青城宝亿嵘出资 1 900 万元(股权占比 95%)。

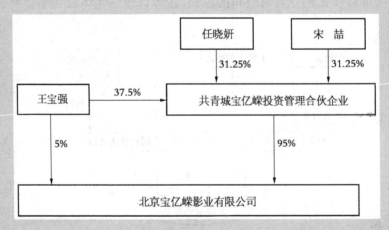

图 5-7 共青城宝亿嵘投资管理合伙企业股权结构

在共青城宝亿嵘投资管理合伙企业(有限合伙)320 万元的注册资本中,王宝强出资 120 万,占 37.5%,宋喆出资 100 万,占 31.25%,,任晓妍出资 100 万占 31.25%。至此,王宝强将北京宝亿嵘影业有限公司全部控制权(王宝强作为 GP,拥有管理权,实际控制权为 100%=5%+95%)牢牢地揽入怀中,同时有限合伙的架构也实现了公司控制权和收益权的分离。即通过采用有限合伙这样一种安排,实现股权相关的控制权和收益权的分离,可以极为有效地保障作为 GP 的创业者或创业团队的控制权,进而在中国法律环境中,实现与西方成熟市场类似甚至更好的"同股不同权"的治理效果。

资料来源:唐跃军,娱乐之外的公司治理暗战,复旦大学管理学院 MBA 案例,2017 年。

(4)持股平台。

一些股东不直接持有公司股权,而是设置一个专门的平台作为员工持股的载体来代持他们的股份,并通过平台投入到目标公司,这样,这些股东通过持股平台间接持有目标公司的股权。

持股平台的表现形式多样,比较常见的是有限责任公司、有限合伙企业如图5-8。持股平台是有限责任公司时,大股东只要其持有的股份达到一定的比例,就能够掌握有限公司的话语权、行使表决权,进而控制整个持股平台。

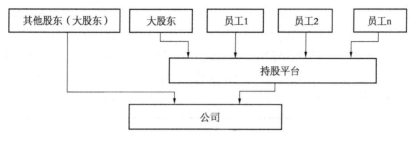

图5-8 持股平台的间接持股

在有限合伙形式的持股平台中,无论GP所持股份有多少,哪怕只有1%,也能够对有限合伙平台行使表决权。两种模式的结构是大致相同的,两者的区别在于持股平台的控制权。

【案例5-4】 蚂蚁金服

且看浙江蚂蚁小微金融服务集团股份有限公司(蚂蚁金服,拥有支付宝)炉火纯青的高超手法。从图5-9可以看出,蚂蚁金服的两大股东为杭州君澳股权投资合伙企业(有限合伙)和杭州君瀚股权投资合伙企业(有限合伙),并没有马云的身影。杭州君澳股权投资合伙企业(有限合伙)的合伙人中也没有马云。在杭州君瀚股权投资合伙企业(有限合伙)中,终于看到马云出资2 000万占2.17%的股权,但仅仅是作为有限合伙人。而杭州君澳股权投资合伙企业(有限合伙)和杭州君瀚股权投资合伙企业(有限合伙)的普通合伙人为杭州云铂投资咨询有限公司,其法定代表人正是马云,注册资本1010万,由马云全资控股。

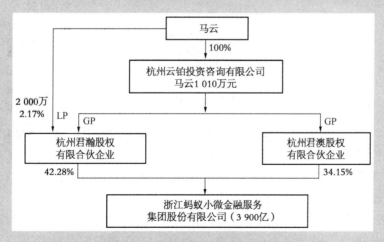

图5-9 浙江蚂蚁小微金融服务集团公司的股权结构

> 这意味着,马云通过"有限合伙企业"的精妙安排,只用了3 010万元就完全控制了估值3 900亿元的蚂蚁金服,拥有的投票权比例高达76.43%。这提供了相当大的股权融资稀释空间,不仅方便融入巨量的外部资金支持公司发展,又不会威胁到马云对蚂蚁金服的控制权。
>
> 马云虽然出资仅3 010万,只占蚂蚁金服总股本的2%左右,但他的收益权可能并不低。一方面,马云作为杭州君瀚股权投资合伙企业(有限合伙)的有限合伙人,可以分享有限合伙人的投资收益;另一方面,由马云独资控制的杭州云铂投资咨询有限公司作为两个有限合伙企业的普通合伙人享有管理分成和管理费,根据《合伙企业法》中规定,允许普通合伙人和有限合伙人自主约定分成比例,按行业惯例普通合伙人可以分到投资收益的20%甚至更多。
>
> **资料来源**:作者根据相关资料整理。

(5) VIE结构。

VIE模式源于新浪,又被称为新浪模式(如图5-10)。国内企业为获得国外VC的投资,企业原始股东在海外注册离岸控股公司,然后以离岸公司的身份,反向换股收购国内的经营实体。

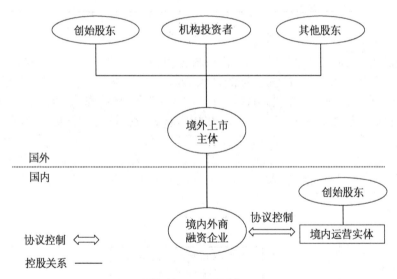

图5-10 VIE结构

依据中国1993年的电信法规,禁止外国投资者介入电信运营和电信增值服务,不能成为网络信息服务提供商。为了同时满足法律规定和境外上市的要求,新浪成立了一家由境内自然人持股的内资公司北京新浪互联信息服务有限公司即所谓的特殊目的公司(SPV),由北京新浪互联信息服务有限公司申请ICP牌照。

在国外,设立BVI设立公司,公司以股权、现金等方式收购国内公司的股权,司变为BVI公司的全资子公司,即外商独资企业(收购方)和境内公司(被收购方)拥有完全一样的股东及持股比例,在收购后,国内公司的所有运作基本上完全转移到BVI公司中。

外国投资者通过投资离岸控股公司来控制设在中国境内的技术服务公司,并由该技术服务公司通过独家服务合作协议和一系列其他协议来实际控制境内的北京新浪互联信息服务有限公司。

联想在开曼群岛注册成立一家开曼公司,将其拥有的国内公司的全部股权转让给开曼公司,联想开曼公司间接拥有国内公司的控制权,它将作为 VC 融资的主体和日后境外挂牌上市的主体,同时也作为员工期权设置的主体。国内公司就不适合直接被 BVI-A 公司反向收购转换成 WOFE。此时,可以通过公司在国内设立独资公司,收购国内企业的部分资产,并通过为国内企业提供垄断性咨询、管理和服务等方式,换取国内企业的全部或绝大部收入。同时,该外商独资企业还应通过合同,取得对境内企业全部股权的优先购买权、抵押权和投票表决权。

2. 董事会层面

股东的权利斗争通过董事会展开,董事会的结构就成为股东实现自己权利意志的重要方式,董事会中的每一个席位都是必争之地,每一个位置上安排什么样的人也是有含义的。从一个公司的董事会配置,可以了解股东的权利结构,从人员身份、关系等特征上一一识别,可以分析出董事会中的实际权利状态。中国《公司法》规定了股份有限公司的董事会人数是 5—19 人,如果是一家股份有限公司,在 5—19 中选多少人为好呢?

从实际运作实践看,单独讨论董事会人数比例是没有意义的。从理论上说董事会实行"票决制",董事的比例,执行与非执行董事的比例,都代表着公司的控制性股东和非控制性股东的力量。但从信息分布、影响力等因素看,事情并不是这样简单,公司的决策也不是通过简单投票的方式做出的。非执行董事,甚至独立董事也有自己的立场,这些立场也不一定是独立的,有时一个关键人物的影响力可以抵得过其他人的所有表决力,因此,必须要具体分析董事会的人员构成,才能看出公司决策权之间的控制关系。同时,委托投票、联合投票、双层股权架构以及累积投票制度的设计,也使得企业的实际控制权发生相应的变化。

(1) 委托投票。

"投票权委托"就是公司部分股东通过协议约定,将其投票权委托给其他特定股东(如创始股东)行使。根据阿里巴巴上市招股书,马云仅持有 7.8% 股权而软银把不低于阿里巴巴 30% 普通股的投票权委托给了马云与蔡崇信行使。由于代理投票权难以测量,这就解释了为何中显示的银行控制权比例相对较低。

据已披露的京东商城 IPO 文件,刘强东只持有京东将近 21% 的股权,但是依靠所持有的 A 类股份(1 股拥有 20 份投票权),以及代理投票权的方式,刘强东控制着京东 83.5% 的投票权。股份代理投票权的具体做法是,京东在进行股权融资时,向员工自己发了大量的股票,配发股票的同时,员工还签署了一份股东股票权代理协议,协议的主要内容就是员工股东的投票权、代理权委托给京东商场首席执行官刘强东[①]。

(2) 联合投票。

联合投票(voting coalition)或投票联营(voting pool)是指几个股东联合力量,并且同意以同样的方式进行投票。"一致行动人"即通过协议约定,某些股东就特定事项采取一致行动。意见不一致时,某些股东跟随一致行动人投票。比如,创始股东之间、创始股东和投资人之前就可以通过签署一致行动人协议加大创始股东的投票权权重。一致行动协议内容通常体现为一致行动人同意在其作为公司股东期间,在行使提案权、表决权等股东权利时做出相同的意思

---

① 马永斌,《公司治理之道——控制权争夺与股权激励》,清华大学出版社,2013 年版,第 104 页。

表示,以其中某方意见作为一致行动的意见,以巩固该方在公司中的控制地位。

【案例 5-5】 北京星奥科技股份有限公司的一致行动协议

北京星奥科技股份有限公司自 2007 年 11 月起,公司股东杨亚中、李明勇、陈斌三个人一直持有公司股份分别为 34%、33%、33%,均对公司形成重大影响;但任何一人凭借其股权均无法单独对公司股东大会决议、董事会选举和公司的重大经营决策实施决定性影响;但三个人一直密切合作,对公司发展战略、重大经营决策、日常经营活动均有相同的意见,共同实施重大影响,在公司历次股东会、股东大会、董事会上均有相同的表决意见。所以,三个人在股权关系上构成了对公司的共同控制。

为保证公司控制权的持续、稳定,杨亚中、李明勇、陈斌于 2012 年 12 月 25 日共同签署了《一致行动协议书》,本协议一致行动有效期 5 年;一方拟向董事会或股东大会提出应由董事会或股东大会审议的议案时,应当事先就议案内容与另两方进行充分的沟通和交流,如果另一方对议案内容有异议,在不违反规定的前提下三方均应当做出适当让步,对议案内容进行修改,直至三方共同认可议案的内容后,以其中一方的名义或三方的名义向董事会或股东大会提出相关议案,并对议案做出相同的表决意见。

---

(3) 双层股权结构。

双层股权结构的英文是"dual-class share",指上市公司可以同股不同权,虽然其在分红和清算财产分配中的比例并无差异,但按每股附着的表决权大小、可转让性的不同,普通股被划分为 A、B 股两类;A 类普通股由机构投资人与公众股东持有,面向公众发售,可自由流动,其表决权遵循"一股一票"原则;B 类普通股则由企业创始人、执行董事和管理层("管理团队")持有数倍于 A 类股的表决权,差距甚至可达 150 倍之巨,但不能转让;若要转让,需先转换成"一股一票"的普通股。德国在这方面则更加极致:A 类为有表决权的普通股,B 类则无表决权股票,但往往赋予其优先分红权如担保股利,以及赋予持有者比普通股股东更高的地位等。

美国允许双重股权结构,很多硅谷企业上市便选择这种股权结构,以便少数身兼高管的个别股东可以牢牢掌握公司的领导大权。2014 年在美国上市的中国公司中,京东、聚美优品、陌陌都采取这样的模式。京东,刘强东的股票 1 股 20 个投票权,投票权比例为 83.7%;聚美优品,陈欧的股票 1 股 10 个投票权,投票权比例为 75.8%;陌陌,唐岩的股票 1 股 10 个投票权,投票权比例为 78%。

双层股权结构虽明显偏离了"一股一票"原则,但存在以下优点。

管理团队既可以进入资本市场募集资金,又不必稀释其对公司的控制权。通常而言,在一个公司从在公司成长过程,需要向公众投资者大规模募集资金,管理团队的股权会被大量稀释,采用一股一票规则,势必削弱其对公司的控制权,管理团队面临着扩大对外融资必然导致失去控制权;而若保留控制权则不得不缩小融资规模;双重结构则可以让股权被稀释的管理团队依然保持对企业的控制,有效地抵御控制权收购,有利于管理团队实施长期战略。控制权稳定掌握于现有管理团队手中而使得潜在收购方可能完全失去收购的动力。尤其为传媒业、娱乐业、高度依赖个人经验和判断的投资基金行业以及科技类公司欢迎。

但双层股权架构的不足包括以下方面。

在双层股权结构公司中机构投资者的股比要低于在单一股权结构公司中的股比,一旦买入就会长期持有,机构投资者在股票市场上,不总能"用脚投票"方式来有效监督和遏制管理团队的自私行为,双层股权结构会使董事会对高管的事前监督失效,使公众投资者只能向公共机构寻求事后的救济,而这无疑会加重公共部门的负担,使其成本外溢到第三方。

(4) 累积投票制度。

直接投票制度是股东大会选举董事、监事的传统方式,采用是一股一票制度和资本多数决原则。直接投票制度规定每一股份拥有一张选票,每一张选票可以同时投给多名自己要选的候选人,即股东的表决权可以重复使用。与此不同的是,累积投票制度指在股东大会选举的董事、监事人为两名以上时,股东所持每一股份拥有的投票权与所选举的董事、监事人数相等,股东既可以把所有投票权集中起来选举一人,也可以分散选举数人。

直接投票制度选举董事会和监事会容易被大股东把控,为了追求自己的私利大股东通过董事会和监事会对其他股东进行压迫、排挤和欺诈。在这种情况下,就需要小股东的代表有机会出席董事会,在公司的决议中发出声音,从而维护中小股东的权利,实现实质意义上的股权平等。累积投票制度在一定程度上纠正了"一股一票"和资本多数决原则的缺陷,在不违背"一股一票"的资本多数决原则的基础上,既防止了大股东表决权的重复使用,又赋予了中小股东更强的表决力,使权力得到制衡。

综上所述,不难看到:

(1) 控股权并不一定意味着控制权。如某国有企业的控股股东是某国有资产管理机构,但实际上缺位,由其他非控股股东或者经营管理层负责主持日常工作;再有控股股东有意将其决策权、经营权和监督权"全权"委托给其他股东行使,只保留分红权。

(2) 控制权体现在其拥有投票表决权,但并不是所有的股份都具有控制权或表决权。实际上,股东有可能间接行使控制权,应该更多关注掌握公司终极控制权的股东。

(3) 控制权的取得并不一定以持有股权为前提,企业实际控制权可以通过股权以外的方式来行使和实现。这些方式包括股东层面上的金字塔结构、交叉持股结构、持股平台结构、VIE结构;董事会层面上的委托投票、联合投票、双层股权结构以及累积投票等制度的设计。

5.3 创业企业的初始股权设计

创业合伙人,是既有创业能力又有创业心态,为公司最大的贡献者,也是主要参与分配股权的人。但创业者在拉起队伍创业之初,面临的第一个问题,往往就是创始人之间如何分配股权。伴随着创业企业成长过程,企业投入的资本、劳动力、知识、管理增加,其回报也在不断变化,相应的股权应动态分配与调整,以最大限度调动各方面的积极性,实现其价值最大化。

企业股权分配的方法主要有:继承——个人完全拥有股权;利他——所有的创建成员平均享有所有权;基于贡献——所有权的分配基于创建成员现在与将来的贡献大小;基于业绩——设置经创建团队所有成员同意的工作价值表,即在企业创建与发展的初期,根据每一项主要任务来计算其拥有股权的大小。

每一种方式都有其优劣,其中基于业绩具有以下优点:避免武断与不公正;能够激励企业的每一位创始成员;表现出色的成员将根据工作结果获得收益,而缺乏表现的成员将从企业中被淘汰。

基于业绩的所有权体系的不利方面包括:难以测度每一项特定目标的相对难度与价值;对任务完成的质量判断是一般还是突出,会随着企业境况不同而发生变化;对于新企业,创建成员在未来的能力或者贡献可能被低估了。

迈克.莫耶①提出的切蛋糕方法,即对创始人的业绩贡献进行估值,以市场价值为参照依据,这样就可以得到若干个独立的估算值以及一个总的估算值,进而可以得出每位创始人分别所占的百分比,公司便可以此作为参考依据,并随着动态地加以调整,使之股权与其价值相匹配。

5.3.1 初始股权形成要素

初始股权形成要素主要包括:创业者的工作时间、现金或实物等资产、基础设施、创意、知识产权或专用技术、人脉资源和其他资源。初始股权形成要素构成如图5-11。

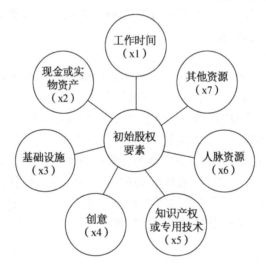

图 5-11 初始股权形成要素

5.3.2 初始股权分配原则

1. 机会成本

生产要素的价值体现在机会成本。当资源用于创业就不能用于其他方面,在其他方面获取的最大收益就是要素参与创业的价值。当然,这些资源与上文中提到的场地问题一样,如果是闲置的资源,提供给企业之后并不会给自己带来任何损失,就不能用来估值了。只有这些资源对于提供者来说是有用的,才能换得股权。比如说,你有一台机器设备,平时会用其加工制作产品,如果提供给创业企业使用之后,自己就不能再使用了,那么这台设备才有可能被纳入

---

① [美]迈克·莫耶著,《切蛋糕——动态股权分配制度》,王闻、李筱莹、常逸昆译,民主与建设出版社,2016年版。

到估值的范围之中。

2. 公平性原则

心理学认为,公平是指持股比例与贡献成正比,这些关键因素不仅要考虑到公司里的每一位员工在公司内部的角色,还要考虑他们工作会得到的补偿,以及公司的投资人和那些在公司幕后出谋划策、有创业想法的人。

在起始阶段,产品尚未定型,商业模式还在探索之中,核心团队也没有最后形成。此时,股权分配的要义是公平体现既有贡献,确定拿最多股权的公司主心骨,同时为未来发展预留空间

5.3.3 初始股权要素的估值

企业创业还是后期的成长,企业创造价值过程,参与价值过程的要素,价值分配按价值创造要素进行价值分配,参与价值创造的要素不仅有劳动力、资本、还有知识、管理,资本的所有者出资,将资本所有权交给企业,企业给资本所有者相应的报酬——红利;劳动者的所有者出力,将劳动使用权交给企业,企业给劳动力所有者相应的报酬——工资;知识拥有者将技术、管理知识贡献给企业,企业给知识拥有者相应的报酬——股权,进入企业创业的人角色具有多元性,即可投资人力获得相应股权,也可投资资本以及物力,还可投入知识、管理获取相应的股权,它得到的股权应该是这些要素获得的相应股权之和。

1. 工作时间

对新创企业贡献的最多要属创始人的工作时间。创始人之所以选择放弃其他地方工作而创业,其放弃的工作时间与相应岗位的市场工资标准之积,所得到的工资收入,便构成其工作时间的价值估算依据。

这里的时间指创业企业应该支付而现在未支付的实际工作时间,若按其标准发放了工资,他的实际工作时间为零,工资标准是指目前的人才市场的通用工资标准,在类似的工作岗位上,拥有何种教育背景、工作经验就有何种与之匹配的工资标准,若他属于兼职创业,就按照兼职人员的市场工资来进行投入折算。

2. 现金或实物等资产

新创业企业处于起步阶段,现金需求非常迫切的,现金的金额虽然反映了它的当时的市场价值,但创业未来前景不确定情况下,现金对其更加稀缺、珍贵;需要考虑调整系数,使其价值倍加于实际金额。

实物资产是现金投资的另外一种形态。相对于现金的价值存在一定难度,实物资产至少:①必须是公司或项目在发展道路上最为核心的资产,比如说互联网行业中必不可少的网站服务器;②专门为了企业的经营发展而购买的,比如说公司内的办公设备,电脑等。若全新的实物资产,直接按照购买价格来估值;若有一定的折旧率,那就可以参考当前旧货处理的价格来估算。

3. 基础设施

基础设施包括办公楼、零售摊位、工作室或其他设施,创业公司若不使用它们,业主可以拿来出租,获得相应收入,基础设施的市场价值就是其产生的机会成本,相反;若是空闲房间、多余或不以营利为目的的场地,不能带来相应的价值。

4. 创意

"创意"当然不是指单纯的创业点子或是初步想法,因为那其实并不具备太多价值。而是

指在单纯的创业点子的基础之上,经过了反复的思考与研究,最终所形成的较为成熟的商业方案,或者是初步想法已经得到了基本的落实,并开始了原始产品的开发。这样能够让人看到市场前景的创意才算得上是有价值的贡献,才能够进行估值。一般而言,市场上对这些工作的前期投入都会被视为对公司的"投资"。

5. 专用技术或知识产权

专用技术或知识产权属于无形资产,如果合伙人提供此类无形资产,那就应该参考市场价值作为其对公司的投入;如果合伙人对专用技术或知识产权并不是转让而是授权的话,那么其包含的许可使用费也可以看作是一种贡献。所以,可以按照公司应该给但未给的费用来进行价值估算。除此之外,还会有合伙人将之前开发或运营的产品作为其投入转让给公司,比如说已经开发并投入运营的网站等。其转让价可以作为估算依据,而具体的转让价可以参考目前市场上的此类交易。

6. 人脉资源

公司在发展壮大的过程中,在融资、销售等方面会用到一些人际关系资源,通过这些人际关系来实现融资目标、寻找合作伙伴并建立合作关系、打开销售的渠道等。针对这一方面,企业可以从人际关系带来的不同收益出发,采用不同的估算方式。比如说,如果合伙人的人际关系为企业打开了产品销量,企业应给予一定的提成,该给却未给的提成可视为合伙人对企业的投入;如果为企业实现了融资目标,企业应支付一定的佣金,该给却未给的佣金可视为合伙人对企业的贡献。当然,企业也可根据自身的情况考虑,究竟是用现金还是股权来进行。

7. 其他资源

在创业的过程中,除了上述 6 种资源,公司可能还会需要其他的一些短期资源,而这些资源能够促进公司更为健康有序地发展,也可以将之纳入到贡献的范围中来。如果有合伙人或是合伙人的朋友能够提供此类资源的话,企业既可以选降出资购买,也可选择参考市场价值来进行估算。

对于创业企业来说,合伙人所能提供的所有资源,只要是企业发展运营所需要的,企业又不能或不愿用现金回报的,都可以将该给却未给的那部分视为合伙人对企业的"投资"。

$$D_j = \frac{Y_j}{Z} \tag{5-1}$$

$$Y_j = \sum_{i=1}^{m} K_i X_{ij} \tag{5-2}$$

$$Z = \sum_{j=1}^{n} Y_j \tag{5-3}$$

D_j 为第 j 个创始人所占的股份;X_{ij} 为第 j 个创始人所占的股份;
Y_j 为第 j 个创始人 m 投入资源的总价值;Z 为 n 个创始人投入资源的总价值;
K_i 为第 i 种投入资源依据其对新创企业的稀缺与需求迫切程度而计算的放大系数;
m 为投资资源的总数;n 为创始人总数。

显然,合伙人提供的生产要素越多,X_{ij} 越大;对创业企业越需要、越迫切,K_i 越大,它分配的股权就越多,可激励他们为创业企业继续贡献生产要素提供动力。

创业过程是动态的,合伙人提供的工作时间、知识产权、物资等生产要素也会随着时间的变化而增加,但不同合伙人之间存在差异,必然导致其股权比例变化存在差异,呈现动态变化的特征。

$$Y=f(t)\rightarrow D=f(t) \tag{5-4}$$

通过定期如季度、年度对他们在该段时间段内的投入进行评估,得出的各自投入价值作为同时间段内的股权调整的依据,但当创业企业度过成长期进入成熟期后,创业企业的股权结构就会变得相对稳定。

5.4 创业企业的期权设计

与传统的"资本雇佣劳动"模式不同,创业企业采用的是"知识雇佣资本"模式,知识取代了资本而成为稀缺要素,对高素质的人才依赖性很强,资本对人才的追逐和人才的稀缺性,人才竞争和人才流动,如何吸引、激励、留住人才成为创业企业生存与成长的关键。将高管、股东和公司的利益紧密地捆绑起来,打造利益共同体,让核心人才既分享企业成功的喜悦,也分担企业发展的风险;期权作为投资者与以经理人为代表的高管之间的对赌未来业绩的一种行为便成为一种较优的选择。

5.4.1 期权的含义

所谓期权是指使得一个员工在满足一定条件的前提下,享有以一个特定的价格(通常比较低),在某一段时间里买入公司普通股的权利。

例如,具有多年公司经营经验的刘元,三年前被某上市公司董事会聘为CEO,该公司给他的报酬除年薪、奖金外,还授予其股票期权。在其就职的2012年3月1日,公司授予他在2015年3月1日以后的任一年中,以2012年3月1日当天公司股票的平均价格20元购买该公司50万股普通股股票的权利。

在2015年后,刘元可以根据当时的市场价格来决定是否行使这个权利。如果在2015年,公司股票价格低于20元,则刘元就放弃行使期权,期权收益为0,同时承担声誉损失。相反,如果公司股票价格超过20元,且刘元这几年中没有辞职,则他就会行使期权,则他由此而获得的收益是每股增值乘以100万股的收益。

从上例中,可以看出期权具有以下特点。

(1) 期——即期权的时间特征,具有未来性,即它"用现在的权利买将来获取的收益"、"以未来收益激励现在奋斗、以长远发展约束短期行为"的产权制度安排,就是这样一种制度安排和价值定价方式。是未来可以行使的权利,是未来兑现的支票。但必须在未来某个时间段之内(行权期)完成,否则这个权利将被撤销。

(2) 权——是一种权利而非义务。其受益人有自主选择的自由,可以选取择行使或不行使这种权利,同时,是一种看涨权,即只有在公司未来价格高于行权时价格,受益人才会行权。反之,则放弃行权。它使企业降低了标的物价值下跌的风险,它使企业可以抓住标的物价值上升的机会。

（3）期与权之间形成良性循环。受益人的拥有的未来收益权取决于公司最终的价值表现。如果公司价值不断上升（看涨期权），其可能价值连城，相反，是看跌期权，则一文不值，而企业价值是否上升，取决于受益人努力工作，取决于受益人努力工作，越能获得更多的股份期权，于是便授予股份期权——受益人努力工作——企业价值提高-净资产价值上升-受益人收益增加受益人勤奋工作——企业价值提高。期越长，权的价值越大；权的价值越大，则期也越长。

5.4.2 期权的表现形式

根据资本市场和公司实际的不同，为了达到激励效果，类期权激励模式也越来越多。除了股票期权，根据公司的需要在其基础之上又衍生出多种模式，如期股、限制性股票、虚拟股票、业绩股票、股票增值权、期股和干股等类期权激励模式。最简单、最典型的期权激励模式是股票期权，但它并不适用于所有的资本市场和所有的公司。对不同行业、不同发展阶段的经理人的报酬结构来说，经理人的长期报酬形式又各有不同。

期股，即股份期权，是在中国2006年之前当时法律框架内不能解决股票期权计划的股票来源问题而产生的类股票期权激励模式。它是经理人需要掏钱进行首付之后，才获得期权资格，然后，采用分期付款的方式，最终获得公司的股份。它与股票期权模式的区别如表5-8所示。

表5-8 股票期权与股份期权的异同

名称	适用范围	行权价的依据	行权后转让的对象	收益兑现的自由度	适用的法律
股票期权	上市公司	该股票二级市场的价格	该股票的投资者	立即兑现	《证券法》和《公司法》等法律、法规中关于股份公司的相关条款
股份期权	非上市公司、上市公司的非流通股	每股的净资产	转让需经股东大会通过，股东优先购买	兑现受到公司法的制约	《公司法》中关于有限责任公司（含股份有限公司中非上市流通部分）的相关条款

限制性股票（股份）是指公司为了实现某个特定目标，无偿将一定数量的股票或者股份赠予或者以较低的折扣价格售给经理人，只有当经理人完成某个目标后，受益人才能行权并从中获利，若未完成时，公司可以无偿回收或者以当初购买折扣进行回购。

虚拟股票，是公司授予受益人一种"虚拟"的股票，受益人可以根据其所持有的虚拟股票计划享受一定数量的分红权和股价升值的收益，但没有所有权和表决权，不能转让和出售，离开公司时自动失效。

5.4.3 期权设计的关键要素

期权是一个非常有效的激励工具,特别是对于创业阶段的企业。但期权是把双刃剑,期权的设立并不是一件容易的事,设计好了皆大欢喜,设计不好,则会形同虚设,或给公司带来隐患,不但留不住人,还会影响公司业绩。期权包含的基本要素主要包括以下几项。

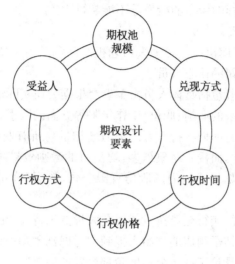

图 5-12 期权设计的关键要素

1. 期权池大小

期权池涉及公司拿出多少比例的股份来设立期权,它直接与激励力度与控制权相关联。期权激励数量过少,高管等受益人持股比例过少,难以取得理想的激励效果;过大,则又影响公司控制权的安排与后期的融资规模。科学设计期权池的大小非常关键。

硅谷比较流行的做法是预留公司全部股份的10%—20%作为期权池。VC投资之后,公司股权比例15%—25%作为期权池。美国的期权池范围在5%—15%。根普华永道调查,中国民营企业情况在两个区间分布多一些:一个是5%及以下,另一个是大于10%,介于两者之间要稍微少一些。

期权池的设立,其大小与所在行业、融资战略、同行业竞争对手的情况、人力资本依附性和控制权安排、上市公司的国家对授予额度的限制等因素相关[①]。具体操作中可参考相关的市场实践数据,结合自身的实际情况具体确定。

一般来说,高科技企业、金融公司比重高于传统产业。如奇虎360上市时公司员工持股比例最高达22.3%。新浪微博公司则向管理层及员工发放了占摊薄后总股本15.9%的期权。

期权授予需要多次完成,伴随着公司成长,期权池大小需要考虑未来需要股权融资量、融资的频率、并购重组需要占据的股份数量等因素。

同行最主要竞争对手的情况。股权激励是给予经理人的市场竞争性报酬,能否留住、激励和吸引人才,关键不在于给多少,而在于和竞争对手相比,企业给够了没有?竞争对手如何

---

① 马永斌,《公司治理之道》,清华大学出版社,2010年版,第423页。

给酬？

人力资本依附性。依附性较强、资金门槛比较低的公司,给予经理高管的期权池相对较大;反之,依附性不强、资金门槛比较高的企业,给予经理高管的期权池相对较小。

控制权。期权的授予与兑现必然带来原有股东控制权的稀释,期权池最大不能超过股东能够忍受的控制权稀释的最高限。

上市公司的国家对授予额度的限制。根据中国上市相关法规的规定,在国内上市或香港上市企业,用于长期激励的标的所占的股份数不能超过10%。

2. 给谁期权——受益人

期权设计的目的是为了解决减少经理人与老板之间利益不一致问题,构筑经理人道德风险的防线,期权应该授予公司的核心人员。

期权的受益人范围,一般包括具体人员由董事会根据公司实际情况作出选择,通常考虑授予对象创新能力、创新所带来的业绩、职位、工作年限等方面的因素。

实施期权计划制度,所有的期权持有者的努力增加量与所有期权所能购买的股份的总数占公司股份总数的比成正比,而授予对象越多,均衡时的激励效果越不明显。同时,期权对公司股权的稀释程度比较高,如果是国内的股份有限公司,依据《公司法》其持股人要小于等于200人。

对于有些创业公司来说,实行全员持股或者是大量员工持股,在企业内部营造一种共同创业的企业文化,也很关键。桔子酒店的创始人提到,"考虑到激励一线底层员工的积极性,以及成功共享,我们对于酒店优秀员工甚至公司前台都会发放期权"。

奇虎360也曾以工作满一年就有期权来奖励员工。这样的好处是在早期大家齐心协力,但也有可能每人分到的不多而减弱激励效果,期权毕竟是有限的。随着公司的壮大与发展,后期进入的员工一般不会再获得期权。

3. 受益人具体给多少

高管的背景、所在职位、对公司未来的贡献存在差异,给其分配的期权也各不相同,实际操作中,应遵循的基本原则如下。

(1) 参与约束。为了吸引和留住人才,给予经理等受益人报酬总量不能低于该经理人在其他工作机会中所得到的最高报酬,即给经理等受益人的薪酬的所得至少与其机会成本一样多。在人才市场比较完善的情况下,经理等受益人放弃其他各种工作机会中得到的最高报酬,就是其参与公司的最低报酬。如在其他公司的报酬是30万元,加盟你的公司,所支付的报酬就应高于30万元。

(2) 结构匹配。参与约束解决了经理受益人参与问题,想获得最优激励效果,还存在报酬结构问题。同样的报酬总量,不同的报酬结构,激励效果迥异。

受益人的报酬结构通常包括:基本工资+年度奖金+长期激励性报酬+福利计划+离职补偿金。其中:基本工资与年度奖金是基于上一年度或当期的业绩给予经理人相应的报酬,是对其过去和现在努力的激励;长期激励性报酬如股权,与公司未来业绩相关,是促进公司长期发展的;福利计划+离职补偿金与业绩无关,是用以吸引优秀人才各种福利。

当受益人的报酬中没有长期激励性报酬,或长期激励性报酬的比重较少,较易引发受益人的短期行为,对于公司未来的收益与发展不太关心。

这些报酬能否产生相应的激励效果与其挂钩的业绩指标密切相关。反映短期业绩财务指标,如净利润、销售额、经济增加值、净资产收益率、总资产报酬率、资本回报率以及每股净收益、净收益率等,反映长期业绩的指标,如以股价为代表,涵盖市场总价值、市盈率等市场类指标;以市场占有率、顾客满意度、人力资本准备率和关键员工流失率构成等非财务类指标等。

(3) 相关政策约束。为了避免对其他股东权益的侵蚀,以及影响公司控制权的安排,对于每单个激励对象有上限约束。我国上市公司股权激励政策规定"非经股东大会特别决议批准,任何一名激励对象通过全部有效的股权激励计划获授的本公司股票累计不得超过公司股本总额的1%。"因而,可规定对单个人获赠的股权激励数量一般不超过整个股权激励计划总量的25%;或者规定不超过一个具体的数量,比如雅虎公司就规定每人每财经年度获赠的股票期权不得超过150万股。同样,对于每个人获得的激励股票数量方面没有法律约束的非上市公司,也可规定,单个人获得的股权不超过股权激励总量的30%。

依据上述原则,考虑各个受益人的具体的情况,再综合考虑他的职位、贡献、薪水与公司发展阶段,最后确定不同类型高管具体数额。

首先,考虑他的工作类型、职位级别。一般而言,工作类型越重要、级别越高、对公司业务影响力越强的职位,长期激励会在他个人收入当中占的比重越大。

其次,同一个级别,需要考虑与其进入公司的时间。在 VC 进来之前就参与创业、在 VC 进来后才加入公司、在 C 轮甚至 IPO 前夕加入公司,其期权应有所差异。

这些差异通过系数予以体现。公司除了创始人之外的核心高管(CTO、CFO 等)一般是 VP 的 2 到 3 倍,总监级别的一般是副总的 1/3 到 1/2,依此类推。

4. 时间

期权的时间维度涉及等待期、行权期与发放日、行权日两个方面,就时间维度来看,相对来讲,前者关乎整个期权的时期,后者则关注具体时点,两者相互依赖(图 5-13)。

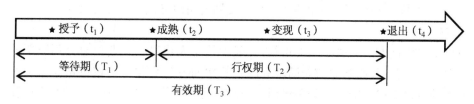

图 5-13 股票期权的时间

期权授予日(t_1),是公司授予经理股票期权的日期,即公司与受益人签署期权协议,约定受益人取得期权的基本条件。

行权授予日(t_2),是指获得期权执行权的日期为股权的授予日。在期权授予日后,虽然获得了公司的期权承诺,但不能马上行权,只有公司的业绩或者服务期限达到后,受益人才可选择掏钱买下期权,完成从期权变成股票的一跃。

期权的授予日和行权授予日之间的期间被称为等待期(T_1),一般为 1—3 年。行权授予日和股票期权到期日之间的期间称为行权期(T_2);一般为 4—7 年。在此期间受益人取得股票后,可在公开交易市场出售,或通过参与分配公司被并购的价款,或通过分配公司红利的方式,参与分享公司成长收益。

实际操作时,何时发放期权最优? 是在公司刚刚开立时、快上市时再发放呢,理论上说什么时候都可以,但不同的阶段发放,对公司带来的影响则不相同。

若公司目前还没有明确的上市目标,初创期就做期权,那么,在 2—3 年甚至 5 年的等待期后需要行权,此时,公司可能刚刚解决完生存问题,又面临需要掏一笔钱做估值现实问题;若不做,公司的公允价值在哪里,怎么进行管理,因此,公司需要权衡资金整体运作效益与期权激励之间关系,并加以选择。若公司还没上市,要员工拿一部分钱来买期权,变现能力很弱,也会影响到激励效果。因此,在早期阶段,公司可以回避承诺具体股权比例数额,而是给员工承诺,在公司发展到某个里程碑阶段时,很多公司都是在能预见到公司业绩或价值大幅提升的情况下,或是有引入战略投资计划的前提下,或有明确的上市目标的时候,再做期权,在拟上市公司,或已经上市的公司,运用期权的针对性会更强。

值得注意的是,现在 A 股上市有明确要求,若已经进入到上市流程了,相关法规要求股权结构要保持一定的稳定,公司不可以有这样的长期激励计划处于实施阶段。上市前设定的期权计划,需要在此次之前兑现行权。

有效期(T_3)包括等待期和行权期。许多企业的有效期一般定为 3—10 年,并附加一些具体的限制条件。以防高管的短期经营行为。比如规定,购买股票后转让套利的最短期限不能低于 2/3 年;股票期权持有人每年只能购买总量中的一定数量的股票或将股票转让套利等。从趋势上看,期权的有效期呈现缩短之趋势。以往多数设定在 10 年的较多,但现在更多设定为 5-7 年。

中国会计准则明确规定,期权需要进行费用化处理,因而有相应的费用产生,会影响到利润。在授予期权时,公司将对期权进行相应估值,期权的价值也正是公司需要承担的财务成本,它需要在等待期内进行被逐年分摊。期权的价值、有效期的长短、分批行权的比例等因素,皆会影响到财务成本的分摊,需要企业在期权设计阶段进行专业量化的分析与预测。有效期越长,通过等待期后,行权期就越长,期权的估值相应越大,也意味着公司的财务成本越高,适当缩短有效期,是在保持激励效果的同时,合理规划公司财务成本的必然要求。

5. 行权价格

行权价格是受益人购买股票时的价格,一般为受益人获得股票期权时公司股票的二级市场价格。对于创业公司,则随着成长阶段和融资轮次而发生变化。行权价格与未来期权兑现价格之间的差价是期权激励制度的关键所在,显然,行权价格是否合理关系到整个股权激励计划的成败。

在初创期,A 轮融资时行权价格一般价格很低,几乎可以接近于零(比如 1 股 1 分钱)。行权价格越低,对受益人的吸引力越大,公司将承担财务成本也越高,对公司的报表影响也越大。

股票期权的行权价格的确定需要借助专业工具如 Black-Scholes 模型,对期权价值进行定量评估后,进而测定相应的行权价格。

影响期权估值的因素很多,包括公司目前股票价格情况,无风险利率的状况,行权期的长短等,很多因素都会影响到期权定价,期权估值比较复杂,估值所需要的参数选取比较关键,对于期权数量的测算、激励的效果、后期的公司财务分摊,都会产生长期的影响。

期权未来的价值或者增值水平既取决于经理人的努力提高企业的绩效,还与外部环境尤其是资本市场变化密切相关。虽然经理人非常努力,为公司价值增值贡献,但资本市场萎靡导致公司股价下跌,并跌至行权价时,股权便失去了激励效应。在此情况下,是否对行权价格进行重新调整以及如何调整是涉及期权激励的公平与公正。

对于上市公司来说,市场已经有股票价格(SP),为体现对股东和经理人双方的公平,确定行权价格（P$_{行}$）的重点在于：以什么时候的股票价格为行权价和是否打折、溢价。

P$_{行}$＝SP$_{当}$，股权激励方案的内在价值是零，但拥有时间价值。P$_{行}$＜SP$_{当}$，即行权价格为当前股票价格的一个折扣，对受益人激励力度最大，但对股东不利；P$_{行}$＞SP$_{当}$，则对股东有利，对经理人不利。

我国《上市公司股权激励管理办法》规定：上市公司在授予激励对象股票期权时，行权价格不应低于下列价格较高者：①股权激励计划草案摘要公布前一个交易日的公司标的股票收盘价；②股权激励计划草案摘要公布前30个交易日内的公司标的股票平均收盘价。

在实践应用中，上市公司基本上是按照平值法或可变的行权价格来确定股权激励的行权价格，一般不会低于赠予日的公平市场价格。

非上市公司在制定股权激励计划时，由于行权价格的确定没有相应的股票市场价格作为定价基础，确定难度比上市公司要大得多。

通常我国行权价与出售价的确定一般采用每股净资产值为主要甚至是唯一的依据。先对公司的每项资产进行评估，得出各项资产的公允市场价值，再将各类资产的价值加总，得出公司的总资产价值，再减去各类负债的公允市场价值总和，就得到公司股权的公允市场价值。而设定公司总股本，则用公允市场价格除以公司总股本，就得到股权激励授予时的公平价格。

净资产定价法。首先算出公司的净资产，然后设定公司的总股本，用净资产除以总股本就得到公司的股份价格。

按照每股净资产原则的定价方式虽然简单易行，但是其客观性、准确性与公正性存在着一些问题。

股票期权的重新定价特指期权行权价定得比原来更低的现象。首先涉及要不要重新定价问题。其观点主要反对与支持两种。

反对重新确定行权价格的理由是，股权激励本身就是股东和经理人对赌未来业绩的一个行为，重新定价相当于比赛进行一半时修改游戏规则，既对股东不公平，还会带来奖励失败的经理人的误导。

股票期权最终目的是利用市场化薪酬计划激励经理人提高公司价值，不是为了让经理人获得稳定的市场化薪酬，并对那些缺乏能力或偷懒的经理人进行惩罚。重新定价是保证经理人的既得利益，而不是激励他们为股东服务。

对于签订股权激励合同的经理人来说，同样应视为一种投资行为，应该承担相应的风险。既然愿赌服输。

支持重新确定行权价格的理由是：企业的市场价值是经理人努力与外部环境共同作用的结果，前者是经理人能够控制的，但后者则是无法左右，尤其是大盘；激励的目的是经理努力，而这种努力是其自身能够做到的，如果将其无法控制的外部环境因素造成的企业价值损失让经理人来承担，同样也有失公平。

鉴于反对、支持双方的理由都有一定的合理性，国内外证监机构都没有完全否定股权价格的重新调整必要性。在美国，只是规定需要获得股东大会的批准，而不是授权由董事会做出决策。在中国，虽然强调"上市公司不可随意提出修改权益价格或激励方式"，但同时支持"上市公司如拟修改权益价格或激励方式，应由董事会审议通过并公告撤销原股权激励计划的决议，同时上市公司应向中国证监会提交终止原股权激励计划备案的申请。"

从股东和经理人双方都公平的角度，若要重新定价，则需要在股票价格跌破发行价或当股票价格大涨超过一个约定范围时都需要重新定价,即双向重新定价。在股权激励计划设计之初就考虑采用一些措施来剔除外部宏观环境或资本市场有效性和大势的影响,使得股权激励计划尽可能只和公司绩效挂钩。其方法如下。

(1) 指数化的行权价格。选取公司所在行业分类指数,选定几家基准公司的平均股票价格挂钩,将股票期权指数化。

(2) 财务化行权价格。将行权条件和行权价格同财务会计指标挂钩:只有当财务会计指标(如每股收益、加权净资产收益率和净利润增长率等)高于某一标准水平或同类企业水平时才能行权;在行权时根据财务指标的变化相应调整行权的价格。

鉴于财务指标往往易于为经理人所操纵,上市公司经常采用指数化行权价格方式。对于非上市公司来说,就灵活得多,既可采用指数化行权价格,又可采用财务化行权价格的方式。

6. 行权方式

期权的行权方式有现金行权、无现金行权和无现金行权并出售三种。

(1) 现金行权。受益人向公司支付行权费用以及相应的税金和费用,公司收到付款凭证后,以行权价格执行股份期权。通过工商变更,将股份划入获受人个人的名下。

(2) 无现金行权。受益人不需要以现金或支票来支付行权费用,公司以出售或回购部分股份获得收益来支付行权费用,将余下的股份存入获受人个人的蓝图账户。

(3) 无现金行权并出售。受益人决定对部分或全部可行权的股份期权行权并立即出售,以获取行权价与市价的差价带来的利润。

在三种方式中,现金行权最直接、最方便,对经理人的约束比较强。但以上市公司一般管理人员的收入水平,要支付这样一笔资金还是有相当的困难。采用这种方式,受益人可能面临购股资金来源问题。无现金行权并出售的方式对受益人最为有利,但不利于实现对受益人的约束。无现金行权的方式是一个比较折中的选择,现在美国越来越多的上市公司倾向选择这种方式。

7. 兑现模式

期权激励的目的将经理人利益与公司利益进行长期捆绑,同时留住经理人,因而,要求报酬兑现具有递延性,即把本应一次性给予经理人的报酬,在当期只兑现一部分,其余的递延到今后几年之内分期分批兑现,简言之,一次授予,多次行权。如一般要求经理人等待2—3年后可以行权,不是一次行权,而是在未来3—5年内分次行权,且越往后行权的数量越多,加大经理人的失败成本,从而套牢经理人。期权兑现模式按照挂钩的指标不同,可以分为以下3种模式。

(1) 均衡模式:按照创始人股权成熟期为 n 年,每年兑现期权的 1/n,到 n 年全部兑现完毕。如创始人股权成熟期为 4 年,在工作满了第一年后,可以一次性兑现期权的四分之一;在此之后,才开始按月或季度,一批一批地成熟后续的股份,比如每个月成熟 1/48,直到干满 48 个月(4 年)后,全部股权成熟。

(2) 慢后加速模式。同样创始人股权成熟期为 4 年,前 2 年分别兑现期权的 20%,后 2 年分别兑现期权的 30%。

(3) 目标模式。这种模式不是以他的服务期挂钩,而是以他完成的某种绩效挂钩的兑现模式。当创业企业实现某些阶段性的目标后,按一定比例兑现其期权。比如,在产品测试版发布时,股权成熟四分之一;正式版发布时,继续成熟一部分股权;2.0 版本发布时,再成熟一部分股权。如果产品测试版还没有发布出来之前,创始人就离职的,那么他的股权都没有成熟,公司都可以回购,此时创始人离职时一点股权都带不走。

8. 退出机制

退出是期权受益人实现股份、股票套现,获取实在收益的重要环节。在期限的有效期内,期权条件成熟,主动退出,但可能发生诸如员工离职、退休、违规开除、身故等,或公司管理权变更等情况发生时,被动退出,还有介于两者之间,期权处于尚未生效的、已生效尚未行权的、已行权但尚未行完,等等这些情况下的期权处置问题。

对于上市公司来说,禁售期的安排。我国上市公司的高管获得激励股票之后,不是一次出售,而是逐渐售出,中国上市公司的股权激励计划受新《公司法》第142条规定的约束,"董事、监事、高级管理人员应当向公司申报所持有的本公司的股份及其变动情况,在任职期间每年转让的股份不得超过其所持有本公司股份总数的25%"。如果上述人员离职后半年内,不得转让其所持有的本公司股份。公司章程可以对公司董事、监事、高级管理人员转让其所持有的本公司股份作出其他限制性规定。另外,证监会的《上市公司激励管理办法(试行)》要求上市公司股票期权激励计划的等待期为1年,而对限制性股票的禁售期没有规定。国资委的《国有控股上市公司(境内)实施股权激励试行办法》规定股票期权激励计划的等待期为2年,限制性股票的解锁期为3年。并且规定上市公司高管人员的股票期权应保留一定比例在任职期满后根据任期考核结果行权,任职(或任期)期满后的行权比例不得低于授权总量的20%;如约定好失效的期权将会回流到期权池中进行管理。而在管理权变更(比如收购)的时候,在一定程度上是在保障管理层的利益,一般都会设有快速行权的机制。

对于非上市公司来说,主动退出机制,是指当非上市公司的经理人行权获得激励股票,成为真正的股东之后,条件期权成熟后,经理人出售自己的股份时,企业预先设计好股份回购机制,按照预先约定价格,由大股东有优先回购其股份,以实现经理人股份变现,同时保持大股东对企业的控制权。

被动退出机制指的是当经理人获得激励股份,成为真正的股东之后离职,股份不让他带走,必须将所获得的激励股份出售给大股东。

介于主动和被动退出机制之间。当公司还没有上市,但是经理人退休了,如果公司上市前景比较明朗,上市只是时间问题,这时应该让经理人继续持有股份。若上市无望,或者离上市还有很长一段时间,取决于设计之初老板和经理人协商的结果。

Chapter 6　创业投资的风险控制

金融的世界风云变幻,收益与风险是永恒的话题,它们如同一个硬币的两面,密不可分而对立统一。风险本身蕴藏巨大的价值与收益,能否通过有效的风险管控,将负面的风险转化为旖旎的风景,是衡量投资公司成熟、健全与否的试金石。对于股权投资的 VC、PE 更是如此。

他们投资的主要对象是创业企业和陷入经营困境需要重组的成熟企业。与成长型企业相比,这两类企业因为巨大的风险和不确定性而很难得到私募股权投资以外的其他形式的投资或融资。为了获得投资的成功,VC、PE 必须采取各种手段和方法,消灭或减少风险事件发生的各种可能性,或者减少风险事件发生时造成的损失。为此,本章主要讨论两大问题:①识别 VC、PE 投资对象的风险因素;②投资前的尽职调查。

6.1　创业投资风险因素识别

从本质上看,创业投资对创新企业的投资,既不是为追求企业经营的利润,也不是为了享受公司的股利,而是追求财源滚滚的企业所享受的备受青睐的权益价值。创业投资的目标是出售所持的权益,追求资本的增值。因此,创业投资家所要解决的问题是如何最佳地利用管理的资金,恰当地选择经营项目,找到适当的退出时间,收回自己的投资,实现资本的增值。然而,创新企业的未来并不确定,无论创业投资家如何对项目精挑细选,仍然不能保证每一个投资都能成功。事实上,创新项目投资的成功率平均只有 30% 左右,因此,作为一名创业投资家就必须对创业投资的风险有着清醒的认识,全面系统地把握存在于创业投资过程的每个阶段、每个环节的风险因素。这些因素概括起来主要有:认知风险、信息不对称风险、价值评估风险、环境风险以及创业过程风险等。

6.1.1　认知风险

机会产生于复杂性的变化中,如知识、技术、经济、政治、社会和人口统计等条件的变化。换句话说,在以前不存在而现在存在的诸多因素的联合作用下,机会在特定时点产生了。然而,在一个人或更多人把相反的和看似无关的变化或事件"连接起来",并且形成一个将它们联系到一起的感知模式,即直到一个人或更多人觉察到了机会的存在之前,机会只是一种可能事物[①]。机

---

① Baron, R. A. (under review). Opportunity recognition: A cognitive perspective.

会的识别受个体识别认知能力的影响。

一个重要理论是信号察觉理论[①],它与一个非常基本的问题相关——"我们如何确定外界是否真正存在值得注意的东西?"这是一个非常重要的问题,因为机会不会跳到投资者面前或者其他任何人面前。相反,它们通常处在嘈杂的背景下,难以被发现。因此,投资者面临的主要任务是判定机会是否真正存在。

信号察觉理论(见图6-1)指出,在这样的情况下(即人们试图明确机会是否存在时)存在四种可能性:①机会存在而且觉察者认为它存在(可以称为命中);②机会存在但觉察者没有认识到(可以称为错过);③机会不存在但觉察者错误地认为它存在(即错误警觉);④机会不存在而且觉察者也正确地认为它不存在(即正确拒绝)。

理论进一步指出,很多因素决定人们在给定情况下体验命中、错过和错误警觉的比率。一些因素是物理属性的,与刺激物的特性有关(例如,更强的光线、更大的声音,那肯定更容易断定它的存在);然而,另外一些因素则反映出正在做判断的人的当前状态(例如,这个人很疲劳吗?做出正确判断的动机是强还是弱?);其他因素则涉及这些人对该任务使用的主观标准——他们是更关心获得命中,或是更关心避免错误警觉?

	确实存在机会	
	是	否
判断机会是否存在 是	命中 机会存在,并且识别出来	错误警觉 机会不存在,被认为存在
判断机会是否存在 否	错过 机会存在,没有被识别出来	正确拒绝 机会不存在,也判断不存在

图6-1 信号察觉理论与机会识别

尽管投资者有强烈动机取得命中,识别出现实存在的机会,但他们同时也希望避免错误警觉——察觉到根本不存在的机会,如果追求这样的机会,会浪费他们的时间、努力和资源。更进一步讲,他们也同样渴望避免错过——没有注意到实际存在的机会。从某种意义上说,信号察觉理论为理解机会识别如何发生提供了非常有用的框架;同时,也指出在机会识别之中存在因为认知的错误而产生投资的认知风险。

6.1.2 信息不对称风险

1. 事前信息不对称

在VC与创业企业正式签订投资协议之前,VC与创业企业之间存在着严重的信息不对称现象,称之为"事前信息不对称"。因为与创业者接触时间较短,双方不甚熟悉,又缺乏可靠的了解对方信息的渠道,而无法准确了解创业企业的真实信息,VC只能聆听创业者的介绍。大

---

① Swets, J. A. 1992. The science of choosing the right decision threshold in high-stakes diagnostics. American Psychologists 47: 522-532.

多出身于专业技术人士的创业者,侧重于专业技术的介绍和渲染,而 VC 缺乏对这些专业技术的了解,即使 VC 具有非凡的经验和判断能力,也难免会接受创业者可能过于夸张的、缺乏真实的信息,这种错误的信息报告往往会导致 VC 作出错误选择,错失一些好的创业企业,而错选一些差的企业,从而给 VC 的投资过程带来风险。具体如下。

(1) 项目的可行性。这种现象主要发生在早期的创业公司,只有一项专利或一个设想,或者公司的产品刚通过实验室检测而尚未通过中试。此时的创业者很可能为取得投资隐瞒公司的市场前景(市场规模和增长潜力)以及隐瞒竞争对手的实力、产品的可行性和商业价值等,虚报或夸大产品的商业价值。

(2) 管理团队的能力和信用。早期的创业公司,缺乏可依赖的过去的业绩和历史,创业者很容易隐瞒管理团队的真实能力和信用,创业投资者只能根据创业者过去的工作和学习经历作为判定团队管理能力的信号。但这些信号,并不能完全证明他们的能力,也无法证明管理团队成员之间能够精诚合作。

(3) 公司财务状况。初创期或早期的公司财务状况较简单,公司大抵处于赤字状态,隐瞒公司真实财务信息的情况一般出现在成长期(具有一定的收入或盈利)的公司。夸大销售收入或利润、造假账等是为骗取融资或增加公司估值经常使用的手段。

再有,虽然创业者和投资者都是公司的股东,但创业者同时还是公司的经营者。在大多数情况下创业者出资比例远远小于投资者。由于投资者只对现金流(成功退出后获得的回报)感兴趣,而创业者不仅对创业企业成功后获得现金的回报感兴趣,也对自己的其他利益感兴趣。这些目标的不同,也为投资者和创业者的合作埋下了隐患。

2. 事后信息不对称

在 VC 与创业企业正式签订投资协议之后,作为 VC 与创业者之间仍然存在着信息不对称的现象,称为"事后信息不对称"。这种信息不对称表现在,VC 追求投资回报的最大化,创业者则追求个人货币收入和非货币收入的最大化,两者目标存在着非完全一致。同时,创业企业的大部分内部信息,如企业真实利润分布函数、产品研制进展、技术的可靠性等,都由创业者掌握,VC 很难通过审查企业会计报表的方式来了解企业的真实状况。在此情况下,VC 因获取信息的成本太高而缺乏对方的行动信息,而创业者却因拥有私人信息而具有明显的信息优势。另外,还存在合同的不完备性。在企业融资过程中,起草一份包括各种不确定性情况的合同几乎不可能。即使起草了一份近乎完美的合同,外部投资者对这种合同的验证和举证也是非常困难的。上述的因素使得创业者产生机会主义行为,在签约后隐藏某些信息。具体表现如下。

(1) 公司战略选择。创业者在面临公司的发展战略以及公司下轮融资或上市的战略决策时,会选择对自己而非对所有股东利益最大化的战略。因创业者存在着私人利益,在公司发展战略的选择上,可能会投资于那些可为个人带来较高回报、但不能为股东带来满意财务回报的项目;或者可为创业者在业界带来声誉,但不具有商业可行性的项目。

(2) 资金使用。创业企业获得的投资不是创业者自己的血汗钱,同时,投资者也无法完全监控,而造成创业者可能会不当使用公司的资金。如有些创业者将获得的资金转借给其他公司或为其他公司作担保,甚至将资金用于高利贷、在二级市场进行操作以及炒股;有些创业者滥用公款吃喝玩乐、购买大量的奢侈品(汽车和办公设备)、租住豪华的写字楼、给自己开出高得离谱的薪水,更有甚者挪用公司的资金或将公司资金转移到创业者自己或其亲戚公司的名下,或者高价购买关联公司(亲属或自己的其他公司)的产品以及低价向关联公司出售产品。

（3）日常运作。大多数投资者无法也没有时间和精力介入公司日常运作，创业者可能会在公司的管理上采取隐藏行动。例如，创业者任人唯亲，按照家族式管理模式经营公司。许多创业企业发展没有后劲的根本原因就在于没有专业化的管理制度和管理人员。企业的高速发展受到了创业者低效管理能力的严重制约。

从动态看，VC与创业者的信息不对称，随着创业企业的逐步成长而逐步减少。比如，当企业发展到成熟期，其公司架构已健全，许多前期发展时的不确定性都已消失，此时VC对于企业未来的发展已经有较清晰的把握，因此信息不充分基本不再成为阻碍VC介入的原因。同时，有良好发展前途的项目也会成为众多VC机构追捧的对象，其再融资变得很容易，项目的流动性也有很大的提高，私募市场上信息传递受阻的不良影响也大幅下降。因此，受到信息不完全负面影响最大的，并由此阻碍了VC介入的领域就是处于早期的科技型创业企业。

6.1.3 价值评估风险

在私募股权投资的过程中，对被投资项目进行的价值评估决定了投资方在被投资企业中最终的股权比重，过高的评估价值将导致投资收益率的下降。但私募股权投资的流动性差、未来现金流入和流出不规则、投资成本高以及未来市场、技术和管理等方面可能存在很大的不确定性，使得投资的价值评估风险成为其直接风险之一。

6.1.4 环境风险

私募股权投资与创业投资总是发生在特定的空间地域，投资环境的优劣对投资效果必然会产生影响。优越的投资环境可以减少项目运作成本，从而增加投资企业绩效；而低劣的投资环境会影响项目的正常运作，降低投资收益甚至导致投资失败，形成投资的环境风险。这些因素包括项目所在区域的自然地理环境、经济环境、政策环境、制度环境、法律环境等。

退出是股权投资者实现其投资回报的重要环节，但能否顺利地退出依赖于国家的市场环境。退出的实质是产权在投资者之间的转移，股权投资在一个企业能否顺利地退出有赖于产权关系是否明确、产权市场的健全发展程度如何。我国境内主板市场上市标准严格，对上市公司的股本总额、发起人认购的股本数额、企业经营业绩和无形资产比例都有严格的要求；中小企业难于登陆主板市场，而新设立的创业板市场"僧多粥少"，难以满足企业上市的需求；产权交易市场性质功能定位不清，缺乏统一、透明、科学的交易模式以及统一的监管，这无疑又为私募股权投资基金与创业投资者增加了退出风险。

6.1.5 创业过程风险[①]

1. 开发风险

我们能开发出产品吗？一家科技企业创业源于科技成果，在基于该科技成果研究开发出市场需要的产品的过程中，可能遇到因技术不确定性而承担的风险。技术风险是指在风险投

---

① 孔淑红编著，《风险投资与融资》，对外经济贸易大学出版社，2014年版，第274—279页。

资过程中,因技术因素导致创新失败、风险资本无法收回的可能性。创业企业所拥有的技术是吸引风险投资的重要因素之一。正是因为技术的先进性、独立性和市场性,才赋予了创业企业巨大的发展潜力和高成长性,风险投资也才会产生高额投资回报。然而,一项技术的商品化和产业化过程中面临着诸多技术风险。

(1) 技术前景的不确定性。对于一项正处于研发阶段的技术而言,其发展前景面临三个方面的不确定性。第一,能否保证技术达到预期目标、完全实现其设计功能,在研发过程中无法确定;第二,在新技术成型的初期,技术本身并不十分完美,往往比较粗糙,有待改进,而在现有的技术条件下,能否尽快使其完善和发展,研发者并无把握,这一点也无法确定;第三,即使在技术形成产品之后,其能否成功推向市场,被市场所认可,仍然有待于接受市场的考验,在此之前,企业的经营者对此无法确定。这三个因素都可能导致风险投资的失败。

(2) 技术的寿命周期风险。在当前世界科技飞速发展的时代,由于技术手段的不断进步,科研设施的不断完善,不同领域技术的相互渗透,使得产品的生命周期大大缩短。而高新技术产品本身的特点就是更新换代快、寿命周期短,因此,受到的影响就更为明显。如果创业企业的技术不能在预定的时间内完成开发,那么,这项技术的先进性就有可能面临新的评价。因为其他新产品的问世可能会使这项技术失去意义,创业企业和PE将因此而蒙受巨大的损失。

(3) 技术配套风险。现代技术是体系化的,核心技术与辅助技术之间相互依赖、相互匹配,才能发挥整个技术的整体效能。一项新技术的实施或转化,需要其他相关技术或工艺过程的支持,才可能形成最终的产品。在创业投资中,配套技术对新技术的扩散起着关键作用。例如,超前的技术创新思想可能由于现有工艺水平的限制而无法实现,或产品达不到设计要求的性能。同样,技术研制成功之后,相关的生产设备、原材料、生产工艺条件等外部环境因素与技术不匹配,也会制约产品推向市场或者错过产品推向市场的最佳时机。

(4) 技术的效果风险。任何一项正在开发的技术其预期的效果都是良好的。但是,在新技术开发出来之后,如果开发者对技术的副作用估计不足,则很可能会给环境造成污染、破坏生态平衡,从而受到政府部门的限制,导致新技术无法实施。

2. 市场风险

当科技成果转化为产品后,就面临着能否将其及时地销售出去,即所谓的市场风险。市场风险是指创业投资者因新产品、新技术的可行性与市场需求不一致,以及竞争对手所采取的反应对策等原因而面临的亏损的可能性。市场风险是导致新产品、新技术产业化过程中断乃至项目失败的核心风险之一。著名的跨国公司 IBM 和杜邦公司等都有过由于市场风险招致损失的记录。具体而言,这一风险有如下几种表现形式。

(1) 市场进入风险。新产品进入市场会面临很多问题和风险。用户在使用新产品时,往往要付出比其他产品更高的转换成本,为了降低使用产品的成本,用户会持观望的态度。面对新市场,缺乏对新产品进入市场的评价方法和指标,有可能套用对成熟产品进入市场的评价体系,从而出现误差。基于上述情况,新产品进入市场,有可能出现一个较长时间的适应过程。若缺乏足够的市场推广费用,那么,这一时间会更加漫长。由此而导致创业企业的产品积压、资金周转受阻,风险资本也无法及时退出。

(2) 市场容量风险。新产品即使进入了市场,还将面临实现多大市场容量的问题。市场容量决定了产品的开发总价值和市场商业总价值,由于产品开发的巨大投入,如果新产品进入市场的容量不足,就无法体现新产品的市场价值,投资不能收回,创业企业只能走向倒闭。

(3) 消费偏好变化风险。随着经济的发展,消费者的需求越来越明显地呈现出同质化和多样化的趋势,这表现为垂直差异和水平差异。垂直差异取决于消费者的收入水平,一旦收入水平上升,则其需求偏好必然趋向更高层次。水平差异主要与人的文化、观念有关,与收入水平无直接关系,主要表现在产品的款式、颜色等偏好上。随着全球经济的发展,人们在需求的垂直差异方面越来越小,即呈现同质化趋势,而在水平差异方面则随着供给的丰富而更加多样化。

(4) 政府有关产品标准和政策变化风险。新产品进入市场必须认真研究和关注国家有关方面的政策法规。任何政策法规的变动都有可能给新产品进入市场造成风险。比如,如果国家通过政策调整缩小了一个行业的发展规模,那么,新产品再进入这个行业将面临容量不足的风险。再如,如果创业企业开发出来的新药品上市之际,就与国家新颁布的有关规定不符,就会导致风险资本回收的难度增大或者根本无法回收;政府价格政策的调整可能使企业陷入产品滞销或贬值的风险;等等。

达文波特(Davenport,1992)为确定潜在投资者在风险——收益空间中的位置,综合多种因素,将风险分为如下类别:高风险——以全新市场作为起始的新创公司,这时投资者需要提供大部分资本;有风险——企业已经拥有商业化产品原型,如一个运行模式,已经成为创新型进入者;创始人已经为新创业企业投入了一些资本;风险较小——企业作为革新型或革命型的市场进入者,已经处于商业化阶段并在两年内将实现盈亏平衡;风险最小——新兴市场上处于扩张阶段的盈利企业。

3. 生产的风险

如果我们能开发产品,我们能生产它吗?生产风险是指基于科技成果开发出的产品,当市场接受该产品,并需要一定的生产规模时,能否适时、适度规模、适度质量地生产出产品,即在生产产品过程中可能遇到的因生产因素不确定性带来的风险。生产产品是企业运营过程中的一个重要环节,而在生产产品的过程中企业将面临产品质量的风险。产品质量的好坏直接决定着企业能否继续生存,挽回因产品质量问题所造成的信誉损失,远比维持产品质量的良好信誉要难得多。一个市场需求兴旺的企业,很可能因为产品质量的问题而陷入绝境。另外,如果生产产品的数量不能很好地与市场需求相适应,出现产品库存过多、积压严重的问题,那么,不仅会影响企业的正常周转,还会影响产品的改进和更新换代,从而有可能使产品在市场之中失去竞争力。而且,计划是企业管理的重要和首要职能,如果企业在确定目标或者选择方案上出现决策性失误,也会给创业企业造成无法挽回的损失。

4. 管理风险

管理风险是指创业企业能够将产品卖出去,却因企业本身经营和管理不当造成创业投资损失的可能性。对于企业来说,管理的问题从某种程度上讲也就是人的问题,如果说技术风险和市场风险可以通过人的智慧和能力来努力回避,那么,人本身出了问题,则由此而产生的不确定的风险因素将大大增加。管理水平高低取决于管理者的素质和工作态度。

(1) 管理团队风险。创业者通常特立独行,能否建立起一支坚强有力的管理团队成为创业投资者的最大顾虑。同时,作为监控和顾问的角色,创业投资者不愿对所投资的企业倾注大量时间,也不想过多地干预企业日常事务,因此对企业家素质要求非常高。不仅要有丰富的管理经验和技术素质,还要具备敏锐的洞察力、魄力、组织能力和责任心,这些远非一般的技术人才所能胜任。企业家素质高低将直接导致企业未来决策和发展是否会出现不确定性。

发达国家高技术产品创新的成功经验之一,就是技术专家、管理专家、财务专家、营销专家的有机结合,形成企业管理的整体优势,为技术产品的创新奠定了坚实的基础,缺少财务总监、技术总监等专业人士,难以取得团队效果,有可能导致企业经营上的失败。

(2) 治理结构与组织结构的风险。对于创业企业而言,如果企业管理层的工作能力毋庸置疑,却缺乏积极的工作态度,那么,创业企业同样会面临潜在的经营风险。造成这种现象的原因,可能主要来自对管理层缺乏有效的激励与约束机制,在这种情况下,管理层可能会在牺牲公司利益的基础之上谋求个人的利益,导致与所有者利益的偏差。这是一种来自上层的治理结构的风险。

创业企业发展的高成长性,往往会出现企业规模的高速膨胀与企业组织结构调整缓慢的矛盾,企业管理者因忙于应付企业扩张所带来的压力,而忽视了对企业组织结构的研究和调整,这一矛盾积累到一定程度之后,便会产生机构臃肿、效率低下、信息不畅、成本增加、管理混乱、决策失灵的局面,使创业企业陷入危险境地。

(3) 诚信风险。在中国的股权投资领域,所有的投资者都认为人的诚信和团队的诚信格外重要。比如,企业暂时的成功往往会使企业管理者失去理智,盲目自信,不惜以公司的全部资产与声誉作赌注,向客户做出根本不可能实现的承诺,从而可能出现信誉风险。再如,在企业高速成长的时候一味追求发展速度和增长指标,可能导致某种弄虚作假事情的发生,某些下属迫于业绩提升的压力,向上级出具虚假盈利报告等;同时,对高速成长的追求还可能导致企业内部竞争压力的加大,致使员工之间独占信息、互相防范、私利膨胀,这种只有激烈竞争而没有丝毫合作的状态,只能使创业企业的整体凝聚力和市场竞争力大大下降,从而带来经营风险。

(4) 知识产权风险。创业投资的过程是一个将科研成果转化为生产力的过程,这个过程涉及转化过程中成果的所有权,即知识产权问题。若核心技术的所有权上存在瑕疵(如该技术属于创业人员在原用人单位的职务发明),显然会影响创业资本的进入,甚至承担违约责任或缔约过失责任。在创业投资过程中,知识产权可能引起两类风险:一是在科技成果转化过程中有可能涉及第三方的知识产权的侵权风险;二是创业企业方在成果转化过程中由于与第三方的合作,导致技术泄露的涉密风险。

5. 发展风险

如果能管理公司,我们能发展它吗?在规避了前面几种风险的基础上,企业面临着进一步拓展市场、持续发展等方面的各种问题,企业因设计和构建未来发展战略会面对许多不确定性,由此带来的风险便是发展风险。

6. 再融资风险

再融资风险主要是指风险投资家的信誉风险,即风险投资公司由于投资业绩差而丧失信誉,难以再融得资金的风险。风险投资往往针对创业企业所经历的创立期、扩展期、成熟期和衰落期这四个不同的发展阶段展开分段投资,风险资本不仅对同一家创业企业进行两次甚至三次以上的资金投入,而且,还对不同的创业企业在同一时期或者不同的时期进行投资。由此可见,风险投资必须是连续的,这一连续性的特点,使得创业企业的再融资风险成为 PE 们所面临的一个问题。如果创业企业在经过一期投资之后,二期投资的资金不能及时到位,则企业计划进程实施的停顿很可能导致前文所提及的技术风险和市场风险的发生,PE 早期投入的风险资本也将付之东流。

导致出现这一情况的原因可能来自两个方面:一方面,来自 PE,如果 PE 的风险资本规模较小,而其他投资又出现了比较严重的失误,风险资本不能及时收回,致使后续投资无法进行或者延迟进行;另一方面,来自创业企业,对于研发者而言,他并不能十分精确地预测研发项目的每一个发展环节所需要的资金投入,在进行到某一环节时,可能由于某种新的发现或者由于研发设备的市场成本因某种因素而突然提高,导致后续风险资本需求额度的增加,新增加的资本有可能给 PE 带来压力。在出现再融资障碍时,如果创业企业仍然处于早期的发展阶段,那么,其希望寻求银行资本等风险资本以外的其他资本加盟是非常困难的,因为银行会担心其风险较大而不愿意介入。

另外,在创业企业的再融资阶段,PE 还可能面临的一个风险就是市场环境的变化。比如,如果风险投资基金中含有国外以承诺制方式注入的资本,在其注入时刻,本国汇率对外币的增加会导致这部分风险资本成本的提高;再如,国内的风险资本由于国内的存款利率的降低、存款利息所得税的提高以及资本税率的提高等,都会导致风险资本投资成本的增加,进而相对增加了投资的风险。

以上分析了在股权投资过程中可能出现的主要风险因素,其中,认知风险、信息不对称风险、价值评估风险、环境风险,是 VC、PE 在投资运营中其本身所面临的直接风险,而创业过程中的风险是 VC、PE 在投资运营中所面临的间接风险——创业企业面临的风险。由此可见,VC、PE 不仅要应对产生于自身的风险,同时,还要解决被投企业所面临的风险。并且,上述各种风险始终贯穿在整个创业及投资的过程中,但在创业过程中的不同阶段,各种风险因素对投资价值的影响作用不同。在分析投资风险因素时,必须树立权变观点并将这些因素纳入整个创业过程作系统的考虑,进一步精准把握股权投资的风险特性。其主要展现为多元动态性、耦合性、期权性。

(1) 动态性。由于创业过程具有连续性与阶段性,不同阶段的主要风险因素会有所侧重。在早期,主要是技术与市场风险、研发风险,中期是生产风险,而后期则主要是管理风险与融资、发展风险。

(2) 耦合性。创业过程不同的环节之间相互关联,相互耦合。研发的风险直接影响和关联后续生产、市场和管理等环节,同样,市场风险也直接影响与关联着后续的生产、管理等环节。假设投资在每个环节的平均成功概率为 50%,则投资通过全部环节成功的概率仅为 3.125%。如图 6-2 所示,这说明创业环节风险之间的耦合性导致的创业投资系统性风险增大,降低了创业投资成功的概率。

图 6-2 创业投资过程中环节之间的耦合性导致系统风险增大

(3) 期权性。创业是科技成果转化为经济价值的动态过程,不论是创业者还是对其进行投资的 VC、PE,他们能否获得创业的最终经济成果与投资的金融价值,都要取决于创业过程的完成。创业过程的长短决定着实现科技成果转化为经济价值的时间长短。通过创业投资是为了获得未来期权价值。在该周期内,只要有一样风险没有规避和控制好,或是系统风险多元的动态性和组合性管理控制不到位,期权价值就难以或不可能实现。创业风险收益的期权以及投资风险收益的期权获得的周期,远远高于其他投资方式的投资收益周期。创业及投资收益的期权性,成为其高风险特性之一。

【案例 6-1】　　　　　　温彻斯特磁盘驱动器投资为什么失败?

温彻斯特磁盘驱动器是计算机的高速数据储存设备,其大部分是为计算机主机系统和后来的微型计算机而设计的。相对于同类产品,其价格高昂,但性能优越,价格与性能之间遵从"摩尔定律"。

20 世纪 70 年代末期,许多分析家预言,为原始设备制造商(OEM)市场提供硬盘驱动器的厂商前景看好。许多企业决定进入初级设备制造商市场以分一杯羹。早期进入该行业的公司都集中于为微型计算机市场生产高性能的磁盘驱动技术,随着行业的发展,市场也发生了许多戏剧性的转换。磁盘驱动器尺寸越来越小,开始是由 14 英寸向 8 英寸转换,后来又向 5.25 英寸转换。期间,VC 资金量急剧增长,尤其是 IPO 市场显示出对磁盘驱动器投资的利润回报率非常之高,乃至许多企业开始通过资本市场来增加资本,不再依赖于 VC 基金。

自 1981 年始,VC 开始涌入温彻斯特磁盘驱动器行业,投资了其中的 12 家公司;1982、1983 年分别为 19 家、22 家。其中 12 家具有典型意义的企业售出了价值超过 6 亿美元的股票,其资产估值大约是它年销售额的 6 倍,到 1983 年中期,股市创下最高点。遗憾的是,这一时期,虽然个别厂商在基本业务方面获得了快速发展,更多的公司却陷入了困境,大量的 VC 投资因此而失败。

1. 技术风险

硬盘是一种设计和制造都十分复杂的产品,而且设计驱动器有许多可行的方法。磁盘驱动器制造商面临着两大风险:①技术标准的风险。这些制造商面临着是否应该利用企业设计新硬盘的资源来生产其他的计算机组件的选择。而这一选择取决于企业对 OEM 市场的产品技术标准化有精确的估计。大约在 1982 年,有关硬盘驱动器制造的控制技术、数据转换协议等技术标准就已经明显地形成了。如果高性能的磁盘驱动器的设计标准不符合该行业的技术标准,经常会遇到来自市场的阻力,导致许多技术上的改进无法完成。一些不符合技术标准的设计方案被毫不留情地拒绝了。②技术整合风险。这些制造商还面临着是否应该在时间、资金和技术水平允许的基础上去购买其他的计算机组件,并将它们组装成整机的选择,而这一选择使得硬盘驱动器制造商们将自己的前途寄托在有可靠的制造商向他们提供高性能的计算机组件,包括磁头、母板、马达和控制器,而许多磁盘驱动器制造商都是新手,没有经历过风浪,既要解决技术标准问题,又要保证那些组件供应商能以合适的价格及时向自己供货,于是便出现了技术整合的风险。

2. 客户开发风险

当时市场上有传统保守型的、喜欢冒险型两种类型的顾客。前者构成了市场的基础。他们关注产品能否按时送到他们的手中,而不像许多生产商那样,若不能按时提到货就面临30%的死亡危险。后者则追求新鲜,他们是计算机系统市场产品革新的推动力量,这些顾客总是希望能拥有市场上最先进的机器并为此疲于奔命,一旦他们认为某个地方是出售最先进产品的地方,就会立刻去那里买。他们总是抢先下订单,但他们对样品之外的商品总是付款迟缓。他们依赖于磁盘驱动器制造商,同时又有其他的依靠,包括自己的研发。如果没有足够的销售订单,他们不会存放太多驱动器。因此,为了生存,驱动器厂商要么依赖于像数据设备或惠普那样的大企业,做他们的供应商,成为依附于他们信用周期中的一环;要么就在那些小招牌的系统集成公司身上下注。市场信誉和财务能力是顾客选择的必要条件。

然而,一方面,对于新兴企业,加入大企业的信用链费时费力,而且不一定能借助各种技术突破,而正是这些突破促进了小企业的成长;另一方面,将战略建立在同样是新兴公司的基础上,等于将自己暴露在与创业公司链条联系着的巨大的风险中,最多只能部分成功。如果形势不好,它们可能陷入三种危机,即某个大客户的财务危机,其他供应商更好的技术,或是在某个客户的最后期限到来时没交货,失去了信用。

3. 市场竞争风险

磁盘驱动器行业里的新企业受到了来自同行业里的老手的压力,以技术为基础的竞争发展成以服务为基础的竞争,又发展成价格竞争。1983—1984年,行业竞争激烈程度不断加剧,价格大战无法遏制,价格下降之快令人们始料不及,固定成本很高,加上研究与开发的费用,企业的利润急剧下降。

对于行业内的大企业来说,如果许多小企业联合起来生产,将会成为他们很大的威胁。而这个行业的产品许多特点使得这种联合是有利可图的。这些特点是:产品价格昂贵,其耐用性对产品很重要,许多制造技术在生产中可以重复使用,即使将该产品的生产技术出售也不会削弱企业的核心技术能力。

许多实力强劲的外国企业——如日本、韩国和新加坡的企业都对该产品的许多重要的生产技术表示出浓厚的兴趣。唯一可以阻止行业内企业的纵向联合和阻止大批外国竞争对手进入市场的条件是:这个行业还没有形成一个庞大的、标准化的市场。于是,一旦按正常进程培养出计算机行业的市场,那将意味着有大批外国竞争对手挤入该行业,本国企业的地盘将被蚕食。除非他们能较大幅度地提高自己的销售额。

4. 生产风险

一般来说,厂商是否生产一种产品取决于它能否盈利。在大多数情况下,生产成本是随产量增加而递减的。而企业的产品是否能盈利要依靠一定的经验来判断,那些大的计算机组件制造商富有这方面的经验。问题是能否把这方面的经验应用到硬盘驱动器行业的产品生产上?在硬盘驱动器行业里,许多关键性的技术,如镀层、自动控制和定位等,依靠机械技术甚过于依靠电子技术的进步。

厂商生产多少则取决于对行业前景的估计。虽然行业预测前景乐观,但1983年计算机销售增长率却严重下降,那些将自己的生产计划建立在对此十分乐观的估计之上的厂商,必然遭遇到沉重的打击。尤其是新进入者骑虎难下,陷入窘境,不招兵买马、扩建厂房、投入资金,就无法实现增长;若为增长而行动,却没有按照预定计划完成目标,又将面临痛苦的、永久性的打击而必须裁减人员、减少厂房,这样必然使他们的资金支持者失望。

5. 未来发展风险

一般来说,企业的第一任管理者对企业技术发展都有一个规划,而企业获得的资金与这个技术规划密切相关。对于许多企业来说,在创建之后的两三年时间里主要致力于使这个规划尽善尽美地得到实现并使生产走上正轨。在第一代产品还没有研制成功的时候,很少有企业掏得起血本去研制第二代产品,但是在技术更新的频率不会降低的硬盘驱动器行业,一个成功的企业必须实现一系列的技术上的突破,而不能仅仅靠起家时的那一点技术。更为重要的是需要技术的整合,而整合的对象——磁头、母板、马达控制及电子部件——皆来自行业外的供应商,他们中的大部分企业的前景不明,而产品的控制技术和数据渠道则来自其他的生产商。这些硬盘驱动器企业面临未来能否持续发展的风险。

6. 认知的风险

对于 VC 来说,当市场发展缓慢而且前景不可预测的时候,要决定是否投入更多的资金是一件很伤脑筋的事情。看起来似乎所有的公司都需要投入更多的资金,VC 投资的认知基于这样的逻辑:

增长预测→股票市值增加→获得资金→获得新技术和人力资源→发生技术和生产创新→产品价格下降→磁盘驱动器产生新用途→投资增加。

但后来的结果表明这是一个错误的推断,实际上其中的逻辑是:

企业技术创新产业化风险→顾客因此失去信心→在购买产品时采取保守态度→顾客购买力不足,或者供货商资金不足→竞争压力增大→竞争转型为价格竞争→企业利润减少→只好减少对未来发展投资→企业技术创新更难以实现→不投资或减少投资。

资料来源: 根据 Sahlman, William A. 和 Howard H. Stevenson. Capital Market Myopia. Harvard Business School Background Note 288-005, August 1987 改写而成。

6.2 创业企业的尽职调查

针对投资过程中风险因素多元、动态、耦合等特点,VC、PE 需要设计一整套风险控制体系,从事前审查、事中控制、事后的补救等方面进行全方位的控制。事前审查,就是对项目实施小组提交的投资方案、投资协议等进行严格的审查,报经投资委员会批准后实施。事中控制就是 VC 对被投资企业实施非现场监控和参与重大决策等,督促被投资企业及时报告相关事项,掌握企业状况,定期制作、披露相关财务及市场信息,并保管相关原始凭证、资料等。同时,VC 方的项目实施小组负责对被投资企业实施现场监控,及时跟踪资金运用项目,控制资金运用过程中的各种风险,发现异常情况参与应急处置等。鉴于相对事后控制,事前、事中控制更有主动性和超前性,因此,这里重点讨论事前的尽职调查。

尽职调查也称审慎调查(due diligence),指在 VC、PE 过程中投资方对目标公司的资产和负债情况、经营和财务情况、法律关系以及目标企业所面临的机会以及潜在的风险进行的一系列调查,全面了解企业的真实状况,包括企业的过去、现在和将来,是企业现实和潜在趋势的汇总,以补救买卖双方在信息获取上的不平衡、不对称,判断是否符合投资原则、预测企业发展前景、评估企业价值、评估潜在的交易风险等,来评估投资的必要性和可行性以决定是否投资。防患于未然,规避投资风险。

据业内人士估计,通常在 1 000 份商业计划书或可行性研究报告中,第一次筛选后的淘汰率即高达 90%;剩余的经与对方约见和会谈后,根据筛选标准与所了解的情况,又淘汰 50%。余下被认为是有价值的项目,经审慎调查后再进行淘汰,最后真正能够得到 VC、PE 资本支持的项目仅在 1%左右。

6.2.1 尽职调查的基本构架

业绩是否真实?如果是真实的,是否有投资价值?如果要规范的话利润会不会下降,企业的潜力怎么样?如果资源导入的话,能否快速规范,满足上市或并购等其他要求?如果不能很快满足并购或 IPO 要求,能否满足第二轮融资的要求?

1. 调查目的

VC、PE 尽职调查目的主要有二:一是发现投资企业的价值,通过对投资企业过去与现状的调查,以资产价值和盈利能力为标准,衡量投资对象的当前价值,通过对其未来前景的调查与预测,在考虑资本市场的偏好以及 IPO 的前景,判断其未来价值;二是风险发现,以股权为脉络的历史沿革的调查,发现股权瑕疵;以业务流程为主线的资产调查,以发现资产是否存在完整性风险及其大小;以竞争力为核心的产品与市场调查,甄别其是否存在经营风险及其大小;以真实性和流动性为主的银行债务与经营债务调查,以验证其偿债风险的高低;以担保和诉讼为主的法律调查,以核实其是否有相关债务法律诉讼风险。

2. 调查内容

依据上述调查目的,尽职调查主要包括以下 6 项内容。

① 财务尽职调查。包括会计政策、会计报表、表外事项(包括对外担保、抵押、诉讼及表外负债)等。

② 法律尽职调查。包括项目历史沿革和存续的合法性判断、主要规章制度的合法性调查、人员状况调查、重大合同履约及长期债权债务情况调查、主要财产权利的合法性以及是否存在权利限制、法律纠纷或潜在纠纷、负债调查等。

③ 业务尽职调查。包括项目政策环境、国内外市场环境、竞争环境、竞争战略、商业计划、市场地位等。

④ 运营尽职调查。包括项目运营状况、管理层诚信、能力和愿景、技术先进性、流程管理、质量控制、顾客满意度、员工满意度等。

⑤ 税务尽职调查。包括税收状况和税负水平,有无欠税风险和潜在问题的调查等。

⑥ 环保尽职调查。包括国家和地方的环保法律标准对项目的限制、项目取得的环保许可证或特许证和其他授权文件、是否存在违法事件或曾遭到处罚等内容。

3. 调查方法

(1) 资料查阅与函证。业绩真实性是 VC、PE 最为关心的问题。他们不仅要清楚尽职调查的关键点,还要知道如何获取有用的资料,以发现企业的问题。为了获得有质量的调查资料,投资者首先在专业机构进场前会向目标公司企业主或管理层递送一份法律尽职调查文件与资料清单以及财务与税务尽职调查文件清单,从而可以让目标公司及时根据该清单准备相关的待查资料。同时,调查机构还会查阅发行人出具的文件、专业服务机构出具的文件、政府和监管部门出具的文件以及同行企业材料、行业研究资料等。此外,投资者或者专业机构则通过发函给利益相关者如客户、供应商、竞争者等核实相关资料的真实性。

(2) 走访、访谈、实地调查与问卷调查。与资料查阅、函证获得的已有的二手资料不同,通过董事、监事、行政、财务、人力资源、后勤保障等高管、员工、股东及实际控制人、关联方、客户、供应商等进行的走访、访谈、实地调查与问卷调查,则直接获得被调查企业的一手资料,更具有真实性、可靠性,同时,弥补二手资料无法提供的一些信息,以形成对整个投资企业比较客观的判断。

(3) 分析与比较。尽职调查的分析不仅包括财务报表数据的分析,还包括非报表信息的搜集分析,尤其是市场、业务数据的分析。报表分析更关注历史财务数据的分析;而非财务信息可以验证财务数据的合理性以及对公司所处的竞争格局和行业地位有所了解,更容易对未来的财务和公司发展前景的预测提供帮助。

尽职调查除了看数据也得分析数据。财务指标的分析,核心是比较:跟行业平均水平比较,可以看出差距;跟企业的纵向比较,可以看出发展变好还是变坏。

(4) 聘请专业机构。一般来说,尽职调查是由投资者委托如会计师事务所、律师事务所等第三方专业机构进行的。从人员组成上来说,包括自己的尽调团队、外聘的审计师团队、律师团队,以及外聘的行业咨询公司、技术咨询顾问,有的甚至还聘用私家侦探来调查企业家的背景。

从理论上讲,聘请专业机构进行尽职调查,可以提供一份内容翔实、数据确凿、结构完整的调查报告,以供 VC、PE 作出投资决策。既要保证调查的高质量与高效率,又可降低与转移风险。事实上,正如事务所对上市公司的审计存在偏差一样,专业机构所做的调查流于形式的情形也屡见不鲜,因此,很多 VC 在聘请专业机构进行调查前,还是喜欢先派出自己的人员对目标企业进行摸底。

VC、PE 在尽职调查过程中,除了专业机构存在的上述挑战外,还面临有的目标公司会向专业机构提供虚假资料以夸大经营业绩,或者为隐瞒负面信息而拒不提供关键资料;有的目标公司的管理人员不愿积极配合,常常导致提供资料不全或提供不及时等问题产生。对此,进行尽职调查的人员要与公司管理层进行积极和耐心的沟通,尽量获得他们的支持与理解。此外,作为一个持续性的过程,尽职调查过程中会不断出现各种问题,专业机构调查人员应当具备及时反应和处理问题的能力。

对于经尽职调查发现的目标公司中存在的现实和潜在的风险,投资者可以通过交易结构设计、合同条款、补救措施或放弃交易来进行处理。

鉴于现场调查获得的一手资料和对二手资料分析的重要性,以及它们对于 VC、PE 投资决策的独特价值,下面将对现场调查法、逻辑分析法进行详细讨论。

6.2.2 现场调查法

纸上得来终觉浅,绝知此事要躬行。虽然通过二手资料能够得到对投资企业的基本判断,但这些资料的真实性及全面性影响了VC、PE对于投资企业的科学判断,因此,现场调查显得极为重要。如在尽职调查过程中,存在关键人员因各种原因无法接触到的情况,需要现场见面;再如电话访谈无法捕捉脸部表情,深度不够,加大了虚假陈述的可能性,也需要现场见面,有个直观印象。

概括起来现场调查聚焦以下五个方面:①团队的诚信、能力、凝聚力;②企业管理水平——管理制度的覆盖面、完善性,尤其是内控制度,以及管理制度的执行和效果;③技术——技术所有权的法律效力、技术的产业化程度、后续研发能力;④市场——产品的市场地位、营销模式及现金流管理效果;⑤财务——财务状况、财务的规范性、会计核算的真实性等。

为了获得上述各方面的信息,有人曾蹲在二三级城市的连锁店门口一整天,记录真实的客流量,曾设计调查问卷到大街上厚着脸皮做拦截访问,曾假扮客户冒着被打的危险深入竞争对手老巢了解虚实,曾为实地勘察实情走山路差点命丧深涧,曾对企业的不同部门使用连环计验证销售数据,曾调动各种关系拿到监管机构的数据……那么,如何在走访中捕捉有价值的信息呢?

(1) 通过走访企业的行政、仓库、物流、财务、人力资源等部门,参加一次生产经营会议,可了解他们各个部门对生产经营计划的理解,以及部门之间是否配合默契。既要看到企业日常的运作状态,还通过观察员工的加班情况来体会其文化、业务和生产情况。更重要的是,现场参观制造业的工厂,清晰地认识企业生产的业务流程、生产装备的先进性、产品生产的复杂性、产品的主要成本构成,进而对行业进入壁垒和企业的竞争优势有更深的认识,并且可与企业对自身竞争优势的认知形成一个对照。

(2) 通过考察"作业现场"是否干净,功能分区是否明晰,零部件、半成品、产成品的摆放是否有规制等来衡量企业的实际管理水平;通过观察车间的"看板",来了解企业生产计划是否饱满(如果只是上几个月的生产计划写在上面,就有问题了)、生产目前存在的问题(一般管理到位的企业,看板上会将最近生产上出现的问题点出,包括对相关人员的处罚、整改要求等)、企业着重要解决的难题等;通过深入企业的仓库,来考察企业的存货管理、估算企业产品的销售状况等。

(3) 通过在现场观察员工的年龄、来公司的时间、工种的科技含量、业务熟练度和工作精神状态等,可对企业的人力资源状况有个预判。如果投资服务业企业,这种考察就更为重要。例如在考察连锁服务企业时,可以体验其服务,和服务人员交流,感觉其工作士气,了解其进入公司的过程、收入水平及对企业的满意度。这样,可以看到企业人员招聘管理的体系流程,以及它在人力资源方面的竞争力。而在正常营业时间随机访问店面,可以看到企业的业务受市场认可的程度。并且通过观察在繁忙的工作状态下,店员服务是否井井有条,以此来考察业务流程的设计、员工的培训状况以及隐含在背后的管理水平。

(4) 通过对企业的上下游客户、供应商,了解企业在供应链上的匹配程度及其讨价还价的能力,核实其与上下游企业合同的真实性、数量、期限结算方式;了解客户对企业的产品及其竞争力的评价,同时,通过对企业竞争对手的走访,考量企业在市场中的地位、产品占有率等信息。

(5) 企业的接待方式,沟通时的自信程度、语气、眼神,工作的专业化程度,提供有关敏感资料的坦率程度等,都会提供一些有用的信息。这些很难用语言准确描述的信息,有时比数据化的信息对投资更有用。这种现场体验也是PE测试项目企业融资诚意和信心的一种办法,数据与材料真实的企业不会反感 PE 的仔细和认真,反而那些不许看这、不许看那的项目企业,PE 需要格外小心。

有了现场考察,有了细节的核对和投资逻辑上的把握,再下一步就是量化分析了。这一步主要是对企业过去业绩和经营目标进行复核,判断历史数据的准确性和未来预测的可靠性,为最终的估值奠定基础。即使投资逻辑没有问题,但是如果在量化分析中,发现了明显的目标市场与销售收入目标的不匹配,销售目标、成本与行业领导者(尽管商业模式不同)的可比数据的不匹配,都会导致企业预测业绩及要求的估值,与合理预期的业绩及相应估值的不匹配。最终可能会否定企业的商业模式,调整甚至取消投资。

【案例 6-2】 **某连锁酒店上市尽职调查**[①]

某国内知名连锁酒店拟在海外上市,根据其财务测算及企业提供的财务报表,该连锁酒店在全国的总入住率接近 90%。考虑到该连锁酒店品牌当时拥有 2000 余家酒店,遍布全国各地,入住率一项可谓是整个项目财务测算的核心关键假设条件,若是该入住率为真实的话则该项一定会让各大投行及基金获得可观的投资收益。因此,如何验证该入住率的真实性也就成了该项目投资的重要环节。

传统针对酒店入住率的调查研究方法主要有两种。第一种方法简单直接,即派人在夜晚前往某个酒店周围,在远处数该酒店亮灯的数量。由于一般每个酒店的客房数量是公开可查询的,因此只要晚上亮灯的房间即可认定为入住。该方法的优势是准确率很高,但是劣势也很明显——需要大量的人力来完成,对于单个酒店的入住率尽调是有效的,却并不适合拥有大量门店的连锁酒店。第二种方法即依托统计学原理通过抽样调查的方法进行估计。然而由于连锁酒店行业在国内发展时间较短,而在各个区域内的增长都很快速,对于样本标准的划分几乎难以进行。

最终,尽调团队找到了另一个途径,不仅快速有效而且还非常精确。考虑到入住率即代表了酒店的客人入住,而一旦有客人入住酒店便一定会产生客房服务,如床单、毛巾的更换。这些日用品的更换离不开集中清洗的场所,因此如果可以找到这些数据就可以准确地估计出酒店的实际入住率。

基于这一逻辑,通过该连锁酒店自己的经营数据,尽调团队找到了与之有业务关联的 200 余家集中清洗单位,通过向这些单位获取了一段时间内的床单、毛巾清洗数据,准确查实了该连锁酒店的真实入住率情况。事实上,算上钟点房,该连锁酒店的入住率超过了 100%。

6.2.3 逻辑分析法

如果说现场调查可以获取第一手数据,通过将其与创业者提供的书面数据进行对比,可直接验证创业企业经营状况的真伪,那么,采用逻辑分析法,则是通过对尽职调查的相关数据的

[①] 临港集团,复旦 MBA 石宇威同学提供资料,特此致谢。

内在逻辑分析,深层挖掘创业企业经营的内在规律,决定是否投资。

本书所提逻辑分析法,其逻辑包括三个层面:第一,是经营逻辑,反映创业企业实物层面的运行逻辑,它通过被调查企业的经营模式透视,按照是否存在竞争优势—竞争优势形成的基础—竞争优势的持久性的逻辑,从战略层面上分析企业经营业绩是否异常、异常的根源及其持久性,以判别被调查企业业绩的真伪。第二,财务逻辑,从价值层面反映被调查企业的运行逻辑,借助于利润—收入/成本—资产/负债—现金流之间的内在逻辑,分析被调查企业的价值流运营规律,探索其是否有价值创造及其多少。第三,会计逻辑,从信息层面,借助会计账、表系统及其会计规则,分析被调查企业的基础账目真实、准确性及其信息归集的正确性,从信息流的视角反映被调查企业信息运行的有效性。上述三个逻辑分别从实物、价值、信息不同层面反映了被调查企业的运行规律,通过对三个逻辑之间的相互印证,可以形成对被调查企业相对科学、客观的判断。

企业有高于行业的利润率(竞争优势),若难以从产品成本、价格或服务上找原因,就要从该企业的商业模式、经营或管理以及所在行业信息进行分析,若仍不能得到合理的解释,就意味着该企业的财务数据不真实。有些企业为了增加利润而不将支出费用入账的情况,光从账册上入手难以发现,则需要在分析行业收入、费用配比的基础上,从业务规模、人员薪酬、销售方式、业务管理流程等方面去估算其合理的费用。如果企业的经营状况在会计循环系统内难以得到满意的答案,而会计凭证、报表和核算系统又不能说明问题的话,结合项目企业的经营循环进行考察就成了最好的验证方法。因此,会计数据的逻辑有时候并不能真实反映企业的实际经营状况,这就需要在分析企业价值与业绩时,跳出数字本身,适度撇开会计报表,从经营者立场看待企业的财务数据,可能会更加清楚,企业家的经营逻辑才是判断会计报表数据真实与否的试金石。

1. 经营逻辑

通过失真乃至造假的会计信息吸引投资是一些企业惯用的手法。面对五彩斑斓的"肥皂泡",只要进行严密的逻辑分析,才能看到财务报表背后的经营本质。一个企业具有超越行业水平的"优异"财务绩效时,说明其相对于同行具有较好的竞争优势。但会计数据的逻辑有时候并不能真实反映企业的实际经营状况,因而,要真实地探究其是否真实存在,必须寻找其背后的经营逻辑。经营逻辑的分析主要从以下几个方面展开:是否存在竞争优势?它是如何建立的?又能保持多久?

(1) 是否存在竞争优势?根据报告期内销售规模、现金流、净利润、净资产收益率、总资产收益率等指标与同行业可比公司(主要是上市公司)对比,分析公司目前的行业地位及竞争优势。

净利润是一系列数字加减后的结果,在经过多步骤的运算后,很可能夹杂了过多的"噪音"——如营业外收支对净利润的干扰,不利于投资者看清一家上市公司的真正优势以及真正问题所在。相反,毛利率、营业利润率遵循了收入与费用的匹配原则,可以更好地反映公司的真实盈利能力。因此,特别关注这两项财务指标,而不首先关注销售净利润率。最关键的关注点是毛利率以及营业利润率:

毛利率=(营业收入−营业成本)/营业收入

营业利润率=营业利润/营业收入=净利润/营业收入

对于多数企业,先观察毛利率,因为该指标直接反映了企业所生产产品的最原始盈利状况。当然,考虑到某些企业、某些行业的经营过程中,销售费用、财务费用的占比较大,也应该观察营业利润率,但此时,最好将投资收益因素剔除,以免干扰计算结果的可比性。

观察利润率,还可以与同一产业链的其他企业进行纵向比较,这样就可以清晰地了解企业在整个产业链中处于什么样的地位,进而判断出企业是身陷沼泽还是奔驰于沃野。一般而言,如果利润率能够保持稳定,或者在同行业中处于明显的领先地位,则说明其具有独特的竞争优势,而这种独特的竞争优势,很可能会演化为公司未来业绩持续增长的动力。

(2) 如何建立竞争优势? 一般来讲,企业通过以下一些途径建立其竞争优势。

① 降低成本并以更低的价格提供相似的产品,如化工原料、医药中间体等,通过其主要产品难以区分,主要通过规模以及工序等手段降低成本,如黑猫股份。

② 依靠技术创新创造真实的差异化产品。该产品主要为高新技术产品,如基板、芯片、电子产品等,如京东。

③ 借助于品牌或信誉创造虚拟的差异化产品。主要为消费品如食品、药品、服装等,如茅台、同仁堂以及七匹狼。

④ 创造高的转换成本锁定用户。如银行、文字操作系统、医疗设备等。一旦消费者在一家银行开户,就轻易不会转到竞争银行开户,因为习惯使然;文字操作系统以及医疗设备的使用者需要大量的培训与学习,因此也难以转移。

⑤ 建立门槛把竞争者挡在外面。建立门槛的方式包括专利、政府特许(如航天信息的税控系统)、形成正反馈网络效应、拥有海量用户(如腾讯)。

(3) 竞争优势能保持多久? 这与公司获得竞争优势的途径以及所处的行业相关。一般而言,新建的公司主要通过成本及创新获得竞争优势,优质的公司能将这种优势转换为超额的利润,然后建立品牌、建立门槛,只有这样才能保持长期竞争优势。

按照以上的经营逻辑,在尽职调查中,看到企业有很高的利润率,相对于同行具有较好的竞争优势,就可以从技术、成本、品牌、管理等方面分析其竞争优势创建的基础;如果有则进一步分析其构造基础是否厚实,以持续其竞争优势能否持久。否则,其竞争优势或高利润率就可能有水分。一般情况下,对于销售利润率高于30%的数据,都需要予以特别关注,要用怀疑的目光识别财务数据背后可能存在的陷阱。下面结合万福生科的案例予以说明。

【案例6-3】　　　　　　　　　万福生科A[①]

万福生科,全称万福生科(湖南)农业开发股份有限公司,成立于2003年,2009年完成股份制改造,2011年9月在深圳证券交易所挂牌上市,股票代码300268。2011年9月15日在深圳证券交易所首次公开发行1700万股(每股面值1元),发行价为人民币25元,募集资金净额为3.95亿元,超募1556.05万元。

1. 异常的经营业绩——具有很强的竞争优势

根据万福生科的招股说明书,其募集资金用于循环经济型稻米精深加工生产线技改、年产5000吨食用级大米蛋白粉产业化、年产3000吨精纯米糠油技改、稻米生物科技研发中心等项目。之所以敢于募资,是投资与公司主营业务及发展相关的项目,并且这些业务具有

---

① 案例6-3、6-4和6-5的资料来源:根据万福生科首次公开发行股票并在创业板上市招股说明书、年报等相关资料整理而成。

超强增长、盈利能力。其证据是在2008—2010年的上市前三年,万福生科营业收入、净利润持续保持高速增长:2009年、2010年营业收入、净利润分别同比增长43.55%、54.20%;32.33%、40.22%,换言之,相对于同行,万福生科具有很强的竞争优势。万福生科与同行淀粉糖经营绩效的比较见表6-1。

表6-1 万福生科与同行淀粉糖经营绩效比较

年份 \ 淀粉糖	万福生科	西王糖业	鲁洲生物
2008	27.7%	8.64%	8.72%
2009	29.39%	12.76%	8.64%
2010	28.13%	14.50%	9.80%

2. 竞争优势如何构建

按照万福生科的逻辑,其之所以具有超出同行的竞争优势,是在于其以稻谷、碎米作为主要原料,通过自主设计的稻米精深加工及副产品高效综合利用的循环经济生产模式和与之配套的设备系统,运用先进的物理、化学和生物工程技术,对稻米资源进行综合开发,生产大米淀粉糖、大米蛋白粉、米糠油和食用米等系列产品,应用于食品、医疗、饲料和保健品等,以增加稻谷的附加值。简言之,其竞争优势的获得依赖于循环经营模式,先进的物理、化学和生物工程技术,对稻米资源进行综合开发可获得比同行更高的增加值。从理论上看,其超高盈利能力的逻辑成立,但问题的关键在于是否真正实施,而甄别是否真正实施,只需要将其产品与同行进行比较便可知晓。

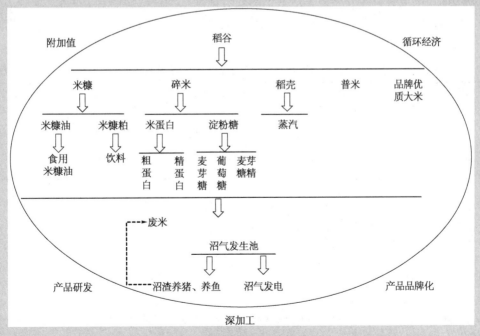

图6-3 万福生科的循环经营模式

根据年报显示,万福生科的主要产品有:大米淀粉糖、大米蛋白粉(饲料级、食用级)、米糠油和食用米等系列产品,其宣称的循环经营模式如图6-3所示。现实之中有些产品根本没有生产,属于无中生有,而其中的糖浆、葡萄糖粉、蛋白粉、糠油属于大米深加工产品,更重要的是普米收入占到总收入的五成以上,再加上收入超千万的优质米,不难看出,综合利用光环下的万福生科,实质是一家普通的大米加工企业。其中重要的原因是循环经营模式下的稻米精深加工生产线项目长期停产。换言之,它并没有实施循环经营模式,在经营模式上无法形成与同行之间的差异化。

我国稻米加工产能过剩,多、小、乱的现象长期存在,严重地破坏了市场秩序,加剧了"稻强米弱"现象。近几年小型大米加工厂微利,大型米厂亏本。加工产能过剩,特别是小型米厂过多,其结果是在收购季节抬价抢购,在销售市场竞相销售,使稻米市场乱象环生,最终导致"稻强米弱"。这些说明万福生科的高盈利不存在行业优势的基础。

与万福生科同在湖南省常德市,湖南金健米业股份有限公司,为首批农业产业化国家重点龙头企业,且主营业务同为稻米精深加工。在2011年湖南金健米业年报中披露,行业由于受到国家宏观政策的影响,"一方面国家对粮食的托市收购和通胀引起原料价格上涨和生产成本急剧上升,另一方面产品销价却受到国家对粮油价格调控的影响,产品成本上升和产品销价受压的两头受挤状况使粮油食品产业在产销量增长的情况下,经营毛利却明显下降"。但万福生科同期的销售毛利率却达到金健米业的两倍,盈利指标畸高。另外,也没有明显的证据显示万福生科获得过国家独特的政策支持。

江西恒天为大米淀粉糖生产商,现有年产10万吨高麦芽糖浆生产线一条;年产3万吨果葡糖浆生产线一条;年产1万吨F90高果糖生产线一条,中质大米、碎米及玉米淀粉为主要生产原料,与其他淀粉糖生产企业所用原材料不同,使用大米为原料,原材料价格相对其他企业所使用的玉米更高。万福生科上市前拥有的淀粉糖产能只有6.8万吨,在核心产品生产、营收规模、资产负债结构皆远不如江西恒天的情形下,实现净利润却近三倍于竞争对手让人匪夷所思(见表6-2)。

表6-2 万福生科与江西恒天经营绩效比较

		资产负债率(%)	营业收入(万元)	净利润(万元)	销售利润率(%)
2008	江西恒天	46.36	41 943.30	1 283.2	5.50
	万福生科	77.53	22 824.42	2 565.82	11.24
2009	江西恒天	35.26	46 234.20	1 377.4	2.97
	万福生科	58.29	32 764.58	3 956.39	12.07

万福生科认为"长江以南地区淀粉糖供应缺口巨大,而公司是该地区最大的淀粉糖生产企业之一,产品集中销售于湖南、广东、湖北三地,相对于淀粉糖行业内主要竞争对手(主要位于山东、河南、河北等地),公司运输成本较低,每吨节约运费50元/百公里"。但江西恒天主要销售市场同样在长江以南,同理也应享有这样的区域竞争优势,但其销售毛利率水平却只有万福生科的一半左右。这些说明,万福生科缺乏低成本的原料与区位优势基础。

3. 竞争优势能否持久

万福生科招股书对其上市前实际拥有的稻米加工产能信息表明:普米、精米、淀粉糖产能过剩,而支撑其持续成长的产品研发能力严重不足,因而其竞争优势难以持续。

2. 财务逻辑

经营逻辑从实物层面反映了企业经营的运行规律,是决定财务运行逻辑的基础。财务通过收入与支出、资产与负债、利润与现金流的表现体现出来,这些财务变量又遵从相应财务逻辑。

(1) 利润与收入。利润不仅是企业盈利能力的表现,也是投资者洽谈投资价格的依据,因而,所有的 VC 都关心投资企业的利润。但利润是根据会计准则"计算"出来的,会计政策的选择和会计处理方法的不同,会导致企业利润的不同。比如,不同折旧年限的选择、存货的不同计价方法等会计算出不同的利润。再者,利润中可能包含政府补贴、税收优惠等很多非经常性损益的内容,从这个角度讲,在很大程度上利润并不具备很好的可比性,息税折旧摊销前的利润对评价企业真实的经营状况或许更具参考意义。

从判断投资企业价值的角度看,收入可能远比利润重要,它是客户用真金白银给企业的投票,很难想象一家企业收入持续增长却不赚钱。因为收入、费用计算基于权责发生制,虽有利于业绩评估,但常常为项目企业的会计造假所用,所以要判断收入真实性的最重要依据是收入是否有真实现金流支持。将收入、费用的确认基础从权责发生制调整到收付实现制,来验证企业的收入、费用、成本与现金流的配比。

(2) 资产与负债。资产负债表要特别关注项目企业的资产流动性,流动性越强的企业,财务弹性和盈利能力越好。企业的利润直接来源于流动资产的"流动"而不是固定资产的"折旧",因此,对于那种资产规模很大、流动性却很差的企业,要特别小心。

如果企业做投入产出不对称的事,便意味着资产的虚增或负债的虚减,且时间越长,累积效应越大,企业对账期长于行业平均水平的应收账款意味着双方可能存在纠纷,可能发生坏账,或者当初确认收入时就是虚构的。存货量过大往往是高估利润的表现,因为企业不会轻易保存过多的存货,除非该存货是稀缺或有呆滞的;如果看到一家项目企业的应收账款余额远大于净利润,对其进行账龄分析核查就显得特别重要。

(3) 现金流。现金流能够比较客观地体现一家企业创造价值的能力。现金流量表是一个动态的财务工具,反映的是企业财务状况的纵截面,可以分析出企业的发展前景。现金流量表中的经营活动产生的现金流量净额,其数据可以被视为现金版的净利润。

现金流量表没水分,时效性太滞后;利润表虽易被操纵,产生水分,但时效性很强,从不同侧面反映了企业的经营状况,通过经营现金净额与净利润比较可以判断企业经营的真实账务状况。

若经营现金明显低于净利润,通常情况下要么是公司销售回款速度下降,卖出货后未收回钱;要么是存货出现积压,采购来的原材料尚未形成产品或产品尚未销售。

要核实一下实际情况如何,可看一下资产负债表中的应收账款与存货是不是明显增加了。如果是,基本上可以作出判断。因为回款速度下降,说明企业生产的产品不抢手,只有靠赊销,才能打开市场,而赊销则容易滋生坏账,给公司未来的经营埋下了隐患。而存货的积压则很容易出现减值的问题,特别是创业板中高科技企业居多。

若经营现金净额长期明显低于净利润,甚至为负数,则说明企业长期处于入不敷出的状况,特别是当企业负债很高时,再出现经营现金净额为负,投资者最好避而远之。

相反,若经营现金净额持续增长并大大超过净利润,要么预收账款大幅增加,要么应付账款大幅增加,公司今后的净利润都会大幅提高。可以查一下资产负债表中的预收账款和应付账款便可证实。前者则说明公司的产品很抢手,其销售是先收钱,过一段时间再交货,说明产品供不应求,同时,这些预收账款在未来会变成销售收入,为净利润提高做贡献。后者则说明企业在购买原材料的时候,处于买方市场,能够长时间赊账,这是在拿别人的钱当成自己的运营资金用,等于是在免息从银行贷款。

【案例 6-4】　　　　　　　　　　　万福生科 B

从对万福生科的经营逻辑分析,可以看出,其超额增长、盈利能力缺乏战略层面的基础,接下来的任务,是如何按照财务逻辑解构其造假套路。

1. 虚增收入

万福生科虚增利润必须要有其销售收入基础,而虚拟客户、虚增品种、操纵产量是其必然的选择。而万福生科的客户非常分散,很多直接进行现金交易,为其直接将一些小客户的销售额算到几个大客户身上提供了条件。

(1) 虚拟客户。不论是 2007 年以后就没有跟他们(万福生科)做生意的樟木头华源粮油经营,还是已经停产达数年之久的傻牛食品厂,都出现在 2012 年万福生科所披露的主要客户之中;同时,在 2008—2012 年上半年,万福生科所披露的 10 家主要客户中,有 6 家存在涉嫌虚假交易、虚增销售收入等行为。

(2) 虚增品种。万福生科产品品种有大米淀粉糖、大米蛋白粉(饲料级、食用级)、米糠油和食用米等系列产品。其销售大米、麦芽糖等十几种产品,大多数产品的销售收入被随意编造,比真实收入虚增四五倍是平常事,有的产品根本没有销售也凭空虚造收入。"收入造假最离谱的是麦芽糖精虚增超过 100 倍。

(3) 操纵产量。万福生科的主要产品的实际产量也存在较大水分。2008 年万福生科没有对外采购碎米,却用仅能生产 9 729 吨麦芽糖浆、1 297 吨蛋白粉的 1 万吨碎米,生产出了需要 4.7 万吨碎米才能产出的 41 946 吨麦芽糖浆、5 878 吨蛋白粉。

2. 虚构资产

销售收入已经被虚增,按照收入资产匹配原则,万福生科必然会同步增加其资产,以使得其财务逻辑成立。在传统的虚构资产造,往往会通过虚增应收账款、其他应收款之类,随后找个时间点将虚增的应收账款计提坏账洗白。但应收账款属于流动资产,特别敏感,不易操作,更为高明做法是将其转化为在建工程、无形资产、长期股权投资等。万福生科选择了后者。一方面,调整预付账款。如 2012 年中报预付账款调整前金额为 3 789.26 万元,调整后的金额 2 714.76 万元,虚增 1 074.50 万元,调增达 40%。另一方面,利用多计在建工程成本、少计产品成本、费用,达到增加资产、虚增利润的目的。2012 年中报,在建工程项目所做的调整高达 4 201.20 万元。

3. 现金流

自由现金流是经营活动现金净流量扣除了资本支出和营运资本增加,一般与净利润的增长趋势一致。但万福生科的财报显示,2009—2011 年,公司净利润分别为 3 956 万元、5 555 万元、6 026 万元,逐年递增,而自由现金流值分别为 332 万元、−3 997 万元、−10 276 万元,连年大幅下滑。其净利润与自由现金流增长趋势出现了严重背离,因此,可以基本判断出该公司销售造假、利润虚增。

3. 会计逻辑

经营逻辑从实物运行层面反映了企业的经营规律,财务逻辑从价值层面反映了企业价值运行规律。会计的主要功能是对企业已经发生的交易和事项进行确认、计量、记录和披露,是基础信息的掌握者,如果其真实地反映企业经营与价值运行逻辑,在会计循环系统内必然得到相应满意的答案,无论是内部的会计凭证、报表核算平衡,还是与外部的相关账目也相互匹配,并且与前面的两个层面的逻辑保持对应。

(1) 企业会计账与财务报表。一些企业出于税务及其他方面考虑多设置内外账。内账记载的是公司真实的财务状况,通常根据收付实现制及现金流水等做账,但纳税情况及发票情况不合规,需要进行调整;外账记载的是公司为报税报表,通常根据发票情况入账,但是收入、成本、员工工资、社保、费用等计入不全。因而,收集企业最近两年一期的所得税纳税申报表和内账财务报表,通过内外账财务报表,可以初步估计税务成本。反过来,可推算出来,该企业的销售收入与盈利的大致情况,同时,也可利用人工、电费、运费等指标进行对比分析来推测企业的真实情况,还可从员工的待遇看公司是否真的赚钱。除了获取报表外还需要更进一步详细的财务数据,销售台账、采购账、生产成本计算表、运费、工资、电费等资料来详细了解公司运营过程中的记录。

(2) 外部的利益相关者的核查。会计账、报表的核查是从企业内部核实其经营业绩的会计信息的真。一些企业为粉饰财务会计报告,在没有实物流和现金流的情况下,可以虚构一个交易事项和交易对象,开一张发票或者收据,然后,以此作为原始凭证,让虚构交易"真实"地发生。为了确保虚构交易的仿真程度,他们还会认真编制一份合同和产品的出库或发运单或者出口报关单,同时结转销售收入和销售成本,虚增利润就此而来。因此,仅从企业内部的会计数据链难以甄别其真伪,此时通过对外部利益相关者的核查,便可达到谎言不攻自破之功效。其路径主要有:

① 银行资金流水。一桩看似完美的自我销售,要实现闭环,必须有交易对象、业务单据以及资金流转的配合,其中资金流转的难度最大。从资金来源上看,实际控制人真金白银掏钱买业绩的不是主流、常见的,而是先通过虚构长期资产等将资金转出公司,再想办法通过销售路径将资金收回。从交易对象上看,可能是真实的客户,也可能是关联方。对于真实的交易对手,控制资金流通过整个交易环节通常是不容易的,所以,自我交易的资金去向或来源与供应商或客户所提供的并不一致,更极端的,甚至有可能会编造假的银行对账单来实现空转。因此,通过独立打印银行对账单,寻找大额资金流出、流入的金额和时点上的异常之处,以及资金来源和去向与交易对手不一致的情况,都可能会成为发现舞弊的线索。

② 关联方的核查。通过关联方输送利益操纵业绩,有两种渠道:一种是非公允的关联交易,另一种是关联方代付成本和费用。对于已经存在的关联交易,核查其公允性是比较直接的,但对于隐蔽的利润输送,只有通过核查关联方的账簿和资金流水,才有可能发现代付员工工资、代付供应商采购款等输送利润的确切证据。

③ 交易对手的核查。进行客户和供应商等交易对手核查的目标,一是发现未披露的关联方及背后的非关联化的关联交易,二是证实交易的真实性。通过调取其工商档案和现场走访,核查那些交易金额重大的、存在异常交易的、不具有稳定性,新增或新减的交易对手,取得交易对手的股东、关键管理人员、关键经办人员、注册和办公地址等信息,可有助于确定是否存在关联关系;通过了解交易对手的性质、规模,交易的合理用途、付款能力,货物的来源和去向,可以

判断业务的真实性。还可重点核查交易对手中的经销商和加盟商,通过了解其经营规模、经营情况、退换货情况以及实际库存情况,可以判断相关收入的真实性和可持续性。

【案例6-5】 万福生科 C

万福生科不仅虚构销售收入,还操纵销售成本,必然虚拟采购、生产和销售流程,炮制假购销合同、假入库单、假检验单、假生产通知单等,让虚增销售收入看起来合理,提供支撑粉饰业绩的财务会计报告,其在以下两个方面下足了功夫。

1. 形成完整的会计数据链

伪造客户收入的工作相对烦琐,需要私刻客户假公章、编造销售假合同、虚开销售发票、编制银行单据及假出库单等一系列造假工序的配合,万福生科动用了300余个个人账户造假,并打通了下游关系,伪造配套的销售合同、销售凭证、出库凭证等会计的原始凭证,涉及虚增原材料、虚增销售收入、虚增利润等整个生产经营销售环节。不仅如此,为了虚增的销售额没有破绽,甚至要到税务部门为假收入纳税,以形成完整的会计数据链。在上市前,万福生科曾经带着几百万元到桃源地税局要求上缴税金,反而吃了闭门羹,足见其用心良苦。

2. 会计账目的平衡

上述的会计数据逻辑,反映在会计科目上,按照"有借必有贷,借贷必相等"的会计准则,使得相关账目之间得以平衡。

如万福生科以虚构的工程承包方的名义开设一个存款账户,并向该虚拟账户支付1000万元的工程款。

借:预付账款　　　　　　　　　　　　　　　　　　　　　　　1000
　贷:银行存款　　　　　　　　　　　　　　　　　　　　　　　1000

将该预付工程款记入在建工程[①],在建工程增加1000万元。

借:在建工程　　　　　　　　　　　　　　　　　　　　　　　1000
　贷:预付账款　　　　　　　　　　　　　　　　　　　　　　　1000

万福生科再虚构一个大客户,以该客户的名义开设一个银行账户,把它控制的虚假工程承包商的银行账户中的1000万元转至这个假客户的账户中。

把假客户账户中的1000万元转至万福生科自己的银行账户。至此,万福生科的银行账户余额没变,但在建工程虚增1000万元。

以在建工程虚增的1000万元为基础,虚增1000万元的利润。一方面,虚构一笔销售收入为1250万元的收入;另一方面,通过虚构250万元的采购,并转化为销售成本250万元,从而达到虚增1000万元利润的目的。

借:银行存款　　　　　　　　　　　　　　　　　　　　　　　1250
　贷:营业收入　　　　　　　　　　　　　　　　　　　　　　　1250

---

① 选择在建工程,因为通过摊销在建工程,可以将虚增的利润慢慢消化掉;另外,盘点比较虚。

> 借：营业成本　　　　　　　　　　　　　　　　　　　　　　250
> 　　贷：库存商品　　　　　　　　　　　　　　　　　　　　　　250
> 借：库存商品　　　　　　　　　　　　　　　　　　　　　　250
> 　　贷：银行存款　　　　　　　　　　　　　　　　　　　　　　250
>
> 　　总之，万福生科是用公司的自有资金打到体外循环，同时虚构粮食收购和产品销售业务，虚增销售收入和利润，使得财务报表从整体上看十分平衡，很难从形式上发现问题，但若深入分析其内在的经营逻辑、财务逻辑、会计逻辑，还是可以发现其中的问题。

附录　尽职调查提纲

1. 企业基本信息

成立日期；

注册地点；

注册资本；

经营范围；

股权结构；

下属公司；

公司章程（有的时候，公司章程里会有反收购条款，需要事先查明）；

目标公司主体资格（要了解公司的设立是否符合法规要求、今后是否还能够合法存续；另外对一些特殊行业，比如医药企业、地产开发企业需要有一定的资质证明）；

本次投资的批准和授权（如果是公司制的企业，那么只要公司的董事会或股东大会批准就可以完成交易；而对于非公司制企业则可能需要上级主管部门批准或者股东大会批准；如果企业属于国有企业，那么可能还要考虑当地政府、发改委、国资委、商务部的审批）。

2. 人力资源

组织结构（应该明确到部门科室，表明主管负责人的姓名、简介）；

董事长及高级管理人员简历（年龄、学历、薪资、分管业务、工作经历等）；

核心员工简历（年龄、学历、薪资、职责、工作经历等）；

员工情况（通常，员工可以分为管理人员、销售人员、生产人员、文员和其他人员，要弄清楚每一类员工的数量、平均工资水平和员工福利、学历、招聘和培训情况，还要了解各阶层员工是否有能力升迁）；

雇佣合同。

3. 市场营销

主要产品及服务（包括产品名称、规格系列、品牌、每种产品近三年的销售额、销售毛利、产品生命周期以及盈亏平衡点分析说明）；

市场结构（各产品的市场定位、消费群体、销售区域、行业竞争格局、产品市场占有率）；

主要竞争对手(对手产品的概况、优缺点、对手名称、地址以及联系方式;此外还要了解企业产品的替代品生产商的相关情况);

主要客户(销售渠道与销售流程、销售合同样本、主要销售合同,主要销售商名称、地址、联系方式以及应收账款情况)。

4. 企业资源及生产流程管理

生产管理(包括厂区面积,已使用场地的百分比;厂区面积是否能够扩大,经营场地是租用的还是已购买的;如果是租用的,租约到期时间、是否可以续租、租金未来会不会提升;主要产品品种,生产工艺及设计生产能力;上一年度实际生产情况;水、电、煤、气等基础设施配套情况);

研究开发(负责人简历、人员配属、仪器设备、在研项目、研究预算、研究经费总额、投入费用清单、已有成果);

主要供应商(采购策略、采购渠道、重要的供货合同,供应商名称、地址、联络方式,应付账款情况)。

5. 经营业绩

最近三年年度财务报告(最好附有历年审计意见);

最近三年年度经营业绩、营业额及毛利分析;

最近三年年度经营及管理费用分析;

最近三年非经常项目及异常项目分析。

6. 财务状况

最近三年的资产负债表分析、资产投保情况分析;

最近三年的财务预算及执行情况;

固定资产(主要房产的所有权证、租赁协议,土地使用权的性质、占用土地的使用权证书或租用土地的协议;主要机器设备清单,购置设备的合同、发票、保险单;车辆清单及年度办理车管手续的凭证、保险单);

无形资产(专有技术、专利技术的说明资料及专利权证书、商标证书、其他知识产权及证明文件;专营权、特许经营权的证明文件;重要的合作协议);

债权(债权基本情况明细、债权有无担保及担保情况、债权期限、债权是否提起诉讼);

债务(债务基本情况明细,包括债务数额、偿还期限、附随义务及债权人是否有特别的限制,比如有的债务规定,如果发生股权转移超过 50%,就需要立即偿还。另外,还要调查贷款合同或借据,如果是外汇贷款,还应有外汇管理机构的批文和登记证明;债务有无担保及担保情况、债务抵押质押情况、资产抵押清单、债务是否提起诉讼;是否通过为其他企业或个人提供担保而承担了或有负债);

公司的不动产、重要动产及无形资产(包括土地权属、房产权属、车辆清单、专利权及专有技术)的抵押担保情况;

企业适用的税种、税率、税收优惠。

7. 盈利预测

未来两年利润预测(要说明预测假设前提、数据基础、预测模型、当前预算执行情况);

未来两年的现金流量预测(包括融资额度、资金信贷额度、贷款需求以及借款条款)。

8. 诉讼事件

作为原告的诉讼事件与作为被告的诉讼事件；

企业是否有重大违法经营情况；

公司股东、董事以及主要雇员是否有过违法违规情况。

9. 企业发展目标

国内行业现状及发展前景（包括原料供应、市场规模与成长速率、价格走势等内容）；

公司在同行业中地位以及影响（包括生产能力排名、销售额排名、市场占有率等内容）；

公司现存主要问题（主要包括经营团队、资金需求、市场开拓、应收账款、工艺技术等方面存在的问题）；

公司三年发展规划（包括总体目标、对未来市场占有率、产销规模、市场拓展、新产品开发的预测）。

Chapter 7　创业投资的估值与修正

投资企业估值是决定投资者股份和推导企业公允价值的重要依据。确定企业公允价值有不同的方式和方法,它们带来的结果和评估范围也不尽相同。企业的真实价值不是客观确定的,而是不同评估方法的妥协之物——它们都指向公司的具体公允价值范畴。了解这些方法及其评价结果与范围,构建价值调整机制,对于寻求企业公允价值、达成投资协议非常关键。本章重点探讨两个问题:①投资企业估值;②投资企业估值的修正。

7.1　绝对估值

绝对估值法主要包括未来现金流折现法、历史成本法、重置成本法等,该类方法的核心是强调估值的客观性。股价的形成掺有投资者过多的主观因素,故希望尽量排除股价的因素。其中用得较多的是现金流折现法,其具体方法多种多样,但最根本的思想是预测未来的现金流并以某个合适的折现率将这些现金流折现,以此决定一个公司的价值。

折现现金流模型通过折现未来现金流以确定公允的公司价值。按照这个理论,在很大程度上,公司的权益价值和企业价值取决于它未来的现金流及其合理的折现率。该模型需要选择不同的路径来确定这个折现因子。依据所用方法的不同,计算的结果要么是整个公司的价值(即负债和权益的公允价值),要么直接是股东权益的公允价值(它与股票的投资有特别的相关性),形成了权益法、调整资本成本法、调整现金流法。

7.1.1　权益法

在现金流折现方法里,权益法是核心。它考虑股东享有的所有现金流,并用具体公司的权益成本予以折现。股东作为企业所有者享有现金流的要求权,对应这种方法的现金流称之为权益自由现金流。在确定公司的权益价值时,需要考虑以下两个关键参数。

1. 自由现金流

这里的现金流是指企业经营产生的现金流,需要计算的是公司所有资产所得现金流,而不论这些资产的所有权是如何分配的(股权、债务、优先股)。这样做,相当于假设公司全部由股权融资,忽略实际的资本结构。

Michael Roberts. Wharton(2008)调查资料表明:在 IPO 15 年后,VC 支持的公司债务比例均值只有 11%,中位数为 6.4%。在 IPO 后前几年的快速成长期内债务比例甚至更低。对于 VC 支持的公司来说,全部股权融资这一假设很合理,并且,只分析经营性资产、收入和费用,不包括非经营性资产。后者包括剩余现金、市场化证券以及其他与公司生产活动无关的资产。对于只有经营性资产的企业,其现金流为

$$现金流(CF)=EBIT(1-t+折旧+摊销-资本支出±营运资金变化量) \quad (7\text{-}1)$$

其中:t 即所得税税率;$EBIT$ 即息税前利润。

营运资本变化量,即净流动资产变化量-净流动负债变化量。

息税前利润是现金流计算的起点;对于一家没有非经营性收支的全股权融资公司来说,息税前利润等于税前净利润。折旧和摊销虽会降低损益表中的息税前利润值,但并不要求公司直接支出现金,包括在式(7-1)中。反之,资本支出(即企业投资于机器设备的资金)需要公司支出现金。

营运资本变化量,即净营运资本的变化值。随着业务的增长,公司的营运资本需求通常随之增长;若营运资本增加,公司将必须保存部分额外的现金,即降低现金流。因此,在式(7-1)中须减去营运资本变化量。在式(7-1)基础上,还需要使用未来年份的数据,必须对未来做出预测。

新创公司全部由股权融资,不存在利息费用,税后息税前利润恰好等于净利润(E),而摊销一般与向其他公司收购资产有关,假设摊销为 0。则净投资(NI)可定义为

$$NI=资本支出±营运资金变化量-折旧 \quad (7\text{-}2)$$

将一定比例的收入保留在公司,用于继续投资,再投资比率 IR 为

$$IR=\frac{NI}{E} \quad (7\text{-}3)$$

将式 (7-2)、式(7-3)代入式(7-1),现金流变为

$$CF=E-NI=(I-IR)\cdot E \quad (7\text{-}4)$$

要完善现金流折现计算公式,须将每一年的现金流折现后相加。理论上,需要每年估算现金流直到最后,但需要考虑不同时间段的企业经营特点。

2. 现金流计算时间

企业自创建到成熟要经历 3—7 年初创期,在 VC、PE 支持下,经过 IPO 进入快速(A 点之后)与稳定增长期(B 点之后),最后达到成熟,如图 7-1 所示。通常将企业从快速增长期到稳定增长期的转变,称为"转型";但在 VC、PE 初始投入时,需要估算其投资期结束时的退出价值。

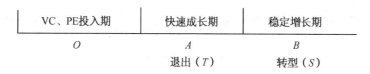

图 7-1　现金流计算时间范围

退出价值的计算,建立在对快速增长期和稳定增长期的预期。在估算退出价值时,企业已经营 T 年,还要试图估算快速增长期之后的稳定增长期(S)能维持多久。因而,被估企业退出之后的现金流计算分为两个阶段:一般快速增长阶段(T)和转型后稳定增长阶段(S),即

$$退出价值=增长阶段价值(V_T)+转型价值(V_S) \quad (7\text{-}5)$$

转型价值是转型之后若干年现金流折现值,通常称之为终值。具体而言,它是指在已投资可能通过出售给其他人而合理被"终止"的时间点,对该投资的一个估值。这并不意味着该企业即将被终止或者资产被清算,甚至并不意味着财务要求权将被出售,而仅仅意味着它们可以在不遭遇不寻常的困难下被售出,并偏好"连续"价值,因为它说明这个企业正在持续运转。

终值常常占了折现现金流总额的大部分,相对于快速增长期来说,具有更高的不确定性,故应该保守地选择终值增长率,而且,当这个增长率达到长期的市场增长率时便封顶。如果一个企业的增速永远高于市场的增速,那么,这家企业最终会占据整个市场。因此,永续增长率可以通过预期的长期市场增长率获得。

假定永续增长率为 g,通胀增长率为 r,转型年度的现金流为 CF_s,采用永续年金方法,计算转型之后的净现值,即转型价值 V_s:

$$V_s = \frac{CF_s(1+g)}{r-g} \tag{7-6}$$

再考虑快速成长期的企业价值 V_T,由式(7-5)有

$$退出净现值 = \frac{CF_{T+1}}{(1+r)} + \frac{CF_{T+2}}{(1+r)^2} + \cdots + \frac{CF_S}{(1+r)^T} + V_S \tag{7-7}$$

其中,CF_{T+n} 为 VC、PE 退出后第 n 年的现金流,假设所有现金流发生在年底。

3. 折现率(r)

折现因子确定的依据是公司的基础性风险。企业的风险越大,折现因子也就越大。面对上升的风险,投资者会以更高收益率的方式,要求得到一个风险溢价。折现因子越大,未来现金流的价值就会越小,因为折现掉的金额会更大,实际上,折现因子既考虑到了具体的企业风险,也考虑了资金的时间价值。

资本资产定价模型(CAPM)为折现因子的确定提供了良好的理论工具。它衡量的企业风险是其股价相对于股票市场的波动性风险。例如,如果市场下跌 1%,而该股票价格仅平均下跌 0.5%,那么,该股票就会被认为是风险较低的股票(相对于市场的波动性而言)。如果该股票的跌幅超过了 1%,那么,它就会被认为是风险相对较高的股票。把这个比率 β 和无风险利率 K_f 及预期市场收益率 K_m 结合起来,可以得到具体企业的权益成本。权益成本取决于无风险利率和企业具体的风险溢价。

$$k_e = R_f + \beta_e \times (R_m - R_f) \tag{7-8}$$

式中:k_e 为权益资金成本;R_f 为市场无风险收益率;β_e 为风险系数;R_m 为市场平均风险投资收益率。

一般选择同期的国库券或者政府债券的回报率作为标准。天下没有真正无风险的证券,相对于其他证券,国库券、政府债券的安全性更好,因此实际之中采用各种货币 10 年期 3A 级政府债券的收益率作为最接近的替代值。根据 CAPM 理论,股价相对于市场的波动性越大,该股票的风险就越大,但该模型也存在两个弱点。

就投资风险而言,仅仅关注股价相对于市场的波动性,以及其他市场参与者的行为,而忽略企业本身的商业模式、收入的稳定性、成本的基本架构和财务的健康性的本源,其应用价值则值得怀疑。

依据 CAPM 模型,权益成本会随着负债权益比的增加而上升,即杠杆的上升也会引起风险的上升,但相对于权益成本而言,借款边际成本的变化取决于商业模式。如半导体行业的企业时刻面对着变化,这些企业应该规避高利息负担,保持自己的灵活性。相反,在防御性行业里,成熟企业(如有线电视运营商)能够应对非常高的借贷水平,还能利用利息减税的优惠。一家企业的真实风险取决于其资产的内涵,而非权益负债方的结构。

$β$ 值的表现取决于时间框架、所用的市场投资组合、相关股票的流动性三个因素。市场(或市场投资组合)特别难以确定,根据 CAPM 理论,它需要涵盖所有风险资产——这实际上是不可能的。

模型基于市场完全有效性假设,暗含了收益率的一个正态分布,实际中股票市场上存在恐惧和贪婪现象也推动着价格的上下波动,正态分布是否成立同样存疑。

风险溢价取决于相关公司的具体风险。为了量化这种风险,将会采用公允市盈率。企业的公允市盈率越高,其商业模式就越扎实,其负债率就会更加适度,其市场地位就会更加稳定。因此,公允市盈率高是高稳定性和低风险的表现。在股市上看到的高市盈率不是低风险的表现,可能是高估值的结果。但在本书的语境里,人们的行为假设是基于理论上的公允市盈率。风险溢价的计算公式如下所示:

$$风险溢价 = 1/公允市盈率 \tag{7-9}$$

由式(7-9)可知,10 倍的公允市盈率相当于 10%(1/10)的风险溢价,18 倍的公允市盈率就相当于 5.5%(1/18)的风险溢价。

7.1.2 调整资本成本法

调整资本成本法的基本思路是负债和权益构成的企业价值总额,其计算的是权益资本提供方和债权提供方共享的现金流,并且负债是指带息债务。当考虑了所有资金提供方的现金流时,相关自由现金流的计算始于息税前利润(EBIT)。

$$\text{息前自由现金流} = \text{息税前利润(经营利润)} - \text{调整息税前利润的税款} + \text{折旧} + \text{准备金} - \text{投资(资本支出)} - \text{运营资本} - \text{税额} \tag{7-10}$$

税额可以用相关税率乘以息税前利润额得到。

$$税后的息税前利润 = 息税前利润 \times (1-税率) \tag{7-11}$$

在调整资本成本法中,所有资金提供方的现金流都被包含在内,与此相对应的是,折现率必须考虑所有资金提供方的成本,即加权平均资金成本:

$$WACC = K_e \times \frac{E}{E+D} + K_d(1-t) \times \frac{D}{E+D} \tag{7-12}$$

式中:WACC 为加权平均资金成本;K_e 为权益资金成本;K_d 为债务资金成本;E 为股东权益;D 为企业负债;t 为税率。

计算资金加权平均成本是用负债成本要依据税率予以相应的抵扣,因为利息费用的 $(1-t)$ 这个部分降低了税收支出,借助于这个调整,式(7-12)较好地处理了借贷资金利息支出的税收抵扣问题。

需要注意的是，在项目的整个生命周期内使用一个高于无风险利率的折现率，意味着项目的风险也有随着时间呈指数增长的趋势。事实上，项目的风险结构存在这样几种情况：现金流的不确定性在一段时间内可能是常数，可能呈指数增长或逐渐减小，或在某个关键时期以后迅速减小。确切地说，风险调整折现率只适用于现金流随着时间呈指数增长趋势的情况。

调整资本成本法存在死循环之弊。为了确定资金加权平均成本，需要有股东权益的公允市场价格，然而，这个权益价值本身就是整个估值行为的目标。换言之，估值结果本身就是估值过程的一个重要组成部分。要想确定准确的结果只有一个前提，即已知这个真实的权益价值，或可在市场上得到它，这就使得估值成为多余的工作。

在上市公司的情况下，上述问题有两种解决方式：①采用股东权益的即期市场价格——公司的市价总值；②采用适用于长期目标的合理资金结构，上面所说的经验法则（权益比率应该至少等同于资本投资额度比）。

采用调整资本成本法所得价值与权益法获得的价值应当一致。因为企业价值＝股东权益价值＋净负债价值，从企业价值减去净负债价值，便可得到权益价值。

7.1.3 调整现金流法

调整现金流法（APV）是调整资本成本法的一个改良版——它也考虑到了所有资金提供方的现金流。改良版和原版的差异在于是否考虑负债税收优惠。它首先假设企业只有股权资本，从而估价其股权资本；然后，将产生债务的税收效应现值考虑进来。

$$\text{企业的价值} = \text{股权资本的公司价值} + \text{税收效应的现值} \tag{7-13}$$

与调整资本成本法考虑税收优惠是通过把税率放入资金成本公式不同，而调整现金流法是与实际公司价值分开计算税收优惠。与此相应的是息前自由现金流的折现率是用名义上无负债企业的资金加权平均成本，而税收优惠额（税盾）的现值是随后加上去的，其结果依然是企业价值总额。

息前自由现金流的获取方式、资金成本的计算方法与调整资本成本法基本相似，唯一区别是税收优惠问题。税盾的现值是利息支付额乘以税率并予以折现的结果。

$$\text{税盾} = \text{负债额} \times \text{利率} \times \text{税率} = \text{负债利息} \times \text{税率} \tag{7-14}$$

采用调整现金流法，采用式(7-15)求得该企业价值：

$$\text{公司价值} = \text{自由税前现金流现值} + \text{税盾现值} \tag{7-15}$$

用税前资金加权平均成本折现现金流，得到这笔现金流的现值。相关的税前资金加权平均成本的计算公式如下：

$$\text{WACC} = K_e \times \frac{E}{E+D} + K_d \times \frac{D}{E+D} \tag{7-16}$$

式中：WACC 为加权平均资金成本；K_e 为权益资金成本；K_d 为债务资金成本；E 为股东权益；D 为企业负债。

相对于通常的资金加权平均成本，公式(7-16)没有考虑负债×(1－税率)的税收优惠，而这个部分已反映在税盾里，这些资金成本被称作税前资金加权平均成本。确定新创企业的折

现率,应该考虑:

(1) 投资缺乏流动性。VC 从投资到退出的 7—10 年,在投资期间难以获得像资本市场上的投资一样的流动性,而导致其投资的价值低于资本市场公开交易的投资,具有 20%—30% 的资产流动性折损率。

(2) 提供增值服务。VC 和 PE 为积极投资者,对所投资的创业企业花费了大量的时间和精力,为创业企业提供了诸多增值服务,远远超过了基于 CAPM 模型的折现率。高折现率隐含了对其提供的服务的支付,现实中成功的 VC 和 PE 可以提供更多的增值服务,因此,高声誉的 VC 和 PE 往往采用更高的折现率。

(3) 乐观预期的修正。较高的折现率是当股权投资者遇到创业者对创业企业过于乐观的情形时,对其进行修正的粗略方法。如果合理的折现率为 25%,VC 却使用 50%,可以认为这是将销售额折现了一个乘数,即风险投资家对创业企业关于销售额的乐观预测打折。

(4) 市场条件。估值会受股权投资者和创业者之间讨价还价能力的对比所影响,影响风险投资者和企业家之间的利润分配。影响这一能力的因素是资金的供需状况。当有很多资金流入风险资本市场时,估值就会更高;估值会随市场中活跃的风险投资企业数量而升高;对于风险投资者/企业家的声望和一系列记录,老练的企业家会得到更好的估值。

当公司的税务情况发生变化时,其利息税的抵税效应也随时间变化,相对于加权平均资本成本,调整现金流法是一种更加灵活的方法,它能够适应新型风险项目估值的特征。调整现金流法衍生于调整资本成本法,同样也存在死循环问题,相比于调整资本成本法和权益法,其好处在于:所负债务的税收优惠可以通过税盾方式精确地计算出来。权益法则用于直接确定合理的股东权益价值。调整资本成本法和调整现金流法用于确定总体公司价值(即负债价值和股东权益价值),它们的结果被称作企业价值。

按照匹配性原则,权益法估算的是股东权益价值,只涉及股东享用的现金流,折现为权益成本;调整资本成本法、调整现金流法估算的是整体企业价值,涉及的是所有资金提供方的现金流,对应的折现率是权益与负债的加权平均成本,两者只是在税收优惠处理方式方面存在差异——调整资本成本法以资金成本方式处理负债的税收优惠,调整现金流法则以未来税收节省额现值的方式予以处理,对应的折现率分别为资金加权平均成本、税前资金加权平均成本。三种方法相关参数的确定如表 7-1 所示。

表 7-1　折现现金流估值方法参数的确定[①]

方法	相关现金流	折现率	结果
权益法	自由现金流	权益成本	权益价值
调整资本成本法	息前自由现金流	资金加权平均成本	企业价值
调整现金流法	息前自由现金流	税前资金加权平均成本	企业价值

---

① [英]尼古拉斯·斯密德林著,《估值的艺术:110 个解读案例》,李必龙、李羿、郭海译,机械工业出版社,2015 年版,第 188 页。

因企业价值＝股东权益价值＋净负债价值，从理论上讲，三个企业估值模型得到的结果应该是一样。

相比于调整资本成本法模型和调整现金流法模型，权益法计算相对容易，使得这种方法具有一大优势：特别科目少得多，从股东的角度，就这种估值的本质而言，采用所有者利润是最佳选择。调整资本成本法和调整现金流法涉及在报告日金融负债会有相当大的波动，同时，由于季报之故，在资产负债表日，企业有动力把金融负债做得越低越好；负债常常有季节性的规律。由于这些因素，特别是对于高负债企业而言，依报告日的情形，会有很明显的差异。

尽管绝对估值法——贴现现金流模型法具有扎实的理论基础，但创业企业的估算要涉及整个生命周期的全过程，无论是现金流、折现率、计算时间三个参数任一发生变化均会对最终价值产生较大影响，在实际应用中要取得最佳的效果比较难。正因为如此，为检验绝对估值法的合理性，实践中还采用相对估值法。

7.2 相 对 估 值

相对估值法利用市场对可比公司的价值判断来评估创业企业的价值，包括市盈率法、市净率法等。其核心是依据行业和成长潜力的相似性找到市场中相类似的公司，然后计算这些公司的各类估值比率，通常是市场价值与一些会计指标乘数的比值。这里并没有严格规定该使用哪个乘数——通常根据行业标准选择，其指导性原则就是使用那些最稳定的乘数。

其操作流程是，先挑选与非上市公司同行业可比或可参照的上市公司，以同类公司的股价与财务数据为依据，计算出主要财务比率，然后用这些比率作为市场价格乘数来推断创业企业的价值，如公式(7-17)所示。

$$创业企业的价值＝预测指标值×创业企业对应的财务指标 \tag{7-17}$$

预测指标值是指市盈率、市净率、市销率等，创业者对应的财务指标是指与市盈率、市净率、市销率相对应的财务指标——净利润、股东权益、销售收入。

7.2.1 相对估值指标

表 7-2 相对估值法常采用的指标[①]

指标	计算方法	特　点
市盈率 (P/E)	当前市值/利润 或：股价/每股利润	• 实用、简单快速 • 可以使用公司层面的数据 • 净利润只与股东有关（与债权人无关） • 利润不等于现金流，有操控的空间

---

① ［英］尼古拉斯·斯密德林著，《估值的艺术：110 个解读案例》，李必龙、李羿、郭海译，机械工业出版社，2015 年版，第 149 页。

(续表)

指标	计算方法	特　点
市销率 (P/S)	市价总值/销售收入 或：股价/每股销售额	• 销售收入不受折旧、存货和非经常性支出所用的会计政策的影响，被会计操控的可能性最小 • 忽略了公司是否盈利 • 可用于处理无利润、净亏损企业的估值时 • 最适合于扩大市场份额、收购竞争对手的企业使用
市净率	市价总值/股东权益 或：股价/每股面值	• 运用简单、快速、简便 • 确定权益成本：有会计影响的空间 • 基于公司层面数据 • 只能使用股票市场市值，而不能使用企业价值
EV/EBITDA	企业价值/息税折旧及摊销前利润	• 综合考虑了债权人和权益人的收益 • 负债会季节性地变动 • 息税前利润受制于一次性科目 • 将息税折旧及摊销前利润视为衡量现金流的指标短期内可行，但在长期中肯定会出现问题

一般来说，在构建指标时，关键在于分母，分子要么采用企业价值，要么采用股票市场价值，并强调分子与分母之间的匹配性。分母是企业层面数据（如息税前利润、息税折旧及摊销前利润、收益或员工数量），分子须用企业价值；分母为某种股东权益（如收益或资产账面价值），分子则用股票市场价值。

这些评估指标虽然在分子、分母构造上存在着差异，但都与现金流比率之间存在着密切关联，尽管这种关联并不那么显而易见。如从当期的利润角度看，高增长公司的股票今天看起来贵，但它的合理性在于未来有保障的利润增长潜力。相反，基于当期利润，一家增长缓慢的企业估值会比较便宜，但其未来的潜在增长会很低。对于增长缓慢的企业来说，其股票会有较高的初始收益率或成本收益率，而增长型企业则相反，其股票通常表现为当期利润较低，但会在未来一段时期的利润预期增长中获得补偿。

市盈率、市净率、市销率等估值指标之间存在式(7-18)与式(7-19)所示的数学逻辑关系：

$$\frac{市销率}{市盈率}=\frac{净利润}{销售收入}=净利润率 \tag{7-18}$$

$$\frac{市销率}{市净率}=\frac{净利润}{股东权益}=净资产收益率 \tag{7-19}$$

对于具有盈利能力的公司，只要给出上述其中两个相关指标的比率，便可推算出第三个指标的数值，而且在实践中并没有任何限制。

需要注意的是，非上市企业的市盈率通常比同类的上市企业的市盈率要低，是因为非上市公司具有如下劣势：股权流动性差，不能随意买卖，规模较小，企业的风险较大；经营历史短，企业管理者经验有限，投资和监控成本大。当然，市盈率也会因为以下因素而提高：超常的发展速度和收益增长；处于热门行业，或者有独特的技术，其他企业进入门槛很高；多家投资者在争投这个项目。

7.2.2 可比公司的选择

挑选与非上市公司同行业可比或可参照的上市公司是相对估值法的首要环节。那么,如何选择可比公司呢?一方面,可以通过公开上市公司的有关数据来获得。那些公开上市公司的股票和债券的买进和卖出每天都在进行,都代表了该公司的一定的所有权。因此,可以利用股票和债券的方法来进行估量。另一方面,所有的公司都会产生同样的产品,那就是现金。

对于这些公司的潜在购买者的价值是由购买者期望的现金流所决定的,可以由未来现金流的统计来判别可比性。也就是说,如果两个公司期望的未来现金流量相关程度高,那么这两个公司就具有可比性。因此,要选择可比公司,重要的是先要了解可比分析与现金流之间的联系。现在考虑在一个在零通胀环境下稳态增长的公司。

在第 n 期,某公司投资了 NI,投资收益率为 R,相应增加的收入为 $NI \cdot R$。若公司此后不需要任何投资就能保持第 n 期的利润水平,则第 $n+1$ 期的利润可写成:

$$E_{n+1}=E_n+NI \cdot R \tag{7-20}$$

其利润增长率 g 为

$$g=\frac{E_{n+1}-E_n}{E_n}=\frac{NI \cdot R}{E_n}=IR \cdot R \tag{7-21}$$

增长率 g 就是投资率 IR 和收益率 R 的乘积。保持资本收益率 R 恒定,若公司希望加快增长,必须增大其投资率 IR,但投资率的增加会降低现金流 $(I-IR) \cdot E$。若以 r 表示折现率,CF 为下一时期的现金流,依据永续年金的思维,企业价值 EV 为

$$EV=\frac{CF}{r-g}=\frac{CF}{r-R \cdot IR} \tag{7-22}$$

对无负债的公司有

$$(1-t) \cdot EBIT=E \tag{7-23}$$

$$CF=(1-IR) \cdot E=(1-IR) \cdot (1-t) \cdot EBIT \tag{7-24}$$

将式(7-23)、式(7-24)代入式(7-22),两边再分别除以 E 或 $EBIT$,得到:

$$\frac{EV}{E}=\frac{P}{E}=\frac{I-IR}{r-R \cdot IR} \tag{7-25}$$

$$\frac{EV}{EBIT}=(1-t) \cdot \frac{1-IR}{r-R \cdot IR} \tag{7-26}$$

$$EBIT=销售收入 \times 利润率 \tag{7-27}$$

将式(7-27)代入式(7-26)得:

$$\frac{EV}{销售收入}=利润率 \times (1-t) \cdot \frac{1-IR}{r-R \cdot IR} \tag{7-28}$$

从理论上讲,为了寻找在市盈率或息税前利润比率上具有可比性的公司,必须挑选那些有相

似的稳定投资机会(R 或 IR)、折现率以及税率的企业。如果目前的经营利润率尚未在稳定的水平,更好的估值指标是边际收益(EV),可以用它找到营运利润率相似的可比公司。式(7-25)、式(7-26)和式(7-28)为寻找适合的可比公司提供了理论上的指导,可比公司应该具有相同行业、面临类似的投资机会以及具有相似的长期利润和生产力特征,或者说,两者具有相关性和相似性。

"相关"是指潜在的买主或投资者的预期,即承受的风险(预计的风险水平)、投资的流动性、管理水平、预计的经营期限等。如果两个公司同处一个行业,它们的现金流量将反映类似的市场力量,具有高度相关性。

"相似"是指被评估企业的属性,也就是指企业规模、市场条件、管理水平、信息处理系统、技术利用水平、潜在的预期收益增长趋势等。

在考虑相关性、相似性的同时,需要关注整个公司所面临的产业链的客户、供应商,以及他们之间的关系,企业内部人员结构、技术储备、新产品研发、市场营销等方面,才选择具有可比性的公司。

【案例 7-1】　　　　　　　　　　　**东方公司的估值**

东方公司有大约 100 名员工,创造 8 000 万元的销售额,800 万元的息税前利润,1 300 万元的息税折旧及摊销前利润,480 万元的净利润以及 5 000 万元的账面价值。与东方公司处在同一个行业中另外 3 家可比公司的财务和市场数据如表 7-3 所示。

表 7-3　可比公司的财务信息　　　　　　　　　　　　　　　　单位:万元

	南方	北方	西方
销售额	8 000	7 000	3 800
息税前利润	3 000	1 600	1 000
净利润	2 250	1 200	750
长期债务	1 000	0	2 000
账面价值(权益)	10 000	2 000	4 500
市场价值	29 000	25 000	13 000
企业价值	30 000	25 000	15 000

依据表 7-3,可估计得到表 7-4。

表 7-4　不同的估值指标

估值指标	南方	北方	西方	平均值	中位数
市销率	3.63	3.57	3.42	3.54	3.57
市净率	2.90	12.50	2.89	6.10	2.90
市盈率	12.89	20.83	17.33	17.02	17.33
企业价值/息税前利润	10.00	15.63	15.00	13.54	15.00

对于每个估值指标和可比公司,可以计算出一个东方公司的可比估值。如,退出时销售收入估值是1亿元。然后,使用南方公司的市销率3.63,可以估算出东方公司价值为2.9亿元。使用相同的步骤,可以得到表7-5,其中提供了整套的可比估值。

表7-5 依据不同估值指标的估值　　　　　　　　　　　单位:万元

估值指标＼估值	南方	北方	西方	平均值	中位数
市销率	29 000	28 571	27 368	28 313	28 571
市净率	14 500	62 500	14 444	30 481	14 500
市盈率	6 187	10 000	8 320	8 169	8 320
企业价值/息税前利润	8 000	12 500	12 000	10 833	12 000

表7-5显示,不同的估值指标产生的相对估值有很大不同——使用北方公司的市净率得到可比估值为6.25亿元,而使用南方公司的市盈率指标得到的可比估值仅为6 187万元,相差近10倍,但无论利用哪个公司的市销率,得到估值则相对稳定。

实际操作之中,采用相对估值法需要考虑下列几个方面:

(1) 为使估值更加准确,是采用历史数据还是使用预测数据。如果对预测的准确性有一定的把握,应尽量采用预测销售和净利润值,因为估值是面向未来的。考虑到比较分析的主要目的是从市场的角度进行估值,也有使用历史数据作为估值的起点。当采用预测数据时,需要避免将专家预测与市场观点混为一谈。不过,在做预测时,会把市场价格考虑在内,历史收益高的公司的未来收益预测也相应更高。

(2) 通常要集合一组与创业企业类似的有代表性的公司,并计算这组公司的估值倍数。把求得的估值倍数乘以创业企业的相应业绩指标,就可以得到创业企业的公允价值。它存在同一组的企业具有类似的估值。相比同类组群公司,对于表现出优势或劣势的企业,予以一个溢价或折扣——这种优化只是稍许改善了一下这个模型。同时,若整个比较组群估值不正确,那么,会导致创业企业估值的失准。

(3) 商业模式独特的企业不会有真正可比的对手,否则,它们就不是独一无二的。不过,商业模式独特且经济形态特别的公司是长期导向投资者所偏爱的,但是,估值方法适用的情形非常有限。

(4) 对互联网公司的估值,其业务范畴、规模和区域特征的考虑更加重要。企业自身都是多元的单个组织,比较对手的估值通常无法提供合适的结果。而根据会计准则的不同,各种基础要素会表现出很大的差异,因此,不同地理区域公司的直接比较,意义十分有限。

总之,类推比较分析方法,对于VC来说风险较高,需要慎重使用。过分依赖类推比较分析会使VC受到市场潮流影响,不能客观估计公司长远的发展前景。

可比公司的选择虽然强调寻找具有相似投资机会的重要性,但是投资与退出之间的时间差意味着必须能够判断现在的上市公司中哪些在未来(退出投资时)和项目有相似的投资机会。

> 新创企业不同于成熟企业,其具有高不确定性、高成长性以及新的商业模式等,其成长的非线性、对股权融资的依赖性较强等导致企业形态、业务与盈利模式等方面千差万别,因而寻找同类型可比的参照企业比较困难。
>
> 在迅速多变的市场,市场价值水平呈现巨大波动,而估值水平、众多的竞争对手、相类似的产品、残酷的价格战,这些情景如同一片沼泽,身陷其中的企业很可能疲于应付"形销骨立"而无法自拔。相反,独特的竞争优势、崭新的市场、丰厚的利润,却如同一片人迹罕至的沃野,可以让企业"容光焕发"快速成长,企业估值需要一个英明而迅速的决断,这也正是创业投资的困难所在。

7.3 创业投资法

鉴于新创企业的经营时间短、未来不确定,采用现金流折现法所估算的价值存在不精确性,天使投资者和 VC 凭借他们丰富的经验,从市场机会、创业团队的质量以及企业所在阶段等方面对新创企业的估值范围给出相对准确的把握,然后依据其投资资金目标最低回报率来倒推企业估值,形成了所谓的创业投资法。

投资人回报以及基金的持续运转等方面的现实要求,VC 在投资时需要考虑到资金的退出时回报。退出时的回报,取决于退出时新创企业的出售价格,以及退出时其所持有的股份比例,这就决定了 VC 在投资估值时依据的是投资后拥有的股权比例。

好的团队成员是新创企业成长的关键,是新创企业退出时获得高价格的重要保证。而管理团队往往面对着许多好工作的机会,要吸引他们帮助公司成长,必须在投资退出时,还让他们持有足够比例的股份,尤其是 CEO 和最重要的技术创始人的股份比例,不能让他们的股份比例被稀释到没有动力的地步。因而,VC 既要提前考虑公司后续融资的需求,还要考虑管理团队的股份比例,并预测出他们在退出时能够保留的股份比例。

7.3.1 创业投资法中的关键变量

1. 新创企业退出估值

新创企业的退出方式主要有 IPO、并购、出售、清算等。退出估值具有前瞻性,代表着在成功退出时的企业预期价值。IPO 或等价销售都被认为是成功退出情形;但也存在新创企业最后被收购,股东只获得非常少的收益的不成功情形。即 VC 投资充满风险,虽有成功的范本,但更多的是失败的案例。若其投资成功概率为 P,那么,退出时的预期价值(EPV)为

$$EPV = 退出估值 \times P \qquad (7-29)$$

若预期在 T 年内能够退出,且没有后续投资,r 是 VC 投资成本,其折现价值是

$$EPV = \frac{EV \times P}{(1+r)^T} \qquad (7-30)$$

2. 投资的目标资金倍数

目标资金倍数是指 VC 在成功退出中的目标资金倍数,通过直接陈述或者通过年度目标回报计算得到。将该折现因子的倒数称为资金的目标倍数(M),则有

$$\frac{P}{(1+r)^T} = \frac{1}{M} = (1+\text{目标回报率})^T \tag{7-31}$$

这样,通过成功概率和退出时间将 VC 的资金成本与目标回报和目标资本倍数的输出联系起来。

3. 预期留存率

预期留存率是现有股份数和本轮融资后股份数(新的+现有的)的比率。该比率需要对基础假设做出猜测,并通过参考过去经验、成功退出的数据和建模获得。本轮融资后的股份数量,包括所有创业者的股份以及所有员工的期权(已有的和尚未授予甚至尚未发行的期权和股份);计算股份数量时包含期权池。

估计实现成功退出需要的股份数,其中应该包含所有在 IPO 中新发行的股份数(基于 IPO 后估值)。出于融资、激励雇员等方面的需要,新创企业需要发行新股,必然对于之前的股份产生稀释,导致相应的业主权益丧失,为保证最终权益份额,初始投入所占份额应当充分。

假设 N 轮投资之前的股份数为 $N_{现}$,投资后发行新股数为 $N_{新}$,投资额为 I,新股要求的权益份额 $y\%$,则有

$$y\% = \frac{N_{新}}{N_{新} + N_{现}} \tag{7-32}$$

$$\text{新股数目 } N_{新} = \frac{N_{现} \times y\%}{1 - y\%} \tag{7-33}$$

$$\text{新股的发行价格 } P_{新} = \frac{I}{N_{新}} \tag{7-34}$$

$$\text{预期留存率 } S = \frac{N_{现}}{N_{新} + N_{现}} \tag{7-35}$$

7.3.2 创业投资法的操作步骤

【案例 7-2】　　　　　创业投资人雅妮是否投资天翼

创业投资人雅妮正在考虑对天翼公司分次投入成本为 15% 的资本 550 万元。天翼公司内部已经发行了股份 100 万股,根据项目经营情况,首轮注资 200 万元,保留 30% 权益,并保留 15% 的期权池以吸引新的管理团队;第 3 年末注资 150 万元,第 4 年末再注资 200 万元,分别要求的收益率分别为 50%、40%、30%,5 年后以 IPO 方式成功退出的可能性为 30%,退出时估值为 4 000 万元,创业投资人雅妮应该要求多少股份份额呢?

【解答】创业投资公司在各个阶段要求的权益份额,可以通过如下的倒推步骤来计算。

(1) 计算出目标资金倍数(M)。天翼公司以 IPO 方式退出的可能性为 30%，且创业投资的资本成本为 15%，其目标资金倍数为

$$M = \frac{(1+r)^T}{p} = \frac{(1+15\%)}{0.3} = 6.7$$

(2) 设 y_1, y_2 分别为创业投资与员工期权股的要求的权益份额，N_1、N_2 分别为创业投资与员工期权股的股份数。依据式(7-32)有

$$N_1 + N_2 = \frac{y_1 + y_2}{1 - y_1 - y_2} N_0$$

$$N_1 = \frac{y_1}{1 - y_1 - y_2} N_0$$

$$N_1 = \frac{0.3}{1 - 0.3 - 0.15} \times 100 = 0.545(百万)$$

$$N_2 = \frac{0.15}{1 - 0.3 - 0.15} \times 100 = 0.272(百万)$$

首轮融资：第一年末注资 200 万元，要求的收益率为 50%，最终股份份额为
$n_0 = 200 \times (1+50\%)^5 / 4\,000 = 37.97\%$

次轮融资：第二年末注资 150 万元，要求的收益率为 40%，最终股份份额为
$n_1 = 150 \times (1+40\%)^3 / 4\,000 = 10.29\%$

第三轮融资：第四年末注资 200 万元，要求的收益率为 30%，最终股份份额为
$n_2 = 200 \times (1+30\%) / 4\,000 = 6.5\%$

明确了每一轮注资的最终股份份额，其投入时能够享有的权益应为

注资权益 = 最终权益 / 保留权益

第一轮注资时，留给后两轮注资的保留权益为

保留权益 $S_1 = 1 - (10.29\% + 6.5\% + 15\%) = 68.21\%$

第一轮注资权益 $E_1 = 37.97\% / 68.21\% = 55.66\%$

首轮融资时原有股本为 100 万股，则：

$N_{新1} = N_{原} \times y\% / (1 - y\%) = 100 \times 55.66\% / (1 - 55.66\%) = 125.558\,3(万股)$

$$N_{21} = \frac{0.15}{1 - 0.5566 - 0.15} \times 100 = 3.409\,47(百万)$$

首轮融资后股票价格 $P_{新} = I / N_{新} = 200\,万元 / 46.177\,5\,万股 = 4.33\,元/股$

同理：

次轮保留权益 $S_2 = 1 - (6.5\% + 15\%) = 78.5\%$

次轮注资权益 $E_2 = 10.29\% / 78.5\% = 11.01\%$

次轮融资新增股份数目：

$N_{新2} = N_{原} \times y\% / (1 - y\%) = 146.177\,5 \times 11.01\% / (1 - 11.01\%) = 18.085\,3(万股)$

次轮融资后股票价格：

$P_{新2} = I / N_{新} = 150\,万元 / 18.085\,3\,万股 = 8.30\,元/股$

第三轮保留权益 $S_3 = 1 - 15\% = 85\%$

第三轮注资权益 $E_3 = 6.5\%$

$N_{新3} = N_{原} \times y\% /(1-y\%) = 192.355$ 万股 $\times 6.5\%/(1-6.5\%) = 13.3722$(万股)

第三轮融资后股票价格 $P_{新3} = I/N_{新} = 200$ 万元$/13.3722$ 万股 $= 14.96$ 元/股

第五年末公司的股票价格 $P_{新4} = I/N_{新} = 4000$ 万元$/207.315$ 万股 $= 19.29$ 元/股

(3) 整体估值。整体估值是退出估值乘以预期留存的比例,再除以资金的目标倍数。在创业投资法的实现过程中,创业投资者在进行投资推荐时并不考虑管理费或附带权益。

整体估值 = 退出估值 × 留存率(A)$/M = 4000$ 万 × $0.6821/6.7 = 407.22$ 万元

(4) 预计所有权比例为:

$37.97\% + 10.29\% + 6.5\% = 54.76\%$

(5) 部分估值。整体估值给出了整个公司在当下的估值,创业投资者并不拥有整个公司,需要按照投资者占有的股份,计算其部分估值。

部分估值 = 投资人所有权比例 × 整体估值 = $54.76\% \times 407.22$ 万元 $= 222.99$ 万元

(6) 投资推荐——比较部分估值和投资额。投资推荐需要根据对投资者成本和收益的比较得出,计算结果仅为投资决策提供参考,而不是答案。投资者的成本仅仅是投资金额200万元,投资者的收益——其在公司中的股份的价值为222.62万元,部分估值大于必须投资额,因此,建议投资。

7.3.3 折现率

为了补偿共承担的高风险,给他们自己的投资者较好的收益,同时自己盈利,创业投资基金需要一个很高的收益率,50%—60%的目标收益率也不足为奇(Michael Roberts & Howard Stevenson),其主要原因如下[①]。

表 7-6 创业投资人追求的收益率

阶 段	年收益率(%)	典型的预期持有期(年)
种子和建立期	50—100	大于10
第一阶段	40—60	5—10
第二阶段	30—40	4—7
扩张期	20—30	3—5
夹层融资和过桥融资	20—30	1—3
管理层收购	30—50	3—5
转型期	50+	3—5

资料来源:Jeffrey A. Tiomons, New Venture Creation 5th ed. (Chicago:Irwin,1999). p.465。

---

① Steven Kaplan, A Note on Valuation in Entrepreneurial Settings Entrepreneurial Finance and Private Equity, The University of Chicago Graduate School of Business, 2004, p.106.

(1) 创业投资法基本上是基于净利润的一个乐观预测。因承担风险索要更高的回报率，尽管股权投资者愿意承担更多的风险，这（对新创企业来说）是要付出代价的。为了弥补虚抬的预测，对收益进行估值的折现率要远高于资本成本。债务投资的利率一般在 10%—15%，而 VC 在给企业估值时，根据其商业模式而计入的临界回报率可以高达 50%—75%。

(2) 股权投资没有抵押担保，一旦创业失败投资者要忍受更大的损失，监管和治理对股权投资者来说更重要。投资者通常投资自己精通的行业，并通过董事会的角色来影响管理层决策，这些机制提高了成功的概率，进而允许股权投资者可以通过自己的参与来提高项目的期望价值，作为积极投资者而对所投资公司花费大量时间、声誉成本和其他资源，超过基本折现率的高折现率是反映这些投资者所投资时间和资源的一种方式。

(3) VC 投资的对象是非上市公司，流动性比公开交易的金融产品差很多，同时，PE 需要花很多年的心血培育企业才能提高它的流动性，高折现率是对私募股权投资非流动性的补偿。

(4) 高折现率是 VC 不相信预测现金流就是期望现金流而进行调整的一种简单方式。假设 PE 的预期收益率为 25%，但对预测现金流使用 50%，使用折现率的折现值为

$$\sum_{t=1}^{n} \frac{CF_t}{(1+50\%)^t}$$

这等价于用 25% 的折现率，但期望现金流低于预测现金流，即

$$\sum_{t=1}^{n} \frac{CF_t}{(1+50\%)^t} = \left[\sum_{t=1}^{n} \frac{CF_t \times (1+25\%)^t}{(1+50\%)^t} \times \frac{1}{(1-25\%)^t}\right]$$

显然，此时每期期望现金流变成

$$\frac{CF_t \times (1+25\%)^t}{(1+50\%)^t}$$

它低于预测现金流 CF_t。

当然，实际之中最后的折现率，取决于投资与融资双方博弈与谈判的结果。从某种角度来说，对企业估值的谈判就是对投资者所运用的最低回报率（结合对企业退出时价值的估算）的谈判。如果投资者认为企业风险更大，因为它的技术或商业模式未被证明过，那么他们很可能会要求更高的折现率或最低回报率才会投资。

7.4 创业投资估值的修正

在创业投资过程中，创业投资家与创业者对于创业企业的估值存在争论，而这关系到两者在企业中所占股份的比例，因而，要使交易达成，必须构建相应的修正机制予以调整。对于企业估值，创业者往往比较乐观，产生一个高资产评估的折现值来减少投资者的股份，即让投资者在固定的投资下得到较少的股份，每股价格就高，创业企业总是想得到充分的资金并且能保持足够多的股份；创业投资方则倾向于对企业盈利作出保守的估计，来减少风险和取得较多的股份，获得较高的投资回报率。投资者只要觉得风险越大，所预期的投资比例也越高，其方法之一通过高折现率来降低夸大的企业价值评估，而更重要的方法是构建业绩对赌机制来进行股份调整。

7.4.1 创业者与 VC 之间的博弈

创业者在融资过程中知道 VC 通常使用非常高的折现率对投资项目进行估值。创业者自信自己对创业企业的未来潜力有现实的认识,包括失败的可能性。他通过将相关的财务信息放入商业计划中,以便将其真实的信念展示出来,同时,还试图去描绘一幅投资者希望看到的积极的画面,让投资者相信创业企业的真实价值。但创业者和投资者都陷入相互的博弈之中,如何做出科学的价值评估显得比较困难。

例如:若创业者说明真实信念并被投资者相信,投资者将把这个项目估值为 200 万元;若 VC 不相信该创业者,则项目将仅被定价为 100 万元。若创业者夸大了盈利状况,但仍然被 VC 所相信,则该项目将被定价为 300 万元,若 VC 不相信则仅为 150 万元。可能的结果可归纳成表 7-7。

表 7-7 基于创业者陈述下的投资者估值支付矩阵 (单位:万元)

	诚实报告	夸大报告
相信	200	300
不相信	100	150

若不管创业者是否值得信任,创业者被 VC 相信的概率是 50%,在此情形下,创业者应该选择的策略都是夸大,此时,夸大的预期价值高于诚实的价值,夸大的预期价值是 225(0.5×300+0.5×150)万元,而诚实的预期价值只有 150(0.5×200+0.5×100)万元。但这个解答对高估了项目 25 万元的 VC 来说并不吸引人。其原因是 VC 错误地假设创业者诚实性概率为 50%,而实际上创业者一定会夸大。另外,如果投资者正确地假设创业者总是会夸大,那么该项目最终仅值 150 万元,但它实际值 200 万元。这意味着那些实际值 200 万元但投资要求大于 150 万元的项目不能吸引外部融资。对于那些投资要求小于 150 万元的项目,投资者要求的所有权份额将大于它必须的数字。

可以将 150 万元和 200 万元之间的差别看作双方必须产生的额外交易和谈判成本,因为创业者无法承诺做到真实,这个差别是创业者寻求可信的承诺真实性方式的一个激励。

7.4.2 鼓励性对策模型

造成创业者与投资者对估值差异的深层原因在于两者之间的信息不对称、不充分。而业绩对赌机制的构建,可以解决投资者对创业者的激励问题,管理层努力工作,让企业价值获得提升,管理层会得到额外股权的正向激励;反之,若经营不当,则会受到股权损失的惩罚。它还可以解决投资者与创业者之间的信息显示问题。在投资决策阶段,投资者的信息主要来自创业者,若缺乏对赌协议条款,创业者难免会夸大企业的增长速度和增值的稳定性,让投资者做出错误的判断,相反,订立对赌协议,则可以帮助投资者在投资后对投资的价值做出调整,形成企业的期望损失大于期望收益,对企业管理层将产生约束,迫使他们最初就向投资者提供接近事实的信息。

在对策理论中,有一类对策问题被称为 Leader Follower 的投资者-创业者对策,即鼓励性对策。在这种对策的格局中,投资者比创业者有更大的权力,表现为对创业者有惩罚和奖励手段,创业者根据投资者的政策优化自己的利益(效用)函数,选择自己的行为方案,而这种行为方案又正是投资者所期望的。此时,创业者达到最优,而投资者也达到最优。因为投资者比创业者的权力大,所以他可以左右、调整创业者的利益(效用)函数,引导创业者对投资者的要求采取相应行动,从而使创业者的利益函数与投资者的利益函数达到和谐统一。

在这个对策模型中,有两个对策的局中人:一个被称为投资者(L),一个称为创业者(W)。L 的决策变量为 U_L,W 的决策变量为 U_W,L 和 W 的决策域为 u_L 和 u_W,即 $U_L \in u_L$,$U_W \in u_W$;在对策中的 L 和 W 的利益所得用 G_L 和 G_W 表示。一般认为

$$G_l = G_L(U_L, U_W) \tag{7-36}$$

$$G_W = G_W(U_L, U_W) \tag{7-37}$$

在对策开始前,L 可以对 W 宣布其奖励政策。这一政策表示为 $U_L = R_L(U_W)$,其中,$R_L(\cdot): U_W \to U_L$。通俗地说,即投资者 L 将根据创业者 W 的行为 U_W 做出相应的反应 U_L,并通过 U_L 来影响 U_W,从而达到诱导 W 行为的目的;而对 W 来说,为实现利益最大化,也形成追求目标的自我约束机制。

如果在信息结构完备的情况下,即 W 完全知道自己的 G_W, U_L, U_W,L 完全知道 G_W, G_L 和 U_L, U_W,这时鼓励性政策 R_L 是完全确定的,即

$$U_W = \arg\max G_W[R_L(U_L, U_W)] = R_w(R_L) \tag{7-38}$$

假定 $R_w: R_L \to U_w$ 是唯一确定的,由此可得到 L 的利益所得

$$G_l = G_L[R_w(R_L), R_L(\cdot)] \tag{7-39}$$

显然,其中的关键是确定奖励政策

$$U_L = R_L(U_W) \tag{7-40}$$

依据上述原理,结合股权投融资的实际,对赌协议中投资者对创业者的鼓励性对策模拟分析如下。

(1) 在信息不对称的情况下,投资者为充分调动创业者完成绩效指标的热情,由创业者自行确定自己未来年度的绩效目标;

(2) 将创业者承诺的绩效目标及其为实现这一目标所做的努力与其利益紧密挂钩,其挂钩的办法如下所示。

假设 X, X_1, X_2——分别为创业者全面、超额、未能完成承诺绩效指标的物质报酬;

θ_0——创业者承诺绩效目标(如利润,销售额等);

θ——创业者经过努力后实际完成的绩效指标值。

α、β、γ,为投资者根据被投资企业的了解程度、完成绩效指标难度、投资回报等方面的综合加以确定的参数,$\beta<\alpha<\gamma$。

若 $\theta_0=\theta$,即创业者全部完成自己承诺的指标,此时,他获得的报酬是

$$X=\alpha\times\theta_0 \tag{7-41}$$

当时 $\theta_0>\theta$,即创业者在承诺的绩效指标时趋于保守,经过一定时期努力后,实际完成的绩效比承诺的指标好。此时,创业者获得的报酬是

$$X_1=\alpha\times\theta_0+\beta\times(\theta_0-\theta) \tag{7-42}$$

它意味着比承诺的指标多的部分要乘以比 α 小的报酬系数 β,因而有 $X_1<X$。这说明承诺的指标保守是要吃亏的。

当 $\theta_0<\theta$ 时,即创业者在自定绩效指标时趋于夸大,经过一定时期努力后,实际完成的绩效比承诺的指标好,此时,创业者获得的报酬是

$$X_2=\alpha\times\theta_0+\gamma\times(\theta-\theta_0) \tag{7-43}$$

$\theta-\theta_0$ 是负值,且 $\gamma>\alpha$,因而有 $X_2>X$。这说明夸大承诺指标也要吃亏。

因此,只有 $\theta_0=\theta$ 时,即承诺指标达到最优水平,创业者才能获得最大收益,而此时投资的总效果也会因创业者的努力最优而达到最佳。

例如:创业者承诺年度完成利润目标为 4 000 万元,$\alpha=112.5$ 万元/千万元、$\beta=75$ 万元/千万元、$\gamma=125$ 万元/千万元,现在考虑创业者实际完成承诺目标情况下,获得相应的报酬,为了更好地说明问题,将承诺值与实际完成值进行一定的组合,分别进行对比分析,见表7-8。

表7-8 创业者承诺值与实际完成值不同的组合获得的报酬   单位:千万元

目标承诺值	实际完成值	奖　金	说　明
4	3	4×112.5+(2−4)×125=325	实际能完成3 000万元,承诺的也是3 000万元,比承诺4 000万元而实际完成3 000万元要准,获得的报酬也相应多
3	3	3×112.5=337.5	
4	3	4×112.5+(2−4)×125=325	虽然承诺得都不准,且与实际完成差1 000万元,但指标完成越好,获得的报酬越多
4	5	4×112.5+(5−4)×75=525	
4	3	4×112.5+(2−4)×125=325	虽然承诺得都不准,但指标完成越好,获得的报酬越多
4	2.5	4×112.5+(2.5−4)×125=262.5	
3	2.5	3×112.5+(2.5−3)×125=275	虽然承诺值都高于实际完成值,但承诺值越高,所得报酬反而少
4	2.5	4×112.5+(2.5−4)×125=262.5	
3	3	3×112.5=337.5	虽然承诺值都完成,但承诺值越高的,所得报酬越多
2.5	2.5	2.5×112.5=281.25	
3	2.5	3×112.5+(2.5−3)×125=275	虽然承诺值都高,且程度相同,但还是承诺越高、完成越高,获得的报酬越多
4	3.5	4×112.5+(3.5−4)×125=387.5	

由表 7-8 的模拟分析可以看出,创业者的利益不仅与承诺指标完成潜力(目标)相关,而且与实现这一目标的程度相关。因此,借助于上述对赌机制的设计,不仅可对创业者产生激励作用,同时,更重要的是,将新创企业的发展潜力信息显示出来,以避免创业者过度自信而给 VC、PE 带来损失。

需要指出的是,虽然保守承诺和夸大承诺都要吃亏,但实际执行结果是创业者越努力,获得的物质报酬就越多,只是多少程度与承诺数量密切相关,这就鼓励了创业者按企业的实际去确定自己的承诺目标。

7.4.3 业绩对赌的形式

大多数 VC、PE 在投资合同里的价值调整条款,主要包括两个部分。一是触发条件。在我国,触发条件主要是财务指标与非财务指标,前者包括利润、销售收入、投资回报等,后者包括能否在规定时间内聘请到新的 CEO、企业能否回购优先股、到规定年限是否能上市、现有的管理层是否会离开等,二是股权调整数量。这是指未完成相关指标时,对应的股权调整的数量及比例等,这一比例不会任意扩大,而是在一定的偏好下,控制在比较小的范围内。至于交换的比例究竟多大,与双方的风险承受能力有关系,是谈判和管理结合的产物。

对赌协议的触发条件和股权调整数量的形式多种多样(如表 7-9 所示),但对于投资者而言,触发条件的实质就是其手中的股权是否能够达到某个价值,如果达得到,则给予管理层奖励,否则就会要求补偿。因此,所有的触发条件与以财务指标为触发条件在本质上是一致的。

不论是触发条件,还是股权调整数量都是创业者和投资者谈判的结果,而不是谁强加给谁的苛刻条件。达成协议的前提是协议对达成协议的双方都有好处,至少某一方不会因为签订了对赌协议条款而承受不必要的损失。

表 7-9 对赌协议的具体形式

类型	对赌协议条款	实 例
股权调整型	当创业者未完成规定的业绩指标时,创业者将以无偿或者象征性的价格转让一部分股权给 VC、PE;反之,VC、PE 以无偿或者象征性的价格将一部分股权转让给创业者的实际控制人	在摩根士丹利及鼎晖与永乐管理层的对赌协议中,陈晓及永乐管理团队最迟到 2009 年必须实现约定的利润,如若不能,投资方就会获得更多的股权;如若实现,则可以从投资方那里获得股权
现金补偿型	当创业者未能实现规定的业绩目标时,创业者将向 VC、PE 支付一定金额的现金补偿,不调整双方的股权比例;反之,PE、VC 则用现金奖励给创业者实际控制人	隆鑫工业 2010 年的净利润低于 5 亿元,则隆鑫控股或银锦实业应以现金向各受让方补偿
股权稀释型	创业者未能实现规定的业绩目标时,创业者将以极低的价格向 VC、PE 增发一部分股权,实现稀释创业者的股权比例,增加 PE 在公司内部的权益比例	如中国太子奶(开曼)控股有限公司在引入英联、摩根士丹利、高盛等风投时签订对赌协议约定:在收到 7 300 万元注资后的前 3 年,如果太子奶集团业绩增长超过 50%,就可调整(降低)对方股权;如不成 30% 的业绩增长,太子奶集团创办人李途纯将会失去控股权

(续表)

类型	对赌协议条款	实 例
股权回购型	当创业者未能实现协议规定的业绩目标时,创业者将以VC、PE投资款加固定回报的价格回购其持有的全部股份	若2013年6月30日之前隆鑫工业仍没有实现合格上市或隆鑫控股等违反相关交易文件而导致隆鑫工业遭受重大不利影响以及出现其他影响投资方利益的行为,上述投资方有权要求隆鑫工业以合法途径回购股权受让方持有的全部隆鑫工业股权
股权激励型	当创业者完成协议规定的业绩目标时,投资者将以无偿或者象征性的低价转让一部分股权给企业管理层	在摩根士丹利等投资者与蒙牛管理层签署对赌协议中,从2003—2006年,蒙牛乳业的复合年增长率不低于50%。若达不到,公司管理层将输给摩根士丹利约6 000万—7 000万股的上市公司股份;如果业绩增长达到目标,摩根士丹利等机构就要拿出自己的相应股份奖励给蒙牛管理层
股权优先型	当创业者未能完成协议规定的业绩目标时,VC、PE将获得特定的权利。如股权优先分配权,剩余财产有限分配权或者一定的表决权利,如董事会的一票否决权等	2008年2月,红杉资本增资成为乾照有限股东。按照当初的增资谈判,红杉资本作为外方股东享有重大事项否决权和财务副总经理提名权

Chapter 8　创业投资的交易合约

创业投资者与创业者之间存在着严重的信息不对称与信息不充分,导致创业者存在事后机会行为。为规避创业者事后机会主义造成相关的侵害,创业投资者通过事前的契约安排,使得创业者尽量按照投资者的利益选择行动。

投资交易工具,既是VC、PE获得相应收益、进行风险转移、实现收益与风险均衡的重要途径,也是强化创业者的激励和约束机构的重要手段;而股权随着融资的增加而不断稀释,如何采用相应的措施加以防护,也是投资交易之中需要考虑的重要问题;此外,具体交易条款的确定则是交易双方相关交易协议的实现。本章主要讨论三个问题:①投资交易工具;②股权的防稀释;③投资交易的具体条款。

8.1　创业投资交易工具

无论是VC还是PE,股权投资的目的是获得其退出价值。退出时企业价值的分配,尤其在企业退出价值比较低时,显得尤为重要。因此,VC对创业企业提供服务的积极性,从根本上讲,源于其投资能够从创业企业中分享的权益多少,而它又与创业投资的股权,特别是与股权投资方式相关。在公开市场,大多数股权投资都是普通股。但为保护投资者在退出时的价值,几乎所有的VC通常采用优先股的形式,既可以采用没有投票权的一般优先股,也可以采用具有投票权、比较灵活的可转换优先股。

8.1.1　可转换优先股

可转换优先股或债券,一方面在企业经营不良时,则私募股权基金进行的投资是债权投资,目标公司必须在一定的期限内"还本付息",可以通过企业回购股票和优先股的清算来确保投资方获得一定的红利收益;另一方面在企业经营出色时,通过转换成普通股并上市来获得较好的投资回报。可认股证券则是一种补充,可转换优先股的价格确定方法与企业价值评估值成正比,在一定投资资金下,盈利预测越高,企业价值评估值越高,投资者所占股份越少,每股价格越高。

可转换优先股是一种将具有优先权的股票和购股期权相结合的金融工具形式,具有三个优先:优先于普通股股东取息分红,可以取得固定的股息,且不随公司业绩好坏而波动,具有债权的性质;优先清算,在被投资企业破产清算时,优先于普通股股东获取企业剩余财产的分配;在任何时候,具备将优先股转换为普通股的权利,分享企业快速发展时的资本增值收益。

清算优先权通常由两部分组成:实际清算优先权(preference)和参与分配权(participation)。更准确地讲,清算优先权这一条款应该只适用于优先于其他系列股票的某一特定系列股票。

清算优先权之中的清算,是指公司合并、被收购、出售控股股权,以及出售主要资产,从而导致公司现有股东在占有续存公司已发行股份的比例不高于50%,以上事件可以被视为清算。这就是实际清算优先权。普通股股东在考虑获得任何利益之前,要按初始购买价格的一定倍数返还给优先股投资者。

清算优先权既包括优先权也包括参与分配权,依据其是否参与分配可分为以下三种类型。

1. 不参与分配清算优先权

在公司清算或结束业务时,A序列优先股股东有权优先于普通股股东获得每股 x 倍于原始购买价格的回报以及已宣布但尚未发放的股利。

2. 完全参与分配清算优先权

在支付给A序列优先股股东清算优先权回报之后,剩余资产由普通股股东与A系列优先股股东按相当于转换后的股份比例进行分配。因此,在公司出现清偿时,股东有权获得面值补偿,并且可参与普通股股权分配。

与可转换优先股一样,参与可转换优先股带有强制转换条款,在公司公开上市发行时执行。这种优先股实质上在公司没有公开上市时是可赎回优先股,在公司公开上市后就转换成普通股。即使公司出售变现并未发生,参与可转换优先股的参与条件也可能生效。例如,在两家私人公司合并交易中,合并后的私人公司发行新的优先股以交换原来公司的优先股,参与可转换优先股的参与条件可能生效,其结果可能是参与可转换优先股股东要求根据原优先股面值获得新优先股,同时参与分配(即通过转换而获得)新公司普通股。

参与可转换优先股的参与权有利于晚期投资者分享公司出售或上市的收益,晚期投资者愿意支付很高的价格购买这种股份,从而推动投资者对参与可转换优先股的普遍接受。由于晚期融资价格较高且数量很大,参与可转换优先股的参与特征会极大地稀释现有股东和公司管理层股权。有些公司规定,在公司公开上市时,参与可转换优先股的参与性特征自动失效。如果公开证券市场行情很好,公司公开上市的可能性很大,那么公司及其现有股东就有信心发行这种投资工具。

3. 附上限参与分配清算优先权

在支付给A序列优先股股东清算优先权回报之后,剩余资产由普通股股东与A序列优先股股东按相当于转换后股份比例进行分配。但A序列优先股股东将停止参与分配,一旦其获得的回报达到 x 倍于原始购买价格以及已宣布但尚未发放的股利之后,剩余的资产将由普通股股东按比例分配。

初始购买价格倍数 x 的真实含义。如果参与分配倍数是3(初始购买价格的3倍),表示一旦获得3倍的初始购买价格的回报(包括优先清算权的回报),优先股股东将停止参与分配剩余资产(以每股为基础)。如果清算优先权是1倍($1x$)回报,参与分配权的回报不是额外的

3倍,而是额外的2倍。也许是因为参与分配权跟优先权的这种关系,清算优先权条款通常同时包含优先权和参与分配权的内容。

公司的发展要进行若干轮融资,不同轮次股权融资都会面临清算的问题,而且相对于首轮股权融资,后续的股权融资将使得不同系列股份之间在清算优先权的数量和结构上发生变化,清算优先权随之变得更为复杂。不同系列股份清算优先权的处理通常有两种基本方式。

(1) 后轮投资人将会把他们的优先权置于前轮投资人之上,比如,B轮投资人先获得回报,然后A轮投资人再获得回报。

(2) 所有投资人股份平等,比如,A轮和B轮投资人按比例获得优先回报。

运用哪种方法是一种"黑箱艺术",会受以下几方面因素的影响:投资人的谈判实力、公司寻求其他融资的能力、当前资本结构的状态以及当前的经济周期。

转换优先股是创业投资中使用频率最高的金融工具。资料显示[①],在对118家创业公司的200轮融资以及为他们提供资金的14家创业投资公司所做的调查中,发现在200轮的融资中,有189轮使用了可转换优先股(包含与其他金融工具的组合)。

优先股与普通股的不同之处在于其拥有优先清算权。可转换优先股是持有者可以任意将其从债务转换成股权的优先股。如果企业以较低的估值退出(如被收购),持有者不把它转换成普通股,进而获得一般来说是给债务持有者的优先资金。如果企业以较高的估值退出,持有者将把它转换成普通股,从而获得企业价值的一部分。

考虑这种情形:投资前企业估值为800万元,投资200万元,融资后企业估值为1 000万元,投资者、创业者分别拥有公司的20%、80%股权,但企业价值就按照这个比例分配,它与投资退出时的估值有关。优先股具有优先清算权(200万元)、转换权(200万股股票)。

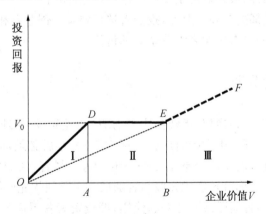

图8-1 可转优先股投资回报

图8-1横轴是投资退出时的企业价值。实线是退出时投资者获得的价值线。虚线是45度线,OD是退出时企业价值低于投资者投资额时,创业者与投资者之间分企业价值线。

在区域II,企业的退出价值高于投资者的投资,但低于该轮投资的投资后价值,投资者仍不值得将其债权转换成股权,只有在退出价值高于投资后估值800万元时,投资者才会转换成

---

① 保罗·A.冈珀斯、乔希·勒纳,《风险投资周期》,经济科学出版社,2002年版,第118页。

股权。

关键取决于转换条件,即投资者通过转换获得的收益等于股份回购的收益,那么,这个收益水平称之为转换点,如图中的 E 点。在此点投资者面临将优先股转换为普通股获得的收益

$$V_{转}=\frac{1}{4} \cdot V \tag{8-1}$$

若选择创业者回购可转换优先股,获得的收益为

$$V_{回}=\text{Min}(V,200) \tag{8-2}$$

投资者做出是否转换的决策,依赖于在给定 V 下的式(8-1)和式(8-2)。当 $V_{转}>V_{回}$ 时,转换条件成立,则进行优先股转换,否则采用回购。

这个条件可以用图 8-1 表示。图中的虚线表示转换,实线表示股份回购。投资者面临回购还是转换的决策取决于企业退出价值。对于 V 值较低的部分,实线在虚线之上,所有投资者都应该选择股票回购;但是对于 V 值较高的部分,虚线在实线之上,这时投资者应该转换为普通股。转换点发生在转换和股份回购收益相等的地方,即两条线的交点。这个转换条件对所有大于这个点的 V 值都适用。

$$转换条件 \frac{1}{4} \cdot V = 200 \quad V = 800 \tag{8-3}$$

如果清算价值是 800 万元,那么无论回购还是转换,投资者获得的收益都是 800 万元。如果低于 800 万元,投资者最优选择是回购。

在区域 I ,退出价值低于 800 万元(投资者的投资额),投资者不会把他 200 万债务转换成股权,在这个区域,投资者的最终股份是 100% 的所有企业价值。

在区域 II ,退出价值都高于 800 万元,投资者选择转换。创业者和投资者才会按照投资前和投资后估值公式中用的股权份额来瓜分企业的价值。

8.1.2 可赎回优先股

可赎回优先股是没有可转换权(指转换成普通股)的优先股,是地位很低的从属债。可赎回优先股一般在公司拟公开上市发行时或公司成立 5—8 年后必须赎回。可赎回优先股有优先清算权但没有可转换权,而无法分享企业增值的利益。尽管 VC、PE 从不会主动接受可赎回优先股,但是有些交易会把可转换优先股与普通股或可赎回优先股结合。

可赎回优先股通常与普通股或权证一起使用,即投资者获得面值等于其投资额的可赎回优先股和一定比例的普通股(或一定数量的购股权证)。在公司继续经营直到成功实现 IPO 前,投资者既可收回投资,还可保持其在公司的普通股比例。在公司清算或出售时,则可赎回其优先股而收回本金,并按其持有的普通股比例参与剩余资产分配。

【案例 8-1】

大摩资本考虑对元成公司进行 400 万元的 A 序列投资。元成公司的创业者和员工拥有 1 600 万股的普通股(包括股票池)。假设任何每股 5 元以上均符合退出转换条件(即购买每股 5 元以上的股票也被认为是符合转换条件)。除了可转换优先股,考虑以下几种其他的投资结构:

(1) 400 万股普通股;
(2) 可赎回优先股 400 万股;
(3) 参与型可转换优先股,等同于 400 万股普通股的参与权;
(4) 有上限的参与型可转换优先股,等同于 400 万股普通股的参与权,清算回报的上限是 3 倍的初始购买价格。

【解答】

(1) 大摩资本投资了 400 万股普通股,公司共有 1 600 万股普通股(创业者 1 000 万股,员工 600 万股)。在这个结构下,大摩资本退出时会得到 1/5 的收益,一般来讲,VC 很少主动接受普通股。

(2) 可赎回优先股有优先清算权但没有可转换权,而无法分享企业增值的利益,在现实之中永远不会发生。这里仅作为与其他股权形式的比较,在此情况下,大摩资本最多能够获得 400 万元,不会再增加。

(3) 在 IPO 下退出,是结构(1)与结构(2) 的组合。大摩资本既可以回购(400 万元),也能参与收益分配(等同于 400 万股普通股的参与权)。在 IPO 之上产生自动转换,使参与型可转换优先股类似于普通股。其参与起点是 4 倍于初始投资,即 A 序列投资至少价值 1 600 万元:

$$\frac{1}{5} \cdot V = 1600, \quad V = 8000 \text{ 万元} \tag{8-4}$$

即合格 IPO 点。当 $V < 8000$ 时,投资者获得的价值是 $1/5(8000-400) + 400 = 1920$ 万元;当 $V > 8000$ 时,投资者获得的价值下降到 1 600 万元,这是一个跳跃下降,差距是 $1920 - 1600 = 320$ 万元。

(4) 启动有上限的参与型可转换优先股的转换与完全参与型优先股的转换条件存在差异。虽然在每股 4 元时会启动转换,即 $V = 8000$ 万元,这是自动转换,但大摩资本也可以启动有上限的参与型可转换优先股的转换,这种自愿转换。两者究竟作何选择?

自愿转换条件是使回购价值等于上限的价值,即 3 倍的总购买价(1 200 万元)

$$\text{转换条件}: \frac{1}{5} \cdot V > 1200, \quad V = 6000 \text{ 万元} \tag{8-5}$$

即自愿转换在 $V = 6000$ 万元时发生,而自动转换则发生在 $V = 8000$ 万元,无疑显得多余而无约束力的限制。

带上限的参与型可转换优先股还需要决定上限时收益 V 的值,被称为上限点(cap point),记作 $V_\perp$。对于任何 400 万元以上的退出,在此结构下都能收回总购买价(400 万元)

和 1/5 的剩余收益。上限点出现在总收益达到总购买价的 3 倍，即 1 200 万元的时候：

$$\frac{1}{5} \cdot (V - 400) + 400 = 1\,200, \quad V_{\perp} = 4\,400 \text{ 万元} \tag{8-6}$$

对于退出收益超过 $W = 4\,400$ 万元的部分，收益线是水平的，直到 $W = 6\,000$ 万元的转换点。

① 优先权是债权还是权益。优先权是企业的债权，参与分配权的优先股，既是债权也是权益，优先权表示债权，参与分配权表示权益。参与分配权的优先股股东，不需要决定是拿走优先清算额，还是转换成普通股按比例参与分配，甚至他们两者都要。投资人的参与分配权的优先股只有在公司退出价值较小时拿走优先清算额才合理，这样投资人的利益才能被保护。如果公司运营非常好，投资人不应该按照优先清算的方式参与分配，他们会转换成普通股。

② 投资人与创业者存在退出利益不一致。在不参与分配和附上限参与分配的清算优先权情况下，会出现一个非常奇怪的回报情形：通常投资人在某个退出价值区间的回报保持不变。比如，在退出价值 X 和 $X+a$ 之间，投资人的回报没有区别。但是创业者的回报在退出价值 X 和 $X+a$ 之间是不断升高的，此时会出现双方利益均衡点。如果此时公司有机会被收购，出价范围刚好在 X 和 $X+a$ 之间，为了促成交易，投资人当然愿意接受一个稍低的价格。

③ 了解投资人要求清算优先倍数的动因。创业者要了解给你投资的 VC 基金，你要知道这个基金投资过的其他公司运营得怎么样，因为绝大多数情况下，这些投资案例的情况会决定 VC 如何看待你的公司。如果某个基金投资过的其他公司都表现糟糕，那该基金的策略会更为保守，要求的清算优先倍数会高一些，并且他还会通过投资你的公司来提升基金的整体回报水平，这样他们才能继续运作这个基金，并募集新的资金。相反，若某个基金投资了很多好项目，他们可能表现得会激进一些，只想着做个大的项目（如可 IPO），在清算优先倍数上不太在意。

④ 转换比率。在其他融资操作中，优先股与普通股转换比率是固定的，如 1∶1 或 10∶1（相应开始时优先股的价格也是普通股的 10 倍），即优先股转换成普通股的价格是确定的。但在 VC 中，转换比率是不确定的，是根据企业盈利目标的实现状况来调整的，这是 VC/PE 投资中十分关键的一个机制，起到了控制风险、保护投资和激励企业管理层的目的，并在投资协议中加以规定，转换比例的调整可以改正当初企业价值评估时的偏高和投资者每股价格的偏高。

⑤ 可赎回优先股有优先清算权但没有可转换性，而无法分享企业增值的利益。尽管 VC/PE 从不会主动接受可赎回优先股，但是有些交易会把可转换优先股与普通股或可赎回优先股结合。

⑥ 以 V 表示目标公司出售或上市时的价值，M 表示优先股面值，YM 表示 VC 投入时目标公司隐含的价值，α 表示普通股股份比例，则在普通股、可赎回优先股、可转换优先股以及参与可转换优先股等的不同股权结构下，投资人获得的相应收益如表 8-1 所示。

表 8-1 投资人在不同股权结构下的收益[1]

公司价值	普通股	可赎回优先股	可转换优先股	参与可转换优先股
$V \leqslant M$		V	V	V
$YM \leqslant V \leqslant M$	αV	M	M	$M + \alpha \times (YM - M)$
$V \geqslant YM$(未上市)		M		
上市			αV	αV

8.1.3 可转换债券

可转换债券投资方式,即 VC 机构委托银行贷款给拟投资企业,同时约定在一定的条件下委托方拥有将贷款本金(利息)转换为公司股权的选择权,并事先约定转股的时间、转股的价格或价格的计算方法以及其他的转股条件。可转换债券是一种特殊的债权,其特殊性就在于私募科技创业投资基金以债券融资的形式进入企业之后,可以选择在特定的时间按照事先约好的条款转成普通股,这种转换可以是全部转换,也可以是部分转换。可转换债券是一种兼有债权和股权的双重性质的金融工具。

1. 可转换债券的优势

可转换债券可以使投资者与创业者双方避免给公司估值的问题,节省投资人大量尽职调查及谈判的时间与成本,还将投资人权利谈判推迟,并通过转股折扣或认股权证的方式给予可转债投资人相应的投资回报,对早期的创业企业尤为重要。

可转换债券使得投资者可以在以债券投资的时间内来对企业的经营、财务状况进行跟踪和了解,减少两者之间信息不对称,降低创业者道德风险;同时,为投资者以后是否将债转股提供依据;创业企业只有在债券投资期限完成事先预定的绩效指标,投资者才按约定的转换价格将所持债权转换为股权,无疑会给创业者形成一定的压力和激励。

可转换债券可以实现创业者对公司的控制,在此投资工具选择下,创业者控制绝大部分或全部的董事会席位,可转债投资人,尤其是天使投资人,并不需要董事会席位。

2. 可转债转换的条件

可转债投资通常包含一个转股时的价格折扣,使投资更有吸引力,那么这个折扣满足何种条件才能实现转换呢?

若种子期的可转债投资拥有 A 轮融资价格的 20% 折扣,其价格是 1.00 元/股,投资人也可以 0.80 元/股的价格转换成 A 类优先股,在此条件下,投资人是愿意以 0.90 元/股的价格购买股份,还是进行可转债投资,如何选择呢?

若将公司今天的股票价格在 A 轮融资之前提高 25%(从 0.80 元/股提升到 1.00 元/股)及以上,那么就应该接受可转债融资,否则,接受股权投资。如果你认为 A 轮融资的价格能超过每股 0.90 元×125%=1.125 元,那么接受可转债是划算的。

---

[1] 王苏生、陈王罡、向静编著,《私募股权基金理论与实务》,清华大学出版社,2010 年版,第 109 页。

若以可转债的方式进行种子融资,A 轮融资的价格是 2.00 元/股,在享受 20% 的折扣后,可转债投资人以 1.60 元/股的价格将投资额转换成 A 类优先股,相比于 0.90 元的股价,无疑是较优的选择。若 A 轮融资的每股价格只有 1.00 元,可转债投资人的转股价格只有 0.80 元/股,可转债的方式则不可取。

总之,是否进行可转债方式投资,取决于能够将现在的股票价格提高到何种当前股票价格/(1-折扣率)。

3. 可转债的劣势

(1) 不能统一创业者和 VC 的利益。可转债通常拥有合格融资价格 20%—40% 的价格折扣,而可转债投资额能够转换成多少公司股份则决定于 A 轮融资的价格:价格越高,转换的股份越少;价格越低,转换的股份越多。为了获得更多的股份,可转债投资人有动机与 A 轮投资人一起打压公司 A 轮融资的估值。

(2) 受制于 VC 投资人。可转债投资协议中可以设置在 VC 融资时偿还或转换,但是如果投资人不愿意转换,创业者有多大把握保证顶级 VC 愿意投资呢?

(3) 到期偿还问题。如果公司发展遇到问题,可转债带给创业者的后果可能比较严重,如果无法按时偿还债务,可能会导致公司被投资人接盘或者破产,甚至有可能让创业者个人承担连带的债务责任。

总之,可转换债券实质是一种延期换股凭证,具有吸引力也有其不足,是否采用取决于现在的股票价格提高到当前股票价格/(1-折扣率)。

8.1.4 投资金融工具的选择

在投资交易中,普通股、优先股、债券、可转换优先股、可转换债券等金融工具,其最终的功能相同,但有其各自的应用边界。如何科学地选择是投资者需要考虑的重要问题。

普通股是传统的股权证券,每一股在获得回报如股息或者支付清算方面都是被同等对待的。优先股有优先权,如果清算发生(如公司被出售),它会先被支付。这种优先权(清算支付)可以是它原本投资的钱,也可以通过累计股息以固定的比率增长。也就是说,优先股有估算好的股息,清算时股息累积才会结束,此时累积的股息就会加入原始的购买价格,这个总额就是优先权的额度。

可转换优先股赋予 VC 拥有对现金流的有限索取权和清算时的优先分配权,以及在将来以事先约定转换比率将优先股转换为普通股的转换权。其转换比率取决于创业企业的运营情况,若运营业绩优异,转换价格比较高,创业者股权被稀释程度就低;反之,经营业绩差,其优先清偿权保证 VC 能够先于创业者得到清偿。这样,可转换优先权将企业经营业绩不良的成本转移给了创业者,对创业者形成了激励性补偿和甄别的双重机制,这样能够更有效地防止道德风险的发生。

可转换证券有权以约定的价格转换成普通股。因此,如果企业业绩好,普通股的价格高于约定的价格,持有者就会转换。相反,如果企业表现不那么好,他们就会选择不转换,他们有权以他们最初支付的价格加上累积股息(可转换优先股)或累积利息(可转换债券)的总价格赎回证券。可转换证券最主要的作用是为投资者提供有关创业者的信息,创业者对合同条款的反应使投资者能够得出理性的评价与判断。

在使用可转换债券的情况下,尽管创业者操纵短期业绩以增加创业投资家清算企业概率的动机不变,但操纵行为导致短期业绩增加,使 VC 将优先股转换为普通股的概率上升,从而减少了创业者的预期收益,因此,创业者具有粉饰短期业绩的动机,在缔约时创业家和创业投资机构之间信息是对称的,其后期阶段,信息不对称情况才会发生。因此,在早期融资阶段,可转换优先股是主导的合约形式;而后期信息的减少使债权和普通股的使用相对较多。

在非对称信息情况下,投资工具的选择取决于投资者的监督的难易程度。在早期阶段,可转换优先股是最主要的投资工具,而债券的普通股使用极少,仅当创业企业处于后期发展阶段或信息不对称程度较小时(如表 8-2 所示)。

表 8-2 美国创业投资的金融工具选择比例

	早期阶段	晚期阶段
优先股	96.4%	88.4%
债券	2.1%	9.5%
普通股	2.0%	3.9%

由表 8-2 不难看出,在美国可转换优先股是 VC 中采用较多的投资工具。其中原因可从特殊税收优惠、法律、机构、契约设计等角度来解释。Douglas J. Cumming[①] 以 1991—2000 年间加拿大 3083 例 VC 案例调查为依据,分析表明:使用普通股进行投资的占 36.33%,然后是纯债券、可转债、可转换优先股、债券和普通股的混合方式以及普通优先股,分别为 14.99%、12.36%、10.87%、10.67% 和 7.27%;其他一些较少使用的投资方式共占全部投资的 7.53%。若不存在类似美国税收优惠的地区,VC 投资都采用了一系列范围广泛的投资工具,且随着时间的推进,数据没有表现出向某一特定投资工具收敛的趋势。

因此,实际之中,不同类型、不同特点的企业所拥有的代理问题千差万别,从而要求 VC 在投资过程中,设计不同的分阶段投资方案,组建不同的 VC 辛迪加,以及索要不同数量的董事会席位以实施适当的监管。

8.2 股权的防稀释

投资人投资后,若企业发展顺利,需要后续融资时,因企业估值不断提升带来股价越来越高,虽然融资会对本轮投资人的股份产生稀释,但一般来说,本轮投资人不会反对甚至还会追加投资。但若企业经营不善,或资本市场不景气,导致后续投资人的投资价格比本轮投资人的价格低,必然带来本轮投资人的资金价值贬值,其股权价值亏损。针对这种情况下的稀释,本轮投资人是不能接受的,于是他将启动防稀释(anti-dilution)条款来调整当初的投资价格及其股份数量以保证其投资不受损失。这便构成本节讨论的主要内容。

---

① Cumming, Douglas J. and Macintosh, Jeffrey G., "Venture Capital Exits in Canada and the United States", University of Toronto Law Journal, 2003(53): 101-200.

8.2.1 防稀释的含义及其形成原因

股份稀释包括两种情况：比例稀释（percentage dilution）和经济稀释（economic dilution），前者是指投资者对投资主体持有比例的减少，后者是指投资者持有的投资额其本身经济价值的减少，是对初始投资价值（最初投资，又称"完整经济价值"）金额的稀释，或是对当前价值（又称"立即执行价值"）的稀释。通常发生在投资主体新增发行股票或可转换证券之时，一般不存在针对纯粹比例稀释的防稀释条款，防稀释条款所针对的是第二种稀释[①]。

威廉姆森（Willianmson，1975）将难以传达的私有信息称为信息壁垒，当一方不确定另一方所掌握的信息，并且双方不能够容易地将自己知道的信息传递给对方时，就是信息壁垒。潜在的交易双方都害怕被对方利用，被壁垒的信息提高了市场交换和合约成本。为了完成交换，一方或者双方必须拓展信息来源以应对真实的或者察觉到的信息优势。

投资者与创业者的信息壁垒产生于初始投资发生的那一刻，其原因主要有：

（1）信息不对称，即可转换证券的发行方没有将他所拥有的信息可靠地传递给投资方。基于不同的信息量，双方会对标的证券形成不同的估值，针对这种信息壁垒的防稀释条款能够斩断双方估值上的差异。

（2）定价不确定，即发行方和投资方都不拥有构建企业合理估值的完整信息，双方都可能高估了标的证券的价值，针对这种信息壁垒的防稀释条款能够同时转移双方高估企业的风险。

"稀释性事件"包括股票股利、股权分割、收购和合并、公司资产出售并分发得利、普通股的增发、股票期权、认股权证和可转换证券的发行和增发、股票回购等。如果没有契约性的保护条款，可转换证券所享有的转换权利随时可能因为公司的各类行动而遭到稀释。由于每一事件具有不同性质和程度的信息壁垒和代理成本，因此会采取不同形式的防稀释调整。

8.2.2 普通股的结构性改变

股权分割、股票股利等普通股的结构性改变，一方面造成可转换证券的比例稀释，另一方面也引发了对其当前价值的稀释。当面临普通股的结构性改变时，普通股的持有者和可转换证券的持有者之间存在着利益上的对立。以股权分割为例，它能够使原普通股持有者的持股比例提高（持有总市值不知，同时使可转换优先股持有者的持股比例下降，转换后的持有总市值缩水）。

股票是否执行股权分割等结构性改变，其决定权在被投资企业的董事会和管理层，而董事会和管理层只对普通股的持有者承担受托责任，不对可转换证券的持有者承担任何责任；同时股权分割又能使董事会和管理层的持股比例提高，于是便在资金代理方（董事会和管理层）和资金所有者（VC/PE）之间产生了利益冲突，出现了所谓的代理成本问题。

因此，普通股的结构性改变是一类典型的代理成本问题，对 VC 等出资方而言是必须加以制止的一种行为。在所有类型的可转换证券的发行中，出资方都会设计专门针对普通股结构

[①] Michael A. Woronoff and Jonathan A. Rosene Understanding Anti-dilution Provisions in Convertible Securities Fordham Law Review, 2005，董温婧译，"理解反稀释条款"，《投资与合作》，2008 年第 10 期。

性改变的防稀释条款。他们往往规定在普通股结构改变的同时调整可转换证券的转换价格,使其持有者在稀释性事件发生的前后对被投资公司保持相同的持股比例。

8.2.3 普通股的低价发行

当普通股的发行价格低于可转换证券的转换价格时,发生初始投资价值的经济稀释;当普通股的发行价格低于当时的市场价格时,发生当前价值的经济稀释。现以案例8-2解释后一种情况。

【案例8-2】　AB公司的股权稀释

A系列股东以1元的股价向AB公司投资500万元,投资前估值是700万元,投资后估值是1200万元。此时,AB公司股权结构如表8-3所示。

表8-3　AB公司原始股权结构

	股份(百万)	股份比例
普通股(创业者和管理层)	7	58.3%
A系列股份	5	41.7%
总计	12	100%

因外部商业环境困难,AB公司未来经营比预期暗淡了一些。管理层与董事会协商一致后决定再以每股0.5元的价格进行B轮融资300万元,B系列股东获得了600万股份。在A序列没有防稀释保护下,AB公司股权稀释后股权结构情况如表8-4所示。

表8-4　A系列优先股无防稀释保护AB公司股权稀释后股权结构

	股份(百万)	股份比例	
		稀释后	稀释前
普通股(创业者和管理层)	7	38.9%	58.3%
A系列	5	27.8%	41.7%
B系列	6	33.3%	
总计	18	100%	

由表8-4可以看出,在没有防稀释保护,A系列投资者的价值由原来的500万元稀释为现在的250万元,股份比例由41.7%降低到现在的27.8%,给A系列投资者带来的很大的经济损失。

正是存在严重的信息壁垒问题,造成投资者们所面临的初始投资价值被经济稀释的风险巨大,迫切需要通过转换价格保护条款来规避这一风险。所以VC契约中随处可见转换价格保护这样的防稀释条款。事实上这些条款为创业投资的风险规避提供了一条有效途径,并促成了可转换优先股在业界的广泛运用。防稀释条款采用转换价格保护形式进行保护,具体而言有以下几种方式。

1. 对 A 系列优先股完全棘轮防稀释保护

如果公司后续的股份发行价格低于 A 轮投资人当时适用的转换价格,那么 A 轮的投资人的实际转化价格也要降低到新的发行价格,这种方式仅仅考虑低价发行股份时的价格,而不考虑发行股份的规模。

所谓棘轮是当每股价值在下一轮融资变低时获得企业未来股份的权利。在完全棘轮条款下,尽管公司以低于 A 系列优先股的转换价格只发行了一股的股份,但是所有的 A 系列优先股的转换价格也都要调整到与新的发行价格一致,而相应扩大其原来股份,降低投资成本。如 A 系列与 B 系列融资带来的所有损失由创业者承担。A 系列投资者会得到 5/0.5＝10 百万的股份,在完全棘轮防稀释保护下,AB 公司股权稀释后股权结构如表 8-5 所示。

表 8-5　完全棘轮防稀释保护 AB 公司股权稀释后股权结构

	股份(百万)	股份比例	
		稀释后	稀释前
普通股(创业者和管理层)	7	30.4%	58.3%
A 系列	10	43.5%	41.7%
B 系列	6	26.1%	
总计	23	100%	

在完全棘轮防稀释保护下,在稀释性发行时,原可转换证券的转换价格应等于该稀释发行的发行价。其目的是为了完全性地保护投资者们——特别是 PE,免受由信息壁垒引起的错误定价的伤害。不论公司低价再融资发行规模的大小,该经济稀释的全部风险均应由原普通股持有者(特指公司创立者和管理层)来承担。

然而,导致标的资产价值的下跌原因并不只是信息壁垒,还有市场整体不景气等其他因素,因而,就创业者们来看,估值下跌的风险应由 PE 和创业者共同承担。同时,PE 也清醒地意识到,完全棘轮条款的运用将会造成创业者的持股比例大幅缩水,必将导致他们缺乏股权激励而不思进取的恶果。因此,在现实的交易契约中,完全棘轮条款的运用并不常见,加权平均价格条款便应运而生。

2. 加权平均防稀释

在加权平均防稀释条款中,A 序列投资者的调整后的转换价格取决于当前和过去的融资阶段的规模大小。一般情况下,新增发行规模越大,转换价格调整就越大;反之则相反。并且,调整后的转换价格高度地依赖于初始转换价格的高低。

$$NCP = OCP \cdot [OB + (NM/OCP)]/(OB + SI) \tag{8-8}$$

其中:NCP＝本轮融资后的调整后新转换股价;

OCP＝本轮之前的旧转换股价;

OB＝本轮之前已经发行的股份;

NM＝本轮融资新投入的资金额;

SI＝本轮融资发行的股份数量。

$NCP = 1 \times [12 + (3/1)]/(12 + 6) = 0.83$。

A 系列投资者的 $5/0.83 = 6$ 百万股份。在加权平均防稀释保护下,AB 公司股权稀释后股权结构如表 8-6 所示。

表 8-6 加权平均 AB 公司股权稀释后股权结构

	股份(百万)	股份比例	
		稀释后	稀释前
普通股(创业者和管理层)	7	36.8%	58.3%
A 系列	6	31.6%	41.7%
B 系列	6	31.6%	
总计	19	100%	

引发初始投资价值下降的原因是多样的,本应由创业者来承担的那部分损失比例难以确定,采用加权平均价格进行虽不太精确,但相比之下,是创业者与 VC 双方都能接受的最好方案。

3. 市场价格保护

与防稀释条款主要针对当前价值被稀释的风险不同,使用市场价格保护条款的首要前提是不存在信息壁垒,即不存在初始投资价格被经济稀释的风险。这一前提只有对大型的交易活跃的公众公司而言是正确的,因此,不难发现市场价格保护条款只见于大型公众公司的可转换证券中。

当公司按低于市价的价格进行普通股再发行之时,可转换证券的持有者将只能按原定的转换价格行使转换权换得普通股;而以低价购买公司再发行普通股的人则享受到了比市价更低的优惠价格,明显占了便宜;此时,可转换证券的持有者即面临当前价值被稀释的风险。因此在缺乏市场价格保护条款之时,可转换证券的持有者们将白白地把这个便宜送给原普通股的持有者。

若可转换债券不受市场价格保护条款的保护,其持有者最明智的做法可能是赶在公司低价再发行之前行使转换权,与普通股持有者共同享受低价再发行的好处,但这样就丧失了可转换债券风险保护的功效。如果将来公司破产,这些原可转换债券的持有者们将不再享有优先清偿权。而在理想的市场价格保护条款之下,可转换债券的持有者们对于低价再发行之前行使转换权与低价再发行之后行使转换权将无差异,既保护了他们免受当前价值稀释的风险,又保留了可转换债券的附带权利。

8.2.4 现金或资产的分红

当公司向普通股持有者分发现金或资产红利时,普通股的价值通常会下跌。此时,对于可转换债券的持有者而言,并没有发生比例稀释,但确实发生了经济稀释,因为公司的价值由可转换债券的持有者手中流入了普通股持有者的手中。同样地,现金或资产的分红也是由董事会和管理层拍板,他们只对普通股持有者负责,但他们也是可转换债券持有者们的资金代理人;因此,现金或资产的分红也是引起可转换债券经济稀释的一类代理成本问题。

对这类稀释的保护普遍见诸各类公司发行的可转换债券中,采取的形式包括以下四种:①防稀释条款,调整转换价格;②禁止公司任何分红的条款;③事先告知条款,允许可转换债券的持有者享有充足的时间,以行使转换权利并享受现金或资产分红;④参与性条款,承诺可转换债券持有者与普通股持有者一样,能够在将来行权之后,获得其相应比例的现金或资产分红。Kaplan 的研究表明,由于存在着多种可行的保护措施针对现金或资产分红,在实务中大约有一半的可转换债券使用了其他保护措施而非防稀释条款。

8.3 创业投资交易条款

8.3.1 什么是交易

一般来说,交易代表两组或两组以上的群体之间的事务关系。处于刚起步时几乎一无所有的创业者,必须获得资金、人员以及外部专家等与创业相关的资源,才能开展创业活动;通过放弃部分对企业未来价值的索取权而获得使用现在这些资源的权利,实现与资源所有者之间的交易。

按照是否转移与创造价值以及创造价值的性质不同,交易可以分为创造价值型、价值毁损型和价值转移型。创造价值型,如向 VC 提供适当激励的合理交易,可能产生一个高得多的价值,这种价值增值将由创业者与 VC 分享;价值毁损型,如一笔充满希望的交易,因为没有精心设计,最后导致了投资失败。价值转移型,同样的一笔交易,虽然也增加了总价值,可能产生两种截然相反的效应——在总价值中,一方所能要求获得的价值提高了,而另一方的所能要求获得的价值却下降了。

创业者与资源拥有者之间的交易涉及许多价值分配条件、基本定义、假设、业绩激励因素、权利和义务;传递及时、可信信息的基本机制、表述和保证加上消极和积极的保护条款;违约条款和补救行为条款,这些构成了两者之间的交易结构和交易协议条款的主要内容。

创业者与投资者之间的投资交易是建立在现金、风险和时间的基础上,必须对这些方面作出解释,如下例。

交易一:创业者必须在两项交易中选择一个。

交易 a:东方 VC 将带头投资 300 万元并要求管理层投资 100 万元。在东方 VC 获得 25%的投资回报后,余下的收益对半分。其他普通投资规定也适用(托管、雇用协议等)。东方 VC 对管理层可能进行的未来几轮融资及所有其他交易有第一否决权。

交易 b:南方 VC 将带头投资 400 万元,管理层无需投资,未来收益由南方 VC 得 75%,管理层得 25%。在企业未获得正向现金流前,南方 VC 对管理层可能进行的未来几轮融资和其他交易有第一否决权。

交易二:一家 VC 提议筹集 1.5 亿—2 亿元来兼并并建立 SR 移动电话资产公司。该 VC 司承诺将提供股权融资 1 500 万—3 000 万元,并将带头筹集优先债务融资和从属债务融资以买断许可权。许可经营者将获得新公司未来股权价值中的 30%;该 VC 将获得 60%(从属债务估计占 10%);管理层将获得 5%—10%,但必须达到原定回报目标。该 VC 司的最差方案将为他们的公司带来 33%,为许可经营者带来 9% 的投资回报。非竞争协议有效期为 12 年,另外还有股票托管等安排。

要试着找出提议这些交易条件的人的假设、动机和信念是什么。以下这些问题对识别交易者的赌注可能有所帮助,赌的是什么?目的是什么?谁在冒险?谁得到回报?应该是谁在打赌?如果创业者的经营业绩超过了风险资本家的预期,会发生什么?如果他们没能达到风险资本家的预期,又会发生什么?资金管理者会怎样行动?他们的投资战略将是什么?

创业者的关键任务是使得整体等于或大于部分之和,也就是说,把企业的经济利益分割成符合各个特殊的资金提供者需求的部分。创业者可以通过以最高的可能价格卖掉这些部分来最大化自己的收益,即卖给那些要求最低回报的个体。而且那些要求最低回报的个体往往是风险认知比较低的人。

交易最终是艺术和科学的结合,成功的交易具有以下特点:
- 简单、强健(不会因为跟预期有小的差异而告吹)、有生命(不是不变的);
- 考虑了各种情况下交易各方的激励因素;
- 提供了沟通机制和解释机制;
- 主要基础是信任,而不是深奥的法律用语;
- 没有明显的不公平行为;
- 没有复杂化筹集额外资金的行动;
- 把资本使用者和资金供应者的需要结合得很好;
- 透露每一方的信息(如他们对自己完成承诺能力的信心);
- 在必须融资以前,不断接受新的信息;
- 没有不连续情况存在(如会打乱资本代理人行动的边界条件);
- 考虑到筹集资金要花时间这个事实;
- 提高了企业成功的机会。

私募股权基金选定投资对象后,将针对投资对象的具体情况设计交易结构。被投资企业所处的阶段、公司形式、经营状况、财务状况以及投资性质将影响交易结构的设计,下面将分别针对各种情况具体讨论。

8.3.2 驱动交易的因素

为了使得商业洽谈最大化自己的经济利益,创业者要做的第一件事情就是要评估企业本身的基本经济特征。大多数企业规划都设计了企业一系列的经济状况,它们决定了所需的资金量:绝对需求量、这些需求发生的时间;企业绝对的风险水平、决定这些风险的潜在因素;获得回报的时间以及潜在的回报大小[①]。

但企业本身并非必须要有一组固定的经济特性。创业者在做出关于企业的一些关键决策的同时决定了企业的一些基本经济状况。同时,企业可能会有一些受行业和环境影响的特有

---

① Michael J. Roberts, Stevenson, Howard H.. Deal structure and deal terms. HBS No. 9-806-085.

的经济特征,而且创业者通常会被这些特性引导。

例如,与经营不动产相比,生物科技类的新创企业在一系列的特征上都会有很大的不同。生物科技创业企业可能会在开始几年需要大量投资,随后是几年的零现金流,很多年以后才可能获得巨大的潜在回报。而不动产项目或许只需要一次性投资,立即能够产生现金流,并且只是需要几年的发展就可以提供退出的渠道。了解企业经济特性的一个方法就是分析潜在的回报来源。一个制造业企业前 5 年的项目现金流如表 8-7 所示。

表 8-7 某制造业企业的项目现金流

年份	0	1	2	3	4	5
现金流(万美元)	−1 000	400	400	400	400	5 600

假设这些现金流如表 8-8 所示。

表 8-8 某制造业企业的项目现金流

现金流($)	年 份					
	0	1	2	3	4	5
原始投资	−1 000					
税收影响		300	300	0	−100	−200
自由现金流		100	100	400	500	800
最终价值(税后)						5 000
总计	−1 000	400	400	400	400	5 600

假定这些现金流的内含回报率 IRR 为 64.5%。基于这个 IRR 来计算各个元素的现值,以及各个元素对总回报的贡献比例。当然,总回报的现值会和原始投资相等。

表 8-9 各个元素对投资回报的贡献

元 素	现值(百美元)($i=64.5\%$)	所占百分比(%)
税收影响	263	26.3
自由现金流	322	32.2
＋最终价值	415	41.5
总计	1 000	100

这个分析阐明了企业固有的潜在回报来源,正如所计划的一样。现在创业者的任务就是把现金流和回报分割成各个部分,并把它们卖给那些愿意获取最低的回报个体或机构,也就是那些愿意以一定的资金作交换来获得这些现金流的最低份额的个体或组织,并且可以给创业者留下最大的一块份额。要做到这一点,就需要了解投资者的需求和认知。

1. 投资者的假设与需求

资金提供者对他们投资的资金明确地要求一个"好"回报,当时他们的需求和优先考虑的因素远远更复杂。不同的融资渠道却存在着很大差异,并在许多维度上变化着,包括:期望的回报额大小、可以接受的风险大小和性质、对风险和回报的认知、获得回报的时间、获得回报的形式、对企业的控制程度、控制的机制。

对于这些各种各样的因素,投资者的优先顺序可能会有很大的不同。举例来说,特定的机构(如保险公司、养老基金),可以承担的投资类型是有法律标准的。对于其他的机构,获得回报的时间范围可能会受到组织的或法律的约束。

某些投资者想要获得较高的回报率,为此愿意等上较长的时间并承担较高的风险。但是另外一些投资者则会考虑所有类型的投资,只要存在能够使他们运用对企业的控制权的机制就可以。在一定程度上,创业者可以把企业的基本价值分解成在各个维度上不同的部分,然后寻找需要这些特别的组合的投资者。这样,创业者就可以构建一个可以为他创造更多价值的交易。

回到上文提到的制造业企业的例子,可以看到创业者如何利用这些投资者特征的不同。例如,在高边际税收等级地区,税收收益对于那些风险规避的富有的个体就非常合适。因为收益是通过运营损失来获取的,如果企业业绩很差,税收收益可能就更大。假设一个富有的个体相信这些预算是符合实际的,并且要求 25% 的回报。如果在 25% 的回报率下对税收收益进行折现,会得到现值为 325 000 美元。因此,该个体应当愿意投资 325 000 美元来购买现金流的这一部分。

总的来说,运营现金流通常被认为是非常有风险的。但是,它们其中的一部分会被银行看作"安全的赌注"。假设创业者可以让一个银行家相信每年至少会有 60 000 美元可以用作利息支出。进一步,如果有银行家愿意接受 12% 的利息率并且在第五年年底收回本金(当企业被卖掉时),那么他应该愿意以贷款的形式提供 60 000/0.12 = 500 000 美元的资金。

现在,创业者已经募集了 825 500 美元的资金,只需要额外的 174 000 美元企业就可以开始运作了。最终价值以及运营现金流中风险较高的部分有待出售。假设一个创业投资者愿意以 50% 的回报率提供资金,其剩余的现金流如表 8-10 所示。

表 8-10 创业者的剩余现金流

年份	1	2	3	4	5
总计	400	400	400	400	5 600
富有的投资者	300	300	0	−100	−200
银行	60	60	60	60	560
剩余	40	40	340	440	5 240

现在,在创业投资公司 50% 的回报率下,从第一年到第五年的剩余现金流有 922 140 美元的现值。若需要 174 500 美元,则要放弃 174 500 美元/922 140 美元 = 18.9% 的现金流以吸引创业投资者提供创业投资。这是留给创业者很大部分的剩余现金流。依此可以看出,这些需求以及风险认知的不同是如何允许创业者为自己创造价值。

为了强调这里的逻辑和潜在的原理,该例子既简单又过于精确。在现实社会中,所有的这些假设都会受到谈判的约束,但原理相同。

2. 创业者的假设与需求

基于假设即创业者想要以可能的最低成本获取资金。尽管这通常都是正确的,有时候也会有一些其他缓和因素。

创业者的需求以及优先顺序确实会在很多方面上不同,包括参与企业的时间范围、参与的性质、企业的风险程度等。所有这些变量都会影响创业者选择所要追逐的企业。但是,一旦创业者决定了从事某个特定的商业,他对企业融资的需求和优先顺序会随着以下方面变化:期望的对企业的控制程度、期望的控制机制、所需的融资额、期望的财务回报的大小、可接受的风险程度。

类似地,以12%的利率提供资金的银行,或者创业投资者,可能会强加一些限制性很强的条款。与其接受这种控制损失,创业者可能宁愿放弃更多的潜在的经济收益。

此外,创业者需要的可能不仅仅是资金。有时候一些投资者的资金比其他人好。这会出现在这种情况:一旦某个个体与企业有财务上的联系,他就有以非财务的方式帮助创业者的动机。例如,一个依赖于良好的零售位置来创业的创业者会更倾向于从一个有良好的不动产合同的个体那里获得资金,而不是没有这些合同的个体。创业投资常常除了提供资金外还可以提供建议和支持。

8.3.3 投资合约的具体条款

VC在投资时,不仅关注投资时的价格和投资后的回报,而且关注投资后如何保障投资人的利益和监管公司的运营。VC给企业家的投资协议条款清单(term sheet)中的条款也就相应地有两个维度的功能:一是价值功能,比如投资额、估值、清算优先权、参与分配权、防稀释条款等;一是控制功能,如董事会、股份回购、保护性条款等。

1. 具有价值功能的条款

价值功能条款包括:清算优先权、参与分配权、防稀释条款、可转换债券、融资额、股利等,因为前面四个条款已在前两节重点介绍,这里重点讨论之后的几项。

(1) 融资额。融资额是最重要的价值条款,通常是创业者最为看重也是最难以谈判的条款。因为既涉及投资方与融资方两个主体,还涉及创业者愿意出让的股权比例、融资数额和公司估值三者之间关系,需要多方考虑、综合平衡后方能确定。

对于VC来说,投资多少取决于投资成本、回报与风险的平衡。

① 投资成本。VC基金投资项目存在上下限的约束,同时需要花费很多的时间,根据价值投资原则,只有他认为是值得投资项目,才肯花时间、多投资,否则就花更多的时间去寻找更多的好项目。

② 投资回报。若VC确信某个项目能够成功,当然会尽量多投资,以提升整个基金的回报率。

③ 投资风险。为规避创业项目投资风险,VC往往采用联合投资方式,将项目的部分投资机会转给他人机会,同时,减少应项目投资,增加更多项目的投资,通过组合降低风险。

对创业者考虑融资时,要考虑以下因素。

① 解决资金短缺的紧迫性。创业过程中,现金流越紧张,创业者越希望多融资,为后续融资到位预留一定的时间窗口,以保证创业项目的持续进行。

② 股权稀释度。创业者是以出售自己的股权为代价,越多融资,意味着股权稀释越多,企业控制权丧失就越多。

③ 优先清算权。当公司被收购或者被清算,当初融资额越多,创业者付给VC的优先清

算额度就越大,留给自己的就越少。

由于创业者和投资人都面临不同的考虑因素,融资额的答案不是单一的数值,而是一个范围。其下限能够满足公司业务发展,直到下一轮融资,上限能够让公司更快达到短期发展目标,并为可能的风险预留足够资金。最优融资额度的决定,与其强调其科学性,不如更强调艺术性,在这一范围内,根据投资者、融资者等具体情况灵活确定。

(2) 股利。据统计,绝大多数 VC 从来没有遇到一个被投资的创业企业实际支付股利。尽管如此,股利仍然是非常典型的 VC 投资条款。创业投资,尤其是专注于早期项目投资的创业投资,通常是期望获得高额的"风险回报",即所谓"高风险、高收益"。考虑到投资的成功概率,VC 对被投资企业期待 10 倍或更高倍数的回报率是很正常的。如果把这种高额回报称为"大餐"的话,股利只不过是一点条款,通常的解释是为了防止所投资的企业发展不好,因此他们需要通过以股利的方式给予一些回报。

一般的股利条款:一旦董事会宣布发放股利,A 类优先股股东有权优先于普通股股东每年获得投资额 8% 的非累积股利,A 类优先股股东还有权按可转换成的普通股数量,按比例参与普通股的股利分配。

在股利条款中包含着以下四个关键性的要素。

① 股利比例,即股利占投资额的百分比,通常的比例范围是 5%—15%。虽然 VC 在投资后要控制风险,包括经验管理风险和投资回报风险,股利只是众多控制投资回报的手段之一。但有很多创业者对股利的要求比 VC 还要强烈,他们可能经营企业很多年,一直在滚动投入,希望 VC 投资之后,自己能够分红享受创业成功的成果。但 VC 却不希望这样,他们希望企业能将利润全部投入发展,使企业尽快做大,以便于他们尽早实现获利退出。

② 是否为累积股利。即如果股利当年没有支付,是否会一直累积,直到支付为止。如果是可累积的股利,且不选择以现金形式发放,而选择普通股形式,其实质是在慢慢增加 VC 的持股比例,每年的比例可能不多,但会对普通股股东(创始人)的股份产生额外的稀释,并将慢慢提升 VC 的持股比例。创业者应该认识到累积股利是企业资产负债表中的负债项,这也许会降低企业的借贷能力和偿债能力的评价。

③ 是自动股利,还是董事会宣布发放。即投资人是每年自动获得股利(不一定发放),还是只有经过董事会宣布发放股利时才能获得。绝大多数创业企业不会产生足够的现金来支付股利,VC 也通常不指望能够获得股利。同时,在由创始人、管理团队成员、不同的投资人构成的董事会中,即使 VC 想要通过股利的方式获得一定回报的话,其方案也很难被宣布发放。

④ 是否有参与权,即投资人在优先获得其要求的股利(优先股利)后,是否还要跟普通股股东一起分配剩余的股利。在企业发生清算事件、要求企业回购其股份、要求将优先股转换成普通股时,如果股利是可累积的,所有应付而没有发放的股利,VC 在特定的时候是会要求得到支付的。另外,在清算优先权条款中,企业通过清算事件收回的资金要在支付投资人的应付而未付股利之后,再进行分配。

综上,有些 VC 会要求比较高比例的、董事会宣布的、有参与权的股利条款。即使创业者通过董事会决议发放股利的话,相信能够拿到手的不会有多少。这样,创业者也就没有了发放股利的动力。

2. 控制功能的条款

VC 控制公司主要依靠董事会席位和投票权以及协议赋予的权利。虽然董事会控制权和多数投票权是控制退出的最有效的方式,VC在第一轮投资时,通常不会拥有多数投票权和董事会席位,那么不能通过这种方式来行使退出决策权时,VC就只能借助于股份回购权等合同约定控制权了。

(1) 董事会。股东作为企业的所有者,对企业的控制权通过董事会实现,董事会的设立应该反映出股东的所有权关系。董事会的成员构成及其投票权的分布决定股东控制权的实现。董事会的条款一般涵盖:

① 董事会的人数。按照中国法律规定有限公司至少3人,股份有限公司至少5人;A轮融资后,比较理想的情况是3-5人;以后随着投资人的增加而逐步扩容。

② 董事会的构成。VC投资人占n个,其中不同轮次的投资人分别占多少;创始人或普通股股东占s个,独立董事几个、由谁推荐、CEO是否占据普通股席位等。理论上,所有的董事会成员都应服务于公司的利益,而不是仅仅服务于他们自己持有的某种类型的股权。通常在A轮融资完成以后,普通股股东(创业者)还拥有公司的绝大部分所有权,因此,普通股股东就应该占有大部分的董事会席位。投资人(优先股股东)的利益由投资协议条款清单中的保护性条款来保障。

③ 选举方式。如由董事会一人一票方式选举,或者按照股份比例(假设优先股转为普通股后的各方股份比例)进行选举。

④ 投票权。如果只有普通股被发行和未清偿,那么就要对所有的股票一视同仁,如果可转股和优先股被发行,这些股票的表决权必须被详细陈述(如:优先股在视为转换成普通股的基础上拥有表决权)。

(2) 股份回购。VC要求股份回购权才能保障基金在清盘时有变现渠道,同时,让被投资企业的经营者有更多的责任和压力,并且会让他们考虑如何善用投资和经营企业,VC在投资协议中通常设置股份回购条款。

如果大多数A类优先股股东同意,公司应该从第5年开始分3年回购已经发行在外的A类优先股,回购价格等于原始发行价格加上已宣布但尚未支付的红利。当然,股份回购的触发方式,也可以不是由优先股股东投票表决,而是由条款约定具体的某一时间性事件触发,比如4年或者5年之内企业未能实现IPO,则触发股份回购条款。其中关键点包括VC行使权利的时间、回购及支付方式、回购价格,它们构成创业者与VC谈判的空间。

VC会担心被投资的公司发展能够产生一定的收入,维持公司运营,但无法成长到让其他公司有收购的兴趣,或是达到上市标准。这种情况下,投资人只有通过股份回购权,才能获得一条有保障的退出渠道。

通常而言,如果处于这种境况,公司也不会留存足够的现金来回购VC的股份,VC可能会强迫管理团队对待他们的退出要求,并可能导致创业者被迫出售公司;也可能会要求获得额外的董事会席位,导致VC获得董事会控制权,从而调整公司运营方向或直接出售公司。

除了上述的股份回购条款之外,还有一种比较苛刻的经营不善回购:如果公司的前景、业务或财务状况发生重大不利变化,经过多数A类优先股股东同意时,投资人有权要求公司立刻回购已发行在外的A类优先股。购买价格等于原始购买价格加上已宣布但尚未支付的红利。

这个条款非常模糊,对公司非常有惩罚性,并且给予投资人基于主观判断的控制权,理性的投资人不会要求这样的回购条款,理性的企业家更不应该接受这样的条款。

主动回购：与VC预设时间自动或强制要求企业回购其股份的模式不同，如果创业者对企业经营有良好预期的话，也可以约定适当时候企业（创业者）有权强制回购投资方的股权。这就是主动回购VC股份的模式，此外，在VC投资了企业的竞争对手、VC被竞争对手收购等情况下，企业（创业者）有权回购VC投资人的股份。

总之，股份回购权是VC保障自己退出的一种手段，创业者应该给予理解，但要尽量提高回购权行使的门槛，降低行使回购权对企业经营的影响。当然，创业者也可以通过主动回购权的方式，维护企业的利益。

(3) 领售权。领售，即领衔出售，也叫强制随售权。该条款一旦被触发，会强制创业者股东随投资人一起出卖股份。在IPO无法实现的情况下，投资企业被并购或者被出售给第三方，VC可以将自己的股份变现。VC通过自己努力找到一个合适的并购方之后，创业者或管理团队可能并不认同并购方的报价、并购条款等。

这是因为VC手中持有的股份比例不高，在董事会上的投票权往往没有决定性，依靠董事会决议来同意出售公司的方案很难通过；同时，当公司出售交易金额低于或者超出投资者的优先分配额，在VC按照设定方式可以获得优先分配资金，而创业者和管理团队可能颗粒无收、得不到满意的资金的情况下，出售方案同样遭到他们的抵制。为了保护自己的退出时的利益，VC通常在合约签订中便加入领售权条款，以强迫创始人接受交易。

通常的条款是，在公司符合IPO之前，如果多数A类优先股股东同意出售或者清算公司，剩余的A类优先股股东及普通股股东应该同意此交易，并以同样的价格和条件出售他们的股份。其中，受领售权制约的是普通股股东，是否包括其他跟投的VC、领售权激发的条件、由某个特定比例的股东要求（比如50%或2/3的A类优先股，或某特定类别优先股）、出售的最低价格等则是关键要素。

领售权条款意味着，企业出售与否的命运并不按照持股多少来投票。若一个公司的绝大多数股东决定出售公司，几个小股东不应该阻止这桩交易，也不应该有办法阻止，同样，占公司少数股权的VC，只要与公司签订了领售权协议，便具有在出售公司时的绝对控制权。

【案例8-3】　　　　俏江南与鼎晖交易条款的执行[①]

俏江南股份有限公司（以下简称俏江南）于2000年成立，创始人为张兰。历过多年的打拼与积累，2007年，俏江南发展成遍布中国20余个城市，拥有几十家分店，领先的时尚商务餐饮品牌。然而，俏江南扩张一直依靠自身的积累，没有银行贷款，也没有发过债，使得俏江南发展的资金链面临着巨大压力。

为了缓解资金压力，俏江南高调募资，凭借其鹊起的声名，吸引了几十家创投机构，最终它选择了鼎晖资本。2008年12月，鼎晖资本就以等值为2亿人民币的美元换了俏江南大概10.53%的股权（投资估值约为19亿元）。但有媒体报道，鼎晖为保证顺利套现退出，与俏江南签署了包含股份回购的投资协议。其内容是：如果非鼎晖方面原因，造成俏江南无法在2012年底之前上市，鼎晖有权以回购的方式退出俏江南。

---

① 本案例根据相关资料和事实编写，目的只为学员了解交易条款的执行，无意冒犯相关企业。

为确保协议的履行和鼎晖顺利退出，俏江南于2011年3月份向中国证监会提交了上市申请，但2012年1月30号，俏江南却遗憾地进入了证监会例行披露IPO终止审核名单。这标志俏江南A股上市夭折。之后，俏江南转向港股，依然未果，这样，俏江南未能在2012年末实现IPO。按照当初的协议，无疑触发了"股份回购条款"。

假如鼎晖要求每年20%的内部收益率，那么其2亿元的原始投资到2013年的时候退出回报至少4亿元，换言之，俏江南必须拿出4亿元回购鼎晖持有俏江南的股份。但当时俏江南的经营非常困难，其门店从70个门店缩减到50个门店，其惨淡之状足见一斑，因而根本拿不出4亿现金去回购鼎晖所持有的股份，导致鼎晖无法收回其投资并获得相应的收益。

具有丰富投行经验的鼎晖不会坐以待毙，便启动协议之中的领售权条款，这意味着鼎晖在俏江南所占股份并不控股，但只要其同意出售这家公司，张兰必须同意执行。2013年10月份，鼎晖找到欧洲一家最大的私募股权基金CVC。CVC以3亿元获得了82.7%的股权，其中鼎晖转让10.53%的股份，张兰跟随出售72.17%的股份。

俏江南出售的股份数量已经超过50%，属于清算事件，它又触发当时投资协议中的清算优先权条款。按照这一条款，俏江南被出售所获得的收入要优先保证鼎晖2倍的回报，若有多余可分给张兰；若没有多余，张兰则颗粒无收。

CVC购买俏江南的交易估值是22.1亿元，比鼎晖入股时的估值19亿元稍高。鼎晖卖股份可以保本，但要求2倍的回报存在差额，这一差额由张兰出售股份来补。张兰出售72.17%的股份，大概可获得16亿元，其中拿出2—4亿元补偿鼎晖，实际上她自己套现大概是12亿元。

俏江南因IPO夭折触发股份回购条款；又因企业经营陷入了不太良好的状态，缺乏足够的钱来回购投资人的股权，导致鼎晖启动了领售权条款而出售公司。公司的出售成为清算事件又进一步触发了清算优先权条款，形成了协议的相关条款被连锁执行，最终导致创始人张兰出局。

附录　A创业投资公司的条款清单[①]

2013年6月

发行人	某股份有限公司，一家上海的公司（以下简称"公司"）
发行量和证券类型	4 761 905股A系可转优先股（以下简称A系优先股）和第三方保管的股票（如下所述）

[①] 根据Walter Kuemmerle, William J. Coughlin. Term Sheet Negotiation for Trenelsetter, Inc. HBS Case：9-801-358改写。

投资数	$5 000 000
交易前估值	$7 350 000，假设员工期权储备预留有 3 000 000 股并且未发行第三方保管的股票
第三方保管的股票	除了 4 761 905 股 A 系优先股，501 253 股 A 系优先股由第三方来保管而不发行，除非公司在 2013 年的会计年度未完成 $5 000 000 的收入。
发行价格	如果第三方保管的股票仍在第三方(不发行)，加权平均的发行价格为 $1.05。如果第三方保管的股票发行给投资者，发行价格为 $0.95。
股息	董事会宣布分派股息时，对所有的流通 A 系优先股，持有者有权先于普通股的股息分配获得每股 $0.08 的非累积股息。对于其他的股息分配，A 系优先股视为转换成普通股参与分配。
预期交割日期	2013 年 6 月 16 日
创业者	××，×××
投资者	A 创业投资公司(简称"A")和硅谷合伙人(简称"SV")以及其他合适的投资者。 A　　　　$2 250 000 SV　　　 $2 250 000 其他投资者 $500 000
清算	原始的发行价格加上宣布的但未支付的每股 A 系优先股的股息。然后每股 A 系优先股被视作转换成普通股同普通股参与剩余资金分配直到每股 A 系优先股获得三倍的原始发行价格。兼并、重组或其他一些使公司的控制权发生变化的交易都被视作清算。
转换	A 系优先股的持有者有权在任何时候将所持股票转换成优先股。初始的转换比例为 1∶1，相应调整如下所述。
自动转换	若(1)持有大多数 A 系优先股的投资者同意转换，或(2)公司普通股的公开发行价格高于 $5.00 并且总出价不低于 $15 000 000 (扣除发行商佣金和费用之前)(合格的首次公开发行(IPO))，A 系优先股会以当时适用的转换价格自动转换成普通股。
防稀释条款	A 系优先股在公司发行股票时有广义加权平均防稀释保护，对依据董事会通过的股权激励方案给员工、董事或顾问发行 3 000 000 股以内的普通股(或其他普通股的期权)不作调整。
表决权	A 系优先股被视作转换成普通股拥有表决权，并有受法律保护的该团体表决权。下列各项要得到至少 60% 的 A 系优先股的同意：(1)创造或发行任何优先证券或平等权利证券；(2)增加核准的优先股的数量；(3)任何对优先股的权利、优先级和特权的不利改变；(4)扩大董事会的规模；(5)回购离职员工持有之外的普通股；(6)回购或赎回任何优先股(除了依据本文的赎回条款)；(7)任何改变公司控制权的交易；(8)任何对公司章程和规定的改变；(9)公司

股本的任何分红或分配;(10)任何出售、抵押、授权或者转移公司全部或实质性资产的行为。

陈述和保证	公司提供标准的陈述和保证
保密和知识产权协议	每个公司的管理人员、员工以及顾问都要以投资者可接受的方式签订保密信息和专利协议。
优先认购权	投资者应有按比例的优先认购权利,即基于他们优先股的股权所有权份额,参与随后的公司股权融资。如果任何普通股(或等同物)的持有者想要出售股票,他们必须优先卖给 A 系优先股持有者。
共同出售权	如果普通股或等同物持有者要出售股票,A 系优先股有权基于一定的比例(基于其 A 系优先股的所有权份额)参与出售。该条款不适用于合格的 IPO 和随后的公开招股。
知情权	只要投资者持有超过 250 000 股的 A 系优先股,公司就要将财务报告(月度、季度和年度)、年度商业计划和预算(在下一个会计年度开始 45 天之内)以及投资者合理要求的其他信息投递给每一位投资者。每一个投资者有权进行标准的视察和探访。
董事会	共计 5 人。A 系优先股有权选举两名代表(A 有权提名 A 系优先股的一名代表);普通股有权选举一名代表(××作为创业者代表和 CEO);A 系优先股被视作转换成普通股,与普通股共同选举出另外两名代表——一个是由创业者推荐并得到投资者认可的外部人士,另一个是其他董事接受的外部董事。当第三方保管的股票发行时,投资者有权将第五个董事(即其他董事接受的外部董事)替换成由投资者共同选择的新董事。第一次董事会会议要制定一个董事会会议时间安排。
薪酬委员会	共计 3 人。2 名 A 系优先股的董事和 1 名外部董事。所有的高层管理人员的薪酬都要得到薪酬委员会的批准。
补偿	董事和管理人员有权依据适用的法律获得全额的补偿。
律师及费用	投资者的律师起草交割文件。公司支付因融资产生的所有法律和行政花费,加上垫付款不超过 $ 20 000。
登记权	(1) 最早在交割后 3 年或 IPO 后的 6 个月后,30% 的流通 A 系优先股的持有者可要求其持有股份的公司进行两次注册登记,每次登记的发行总额不可少于 $ 7 500 000。费用由公司承担。 (2) 无条件的附带登记权受限于由承销人自由裁量的按比例减少。在进行合格的 IPO 时可完全减少;之后最低为 30% 的比例。费用由公司承担。 (3) 无条件的 S-3 表格式登记(发行总额)不低于 $ 7 500 000,每年不超过两次。费用由公司承担。 没有多数投资者的同意,未来注册权不能被授权,除非服从投资者的权利。
关键人员保险	公司为××和×××各购买价值 $ 2 000 000 的关键人员人身

	保险,公司为受益人。
创业者股份,期权和赋予	除非得到董事会的同意,员工期权储备在48个月内每12个月赋予一次,以后每个月赋予一次。××和×××的股份在优先股购买时赋予其中的25%,剩余的部分在36个月内逐步赋予,尚未赋予的部分受到回购条款的约束。员工离职时,公司有权以成本价回购尚未赋予的股份。创业者无故离职时,可以获得额外的六个月的股权赋予,并且在控制权转移时可以获得加速的股权赋予。此外,创业者在无故离职时,可以获得6个月的工资作为解雇费。
普通股交易限制	(1) 交易尚未赋予的股权是不允许的。 (2) 赋予的股权拥有优先认购权直到IPO。 (3) 在与公司股票发行相关的承销商要求的180天锁定期间内,任何转让和出售都是不被允许的。
实收款项的利用	出售A系优先股获得的资金应当作为公司执行商业计划的运营资本。
中间人	当一方有责时,公司和投资者需要补偿另一方的财务经纪费。
其他	公司同意建立合格的文件档案体系
融资前条件	该条款总结的目的不在于投资者的承诺具有法律约束力,任何投资者方面的义务受到以下先决条件的约束: 法律及会计文件的完成符合潜在投资者的要求; 潜在投资者的尽职调查的完成是令人满意的; 投资者对最后的协议的执行得到了投资者顾问的允许,并且协议被投资者和公司共同执行。

A 创业投资公司   某股份有限公司

_____   _____
　　　　　负责人　　　　　　　　　　　　　　　　董事长,CEO

附件

资本结构表

流通普通股	_____
员工期权——储备池	_____
其中授予的	
流通的A系优先股	_____
全部行使股数总计	_____

Chapter 9　创业投资的退出

经过募、投、管、退，创业投资完成了一个投资循环，退出是上一次投资的终点，也是下一次投资的起点，既是其投资价值实现的重要环节，也是其持续的流动和循环的保证。退出方式的正确选择有助于提高创业投资退出的效率，有效地促进创业投资的循环发展。但创业投资的退出需要由资本市场体系提供顺畅的渠道为前提，同时，创业投资通过培育与扶植新兴企业成长与壮大并推动其上市，不断给资本市场注入新的生机，推动资本市场的繁荣发展。本章主要讨论两个问题：①中国资本市场体系；②退出方式。

9.1　中国资本市场体系

创业投资涉及投资量、投资时机、投资工具、投资顺序等的组合，需要资本市场为其提供良好的市场环境。缺乏相应的市场环境，创业投资行为缺乏系统性，其投资的价值便无法实现。

创业投资市场是围绕着科技创新、创业而形成并发展起来的一种新兴的资本市场体系。它是一个由创业投资的投资主体、投资对象、有关的中介服务体系和法规政策体系以及创业投资撤出渠道等构成的经济运行系统，该系统的有效运行取决于创业投资运行机制的建立和完善。即创业投资市场的建立，既要建立相应的经济运行系统，还要建立和完善该系统有效运行的机制。

创业投资市场属于整个资本市场的一部分。构成资本市场的各部分内在次序、逻辑范围和层次关联上的各种关系，是在分工和协作的基础上，根据不同企业以及企业在不同发展阶段的融资需求和融资特点，为满足不同投资主体和不同质量、规模、风险程度的融资主体，对资本的多样化需求而建立起来的分层次的市场体系。

资本市场的层次性主要指二级市场的划分。根据不同的分类标准，资本市场的层次可按照不同的标准进行划分：①从投资对象的规模来划分，分为主板市场、创业板市场、三板市场、产权交易市场；②从交易规则来划分，分为场内市场和场外市场；③从区域划分，分为全国性资本市场和区域性资本市场。主要按照第一条标准进行划分及分析，具体来说包括以下几个方面内容。

9.1.1　主板市场

主板市场是指传统意义上的证券市场，通常是指股票市场，是一个国家或地区证券发行、上市及交易的主要场所,一般是指各国(或地区)主要的证券交易所,如上海证券交易所和深圳证券交易所。但交易所与交易场所存在差异:前者特指沪深股市交易所,而后者则泛指涵盖股票、股权、债券、权证等一切合法合规的交易所形成的场所。

主板市场是资本市场中最重要的组成部分,能在很大程度上反映所在国家(或地区)的经济发展状况。与所谓的二板(创业板)、三板市场相比,主板市场最主要的区别就在于上市公司的质量水平和上市条件。作为多层次资本市场中顶端的一环,主板市场对发行人的盈利水平、经营状况、股本结构、资产规模、经营期等多方面的指标都有非常严格的要求。因此,主板市场主要是处于成熟期的大型企业进行大额融资的资本平台,主板对上市公司的要求如表 9-1 所示。

表 9-1 主板(中小板)公司上市要求

主体资格	依法设立且持续经营三年以上的股份有限公司(有限责任公司整体改制可从有限责任公司成立日起计算)
盈利要求	(1) 最近 3 个会计年度净利润均为正数且累计超过人民币 3 000 万元,净利润以扣除非经常性损益前后较低者为计算依据 (2) 最近 3 个会计年度经营活动产生的现金流量净额累计超过人民币 5 000 万元;或者最近 3 个会计年度营业收入累计超过人民币 3 亿元 (3) 最近一期不存在未弥补亏损
无形资产规模	最近一期末无形资产(扣除土地使用权、水面养殖权和采矿权等后)占净资产的比例不高于 20%
股本要求	发行前股本总额不少于 3 000 万元
主营业务	最近 3 年内主营业务没有发生重大变化
董事及管理层	最近 3 年内没有发生重大变化
实际控制人	最近 3 年内实际控制人未发生变更
同业竞争	发行人的业务与控股股东、实际控制人及其控制的其他企业间不得有同业竞争
关联交易	不得有严重影响公司独立性或者显失公允的关联交易
独立性	资产完整,业务及人员、财务、机构独立。与控股股东、实际控制人及其控制的企业间不存在同业竞争和严重影响公司独立性或显失公允的关联交易
规范运作	建立三会制度、独董制度、董秘制度等。董事会、监事会、高层管理者不存在违法违规、被调查情形。发行人及其控股股东、实际控制人最近三年内不存在损害投资者合法权益和社会公共利益的重大违法行为。不存在大股东或实际控制人占用资金、发行人违规担保行为
募集资金用途	募集资金应当用于主营业务,且有明确的用途

9.1.2 创业板市场

创业板市场是指交易所主板市场以外的证券市场,以高成长性的创业型企业为主。中国深圳创业板由深交所筹建设立,其目的是借鉴国际经验,在现有主板市场之外建立一个具有相对独立的运行制度、发展目标、组织架构、上市标准及交易结算机制的创业板市场,使其成为按国际惯例运作的高市场化的证券交易场所。

创业板具有一般证券市场的共有特性,包括上市企业、券商和投资者三类市场活动主体,是企业融资和投资者投资的场所。相比之下,创业板在上市公司规模、对上市公司的财务要求等指标上都明显低于主板市场,创业板的性质属于二板市场。

创业板市场定位于新兴产业尤其是高新技术产业服务,在促进高新技术产业的发展和进步方面起着至关重要的作用。主要针对高科技业务,具有较高的成长性,成立时间较短,规模较小,但是对资本的需求却很大。主板市场把大量的成长型企业关在了大门之外,切断了创业投资者与高科技企业之间的渊源关系;创业板市场则为高新技术企业打开了通向资本市场的大门,是一个催生新生产力的市场,相对于主板,创业板较低的上市条件恰好为创业投资的变现和退出提供了理想场所。服务定位不同导致了两者间具有明显的区别。创业板对上市公司要求除了在表 9-2 所示的方面存在与主板的差异,其余要求基本相同。

表 9-2 创业板公司上市要求

盈利要求	最近两年连续盈利,最近两年净利润累计不少于 1 000 万元;或最近一年盈利,最近一年营业收入不少于 5 000 万元;最近一期不存在未弥补亏损
净资产规模	最近一期末净资产不少于 2 000 万
无形资产规模	无
股本要求	发行后的股本总额不少于 3 000 万元
董事及管理层	最近 2 年内未发生重大变化
实际控制人	最近 2 年内实际控制人未发生

创业板依赖主板市场发展起来,其发展进一步推动主板市场的发展。创业板的建立,有助于吸引国内外创业资金,使得创业板成为高新技术企业的"孵化器",充分发挥资本市场在促进产业结构升级中的"第一推动力作用",丰富了中国证券市场的层次性,能适应不同投资者及企业的需要,因而更有助于提高中国资本市场资源配置的效率。

创业板市场的设立模式有两种。

一是独立运作模式。不依附于任何证券交易所,如美国 NASDAQ 市场、韩国 KOSDAQ 市场,与主板之间开展良性竞争,无论对创业板自身还是主板的发展都有积极的促进作用,更有利于提高创业板市场上市企业的质量,是成功的创业板市场所普遍采用的设立模式。

二是采用附属运作模式。特别是附属递进式的创业板市场,如英国未挂牌证券市场、澳大利亚第二板市场,往往被当作主板市场上市资源的培训基地,一旦创业板市场的上市企业发展达到主板市场的上市标准,则允许或要求其转移到主板市场上市。

出于严加监管的需要与创业板市场的需求紧迫性,中国深圳交易所采用两板平行式。中国深圳创业板实行"升板自愿、降板强制"的理念,而导致主板与创业板之间缺乏竞争,创业板市场成为主板的"隐形"附属市场。

9.1.3 新三板

2006 年,中关村科技园区非上市股份公司进入代办转让系统进行股份报价转让试点工作正式启动,由此创立了"新三板"。新三板创立之初仅对中关村科技园区开放,市场自律监管主体为中国证券业协会。

2013年1月16日,全国中小企业股份转让系统正式揭牌运营,是全国场外市场建设的标志性事件,新三板监管机构也由中国证券业协会变更至中国证监会领导下的全国中小企业股份转让系统有限公司。

2013年2月8日,全国中小企业股份转让系统有限公司发布《全国中小企业股份转让系统业务规则(试行)》(简称《业务规则》)及一系列配套文件,上述规则和中国证监会前期发布的《非上市公众公司监督管理办法》《全国中小企业股份转让系统有限责任公司管理暂行办法》一起构成了全国场外市场运行管理的基本制度框架。同时原证券公司代办股份转让系统相关市场运作平台、市场自律管理主体、市场运行适用的规则等均进行了相应的转换:市场运作平台将由证券公司代办股份转让系统转换为全国中小企业股份转让系统,市场自律管理主体将由中国证券业协会转换为全国中小企业股份转让系统有限责任公司,市场运行适用的规则将从中国证券业协会发布的规定转换为全国股份转让系统公司发布的《业务规则》及相关细则、指引等。

2013年3月—2014年10月间,全国中小企业股份转让系统有限公司陆续发布一系列挂牌业务细则,对系统规则进一步细化,全国中小企业股份转让系统业务布局基本形成。

新三板与沪深交易所皆属于国内全国性的、公开的证券交易市场。新三板的挂牌企业为非上市的公众公司,投资者主要为机构投资者,不同于沪深股市服务的公司是上市公众公司,并以广大中小散户为投资主体的市场。

新三板市场将资本平台的角色,为发展高新技术产业、提高自主创新能力发挥重要的作用。通过吸引大量极具活力的高新技术企业,"新三板"市场有望一改原来只向垃圾股扩容、市场规模小、交易清淡、流动性差的局面,为园区内科技含量较高、自主创新能力较强的中小型非上市公司提供了一个有序转让股份的资本平台,为其利用资本市场创造了条件,这些因条件受限而无法登录主板的高新企业,有望通过提前接触资本市场,满足多元化投融资需求,同时完善创业投资的退出机制,改善公司治理水平并提升公司知名度。"新三板"市场也有望发展为高新技术企业的"资本孵化器",很有可能在主板、即将推出的创业板以及"新三板"之间形成一系列便利的转板机制,从而通过"新三板"为主板市场和创业板市场提供优质上市公司资源,成为多层次资本市场重要的基础部分。

1. 挂牌条件

三板市场挂牌条件是,依法设立且存续满两年(两个完整会计年度),有限责任公司按原账面净资产值折股整体变更为股份有限公司的,存续时间可以从有限责任公司成立之日起计算;业务明确(可同时经营一种或多种业务),具有持续经营能力;公司治理机制健全,合法规范经营;股权明晰,股票发行和转让行为合法合规;主办券商推荐并持续督导;全国股份转让系统公司要求的其他条件。

针对创新创业型中小企业的发展特点和风险特征,在挂牌审查中坚持市场化原则,充分发挥中介机构作用,引导中小企业规范发展,《业务规则》在原中关村试点规定的挂牌条件基础上,确定了全国股份转让系统的六项挂牌条件,力求增强市场包容度。

新规充分适应中小企业,企业不再受股东所有制性质的限制,不限于高新技术企业,具备更大的包容性,允许申请挂牌公司存在未行权完毕的股权激励计划,由企业在合法合规前提下自主决策,并充分如实披露,明确历史遗留的股东 200 人以上公司经证监会规范确认,且符合挂牌条件的,可以申请挂牌。

三板市场相对宽松的进入条件,有利于投资和交易为出发点的运行理念,以及扶持中小企业的价值追求,非常适合中小型高新技术企业经营的特点,能够满足科技型中小企业的直接融资需求、疏通融资瓶颈。

相比于通过商业银行的借贷融资和中小板上市的股权融资,通过三板市场进行的融资活动成本更低。由于中小企业较高的经营风险和较低的企业信用,商业银行贷款极不易申请,即使取得也面临较高的资本成本;在深交所中小企业板上市,复杂而谨慎的审批程序意味着高额的融资成本,往往动辄上千万元;而三板市场审批从简、准入门槛较低,赋予其灵活的交易方式,挂牌费用一般就在 100 万元以内,可以为高新技术企业节省大量融资成本。

2. 证券交易价格形成机制

协议转让是由买卖双方在场外自由对接达成协议后,再通过报价系统成交。而做市商制度是由券商不断地向投资者提供买卖价格,并按其提供的价格接受投资者的买卖要求,以其自有资金和证券与投资者进行交易,从而为市场提供即时性和流动性,并通过买卖价差实现一定利润。

做市商是指在证券市场上具有一定实力与信誉的特许证券交易商,对某只或者某些证券向公众投资者连续地提供双向报价,并在该价位上接受公众投资者的买卖委托,以自有的资金和证券与投资者进行交易。

竞价制是指在证券市场上买卖双方直接或通过指定的经纪商把委托传送到交易市场,在交易市场的中心以买卖价格为基准、按照竞价交易的原则进行交易的方式;其基本特征是成交价格由买卖双方直接决定,买卖双方就是供求双方。

竞价制的本质目的是通过竞价方式使得证券买卖双方能在同一市场上公开竞价,充分表达自己的投资意愿,最终直到双方都认为已经得到满意合理的价格,撮合才会成交。因此,竞价制最主要的功能就是确定证券的价格。两种价格形成机制优劣势比较如表 9-3 所示。

表 9-3 做市商制与竞价制优劣势比较

形成机制	优势及产生原因	劣势及产生原因
做市商	(1) 增强市场流动性:做市商提供双向报价,降低了投资者的执行风险节约了交易时间 (2) 增强市场稳定性:平抑证券供求的短暂不均衡,避免了短暂失衡所引起的价格波动(特别是大宗商品)	(1) 交易成本上升:做市商从做市行为中所获收益则是所增加的交易成本 (2) 增加股市操纵的可能性:做市商的特殊地位和双重身份增加了其操纵市场以及合谋串通的可能性 (3) 经营范围的局限性:做市商的盈利本质促使其主要选择潜力大、交易活跃的股票,却忽略了其他股票 (4) 降低交易透明度:做市商与投资者之间的信息不对称,降低了交易透明度,增加了做市商借此牟取暴利或操纵市场的可能性

(续表)

形成机制	优势及产生原因	劣势及产生原因
竞价制	(1) 交易成本降低:交易双方的报价满足相关规则即可,无须缴纳交易费外的其他费用 (2) 交易透明度高:交易双方的报价信息及成交量公之于众以供公共查询 (3) 信息传递速度快:交易信息可及时通过网络查询 (4) 交易范围广:有交易意愿的投资者双方均可进行股票交易	(1) 流动性不足:交易必须符合意愿及规则才可能完成,但同时往往浪费时间与时机 (2) 价格稳定性不足:可能出现投资者大量买进或大量抛出股票而导致价格剧烈波动甚至股市动荡的情形 (3) 处理大宗交易能力低:大宗交易所涉及的单笔交易规模远大于市场平均单笔交易规模,而通过竞价来民配交易对象的话,成功率较低

资料来源:王忠波,《海外创业板市场交易制度比较研究》,深圳证券交易所综合研究所,2001年4月。

做市转让方式股票的流动性会优于协议转让方式,而竞价交易则会使股票流动性进一步提高。在实际之中,无论哪种价格形成机制皆有成败案例。做市商制度的既有美国的纳斯达克市场成功典型,也有英国伦敦证券交易所的非上市股票市场(USM)失败的教训。同样,竞价制在韩国的 KOSDAQ 市场取得了成功,但在美国证券交易所的新兴企业市场(ECM)却遭遇滑铁卢。两种价格形成机制各有优劣、各具千秋。相对而言,竞价制较为适合交易活跃的股票,而做市商制则适合具有一定潜力、当前交易不活跃的股票。彼此不能相互替代,而是互相补充关系。

鉴于中国证券市场不够成熟,法律体系不够健全,而且中介机构成熟度尚待加强,在创业板市场启动初期实施做市商制度的条件还不成熟,但可考虑将做市商机制与竞价机制有机结合起来,建立一种竞价机制基础上的做市商制度,实现两种制度的优势互补。

3. 分层机制

根据该方案,新三板分为两层:基础层和创新层,新挂牌公司满足创新层准入条件的,将直接进入创新层。准入标准如表 9-4 所示。

表 9-4 新三板基础层与创新层分层标准

标准		具体标准	适合对象
一	净利润	最近两年连续盈利,且平均净利润不少于 2 000 万元	盈利能力较强、相对成熟挂牌公司
	ROE	最近两年平均不低于 10%	
二	营业收入	最近两年平均营业收入不低于 4 000 万元	初创期、高速成长的中小企业
	营收增长	最近两年连续增长,且复合增长率不低于 50%	
	股本	股本不少于 2 000 万元	
三	市值	最近有成交的 60 个做市转让的平均市值不少于 6 亿元	商业模式新颖、创新创业型企业
	股东权益	最近一年年末股东权益不少于 5 000 万元	
	做市商家数	做市商家数不少于 6 家,合格投资人不少于 50 人	

三套标准分别代表盈利性、成长性和流动性。除了上述三套差异化准入标准,进入创新层

的挂牌公司还需满足共同标准,包括公司治理、合法合规性以及交易或者融资要求。其中,交易融资共同标准为,最近12个月完成过股票发行融资且融资额累计不低于1 000万元;或者最近60个可转让日实际成交天数占比不低于50%。

企业在申报挂牌时,全国股转系统根据分层标准就该挂牌公司是否符合创新层标准自动判断,符合创新层标准的挂牌公司,直接进入创新层。但这种分层不是静态不变,每年进行动态调整。处于基础层的企业只要符合创新层标准,可以顺利"晋级",享受创新层的制度红利和相对较高的流动性;同样,创新层也不是高枕无忧,相关指标达不到要求就会被强制"降级"。

分层制度设计的初衷是,针对挂牌公司差异化特征和多元化需求,实施市场内部分层,提高风险管理和差异化服务能力,降低投资人信息收集成本。未来,股转系统会按照权利义务对等原则,在市场服务与监管要求方面,对不同层级挂牌公司实行差异化制度安排。

9.1.4 区域产权交易市场

创业投资可以在产权交易市场上出售转让企业的股权来实现资本的退出,由此可以通过产权交易市场的中介作用,实现创业投资的循环增值过程。相比主板或创业板上市,虽然通过产权交易市场的退出方式其获利空间较小,难以实现数十倍的增值,却大大缩短了创业投资的循环投资周期,有利于提升投资成功率。

产权交易是指经济主体之间的各种生产要素(包括无形资产)以及附着在其之上的各种权利关系的有偿转让行为。广义上的产权交易市场包括了各种产权交换的场所、领域和交换关系的总和。从狭义上讲,是各类企业以独立的产权主体身份,从事以产权有偿转让为核心内容的交易场所,为处于初创阶段和种子阶段的企业提供包括证券化的标准化产权以及非证券化的实物型产权在内的产权交易服务的区域性市场。具体而言主要指目前全国各地的产权交易所(中心)。

目前全国有超过200家产权交易所,既有省级产权交易所,也有各市县一级的产权交易所,广泛分布在全国诸多地域,而且有些还存在着行业上的分割,各自为政的情况较为严重。联合运作,实现包括信息在内的资源共享,建立起全国统一的大市场,更有利于提高效率,促进产权交易。

产权交易所(中心)按照国家有关产权交易的规定,审核产权交易申请是否符合要求、要件是否齐备,并对申请方及时做出是否受理的书面答复。产权交易机构在对申请资料进行审核时,往往会重点审核产权出让主体资格的合法性、资产权属证明、债权债务关系、资产评估报告、被转让资产是否受限等内容。

新三板与区域性股权转让市场均是多层次资本市场的有机组成部分,两者在下列五个方面表现出相似性:挂牌条件上都体现宽松的要求,新三板条件要高些、严格些;挂牌流程时间一般都在6个月左右;交易制度上都包含协议转让,但新三板交易方式更多;融资方式上有很多交集;都遵循适度信息披露原则。但交易制度上存在较大的差别:

(1) 服务对象与范围。新三板是经国务院批准,依据证券法设立的全国性证券交易场所,主要为创新型、创业型、成长型中小微企业发展服务;区域性股转转让市场是由地方人民政府批准设立,自行监管的股权转让市场。

(2) 交易方式。新三板允许包括集合竞价、连续竞价、电子撮合、匿名交易、做市商等集中交易方式;区域股权交易主要以协议为主,交易方式被限定在一定的范围之内。

(3) 挂牌交易的持续性。区域股权交易市场不能将权益按照标准化交易单位持续挂牌交易。即将股权以外的其他权益设定最小交易单位,并以最小单位或其整数倍进行交易;持续挂牌一个交易品种遵从"T+5";新三板无此限制,其最小交易单位是1 000股;新三板是交收日为"T+1"日制度,只要有足够的股份和资金就可以持续交易。

(4) 权益持有人累计人数。区域股权交易市场的任何权益在其存续期间,无论在发行还是转让环节其实际持有人累计不得超过200人,以信托、委托代理方式持有的,按实际持有计算,除法律行政法规另有规定外,而新三板挂牌公司一经中国证监会核准,股东人数可以超过200人。

9.1.5 不同层次板市场之间关系

目前,我国多层次资本市场的体系架构分为主板市场、二板市场(包括上海证券交易所的中小企业板及深圳证券交易所的创业板市场)、新三板市场、区域性股权交易市场。

从各板的市场定位来看,主板市场主要为大型、成熟型股份企业提供股权融资和转让服务;在二板市场中,中小板主要为规模中等、业务稳定中小企业提供股权融资和转让服务,其中传统型企业居多,创业板主要为"三高六新"①类科技型中小企业提供股权融资和转让服务;区域性股权交易市场主要解决区域内初创期或规模较小的成长型企业的股份转让及融资问题。我国资本市场体系结构如图9-1所示。

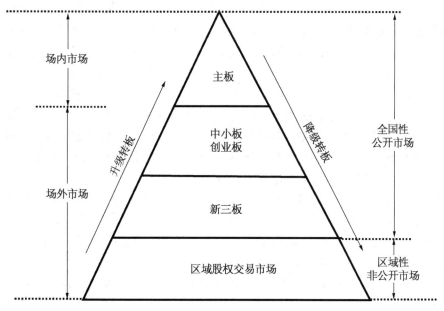

图 9-1 中国资本市场体系及转板

随着新创企业的成长壮大,与资本市场的结合将日趋广泛,多层次资本市场既为其提供了便捷的融资场所,也为创业投资的退出提供了多重渠道。新创业生命周期的阶段性特征,对资

---

① 三高六新是指,高技术、高成长、高增值、新经济、新农业、新能源、新材料、新服务、新商业模式。

本市场的需求也表现出明显的阶段性特点。处于生命周期不同阶段的创业企业有其特定的阶段性特点,表现为投资价值和投资风险的多样性,进而表现为对融资渠道和资本数量的不同需求,在各个阶段具有差异显著的投融资方式策略,需要在不同层次的资本市场采用不同的金融工具,最终表现为对多层次资本市场的需求。

种子期是项目团队将创造性思维转变为现实技术发明的研究开发阶段,资金需求以团队自有资金或自筹资金为主,基本不涉及资本市场融资。初创期,公司初步建立,仅凭团队的内部资金远远无法满足公司的生存发展需求,创业投资是主要的资金来源之一;公司开始接触底层的资本市场,可以进入区域性的产权交易市场、三板市场等挂牌交易,通过转让股权筹集外部资金,也可以通过规范化的资本市场运作机制,对企业价值及最核心的知识产权进行价值评估,甚至直接通过知识产权交易市场出让核心知识产权融资。随着企业进入高速成长的扩张期,对资金的需求急剧膨胀,迅速的成长与匮乏的资金之间的矛盾单靠信贷抵押融资难以彻底解决。而企业初具规模,盈利模式日趋成熟,企业也有能力从低层次的三板市场进入较高层次的资本市场进行大规模的股权融资,即登陆创业板市场通过公开发行股票融资。进入成熟期的企业,当条件达到要求时就能够充分利用创业板以及主板市场发行股票融资。而随着企业的成长壮大,从扩张期开始,创业投资就将通过各种渠道逐步退出。创业板及主板上市是创业投资退出的最佳渠道,而三板市场的股权转让及产权交易市场也都为其退出创造了更多的选择。

资本市场各层次之间不是相互割裂的,也不应该是孤立存在的。各个层次的资本市场相互协调、配套统一成一个系统的整体,不同层次的市场有不同的进入门槛、不同的规模要求、不同的绩效要求,因此,也对应着不同的受服务企业。越往顶层,门槛越高,受众面越小,其中的企业就越规范、成熟、稳定;越往下层,门槛越低,受众面越宽,其中的企业就相应具有更大的不确定性。一家拟进入资本市场的企业,一般应从底层开始,在具备条件后再逐级而上,相反,已进入了高层次资本市场的上市公司,因为其业绩的变化,出于优胜劣汰的考虑,应该存在"降板"机制,即下降到低层次的资本市场,各层次之间是可升可降、互动式的关系,有利于资本市场机制的自我调节。考虑到主板、中小板和创业板及新三板的市场定位,大家所说的转板机制,在目前环境下应该主要考虑新三板转创业板的机制。当然,在各地方区域性股权交易市场与新三板对接机制建立之后,四板市场挂牌的企业也可以转板到新三板。如此形成一个市场化的板块互通、可上可下资本市场的层级流动体系。

转板是指根据企业规模、财务指标、股份构成和信息披露等要求的不同,企业在不同层次的证券市场之间流动的制度。就新三板来说,一般有升板、降板等情况,升级转板新三板挂牌企业转板到上海证券交易所的主板、深证证券交易所的中小企业板和创业板上市,区域性股权交易市场的挂牌企业转移到新三板去挂牌交易;降板,包括沪深交易所退市企业进入新三板中的"返市企业挂牌板块"进行交易,新三板挂牌企业主动或被动摘牌转移到区域性股权交易市场等(如图9-1所示)。

到目前为止,包括新三板在内我国并不存在真正的转板制度,但是并不能说未来没有,随着新三板分层制度的深入推进、未来沪深股市注册制与退市制度的预期及我国多层次资本市场的深入建设等,新三板转板制度是极富想象空间与资本运作空间。

不过,现阶段新三板挂牌公司的A股"转板",实质上还是按照传统的新股发行上市制度,即履行IPO程序。新三板市场在2013年开始向全国扩容之后,流动性与融资问题已经大大改善,但是相比沪深交易所市场,不仅挂牌企业两级分化显现,而且差距还是很大的。所以,近半年来,很多挂牌公司竞相推出 IPO 计划,到目前为止已经有 100 多家挂牌公司公布了上市辅导计划,甚至有的企业刚刚挂牌就发布转板信息。

9.2 创业投资的退出

通过独具慧眼发现创业企业的潜在价值,通过提供创业管理服务为所投资企业创造价值、公平地分割价值,通过适时退出投资实现价值。确保创业投资通过适时退出投资实现价值的制度安排便是创业投资退出机制。由于退出机制不仅关系到创业投资能够在所投资企业不再具有高成长性之前就退出投资,以实现超出一般平均利润的较高资本增值收益,更关系到创业投资资本是否能够实现"投资—退出—再投资"这一良性循环,所以,它在整个创业投资体制建设中具有至关重要的意义。

9.2.1 IPO

IPO 即"首次公开发行",指一家私人公司第一次将公司股份向公众出售。在首次公开发行完成后,这家公司就可以申请到证券交易所或报价系统挂牌交易,这个过程称作"上市",有时也把 IPO 直接称为"上市"。

1. IPO 优劣势

相对其他退出方式,IPO 的优势主要体现在以下 6 个方面。

(1) 打开企业直接融资的通道:IPO 打通了从资本市场获得资金的直接融资通道,可以源源不断地从资本市场获得融资,以满足支持企业成长、扩大研发、获取额外的资产设备等资金需求。并且,在 IPO 之后,能够以较低的成本筹集大量资本,进入资本快速、连续扩张的通道,不断扩大经营规模,进一步培育和发展公司的竞争优势和竞争实力,增强公司的发展后劲。

(2) 实现 PE 投资的回报。IPO 为创业者和其他初始投资者提供了增加其资产流动性的途径,并且,企业股票在上市以后一般都有溢价,私募股权投资在禁售期满之后,VC 就可以在证券市场把股份卖给散户,实现套现而成功退出,可以获取相应的回报,很多创业者也因 IPO 实现财富成倍的增长。

(3) 收购成长。证券交易所在审核发行公司的上市申请时,需要考虑申请公司的过去业绩、发展前景、经营管理、财务状况等多个方面的情况。公司的股票能够被接纳上市,说明公司的状况符合一定的标准,IPO 证实企业所发行股票的市场价值,为其在某些情况下运用股票收购其他企业成为可能;尤其是具有很高市值的企业,在收购其他企业时,只需使用企业少量的初始现金资源便可轻易完成交易。可以扩大公司的规模,提高企业的经济效益。

(4) 增加融资渠道。IPO 与私募投资或创业投资等融资方法相比,更能防止现有股东的股权被稀释,IPO 还能改善企业的资产负债率,增强企业通过债务融资能力;通过 IPO 获得的资金不必返还,还可增加资产净值。

(5) 构建员工基于股票的激励机制。通过 IPO,也为企业建立以股票为基础、与市场价值相连的薪酬计划创造了条件,可采用公众交易股票来企业激励现有员工和新员工,并在企业在技术能力有限时,提供了吸引和留住稀有人才的好办法。

(6) 提高企业的品牌和知名度。IPO将企业由私有变成公众持有,提升企业在客户、供应商、投资人和员工中的形象和品牌,增强企业的竞争地位。此外,相比私有企业,作为公众企业,容易引起网络、电视、报刊等媒体的关注,增加企业在当地的知名度,有利于其在国内扩张。

尽管IPO的优点对于大多数创业企业具有吸引力,但它也会给企业带来一些负面影响。其劣势主要体现在以下5个方面。

(1) 高成本。IPO的过程耗资巨大且耗时漫长,并且这些成本并没有因为IPO的结束而停止。作为公众企业,需要向证券交易委员会提交季报和年报,并根据组建公司的情况,可能还要向政府官员报告。企业股东数量和一些重大变动情况必须向公众公开,包括股东和非股东。不仅需要向证券交易所支付上市初费,上市之后还需要支付维持上市的年费和月费。

(2) 所有权稀释与控制权的分散。IPO和任何二级募股都将稀释现有股东的股权,这最终将取决于提供给公众的股票数量以及由此带来的管理层控制权的损失。如果企业超过50%的股份被出售且公众持股不够分散,管理层将可能丧失控制权。尤其是全流通市场下的中小盘股,可能还面临恶意收购的问题。

(3) 信息披露。作为公众公司,有义务向公众及时、完整、准确地披露企业的相关信息。披露的信息包括年报、季报、中报等,以及公司的重大事件如重大诉讼、股东重大变更、资产重组、重大关联交易等相关信息。这些信息的披露,给企业现有和未来的竞争者提供重要的运营数据,也会给供应商、客户和竞争者为今后的谈判提供重要的依据,增加了公司的经营压力,提高了公司的运营成本。

(4) 形成短期绩效压力。上市企业的股东期望企业在销售、利润、市场空间和技术创新方面稳定成长,股票的价格非常灵敏地反映着公司的发展变化,而使得企业的管理团队经常面临维持和提高股票价格的短期目标的压力下,有时甚至以损害长期战略目标为代价。在许多情况下,市场分析家们公布的预期更是推波助澜,没能实现这些期望会给企业带来不利的影响。

(5) 增加税收成本。改制上市需要公司很规范,需要提供完整的财务审计报告,规范就需要成本。例如:公司要上市就要体现较好的盈利业绩,增加业绩就意味着要增加税收成本,而民营企业在规范过程中,享受了不规范的税收优惠政策,面临补税的问题;还有一些福利企业在改制上市后可能就不再具备税收优惠的条件。

与所有的经济活动和资本市场运营的其他方式一样,IPO的各种优势让企业垂涎欲滴,而IPO的种种劣势也让企业望而生畏,因此,必须将其优势与劣势进行谨慎的权衡,进行成本和收益分析,综合企业自身的情况、行业的特点和整个资本市场的形势进行决策。

2. IPO实施的关键问题

公司在IPO的过程中,存在一个严格的流程,在这个流程下,能够恰当地处理IPO过程中遇到的问题,提高IPO的效率,降低IPO的风险,取决于三个方面:承销商的选择、上市地点的选择、准确的定价。

(1) 选择承销商。在IPO的过程中,承销商的作用至关重要,它的承销和定价能力直接决定IPO的成败。具体而言,承销商在IPO中具有以下功能。

① 购置功能。承销商的购置功能,即一般所谓的风险承销功能,承销商先以一定的价格将发行公司意欲出售的证券先行承销,再利用其销售渠道分销给市场上的投资者。在此情况下,无论证券是否完全销售完毕,发行公司都能够获取所需资金而不必顾虑,而证券销售的风

险则转移给承销商,在市场萧条时,以包销为主的承销商往往面临巨大的价格风险。

② 分销功能。当承销商采取代销的方式销售证券时,就不会承担证券无法销售完毕的风险。在此情况下,承销商没有购置功能,而是提供了分销功能。承销商利用自身的销售渠道,帮助发行公司销售证券,获得销售服务佣金。

③ 咨询功能。当公司需要募集资金时,承销商可以提供咨询功能。专业的承销商提供产品设计、市场分析和相关法律法规等咨询服务;然后,再根据公司的财务状况、资本结构等分析比较各项融资途径;并对公司发行证券的种类、发行额度、发行价格和发行时机等条件提出评估报告,为公司的决策者提供服务,以使发行公司能够以最低的成本筹集到所需资金。

④ 保证功能。在证券发行初期,在符合操作规定下,承销商可以在市场上进行有价证券价格的稳定操作,以维持市场价格的稳定。此种做法对投资者而言具有保证功能,可以避免购入价格过高的证券;同时可以提高投资者参与初级市场证券认购的意愿,进而保持市场运作的顺畅。

由于承销商具有以上重要功能,因此,在IPO过程中选择承销商必须慎重。但是,选择承销商的标准是什么?具体的标准包括以下4个方面。

① 能力。发行公司倾向于选择大型投资银行作为承销商,不仅因为它具备良好的信誉,拥有良好的市场份额和业绩,更重要的是在信誉、份额和业绩的背后是承销商的强大实力,能力是选择承销商的首要因素。

② 经验。发行公司要求主承销商在证券承销方面具备丰富的经验,尤其是对发行公司所在的行业存在足够的认识。美国的 Alex Brown,论其实力绝对不是超一流的投资银行,但是由于它对美国高成长性的行业具有深入的了解,与众多的高成长性公司有广泛的接触,并成功承销了一些高成长性的公司证券,在高成长性的行业具备深厚的经验。如果是高成长性的公司,一般选择 Alex Brown 公司作为承销商,其原因在于它的行业经验。

③ 费用。承销费用是发行股票的主要成本,承销费用的高低能够在很大程度上影响发行公司对主承销商的选择。毫无疑问,在相同的条件下,成效费用低的投资银行将受到发行公司的青睐。

④ 造市。上市仅是发行公司利用证券市场进行融资的第一步,而上市后二级市场的表现将决定发行公司进一步的融资,因此,承销商的造市能力成为发行公司选择承销商的一个重要方面。

表 9-5　国际主要创业板市场的定位与要求

	美国 NASDAQ 市场	伦敦 AIM 市场	日本 JASDAQ 市场	香港 GEM 市场
市场定位	与高科技有关的企业,包括新成立企业	各种小型及新兴企业,包括本土和海外	VC支持的以及具有潜在高成长的新科技企业或新商业模式的企业	成长型企业,特别是高科技企业
申请方	发行企业	发行企业	证券企业(大于2个)	发行企业
接受申请方	美国证券交易委员会、NASDAQ上市委员会	伦敦交易所	日本证券商协会	创业板上市科

(续表)

	美国 NASDAQ 市场	伦敦 AIM 市场	日本 JASDAQ 市场	香港 GEM 市场
审查主体	美国证券交易委员会		提交申请的证券企业	创业板上市委员会
最终审批	美国证券交易委员会		日本证券商协会	上市(复审)委员会或上市上诉委员会
上市条件（定量指标）	设立年限、资本额、税前收入、公众流通股市值、股东人数、公众持股数量、发行价格		净资产、净利润、市值、股东人数、公众持股数量、业务投入、集中保管或指定寻访	税前收入、营业收入、市值、公众流通股市值、股东人数、公众持股比例、股票锁定或禁售
上市条件（定性指标）	主要业务或活跃业务说明、募资用途、会计、审计标准、公司治理、信息披露、	主要业务或活跃业务说明、会计、审计标准、公司治理、信息披露、股权清晰	会计、审计标准、公司治理、信息披露	主要业务或活跃业务说明、募资用途、会计、审计标准、管理层持续性与胜任能力、公司治理、信息披露

(2) 上市地点的选择。上市地点的选择是一个非常关键的问题,如果上市地点选择不当,会影响到公司的整个上市进程。国际主要创业板市场的定位、审核程序及上市发行的条件如表9-5所示,依据上述的市场定位、审核、上市发行的要求,在上市的地点要求上,需要考虑以下几个方面。

① 企业上市所处于生命周期的阶段。如果企业处于成长期,则规模为年营业额数百万至数千万元,是中小企业,且大约需要5年以上时间发展,无法达到创业板的标准;不适合国内上市,适合国外创业板上市;在国外股市,例如加拿大、美国、英国的资本市场,具有多种层次的上市平台供中小企业选择。

创业板股民数量和交易额较小,融资额小于主板,企业家需要做个权衡。企业可先在创业板上市,然后拓展企业争取升级为主板。对于大部分中小企业来说,上市地点主要考虑中国香港股市和欧美股市。如果企业处于成熟期,规模为年营业额亿元以上,是中型企业,可以考虑在国内上市。

② 市场规模。不同上市地点的市场规模和市场容量不同,对于小型企业而言,市场的规模可能不是一个关键的问题,但是对于融资规模巨大的企业,市场规模就是一个关键性的因素。

③ 上市成本。在不同的上市地点,发行成本会存在一定的差异,发行成本的差异不仅包括上市费用和发行费用,还包括发行价格的差异造成的发行成本的不同;不仅包括显性的成本,还包括隐性成本;不仅包括发行上市的成本,还包括上市以后的后续成本。

④ 上市持续披露。不同的上市地点要求不同的上市信息披露程度和不同的信息披露格式、规则,因此在选择上市地点时需要充分考虑到上市后的信息披露要求。

⑤ 监管框架和法律约束。不同的上市地点存在不同的法律和监管框架,在选择上市地点时,法律和监管框架是一个重要的考虑因素。

(3) IPO定价。定价是IPO过程中最为关键性的问题,直接决定IPO的成败和效率。IPO的定价可以分为两类,一类是理论价格;另一类是程序价格。理论价格是程序价格的基础,程序价格是理论价格的修正。

理论价格存在四种计算方法：未来现金流的折现价格；根据CAMP计算的价格，这个价格是一个市场均衡价格；根据套利定价理论确定的价格；根据期权理论计算的价格。四种价格之间都存在一定的假定前提，在放松假定的情况下，四种理论价格都存在一定的偏差。在实践中，一般的选择是最接近假定情形的理论价格作为最接近股票实际价值的价格。相形之下，未来现金流的折现价格是普适的价格计算方法，现存的许多IPO价格计算方法都是未来现金流折现价格的变形。

理论价格是理论上和精确定价的一个结果。但是，从实践意义上讲，定价是一个过程，市场价格高于还是低于理论价格，在于定价的过程。以理论价格为基础，市场价格是在理论价格基础上的一个修正。但是，询价制度的精髓是什么？如何进行市场定价？在中国资本市场上，最早采取询价制度的两个案例是华电国际和黔源电力的尝试。询价是参与公司价值发现的过程，目的是使信息更加对称和IPQ的价格更为合理，是对理论价格的修正。

询价程序是在理论价格的基础上，尽职调查、路演询价和确定发行价格的过程。在第一阶段，由承销商对准发行上市公司进行尽职调查，或者根据前期聘用的财务公司的报告，对发行人的资产、经营、业绩、收益、利润进行全面了解，对未来的现金流和资本收益率进行充分估计，将未来几年的现金流通过预期的资本收益率折价，得到公司的资产净值。这个数值是理论价格的形成根据，其理论基础是，公司的价值在于现有的资产能够在将来创造多少收益。与此类似，更简单有效的理论价格计算方法是，与同类上市公司的价格比较，形成经验价格，或者用"收益价值总和"的方法求得，三种估值方式互为参考。

在第二阶段，发行人、机构投资者和承销商共同参与资本市场的路演。承销商全面策划安排，使得需要融资的发行人有机会与大型的主要机构投资者展开不同层次的信息交流。承销商需要对公司理论价格的定价依据和发行人的各种情况的分析进行提炼包装，以求全面介绍公司，解释说明定价分析的理由。在这个共同的基础上，投资者的估价和最终的报价一定会在理论价格为中心的一个合理区间内。报价的同时，投资者会给出在相应的价格下愿意申购的股份数量。

在第三阶段，通过路演、询价，承销商已经获得一系列的数据，包括在理论价格水平上下的不同报价和对应的不同申购数量。承销商会根据事前确定的发行总量，把价格定在能够满足发行总量的水平上，形成所谓的"市场价格"。但是，这还不是真正的发行价格，作为发行成功的保证，按照国际惯例，首先，承销商需要给真正的发行价格留出15%左右的上涨空间。就是说，真实的发行价比询出的"市场价格"要低15%，给投资者一些直接的价差收益以鼓励投资者的积极参与。其次，准备超额发行。如果发行价格上涨太大，说明对股票的需求很大，承销商有一定的增量发行准备，以使IPO的价格保持在合理的水平上。最后，承销商有维持价格在1—3个月内不跌破发行价的责任。在经过定价过程以后，上市公司在1—3个月内不应出现问题。如果价格出现大幅波动，应属于难以预料的市场系统风险，承销商在IPO初期对价格的维护是对投资者和融资者负责任的表现。

完成理想的IPO询价过程，保证发行的成功，存在几个不可忽视的因素，包括承销商的实力、成熟的机构投资者和对市场的准确判断。

IPO的定价是一个复杂的过程，在信息充分、正确披露的基础上，进行理论定价，最后以严格的程序进行市场定价。发行公司在发行的时机、投资者的预期等合法的空间内充分施展定价技术、技巧和战术。

9.2.2 股份转让

股份上市虽然可给私募股权基金带来巨额回报，但时间较长，并存在一些限制。作为一种替换方式，PE也可将股份转让给目标公司（赎回）、目标公司管理层（管理层收购）或第三方。这种方式收益率虽然不如股份上市高，但手续简便，成本低，成交速度快，股份转让在总量上比公开上市多得多，越来越多地被PE采用。例如，2013年百度出资18.5亿美元收购91无线，当面对18.5亿美元的收购价格时，91无线毫不犹豫地同意了该笔交易。从估值角度来看，91无线的确不值这么高的价格，但是从产业并购角度来思考的时候，百度和91无线之间的协同效应是产生溢价的重要原因。

1. 向目标公司或其管理层转让

向目标公司转让股份即股份回购（buy-back），是指目标企业或企业家本人以现金、票据等其他有价证券购回私募股权投资家持有的企业股份，从而使私募股权资本退出目标公司。总体而言，回购对目标公司的经营状况有相当高的要求，而且投资收益相对较低。

MBO是管理层收购的简称，是指公司的管理者或经理层融资买断或控制公司的股份，旨在改变公司的所有权、控制权结构和资产结构，使原企业经营者变成所有者的一种收购行为。

中国企业发展史上第一个MBO的成功案例发生在2013年1月28日，"打工皇帝"唐骏及港澳资讯高管共15人，共同出资买下了港澳资讯62%股权，成为港澳资讯的控股股东，并拥有公司全部经营权。获益的是管理团队——公司成功意味着持有股份的价值提升，也是管理团队的成功，管理团队通过借助资本力量和自己的付出获得了更多回报和激励。这个MBO模式也改变了职业经理人在经营企业中的话语权。

MBO的发生大致有如下几种情况。

(1) 由于信息不对称，公司管理层深知所在公司巨大的发展潜力，在现有的股权结构下，管理层无法或不愿意将自己的发展战略付诸实施，MBO后管理层将全力实施自己的发展计划。

(2) 外部投资机构为了取得目标公司管理层对收购的支持而给予管理层股权。

(3) 实施上市公司私有化的企业为了使上市公司的股权结构不再适合上市公司股权结构的标准，通过MBO使公司退市。

MBO可以区分为对上市公司的MBO和对非上市公司的MBO。从PE的角度来看，MBO往往是私有化上市公司的副产品或者是PE投资的一种类型。

目标企业或其管理层的收购资金来源包括自有资金、银行借款、对私募股权基金的远期票据等。如果交易成功，那么企业股本缩小（受让方为目标公司）或企业家完全控制目标企业（受让方为目标公司管理层）。有些公司通过员工持股基金受让私募股权投资。员工持股基金可从公司税前利润列支。

2. 向第三方转让

股份向第三方转让即并购（M&A），是指私募股权投资者通过另一家企业来兼并或收购目标企业，从而使私募股权基金退出。以并购方式退出的机制主要有现金并购、股票并购、现金和股票混合并购三种形式。相对其他几种退出方式，并购有明显的优势：消除竞争对手，取得协同效应；避免破产，同时增加企业竞争力；一次性全部退出，加速私募股权投资的循环；成本低，手续简洁等。

杠杆收购(leveraged buyouts，LBO)，是指收购者用自己很少的本钱为基础，然后从投资银行或其他金融机构筹集、借贷大量足够的资金进行收购活动，收购后公司的收入(包括拍卖资产的营业利益)刚好支付因收购而产生的高比例负债，这样能达到以很少的资金赚取高额利润的目的。这种方式也有人称之为高度负债的收购方式，这样的收购者往往在作出精确的计算以后，使得收购后公司的收支处于杠杆的平衡点，他们头脑灵活，对市场熟悉，人际关系处理恰当，最善于运用别人的钱，被称为"收购艺术家"。

(1) PE在选择杠杆收购目标公司时一般要考虑以下条件。

① 目标公司具备稳定的现金流。这是收购方最能说服贷款方提供贷款的重要条件。

② 目标公司拥有稳定且具有丰富经验的管理层。这种稳定性一般用现有管理团队在公司的任职时间长短来衡量。一般现有管理层的任职时间越长，其在杠杆收购完成后继续留任的可能性就越大。

③ 目标公司要有明显的成本缩减空间。

④ 收购方的出资比例。虽然杠杆收购时主要资金由外部机构提供，但贷款方还是希望收购方能尽可能多出资。这也是收购方向贷款方显示合作诚意的重要方法。

⑤ 目标公司的现有债务负担较轻。目标公司负债比例高也意味着财务风险大，这对收购方是相当不利的。

⑥ 目标公司拥有独立的、非核心的资产。

(2) 向第三方转让股权一般可通过以下几种方式进行。

① 直接出售股份，得到现金。这是最简单的方法。

② 用股份换票据，即买方并不即时支付现金，而是以远期票据支付。这种方式存在一定风险：如果买方未来经营状况不好，远期票据可能折价交易。因此采用这种方式前应考察买方购买计划、会计原则、法律结构、未来经营估计等细节。

③ 交换买方股份，即以目标公司股票换取买方股票。美国SEe对私募股权基金以换股方式出售目标公司股份进行一定限制，例如，私募股权基金不将买方股票立即再卖给买方或其附属机构；如果私募股权基金所投资公司是买方附属机构，那么在交易完成后，私募股权基金出售买方股票存在一定限制等。

④ 交换买方债券。与上述换股方式一样，私募股权基金出售债券存在一定限制。

⑤ 出售资产，得到现金，即将目标公司资产全部出售套现。在交易完成后，原企业家往往与其他原有股东以得到的现金组建一个投资基金管理原有资产，企业家会因此得到税收上的诸多便利。

【案例9-1】　　　　　　　　**S公司的退出选择**

S公司是一家专业从事多功能涂层复合材料研发、生产及销售的国家级高新技术企业。它是国内领先的多功能涂层复合材料综合解决方案供应商，具有强大的研发、生产及市场扩张能力，能够根据市场和客户的不同需求，利用自身在国内的技术优势为客户提供高质量、高性能的精密涂层材料产品和技术解决方案。S公司在国内是相关产业领域内的一流企业，在国内中端产品市场上具有领先地位，但在国际上市场及国内高端产品市场仍和国际知名企业存在不小的差距。

1. IPO

从宏观经济周期方面出发,目前应当属于衰退期,尚未进入萧条期。在这个时期,资本市场活跃度明显降低,二级市场交易量大幅下降。由于结构性的改革在短期内难以完成,因此未来经济下行的预期仍是充足的,在这样的背景下似乎以 IPO 退出并不是明智的选择。但是考虑到我国的上市发行制度仍需要经过较长时间的审批,并且还需要经过较长时间的排队,因此在未来业绩满足时开始申报到正式上市仍有较为充裕的时间,有较大的可能性将度过萧条期或在萧条期和复苏期交融之际完成上市。此外,结合被投企业所在的行业细分为材料行业,也是电子消费品、高端装备制造业发展不可或缺的基础产业,具有受经济环境波动影响较小的特点,因此即使在大环境并不理想的情况下,S 公司仍能保持较稳定的发展。

2. M&A

对于 S 公司这样的生产制造型企业来说,M&A 通常是一个较为理想的退出方式,但是从行业特点上来讲,S 公司并不适合于通过 M&A 退出。以纵向并购为例,S 公司的上游主要是原材料供应商,下游主要是制成品和零部件的生产厂商。上游原材料供应商的产品比较单一,但针对的客户厂商种类较多,客户厂商对原材料供应商的依赖程度较高但是原材料供应商对下游客户的依赖度较低,因此不存在上游供应商收购 S 公司以节省交易成本等方面的可能性。从 S 公司的下游客户厂商来看,普遍都是颇具规模的大型 OEM 厂商,从实力上来说具备收购 S 公司的能力。由于 S 公司的产品虽然对于下游厂商来说必不可少但是占产品总成本的比例非常低,因此即使收购 S 公司也无法明显降低生产成本,因此不存在潜在的收购必要性。基于上述两点,S 公司很难通过纵向并购完成退出。从横向并购的角度分析,其实 S 公司具有较高的收购价值,如 3M 等国际巨头,也是行业内 S 公司的重要竞争对手,无论是从产品的协同效应还是从资金实力上来看,S 被这类大型跨国企业收购的可能性很大。但是考虑到产业基金对被投资企业的扶持和结合国家政策的扶持,对于一家具有较强研发能力,且业务正在高速成长中,被竞争对手收购从而丧失成为一流品牌的可能性,实在较为可惜。因此保护 S 公司不被国际巨头并购反而成了产业基金的阻碍,因此排除 M&A 退出方式。

3. MBO

由于 S 公司在研发方面的投入比重非常大,且每年递增,公司虽然有近 24% 的毛利润率,但是净利润率仅有约 4%。在这样的财务结构下,通过 MBO 实现退出的周期会非常长。此外,产业基金的主要投资目的不仅仅是获得财务收益,对于被投资在产业园区内的发展也同样重视,因此 MBO 并不是产业基金投资 S 公司的理想退出方式。

资料来源:石宇威,国有科林产业园基金运作模式研究,复旦大学 MBA 论文,2016 年,第 43—44 页。

9.2.3 清算

公司清理方式是指私募股权基金在目标公司无法继续经营时对其财产、债权、债务进行清理与处置,实现私募股权资金退出。以这种方式退出,私募股权资本除了清算(liquidation)时的损失外,还有巨大的机会成本,这是最不理想的一种退出方式,往往只能收回部分投资。但清算也是企业经营状况恶化且形势难以扭转时减少损失的最好办法。私募股权基金往往通过分期投资方式控制风险,一旦目标企业经营无望,私募股权基金停止后续投资,目标公司自愿解散(voluntary dissolution)。像微软、思科等这样的大公司,每年都会收购一些不错的中小型公司,很多这样的公司背后都有VC的身影。因此,对于被收购公司的创始人和VC来说,这相当于自己的公司变相上市了。但成功的收购在国内还非常少见,绝大多数收购都以失败告终。如2012年1月9日,品聚网公告,因投资方承诺的投资款未能如期到位,资金链断裂而无法支撑公司未来业务发展,准备进行清算。

1. 公司清理条件

一旦私募股权基金确认目标没有发展潜力,或不能带来预期回报,一般通过公司清理方式果断撤出。目标企业的清理有三个条件。

(1) 目标企业在计划经营期内的经营状况与预计目标相差较大,或发展方向背离了业务计划及投资协议约定的目标,PE决定放弃该企业。

(2) 目标企业无法偿还到期债务,同时又无法得到新的融资。

(3) 由于目标企业经营状况太差,或资本市场不景气,无法以合理价格出售,并且目标企业管理层无法或不愿进行股票回购。

清算破产是私募股权投资各方百般无奈的选择。适当时机的清算破产,能使各方的损失达到最小。在私募股权投资的发展中相当一部技资都是惨败而回的。越是早期的私募股权投资,收益越高,风险越大,失败的比率越高,美国20%—30%的风险投资完全失败,约60%受挫,只有5%—10%获得成功。一旦当目标企业失去了生存的动力,长痛不如短痛,立即破产清算将损失降至最小,也不失为上策。

2. 清偿顺序

根据美国《破产法》第7章规定,公司申请破产,其全部业务必须立即完全停止,由破产财产托管人来"清理"(拍卖)公司资产,所得资金用来偿还公司债务,清偿原则是:谁承担风险最小,谁最先得到偿还。具体顺序是:有担保债权人—无担保债权人(包括银行、供货商、债券持有人)—股东。在这一过程中,私募股权基金往往只能收回投资的极小部分。

【案例9-2】 **俏江南的退出之路**

俏江南股份有限公司(以下简称"俏江南")于2000年成立,创始人为张兰。历经多年的积累和发展,俏江南餐厅已遍布中国20余个城市,拥有几十家分店,成为同内领先的时尚商务餐饮品牌。

(1) 张兰的创业历程。

张兰凭借其1988—1991年在加拿大靠着打黑工刷盘子攒了2万美元,然后1991年底从加拿大回来,在1992年初她创办了第一家餐厅叫"阿兰餐厅",之后开了一家烤鸭大酒店和一家海鲜大酒楼。在2000年的时候,她把前面创业的三家大排档式的餐厅卖掉了,大概一共积攒了6 000万元创办了俏江南。

张兰创办俏江南,着力打造高层次品牌,把高雅的就餐环境作为她最大的卖点来去推广。2006年,为把握2008年奥运会的机会,她号称投资是3亿,请法国的设计师进行设计,创办了更高端的子品牌"兰会所";该会所定位为中国最具世界艺术品位的顶级会所,主打奢侈风,后在08年中标奥运会中餐服务商,为8个场馆提供了餐饮服务。2007年年底,号称顶级时尚概念品牌餐厅SUBU开业,定位年轻时尚的顾客;2008年,为利用世博会的商机,她进入上海,创办了"兰·上海",其旗下有4家分店进驻了世博会的场馆。经过几年的发展,俏江南逐渐声名鹊起。2009年3月,新品牌蒸STEAM又在上海新天地开业。可以说,俏江南因其独特的市场定位以及符合定位的推广,规模迅速扩张,品牌得以极大提升,走到了餐饮业的前列。俏江南2007年的销售额已达10亿元左右。2009年,张兰首次荣登胡润餐饮富豪榜第三名,财富估值为25亿元。

在俏江南声名鹊起之后,很多投资者主动找上门来。2005年前后,世界著名企业菲亚特集团提议以10亿美金入股俏江南,但最终并未达成协议。

餐饮行业是典型的大市场、小企业的行业,就是非常分散,行业集中度非常低,所以脏乱差、标准化不足,使得很长时间以来资本不是太青睐这个行业,觉得这种投资风险也是比较大的,而且整合起来也比较困难。但餐饮行业是强现金流的行业,对于行业的波动不是特别明显,可以规避行业周期风险,2008年金融危机给餐饮带来融资机会。为了缓解的现金压力,俏江南高调募资,吸引了几十家创投机构。最终,选中了具有丰富海外上市经验的鼎晖投资。而鼎晖看好俏江南经营模式的可复制性及餐厅的雅致,双方一拍即合。合作初期,双方颇为默契,从敲定意向到完成融资只用了8个月的时间。2008年9月份鼎晖以等值为2亿人民币的美元换了俏江南大概10.53%的股权。

为规范公司治理和运营,鼎晖与俏江南协议规定:帮助俏江南进行股权激励,以建立健全、合法、有效的薪酬管理体系及激励约束机制。同时,为保护自身权益,鼎晖设计了对赌协议,提出"因为非鼎晖方的原因,造成俏江南无法在2012年12月31日前上市,或者俏江南的实际控制人变更时,鼎晖有权退出俏江南"。退出方式有两种:将股权转让给张兰或张兰认同的第三方;通过法定程序减少注册资本及减少股东数,即俗称的"回购"。

(2) IPO。

2011年3月报材料,俏江南的承销商瑞银证券向证监会提交上市申请。到2012年1月终止审核,差不多一年时间,白折腾一场。其主要原因是:

① 餐饮企业很多是现金采购和销售,难于核查真实的收入和成本;

② 餐饮企业员工流动性大,社保问题是存到位很难把握;

③ 盈利的持久性存在疑虑,因此,证监会公开表态不建议餐饮连锁业上市。

A股上市夭折之后到2012年底,要完成IPO目标其实时间更加紧迫,她马上在2012年4月份启动了赴港IPO,但受到了商务部2006年发布的《关于外国投资者并购境内企业的规定》的约束,采取她选择加勒比那个岛国是最快捷的方式,通过变更国籍的行为去规避10号文,更快完成红筹结构的搭建。

虽然成功规避了商务部的约束,却遭遇市场寒流,受重拳反腐及"中央八项规定"的影响,奢侈品、高档酒店、高端消费遭遇拐点。那个时候俏江南就奔着港股去了,但俏江南的业绩连续下滑,潜在投资人给出的估值非常低,他们愿意买的价格远远低于张兰的预期。当时,张兰就想是不是可以等,等行情好一点的时候,等待更好的股票发行窗口。但是,当时同类企业的湘鄂情情况不容乐观,等待的结果不是市场的回暖,而是市场的每况愈下。虽然俏江南聘请了瑞银证券和德意志银行做承销商,但 2012 年年底,俏江南依旧未能在港股挂牌。2013 年初,俏江南表示已通过了香港证券交易所的上市聆讯,之后,上市计划仍遥遥无期,俏江南在 2012 年末实现 IPO 已成泡影。

(3) 被并购。

2014 年 1 月 10 日,商务部官网公布了 2013 年第四季度,甜蜜生活美食集团控股有限公司通过其下属特殊目的公司收购俏江南投资有限公司股权的经营者集中案(结案时间是 2013 年 11 月 14 日)。公开信息显示,甜蜜生活美食集团是在开曼群岛注册登记的特殊目的实体,隶属于私募股权投资公司 CVC。这意味着鼎晖认为俏江南上市无望,为保证自身利益决定实施对赌协议,出售俏江南的控股权。

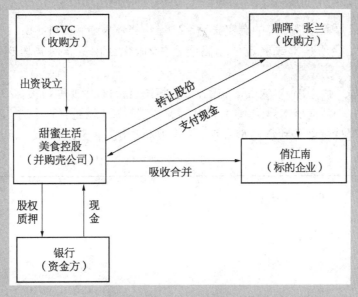

图 9-2 CVC 杠杆收购俏江南

根据公开资料,CVC 注资为 3 亿美元,占股 69%,俏江南此轮估值为 26.95 亿人民币,比上轮投资溢价 1.35 倍。鼎晖转让 10.53% 的股份,张兰跟随出售 72.17% 的股份,整个是 82.7%,虽然鼎晖投资顺利退出,但其高回报预期并未实现,收益大约为 6%。对于张兰而言,CVC 占股 69%,意味着其丧失了对俏江南的控制权。

CVC 作为欧洲最大的私募股权基金,采取的是杠杆收购来对俏江南进行收购的。其特点主要有二,一是投资人他只需要支付少量的现金,他就可以撬动大的收购,所以这个被称为是"杠杆收购";二是他除了自有资金之外,剩余的收购资金是依靠外部债权融资完成的。那么日后还款依靠他收购的企业所产生的内部现金流去还款。

CVC 为了收购俏江南,设计一个壳公司——甜蜜生活美食控股,把股份抵押给债权方,拿到自有资金和银行的融资之后,就支付了现金到鼎晖和张兰,鼎晖、张兰就把他们 82% 的股份给到甜蜜生活美食控股公司。接着,壳公司把俏江南吸收合并,吸收合并就变成它内部的一部分了,这个甜蜜美食生活更名成俏江南,原有的俏江南注销,壳公司欠银行的钱变依靠俏江南日后的现金流来偿还。CVC 所收购的 2.8 亿美元总代价,自身只掏了 1 400 万美元的实际出资,实际杠杆达到了惊人的 20 倍。

(4) 清算。

CVC 于 2014 年 4 月份完成的收购俏江南,但整个高端餐饮行业并没有回暖,俏江南的经营情况也没有好转,CVC 无法依靠俏江南内部自有的现金流来偿还并购贷款。CVC 面临自己掏钱还是放弃俏江南股权的选择,基于自身利益的考虑,CVC 选择了后者,其中包括张兰的少数股权。俏江南是被其吸收合并的,所有的股份最终被抵押到银行,当 CVC 放弃了他的这部分股权,企业所有的股权都被银行接管,2015 年 7 月 16 日,俏江南公关团队对外宣布确认:保华有限公司代表已于 2015 年 6 月被委任成为俏江南集团董事会成员。CVC 的委派代表和张兰不再担任俏江南董事会成员,且不再处理或参与俏江南的任何事务。

资料来源:

[1] 潘沩.还原鼎晖俏江南的真实交易.21 世纪经济报道,2011-9-5.

[2] 马燕.兰会所被卖或因定位过高经营失利,俏江南上市路再陷迷茫.证券日报,2012-5-25.

[3] 赵卓.俏江南困局:屡次上市碰壁,张兰痛失控股权.企业家日报,2014-8-11.

[4] 张汉澍.俏江南资本浮沉:张兰出让控股权迷局.21 世纪经济报道,2013-11-1.

[5] 新财富,从刷盘子到创建俏江南,最终被净身出户!张兰与资本间的互博全程解读,2016 年 2 月.

Chapter 10　创业融资需求

新创企业需要历经种子期、成长期、走向成熟而呈现生命周期特征,不同阶段的技术与市场状况决定了其业务发展与现金流短缺状况。为实现持续成长,新创企业需要持续不断的资金供应。科学地认识每个阶段的资金需求特点,科学地预测与估算新创企业的资金需求量,是创业者面临的重要问题。为解决这一问题,本章主要讨论新创企业生命周期内的财务特征,新创企业在不同生命周期阶段的资金需求,在此基础上,预估计新创企业资金长期与短期的资金需求量。

10.1　新创企业全生命周期内财务特征

对创业投资人而言,他所投资的并不是产品或产业;而是一个能够给他带来资本增值收益的企业,其经营的也不是一个个具体的产品;而是由产品、市场营销模式、组织管理体系等多个方面构成一个整体的企业。只有借助于"企业"这种产权边界,才可能内化他的投资权益,并最终通过转让股权的方式实现资本增值收益,因此,他不会为了一个抽象的产业而投入巨资。尽管通过支持一个个创业企业,创业投资客观上起到了支持整个产业升级和发展的作用,但创业投资家首先关注的是他所投资的"企业",而不是抽象的"产业"。

10.1.1　创业过程的划分

一个具有现实感的创业投资人的使命是:如何将一个产品、市场营销模式或企业组织管理体系尚欠成熟的企业,培育和扶持成为一个产品、市场营销模式或企业组织管理体系基本成熟的企业,从而最终能够通过转让股权方式实现高的资本增值收益。正因为如此,创业投资人必须联系企业的创业阶段来确定创业投资的最佳时机,并根据不同的创业阶段设计出不同的投资方案。依据企业的成熟度将"创建企业"的整个过程划分为:种子期、初创期、成长期、成熟前期和重建期。

(1) 种子期。

种子期的企业基本上处于 R&D 的技术、产品开发阶段,即试验与发展的中后期,主要任务是形成实验室成果、样品和专利,其成果是雏形阶段的样品或样机,并形成比较完整的工业生产方案。虽然创业者能够确认其未来的产品的技术可行性、有市场,但这阶段主要是实验室成果,还没有真正的产品,市场营销模式尚未确立,管理团队尚未正式形成,企业甚至尚未真正建立。

(2) 初创期。

初创期是科技创业人员将成果、样品、专利导入商品化阶段,企业将种子期研究所形成的具有商业价值的成果进行二次开发,产品商业化有了正式计划,产品或者服开始被生产出来,并处于试销阶段;企业初步确立产品的市场定位、管理团队及经营管理基本构架。

(3) 成长期。

企业产品工艺和性能基本成熟,产品经过试销和完善后,逐步打开市场,并形成一定的市场占有率;营销渠道基本成型,组织管理模式正逐渐形成,管理团队已基本稳定,产品品牌形象已深入顾客心里,销售数量节节攀升,盈利状况大为改观。

(4) 成熟期。

企业进入成熟期的过渡阶段,产品质量、市场竞争力及社会知名度均达到相当水平;市场营销模式十分成熟,并开始酝酿创新;企业开始形成自己的管理理念,组织管理模式已成型。

(5) 重建期。

成熟前期之后企业面临两种情形:理想的是,通过 IPO 方式募集资本金,或者借助于债券的方式募集债务性质的资金来解决短中期资金需求,进一步开拓市场,以实现公司的持续发展。更多的情形是:在企业发育得相对成熟甚至在还没有发育成熟之时,因为产品不适应市场需求,市场变化过快或是管理、财务等方面的问题而陷入困境,需要通过管理改进和组织重建来加以解决。

10.1.2 创业过程的痛点

企业从出生到长大,再到成熟往往要经历许多艰难困苦,这些痛点对于创业投资非常重要。从新技术、新项目的萌芽培育成能够盈利的成熟业务,将要经历"魔鬼之川""死亡之谷"及"达尔文之海"三道难关。

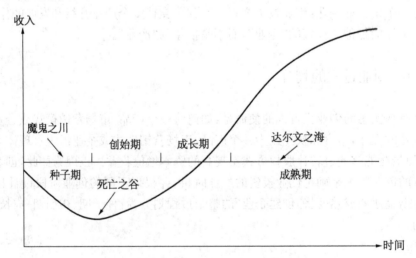

图 10-1 创业过程中的投资遇到痛点

"魔鬼之川"是指把处于研发阶段的技术与产品开发结合的难关。如即使掌握了最先进的显示器技术,但如果不能利用这一技术生产出合格的显示板和电视机,就不可能发展为一项新的事业。同理，无论拥有多么新颖的服务理念，其价值如果不被消费者所接受，也无法成为独立的事业。

"死亡之谷"是指试制品向产品过渡的难关。即使是最先进的显示器，如果产品的成品率很低，也无法成为一个事业；即使是最好的服务项目，无法形成能够盈利的商业模式，也不可能获得成功的。这时最需要的就是追加一定的投资，开展试产与试销活动。这是企业发展过程最困难的时期，也是企业最容易夭折的时期。

图 10-1 所示，在企业创立时，其财务状况应当是零，没有收入，也还没有支出。企业一旦正常运营，不管有没有收入，必定会产生支出。当企业从种子期步入创始期时，企业或者没有任何收入，或者即使有了一定的收入，但还不能弥补它的各种费用支出，企业面临财务困境。即使企业开发了一些业务，产生了一定的收入，但其支出仍然大于其收入时，而导致企业处于"死亡之谷"。有些企业会在"死亡谷"苦苦挣扎，持续一个相当长的时间，更多企业则会消失在"死亡之谷"。

"达尔文之海"是指项目发展为成熟事业的难关。在成熟期因为技术、业务随着时间的延续而老化，若不能有后续技术、业务加以替代，企业就难以实现及时蜕变，而被其他企业所淘汰。

一般来说，新创企业会经历四个阶段：第一阶段为商业模式发散式的探索，不确定性极高，创业者可能会尝试多个方向，快速转向，不停试错。第二阶段是商业模式聚焦式的探索，已经初步确立了方向，有可能在两三个方向路径中选择商业模式。第三阶段，放大商业模式阶段，在这个点上商业模式基本确立，进入放大阶段。第四阶段进入正常的运营状态。商业模式确立，第四阶段是商业模的正常执行。第一、第二个阶段的现金流是负的。

对新创公司来说，在这两个阶段，如何快速地迭代、如何在现金流耗尽之前确立商业模式，是能否存活的关键。在硅谷的创业实践中，这个点被称为 sweet spot，意即"甜点"，此时新创公司终于确立了商业模式。CEO 终于可以去向董事会汇报：已经找到了未来的路径。而投资人终于可以确认这个公司能够值一点钱，有一点价值了。但对创始人来说，这个点往往是一个伤心点。数据表明，在这个点上，很高比例的创始人被替换，被踢出董事会。因为探索阶段所需要的技能和执行阶段所需要的技能是完全不同的，创业者很少有人能够同时拥有这两种技能，所以对董事会和投资人来说，从职业市场上找到那些能够放大商业模式的人是一个非常安全的选择。当然也有一些特例，如亚马逊的创始人杰夫贝佐斯（Jeff Bezos），他从创始到现在都担任着公司一把手。

10.1.3 新创企业全生命周期内财务特征

1. 总体特征

（1）融资需求。

新创企业需要经历种子期、创建期、成长期走向成熟与衰亡，其面临的技术与市场特征决定了新创的现金流入与流出，并最终决定了不同时期的资金需求，并呈现出相应的特征。

① 种子期。新创企业基本上处于 R&D 的技术、产品开发阶段，即试验与发展的中后期，并产生实验室成果、样品和专利，形成比较完整的工业生产方案。创业者能够确认其未来的产品在技术上的可行性与市场前景，但依然是实验室成果，并没有形成真正的产品，企业尚未真正建立。此阶段需要资金用来购买实验开发所需要的原材料、支付各种研发费用，资金需求量

较小。

② 创建期。新创企业将科技成果、样品、专利导入商品化阶段,将种子期研究所形成的具有商业价值的项目成果,进行产品二次开发、市场定位,初步确立企业的经营管理基本构架。此阶段,企业需要资金除了花在"中试"上外,投入到广告和其他推销费用上的也较多,资金需求量不大。

③ 成长期。新创企业大约处在中试完成前后,生产尚未达到经济规模,产品已经进入市场,需要更多的资金以扩大生产规模和市场开发,完善产品和进一步开发出更具竞争力的产品,资金需求量较大。

④ 扩张期。新创企业经过成长期的磨练,产品的工艺和性能趋于成熟,产品的市场已基本打开,营销渠道、产品品牌形象已基本稳定,销售数量节节攀升,盈利状况大为改观。为进一步开发产品和加强营销能力,逐步形成经济规模,达到市场占有率目标,资金需求量更大。

⑤ 成熟期。新创企业发展到相对成熟的阶段,企业的销售收入高于支出,产生净收入,产品的市场相对稳定,生产能力得到充分发挥,营销能力达到比较完善的水平。为了进一步扩大生产和开始新的技术研发,尤其是实现产品转型,保持市场竞争力,资金需求量仍很大。

(2) 市场销量。

任何新的产品在阶段的初始销售水平都会很低,有显著的经营风险,销售量很可能永远不会提升,当产品无法正常工作或不被市场所接受的话,销售量甚至可能完全归零。一旦克服了这些初始的风险,新产品被拥有形成舆论能力的关键潜在客户群接受之后,销售水平会开始显著爬升,限于产品的总需求,销售量增长阶段难以持续下去。

随着该产品全部潜在客户进入市场并固化了自己的正常使用率,销售额的增长不可避免地开始放缓。市场需求的快速增长,吸引了大量的后期进入者;产品因广受客户欢迎,与产品相关的显著风险已经降低,而持续的增长显露出获得诱人财务回报的机会。新加入的厂商将增加产品的产能,同时,现存的参与者也试图增加其市场的份额;尽管产品的需求渐渐趋于稳定但二者的共同努力则导致行业产能显著增加,而行业中众多企业的新增闲置产能引起激烈的价格竞争,直到一个更稳定的均衡建立起来。生命周期的成熟阶段直到均衡点确立之后才会完全开始。

在成熟期供需相对更加平衡,剩下的高效生产者可以预期通过大量销售获得稳定的利润。不幸的是,这样的幸福时光最终将随对产品的需求的消失而终结。这或者是市场饱和,或是更好的替代产品的推出迅速吸引了目前成熟产品的大部分用户。

(3) 现金流。

新创企业的产品销售形成的现金流入,而运营、市场的各种投入形成现金流出,不同阶段新创企业的技术与市场特征,决定了其现金流状况而呈现其差异化特征。

在创建阶段的净现金流量是巨大的赤字,在成长阶段净现金流量大体平衡或略有负值——这取决于增长率和对追加固定资产投资或营运资金的需求。一旦增长率减缓,那么这种现金流出减少,而从销售收入中产生的现金增加(高销量、良好的单位利润),因而得到一个强有力的正的现金流量。

在衰退阶段,现金的流入和流出都严重萎缩,但净现金流量必须至少是中性的,否则产品应立即淘汰。这一整体情况往往导致企业的资金状况,从名副其实的"摇钱树"转到创建阶段,再投资成为企业不可避免的需求,但在许多情况下不是可取的。

2. 资金收益①

在创新过程中,现金是最重要的因素,图10-2是整个时间段上的累计现金流,该曲线使得管理方面的挑战和设想清晰化,管理者在看到年度现金流和年度预算时,往往会忽视这些,可以使这些财务预测更加可靠,在决策、计划、分析、交流方面具有极为有用,协调一致地使用资金曲线,可以使管理者能够更有效地管理可以产生资金回报的创新。

(1)资金收益的不同阶段。

为更好地反映生命周期内的资金收益,将创业过程分为三个阶段,如图10-2所示。

① 创新想法的产生。创新想法经历了产生、发展、检验、评估和优化的过程。但是在这个阶段,公司没有基于这些创新想法作出任何承诺,以产生出实实在在的新产品和新服务(或是采取其他行动)。本阶段的收获仅仅是一个想法。

② 商品化。在这个阶段的开始,管理层允许将一个推荐的创新想法发展为一个无论是从外部或是从内部而言,可以生产和推向市场的样品。而当这种产品投放市场、面向顾客的时候,这个阶段就结束了。就这点而言,本阶段经历了技术、产品、服务或者是过程的优化。这些收获是实实在在的,但是还没有经过外部(或者是内部)市场的检验。发明仅仅是发明本身,而创新则是一个系统的过程。

③ 收益兑现。这个阶段以产品、服务投放市场开始,以这些产品、服务完成其产品生命周期结束。虽然在本阶段公司能够获得资金收益,但是早期几个阶段决定了公司回报大小和时间表等一些重要问题。

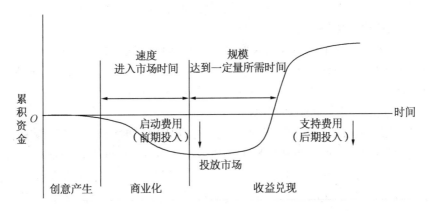

图10-2 新创企业生命周期中资金收益及其影响因素

(2)影响现金收益的因素。

创新产品是否确实能够得到消费导向的投资?是否能达到预期的产量产能?需要多大的资金投入,其变动幅度有多大?什么时候会将产品投放市场,开始销售?消费者会以什么价格购买产品,他们能购买多少产品?什么时候开始赢利?简而言之,这个创新项目看起来是否会产生资金回报?如果会,那么将会在什么时候,如何产生资金回报?创新成果一旦投放到市

---

① 资料来源:詹姆斯·P.安德鲁、哈罗德·L.西尔金,《回报:让创新收益最大化》,焦银禾、王晓刚、肖东光译,商务印书馆,2009年版,第24—26页。

场,就要尽可能使其回报最大化。而公司要决定对一种产品或服务投资多少,投资多长时间,对哪些方面进行投资。这些关于创新支持的决策往往受到创新的商业模式、组织整合方式的影响。主要因素有四个。

① 前期投入的规模和时间。

前期投入的大小,即曲线下降到平衡线以下有多少。较大的启动投资可以使使公司资产获得高增长,能力得到提升,大量投资成倍地增加了市场成功所需产生的资金回报,大量的前期投入可以并因此而产生大量的资金回报。但也增加了创新管理的风险,也会影响创新过程的管理及商业模式的选择。

铱星计划是摩托罗拉公司为发展第一个全球通用的移动电话系统而组织的一个联合性计划,前期投入大约 50 亿美元。但铱星计划实施得并不顺利,大量客户都避之不及。最终这个投资终止,其资产被以 2 500 万美元出售。

② 速度或者进入市场所用的时间。

表现在资金曲线中,产品投放市场后的曲线段越来越短,在产品处于较低销售量时,启动费用就必须全部投入完毕,看起来速度越来越快。

随着产品生命周期的缩短和全球化竞争的加剧,要求企业紧跟市场,对竞争反应越快,以获得先发优势。加快新产品进入市场的速度,通过公司在较高平均销售价格下,获得较大市场份额,使得资金快速流动起来,并降低风险和启动费用,提升资金回报。但加速进入市场,公司需要将新产品告知消费者,并教育消费者,需承担较高的支持费用,同时,还会影响产品的质量,降低达到经济规模的能力。更为重要的是,加速所需的投资没能到位,或者相应的努力没有成功,还会导致速度的优势就会丧失。

如美国 Tivo 公司推出了数字硬盘录像机(DVR)减肥,经过数年时间的努力,才使消费者明白其产品能够干什么,当数字硬盘录像机越来越受欢迎,各家电子巨头也不断推出各种款式的数字硬盘录像机,Tivo 获得相应回报的希望越来越渺茫。

③ 规模或者达到一定销售量所用的时间。

即新产品新服务从投放市场到获得预期销售量所需要的时间。在某种程度上,一家公司可以控制自己的生产能力,但是不能控制市场的需求。在资金曲线上,比较理想的是达到一定销售量所需时间的部分比较陡峭的情况。一项创新达到其最大产能的速度越快,则其开始获得资金收益的时间越早,但短时间内达到一定销售量会使组织、供应链高度紧张,会提高管理费用,也会降低潜在的资金回报。

2001 年 11 月,微软公司与任天堂几乎同时推出第一代 Xbox 家用游戏机,但是索尼公司却在一年前就推出了 PS2 电视游戏机,已经建立拥有 650 万使用者的群体。而在开发第二代 Xbox 游戏机时,得知索尼公司计划于 2006 年上半年将其 PS3 游戏机投放市场,为以其先进的游戏机吸引游戏程序开发者为 Xbox 游戏机开发出最前沿的程序,并以此吸引游戏发烧友购买其产品。微软公司决定将其游戏机于 2005 年 11 月投放市场。但只有其产品销售规模快速扩展到足够大时,才能够完成目标。为此,微软公司采用与电子器件的合同设计者、制造者——伟创力公司进行合作,共同制订了一份赶超计划。

微软公司计划得十分好,也十分幸运,当索尼公司宣布将其 PS3 游戏机投放市场的时间推迟至 2006 年 11 月时,给微软公司一个机会,使其能够在竞争对手将产品投放市场之前,销售出大约游戏机的保本销售数量 1 万台 。但为降低索尼公司在市场影响力,微软公司在教育消费者、促销、销售和建立营销关系方面进行了大量投资,才获得相应的销售规模。

④ 支持费用或者后期投入。

新产品投放市场后,对相应支持活动的投资对于利润有重大影响。相应的后期投入包括:营销和促销活动,定价活动,产品的改进和品种扩展,部门内对其他产品的调用等。这些投入既包括资金,还包括支持费用和稀缺资源费用,特别是关键人员的费用。当资金曲线与盈亏平衡线相交时,也就是累积资金投入归零并开始赢利时,新产品才开始步入其获得回报的旅程。然而,考虑到资金的时间价值,只有资金曲线达到盈亏平衡线以上的某个点时,才能够产生真正意义上的资金回报。

为了使新产品的投资收益最大化,公司必须决定在产品的支持费用方面投入多少。当没有必要进一步投入产品的支持费用时,决定是否向产品其他方面投入,而随着公司内部下一代产品投放市场,现有产品整个产品结构中所占的比重逐步降低,最终逐步淘汰时,决定将该产品投入逐步转向其他方面投入多少。

惠而浦公司在推出角斗士汽车库产品系列时,决定以极低的价格向消费者推销其墙面嵌板产品。低价推销这些墙面嵌板是为了一系列其他的角斗士系统配套产品的销售。其实,消费者并不需要通过购买墙面嵌板来获得角斗士车库系列配套产品,但当他们拥有墙面嵌板时,则更倾向于大量购买这些配套产品。薄利销售这些墙面板就是一种后期投入设计,其目的是为了提高整个角斗士产品系列的资金回报。

(3) 资金曲线的作用。

① 未雨绸缪,主动管理。可以促使管理者通盘考虑新创企业全生命周期内资金动态,清醒地认识到投资和管理决策将会产生的结果,识别敏感领域和关键性的问题,分析项目中出了什么问题、什么时候出的问题、为什么会出问题以及如何在下次避免出现同样的问题。并可使管理层在作出决策并付诸实施之前更好地分析风险、优化计划。

② 避免资金陷阱。新创公司常常高估了回报的潜力,或者不能实现这种回报。事实是许多新产品和服务尽管看起来是成功的,但是在整个产品生命周期内,没有获得任何资金回报。这些产品和服务在开发和后期支持方面花费了大量的费用,超过了它们所产生的资金收益。这就是所谓的资金陷阱。资金陷阱耗费了公司大量的资源,有时这种耗费是如此之大,甚至可以将整个公司拖垮。

宝丽来公司对于宝丽视即影即有相机的投资尝试就是一个资金陷阱,而这个陷阱引发了公司的破产危机。在1977年宝丽视投放市场时,只是一种技术性尝试。但是这种尝试需要大量的前期投入,而且由于产品进入市场的速度太慢,结果被录像带抢得了先机。宝丽视在投放市场后不久就失败了,宝丽来公司最终为此损失了1.97亿美元。

3. 经营风险

新创企业成长过程中的经营风险有三种:技术(或称研发)、运营和市场。技术风险是指产品或者服务能否按照意愿或者许诺的那样运转或运行? 运营风险是指公司能否确实按照时间表及时地将产品生产出来并给予相应的后期支持? 市场风险是指产品或服务能否以理想的数量、价格,在特定的时间内为消费者接受?

新创企业的新产品或服务若存在技术方面的不足,就不能将这种商品或服务商业化,或是将其投入实际生产;若市场没有如期接纳这种商品或服务,公司将面临无法获得必要回报或是预期回报的风险。即使新创企业技术和市场都不存在风险,若产品不能进行有效的生产与运营,同样,也无法实现创新的投入而获得相应的回报。

(1) 不同阶段的经营风险。

新创企业在其生命周期的不同阶段,其业务技术、市场、生产成熟度不同,其经营风险的主导因素也不同。这既是投资者关注的焦点,也是新创企业本身融资需要关注的重点(见图10-3)。

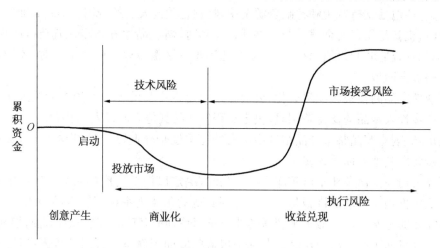

图 10-3 新创企业成长过程中的经营风险

种子期经营风险是所有阶段中风险最大阶段,其主要风险因素是技术。因给一个产品或一种服务的设想投资,而没有已经成型的产品吸引投资者的青睐,同时,此阶段投资后的资金流动性是所有阶段中最差的,只有进行长期投资以及流动性充足的投资者才有可能感兴趣。

创建期经营风险更多地表现为市场风险,即把科技成果转化为工业化生产过程中所产生的各种技术风险、产品风险、市场风险等,使得投资者面临的整体风险非常高。相对于种子期来说,技术风险有所降低,但技术转化形成的产品能否得到市场的认可并不仅仅由技术本身所决定,创业者所创造的产品与市场上的真实需求之间存在"市场鸿沟",即使该产品在技术上能够凑效,但未必为市场所普遍接纳,只有其推广被证明是成功的,销量才开始增长,市场风险总是存在并且在产品的推广时期发挥着决定作用。

成长期的产品通过中试,其技术风险已大大降低。当市场迅速增长之时,公司增加其市场份额会相当容易,即使竞争对手同比迅速扩张自己的销量,足够大市场的市场容量能够接纳他们的市场份额,竞争并不激烈,市场风险也在降低。此阶段经营风险的重点在于企业本身能否生产出来市场所需要的产量,并按时、优质地提供给市场,生产运营风险成为经营的主导因素。

扩张期的经营风险有所下降,但仍然很高。主要经营风险涉及公司最终实现的市场份额和持续增长期间的长度,两者共同决定了生命周期成熟阶段期间所实现的销量,最终销售增长将放缓,产品将进入成熟阶段。如果该公司在快速增长期间成功地实施了其市场营销策略,它就会进入成熟阶段,并在一个巨大的市场总体中具有非常高的相对市场份额。

处于成熟期的企业其发展的潜力已经充分体现,经营业绩高速增长,经营风险降低。但要大幅度增加市场份额的尝试都很可能被竞争对手强烈抵制,特别是当行业的成本结构基本固定且有预期长期稳固。成熟期虽然降低了经营风险级别,但主要风险与稳定的销量和总利润水平持续的时间相关。企业的规模由中小型企业向大型企业转变；更重要的是其内涵上的转变，企业的人才素质、组织结构、信息管理、技术水平、营销服务等各方面都发生了深刻的质变。因而，其经营风险主要是转型风险，即转型过程中，因涉及大量资源的重组和转换而带来的企业经营收益上的波动和企业转型失败的可能。这种根本性的变化对于许多管理团队来说很难接受和执行，结果许多企业的尝试因为市场条件和竞争压力而非常缺乏吸引力。如果不可能在原来的业务有这种增长，他们可能会转向多元化策略，投资于新的产品领域。

（2）经营风险与资金收益。

资金曲线可以使风险更加清晰，更加易于管理，使公司更加得心应手地承担适当的风险，公司从而得到更好的发展。与之相反，对相关风险缺乏正确的评估，公司会承担过多的风险，并最终导致产生资金陷阱。

① 不同类型的风险通过不同的途径、不同的时间点对资金曲线产生影响。技术风险将会增加前期投入，延长新产品和新服务进入市场的时间。市场风险决定了新产品和新服务达到相应市场规模所需要的时间，以及支持费用的数量和需要的时间。财务风险会对整个曲线产生影响。

② 在不同的时间段，风险的结构的主导因素存在动态变化。在创业初期，主要技术风险、市场风险、运营风险、以及转型的战略风险，财务风险则贯彻始终。而资金曲线可清晰地显示出风险的大小——从前期投入的深度和广度到达到相应市场规模所需要的时间。时间常常是一种风险，"时间越长"自然意味着更多的风险。替代现有技术的新技术可能出现，竞争者可能采取重大的行动，市场可能会发生种种变化，这些变化都会对回报产生影响。

③ 创新若可以快速、节俭、低风险的进行，很少有创新能同时具备这三种因素。管理者必须讨论和决定如何平衡其间的各种选择，明确这些选项对于资金曲线的影响，可以使可供选择的各种办法的作用更加明确有效。

4. 融资风险

在新创企业投资融资的过程中，投资者与融资者按照风险与收益匹配的原则进行融资方式、融资量、融资时间的协商，是两者动态博弈的结果。

（1）不同融资方式下投融资的风险。

股权与债权作为典型的融资方式，其投资者、融资者的风险呈现相反趋势。如表 10-1 所示。

① 股权融资。

股东的财务权利最少，承担的财务风险最高。被投资的企业有支付分红的选择权，即使有足够的利润可供分配，即使很长时间不分红，股东一般也无法从公司要求讨还他们已投入的资金；即便进入清算环节，股东也要进入排队等待讨还，直到公司所有的债权的权益得到满足后才能得到。

非常正规的投资人 VC/PE，对每一笔资金的投入都有非常严格的申报和审批过程，对公司的各种数据都要求翔实、准确。对于过了初创期的新创企业，VC/PE 要按照公司的投资理念、流程对投资对象进行全面的尽职调查，经过投资决策会共同决定是否投资和投资多少。初创早期之前的公司，各种数据基本上都是虚的，对他们进行尽职调查不现实，因而，在创业筹备期，VC/PE 一般不予投资。

表 10-1　投融资双方面临的风险

融资类型	投资方的风险	融资方的风险
债权	低（银行/贷款方）	高
股权	高（股东）	低

② 债权融资。

债权投资机构承担的财务风险小。为降低投资的财务风险，如银行通过对特定资产附加担保协议或其他协议条款来保证在融资方出现财务恶化时，拥有优先讨还权、付息权的地位。这样，将一些关于破坏融资合同的条约及财务风险的转嫁给了企业，并可能将公司持续经营至于险境。

从债权人角度，债权人持有抵押品权利和法律上的优先偿还权利，是低于股权投资者眼中的权益投资风险的。风险和回报的正相关关系，使得同一家公司的债务融资回报率要求应始终小于为股权融资的回报率要求，即企业借债更合算。但就公司而言，债务的风险较高，公司有权要求债务成本更低以应对其产生的额外风险。

与 VC/PE 一样，对投资项目的审查非常严格。对每笔钱的风险都要进行科学的论证，还要追踪每一笔钱的使用过程。银行尤其注重公司的经营状况，正是公司的经营收入才能保证还本付息。创业者若采用债权融资找到银行，银行需要审查公司最近三年的财务报表，可尚未成立的公司无法提供。因而，创业者在创建期之前从银行贷款不现实。

(2) 不同阶段的融资风险。

从动态讲，不同阶段的经营风险决定了融资方式，进而决定了融资风险，因而，经营风险和融资风险的负相关关系，相关的经营风险随着产品通过它的生命周期而降低，融资风险会相应地增加。

创建期的风险很高，融资风险非常低。股权融资的风险相对较低的性质，利用低风险的资金权益来源是合宜的。VC 通过相似的、高风险的初创投资组合，并会从每个投资中索取一个非常高的潜在收益。投资策略虽仍然集中在高风险项目上，但多样化已分散了单一项目的风险，而允许初创企业在早期阶段出现彻底失败。只要投资总额中有合理比例的投资获得了预期的高财务回报，其投资组合的整体回报便可令人满意。非常高的经营风险使得 VC 投资索要的非常高的回报率。退出是 VC 有效规避投资风险的重要路径，但买断 VC 的资金并不能依靠公司内部解决，因为在公司快速增长的阶段其现金流，最多保持进出平衡。需要找到新的合适的外部资金来源来替代初始发起资金，并在成长阶段保障业务的增长。

成长阶段的经营风险依然很高，融资风险仍处于低位。这意味着，资金替代和成长投资仍然源于股权。然而，这些权益投资者的风险偏好比原来的风险资本家略低，要求的投资回报率也较低。

进入成熟阶段，企业的经营状况发生根本性的变化。其经营风险下降，公司可以接受中等程度的财务风险。企业有大量现金流入，使得企业可以作为抵押而借入资金，不再使用权益资金。到目前为止，股本资金已注入到业务当中以开发和推广相应的产品，同时增加总的市场规模和公司的市场份额。若还需要更多的股权融资，那么，这项投资便就成为财务黑洞：钱不断流入，从不流出。唯一合乎逻辑的额外权益资金来源，就是由公司产生的部分利润再次投资到业务中来。不仅要有充足的利润来证明之前环节的投资是合理的，而且额外的融资可以通过借钱来筹集,而此阶段业务所产生的正现金流,可以提供付息和还本的资源,因而,可以用来偿还债务。

进入衰退阶段,若债务比股权便宜,股东从垂死的业务中更早地提取股本投资而代之以债务更为有利,对于债权人,承担权益风险是难以接受的,但以资产残值为抵押进行借贷则切实可行的。因为这些资产直到清算前都被冻结在业务经营活动中,而这些资金已成为事实上本金的偿还,分配给股东而使其现值增加,而不至于对债权人的地位产生不良影响。债权人有资产残值(如土地及楼宇,没有确定用途的厂房,汽车,应收账款及若干其他营运资金项目)作为担保,并接受一个与风险相关的利率水平。衰退阶段首要的资金来源就是附带着财务高风险的债务融资,部分抵消了发展最后阶段相关的较低经营风险。

总之,新创企业的经营风险与财务风险之间存在一种负相关的关系。经营风险随着时间和企业核心业务的成熟而逐渐降低,而随着公司进军其他业务领域,财务风险会相应提高。然而,外部环境的变化或内部竞争战略的改变能导致经营风险的急剧提升。当这种情况发生时,企业会通过发放更多股权来偿还部分债券来降低财务风险以控制整体风险水平(图10-4)。

成长期 业务风险高 财务风险低 股权	创建期 业务风险非常高 财务风险非常低 股权
成熟期 业务风险中等 财务风险中等 债权和股权	衰退期 业务风险低 财务风险高 债权

图10-4 创业企业生命周期内不同阶段的融资风险与经营风险

综上所述,

(1) 新创企业成长呈现阶段性,每个阶段都会存在现金流不足的问题,为保证企业在每个阶段有足够的现金,使它可以发展到下一个阶段,融资是创业者一直面临的问题。

(2) 融资过程中,企业面临研发、生产与市场状况不同,导致企业的销量呈现S型曲线,经营风险呈现不同主导因素的风险结构,经营风险大小决定了投资者的投资方式选择,早期为股权、股权债权并存、债权等。

(3) 投资者的不同投资方式决定了新创企业的融资风险与经营风险呈逆向趋势,负相关关系。

(4) 投资者因同样的投资不同阶段承担风险及回报的差异,融资者则因筹集同样数量资金出让股权比例和风险的差异;两者最佳的选择都是分阶段进行投融资。

【案例 10-1】 浙江 QW 公司

浙江 QW 科技实业有限公司(以下简称 QW 公司)是 2000 年 10 月成立的有限责任公司,注册资本 1 000 万元人民币,注册地浙江省台州市。QW 公司主营功能饮料、食品、医疗器械的研发、生产和销售;开发、销售医疗软件;数字计生系统的设计、开发、系统集成和服务;洁净系统工程项目的设计、施工、测试与服务;净化设备的开发、生产与经营。QW 公司机构精悍灵活,以人才为依托点,拥有一批具有相当经验,充满活力,极富敬业精神的中高级技术、管理人才。

公司面向市场,背靠实体,充分发挥在资金、人才、信息、管理上的优势,立足浙江,辐射全国,致力于中小企业开发,争创一流。公司总经理室下设以下部门:财务部、行政部、销售部、市场部、研发部、生产部、品控部。公司为了更好地持续和健康发展,规范企业的内部管理,完善管理体系和运作流程,把 2012 年定为公司的管理规范年和发展上台阶年,公司于 2011 年 9 月聘请戈洛博智囊管理咨询公司为公司全程管理咨询顾问公司,零点品牌推广公司为公司的品牌策划推广公司。

1. 研究与开发阶段(1999—2000 年)

公司董事长原来在当地最大的一家食品企业里从事管理工作,业余时间爱思考和开发一些自己感兴趣的产品,开发出了适合儿童饮用的葫芦形状的儿童果奶,并且第一次开发和采用当时市场尚未出现的与葫芦瓶瓶身凹凸一致的塑料商标。公司的研发资金主要是靠个人的积累,花了 2 万元用于产品的开发、外观设计上,并通过对周围人调查询问产品口味的配方改进。

2. 创业阶段(2001—2004 年)

公司的创始人感觉到新产品有着很好的市场前景,于 2000 年从原单位离职,并在当年注册成立了一家注册资本金为 50 万元的生产"葫芦"果奶的小工厂,但由于个人资金实力有限,再加上公司刚开始成立,没有足够的财产可以抵押贷款,而且国内风险投资公司尚未完全起步,公司的投资资金主要是来自于个人的银行储蓄和向亲朋好友的借款共计 50 万元。结果产品一推出市场,就供不应求,订单有如雪花般飞来,每天在厂里拉货的汽车排起长队,到 2001 年末公司就实现盈利。公司在此阶段 由于有良好的销售业绩作为保证,并采用现款现货的销售模式,积累了一定的留存利润和现金流,为公司扩大生产规模和顺利进入下一个发展奠定了一定的基础。

3. 早期成长阶段(2004—2007 年)

在这一阶段,随着技术的完善和市场的开拓,企业的技术风险得到一定程度的释放,企业的组织结构初具规模,各方面日趋完善。公司在原有产品的基础上开发出了果肉悬浮技术的果肉饮料,并在商标设计上用透明材料的塑料商标,能透过商标看见瓶里面悬浮的果肉,使消费者能真正享受到"看得见,喝得着"的消费感觉。

该公司虽地处在我国民营经济最发达的台州地区,但在中国整个中小企业融资环境不是很畅通的大环境下,QW 公司能突破融资这个中小企业发展的瓶颈,主要是采取了以下几种融资方式来解决融资难的问题:

(1) 浙江 QW 的采购或内部销售往来大量采用了银行承兑汇票的结算方式,这样就大大节省了企业现金占用,刚开始在办理银行承兑汇票时,银行还不收取保证金,这几年保证金从承兑付款金额 20%、30%,到收取 50%,但对企业来说付款期限也延缓了半年,有利于企业现金流的安排和周转,从另一个角度来说保证金对企业也是一笔不小的利息收入。而且对公司接受的票据到银行贴现换取现金,也大大改善了企业的融资难和现金流状况。

(2) 综合授信 浙江 QW 由于多年良好的信用记录和现金流量状况,建设银行对 QW 公司综合授信额度为 3 000 万元,这在根本上保证了公司资金的需要。

(3) 企业间相互担保 浙江 QW 公司和几个经营状况和现金流比较稳定的企业建立了相互担保的企业信用联合体,浙江 QW 能从当初一个小工厂成长到如今企业初具规模,年销售额达 1.5 亿元,全国销售网络已经大部分建立,这与 QW 公司采用这种企业间相互担保方式密不可分。在目前我国中小企业融资渠道不畅和单一的环境下,这种方式为 QW 带来了宝贵的银行资金来源。

(4) 民间借贷。在浙江地区,民间借贷的发展很发达,许多中小企业在急需企业发展资金的时候,常依赖资金量很庞大的民间借贷,尽管民间借贷的利息很高,但它对企业解决燃眉之急还是有很大帮助的。

4. 加速成长阶段(2007—2013 年)

2007 年开始,QW 公司处于加速发展时期,企业已经初具规模,技术风险较低,经营风险和市场风险逐渐降低,企业基本形成了核心能力。随着市场的拓展,企业的盈利迅速增加,但面临着生产规模的扩大,市场的进一步开拓,产品质量和经济效益的提高,管理的完善等诸多问题,这些问题的解决需要大量的资金投入,如果此阶段得不到持续的资金供应,就会失去高速成长的机会,甚至有可能停止增长,或被其他公司合并或收购。

在 2013 年的生产经营过程中,公司面临着不断扩大的市场,需要增加投资新设工厂和生产规模,同时为了应对市场竞争的能力,提高管理水平,公司引入了管理咨询公司和品牌推广公司,这些都需要大量的资金投入。

QW 公司正处于加速成长的阶段,在市场上已有一定的市场占有率,其"看得见"果肉饮料已形成一定的品牌知名度。公司目前计划在 2011 年度的经营规模上在西安建设投资一个新厂,降低产品在西部地区的物流费用,扩大销售和市场投入,且公司准备对另一个中小企业实施股权兼并收购。针对以上财务计划,在此阶段其融资策略可以采取内部融资、股权融资、债务融资三种融资方式相结合的方式。

(1) 内部融资(自我积累)。通过几年的经营,公司内部到 2011 年年底累计经营盈利 1 085 万元,为公司扩大生产规模和增加新项目提供了资金基础和保证。

(2) 股权融资。由于 QW 产品本身的科技含量,其现有产品和即将开发上市的新产品有很好的市场前景,竞争对手如可口可乐、康师傅、娃哈哈等曾多次表达有并购该企业一部分股权的意图,从而企业通过出让一部分股权来换取资金。

(3) 债务融资。由于企业本身银行信用较好,资产也达到一定规模,具备抵押贷款的能力,建设银行对该公司的年授信额度为 3 000 万元,所以在公司急需资金的状况下,可向银行借贷的方式来取得债务融资。

(4) 风险投资。通过一家投资咨询公司的介绍,一家美国私募基金的风险资本已有意对公司的新项目进行风险投资,通过交换 QW 公司部分股权来融资,具体融资条件正处于接触、谈判之中。

5. 稳定成长阶段的融资分析(2014 年至今)

进入稳定增长期后,与其他类型的企业一样,科技型中小企业同样面临着二次创业的压力,对资金依然具有强烈的需求愿望。应该说,在这一时期,企业已具备了较强的外部融资的条件和能力,融资难度相对降低。这时,企业所要考虑的是以相对较低的资金成本获取企业持续发展的资金。对 QW 来说,这一阶段采取以下的融资方式:

首先,力争在证券市场上获取资金。科技型中小企业可以通过证券市场发行债券或股票的方式来筹集资金,而这两种筹资方式的筹资成本也是不一样的,债券的资金成本要高于股票的资金成本。从降低资金的使用成本的角度来看,科技型中小企业的融资方式的最终实现目标应该是股票融资方式。

按证券市场的分类,证券市场可分为创业板市场和主板市场两种市场,从这两种市场筹资的风险来看,创业板市场的筹资风险要高于主板市场的筹资风险。因此,积极创造条件,实现在主板市场发行股票应当是科技型中小企业努力追求的最终目标。

其次,积极运用资本运作获取资金。无论是否获取在证券市场融资的许可,科技型中小企业应当始终把资本运作看成是发展企业的最具融资活力的法宝。资本运作也是 QW 公司目前积极采用的融资手段之一,QW 正在积极介入中国最大的橘子罐头生产集团的改制收购活动中,该集团年桔子罐头生产量占了全世界总产量的 30% 以上,如果本次改制收购成功,那么对 QW 来说不仅是一个蛇吞象的从小到大快速演变过程,而且也是强化了 QW 继续发展的融资方式。

再次,不能忽视与银行等金融机构的沟通,银行等金融机构在科技型中小企业的发展过程中始终 具有不可磨灭的贡献,没有它们的参与,也就没有科技型中小企业的稳定增长期的到来。

10.2 新创企业的资金需求量分析

10.2.1 长期资金需求

开办一个企业需要资金,有时还需要很多。对制造类的新企业,在开始产生收入前,必须购买或租赁设备和机器、购买材料、雇用员工并生产出部分产品。如果企业允许信用条款,延长了企业获利及收入转化为现金的时间。大部分企业需要一定水平的前期投资,且很多企业在几个月甚至几年内都不能产生正的净经营现金流。

创业者需要知道在企业能自行发展前需要多少外部现金,还得知道什么时候需要投入现金,没有估计企业现金需求的创业者通常会遇到很多不必要的风险。最基本的,企业运作失败的原因不一定是创意点子不好,可能仅仅是因为创业者没有在很早以前预测现金需求;或者仅当外部投资者汇入足够现金能使创业者投入的资本及努力变得微不足道时企业运作成功;又或者,即便总现金需求不大,创业者未进行财务预测也会使其在与外部投资者谈判时失利,谈判不利的原因可以是迫切需要资金或者是初始财务条款限制了创业者未来的融资能力。

"不要出现现金短缺"是对创业者的一句警告。例如,吉姆·斯坦塞(James Stancill)的提出的创业法则的第一条"如果你想到达资金天堂,你得有足够的动力,因为这一路上没有服务站",便是在警告我们在企业落成前要保证有大笔现金储备。

但是现金持有太多与持有太少同样糟糕。一个过于谨慎的创业者可能发现不可能融得"足够"的启动资金,即使可得融资成本也会很高,创业者可能被迫放弃高于企业必要或合适的价值。尽管企业缺少资金不能生存,但其目标不仅仅是生存。因此,创业者要以预计价值最高的方式为企业融资。

一个原则是,希望企业成功的创业者仅应融得足够使企业到达下一个里程碑的资金。在那一时点,外部投资人的风险降低且更易于估计。企业可能以更有利的条款融资,本章关心的问题是现在融得的资金数量如何影响企业达到下一里程碑的可能性。目的是让创业者能够回答以下问题:"我需要多少现金?"对于估计资金需求的方法,我们提出了可持续发展模型,该模型可帮助创业者决定新企业可持续增长率并检验一定水平初始融资是否足以仅通过内部融资保持理想增长率;如果不能,须重新评价所有关于债权或额外股权融资、派发红利的财务政策。

扩展新生企业的资金需求的第一步是建立把投资与现金流联系起来的财务模型。通过改变模型的几个关键假设,可检验创业者战略选择的财务实际应用。一个好的起点是探索初始投资后新企业现金流足够支持其可持续增长的条件。

假设创业企业随着企业的成长,资产、债务融资、销售额及净利润都将以一个相对固定的比率增长。因此,企业可实现的销售额占资产固定比例,且净利润占销售额固定比例。创业企业准备以股权方式初始投资于企业,但是倾向于不通过额外外部融资支撑企业成长。基于此资料,可用可持续增长模型探索企业的现金流循环如何影响可持续增长率。答案取决于三个关键的财务政策选择:随着时间的推移,是否增加外部股权融资;使用多大财务杠杆;以及分配给投资者的收益比例。给定假设,可用一个简单的模型表示可持续增长率:

$$g = \frac{\Delta E}{E} \tag{10-1}$$

式中,g 是股权增长率;E 是当年年初的股东权益水平;ΔE 是当年股东权益的变化值。假设企业在获得初始投资后不再选择外部股权融资,股东权益变化为

$$\Delta E = NI \cdot R \tag{10-2}$$

式中,NI 是税后净利润;R 是分配给投资者后保留在企业的净利润比例(即留存比率)。即如果企业的净利润为 10 万美元并保留其中 60% 于企业(分配掉其余部分),则企业股东权益账面价值增加了 6 万美元。对式(10-2)左右两边同除以期初股东权益值,得到:

$$g = \frac{NI}{E} \cdot R = ROE \cdot R \tag{10-3}$$

股权收益率是股东权益投资盈利能力的一种简单衡量方式。从式(10-3)知,股东权益增长率取决于股权收益率及收益留存(或分配)政策。其他条件不变,留存比例越低,增长越慢。为检验企业增长率和企业政策选择之间的关系,我们重新表达股权收益率如下:

$$ROE = \frac{NI}{E} = \frac{NI}{S} \cdot \frac{S}{A} \cdot \frac{A}{E} = ROS \times 周转率 \times 杠杆 \tag{10-4}$$

式中,S 为销售额;A 是资产。因此,股权收益率等于净利润率、资产周转率或企业经营杠杆周转率和企业财务杠杆三者的乘积,式(10-4)说明企业可用多种由资产支持的方式达到其股权投资的盈利能力,并更多依赖于借款。

在可持续增长模型中,我们假设营销尽可能有效,且企业使用资产效率尽可能高。然而,财务杠杆是一个能影响可持续增长率的政策选择。用式(10-4)代入式(10-3)得到如下可持续增长模型:

$$g^* = \frac{NI}{E} = \frac{NI}{S} \cdot \frac{S}{A} \cdot \frac{A}{E} \cdot R \tag{10-5}$$

该模型反映了如下假设,即随着企业的成长,资产、债务融资、销售额和净利润相对同比增长。

现在可以说明可持续增长模型和企业现金流之间的联系了。首先,认识到利润(用税后净利润衡量)与财务杠杆政策的选择相互依存。要观察该依存关系及与债务融资相关的避税优势,我们重新表达净利润如下:

$$NI = [EBIT - r(A-E)](1-t) \tag{10-6}$$

式中,$EBIT$ 是息税前净利润;$A-E$ 是债务融资额;r 是债务融资的借款利息;t 是企业所得税税率。同样,可持续增长模型假设折旧费用的会计处理方式适合经济折旧,则折旧相关的年现金流足够保持企业资产的生产力。

将式(10-6)代入式(10-5),得到:

$$g^* = \frac{[EBIT - r(A-E)](1-t)}{s} \cdot \frac{S}{A} \cdot \frac{A}{E} \cdot R \tag{10-7}$$

式(10-7)中的模型可用于观察创业企业面临的政策选择如何影响企业的可持续增长率。

10.2.2 营运资金需求

1. 营运资金的循环

固定资产本身不能产生收入和利润,但运用这些资产创造收入和利润的活动即营业活动(operating activities)则创造价值形成收入。项目在运营期间存在的经营活动包括:采购—获取原材料等、生产—将原材料转化为产成品、销售—将产品销售给顾客,并从顾客手中收回现金的循环。营运资金的循环可通过图10-5所示。

流动资产可简单地划分为应收账款、存货和现金。应收账款,是指企业因销售产品应向购买者收取而于期末尚未收回的账款余额。存货,指期末结存在库的、在途的和在营运资金加工中的各项存货的实际成本,包括原材料、燃料、在产品和产成品的库存。现金,指各项准备金,

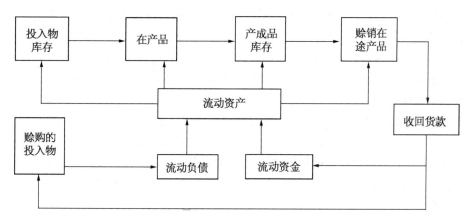

图 10-5　营运资金循环

为预付工资、设备维修、管理和销售而准备的资金;而流动负债仅为应付账款一项。应付账款则指企业因购买材料物资、燃料等在期末尚未向供应者清偿的账款。项目从投产到达产需要经历一个过程,随着年产量的增加,企业占用的营运资金亦相应增加,当年营运资金净增额等于当年营运资金占用额与上年营运资金占用额之差值。

营运资金其金额随着新创企业的生产规模扩大而增加,随着周转时间的缩短而减少,周而复始地在货币与实物之间转化。

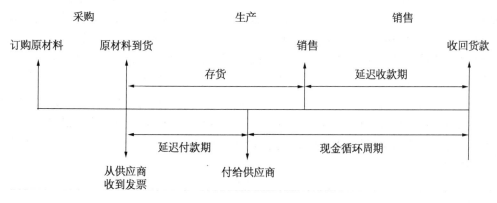

图 10-6　现金循环的营业周期

资料来源:加布里埃尔·哈瓦维尼,《高级经理财务管理》,机械工业出版社,2017 年版,第 50 页。

一般而言,项目在运营期间虽然有产出并形成销售收入,考虑到市场销售和客户关系通常允许顾客延迟支付货款,因此,项目并不能立即全部收回全部销售收入而对应的现金,并形成未收回的销售收入——应收账款,同样,项目本身在采购供应商的原材料、燃料等,通常也不会立刻付款给供应商,而随之产生应付账款。

新创企业为扩大销售或减少缺货损失需要持有一定数量产成品,正在加工过程中的在产品以及为制造项目产品而外购的原材料、燃料等,构成了项目评价中存货。与此同时,为了保证项目顺利进行,确保某些重要而紧缺的原材料、燃料等及时供应,往往需要在收到货物或之前给供应商提前付款而形成了预付账款。

在这个循环过程中,向供应商付款发生在向客户收款之前,企业持有存货(原材料、半成品和制成品)和应收账款债权的这段时期比付款延迟的期限长,付款日和收款日之间的这段时间就是现金循环周期,因为现金循环周期的存在,决定项目的运转需要相应的资金支持,这种为维持生产而占用的全部周转资金称之为营运资金,上述各种必要的现金、存款、应收及预付款项和存货构成流动资产;而应付账款和预收账款则构成流动负债,流动资产与流动负债的差额就构成项目的营运资金。

因现金流循环的存在,实际、预计销售水平和各项营运资金组成部分有关系。销售型企业须储存足够存货以满足订单需求,因为不能完全估计客户下订单的时间,而且由于每张订单购买量也不确定,通常需要储存足够存货以满足几天或几星期的预计需求。制造型企业可能要储存原材料。同样,如果企业赊销经营,应收账款期末值取决于销售水平和企业收款能力,很多企业还发现有必要决定现金的期末值,这也取决于销售水平。

2. 营运资金政策

为了增强竞争力,它们得提供行业典型的信用条款甚至更大方。因为这些企业一般和竞争者从相同供应商处购买原材料,它们通常也适应于相同的付款政策和相似的即期付款折扣。而且对于同行业的其他企业,数量折和和保留存货的价值也相似。因为它们要在同一市场竞争劳动力,创业企业也许需要采用相似的付薪政策。新创企业的营运资金的需求量,与业务经营的运营有关,还与企业的营运资金政策相关联。这些政策包括:

(1) 销售政策。定价政策是一种产品定位、定价、营销相关决策综合考虑的结果。如价格与赊销政策影响。若采用赊销,可以刺激销量可,但企业资金被客户占用,存在预期坏账的风险;企业产品的定价应该是考虑交易折扣及预期坏账损失后的净值。若选择现销,可以加速资金的周转,产品定价是折扣前的价格,且不需要考虑顾客不还款的风险。同样,企业的信用政策也会影响平均价格和销量。现销政策,没有信用期,会减少所需净营运资金融资额。若企业接受信用卡支付方式,但信用卡销售能很快转为现金,信用期可能很短。

(2) 采购与存货政策。前者会影响企业的原材料成本,经过与供应商谈判,选择原材料和类似的考虑会影响企业每单位产品的材料成本。后者则与企业原材料或产成品方式保留存货的平均天数有关。因为存货量多能让企业享受到采购数量折扣,存货政策间接影响企业的平均原材料成本。

(3) 应付账款政策。应付账款政策取决于供应商即刻付款是否有折扣。供应商通常要求现金支付,或者允许有折扣或没有折扣的推迟付款。应付账款政策若有折扣,相当于占用供应商的资金,降低原材料成本,但不影响企业声誉及其提高采购价格的情况下,降低了企业额外融资的需求。

(4) 工资薪酬政策。采用高薪政策,可以吸引更多的人才,降低员工流动或鼓励员工,采用低薪政策,可以提高员工流动性。采用两种政策中任何一种,都可降低平均单位劳动力成本。实际之中的选择则取决于工作经验的重要性、激励、新员工可获得性以及相似因素。工资薪酬政策还与付薪频率和付薪时间有关,推迟付薪和不频繁付薪实际上是在占用员工的工资,节约企业对外融资量,工资薪酬政策间接影响着薪酬,大量推迟付薪可能导致现金支付需求。

3. 营运资金的需求估计

投融资过程中考虑的营运资金,是伴随固定资产投资而发生的永久性流动资产投资,其数额等于项目投产后所需全部流动资产扣除流动负债后的金额。与通常意义下流动资产、流动负债所定义的边界不同,这里的流动资产仅指为维持一定规模生产所需要的最低数量的周转资金和存货,流动负债也只含正常生产情况下平均的应付账款和预收账款。

营运资金的估算,不仅要考虑应付账款、预收账款对营运资金的抵减作用,还需要考虑资金周转效率,资金周转得越快,需要营运资金少;反之,则需要的营运资金多。

为了简化计算,营运资金可在投产第一年开始安排。营运资金估算方法可采用扩大指标估算法和分项详细估算法。

(1) 扩大指标估算法。该法应用于项目可行性研究的早期,根据项目的特点和以往已建成运行的同类项目的数,按销售收入、经营成本或固定资产投资的比例来估算,或按单位产量占用净营运资金的比率来确定营运资金的数量。如,百货零售商店,净营运资金可按年销售收入的10%—15%估算,机械制造项目可按年经营成本的15%—20%考虑;钢铁联合企业可按固定资产投资的8%—10%估算等。但因为项目的加工深度、原料供应和销售渠道各不相同,这种估算方法误差较大。随着项目投资分析与研究的深入,有必要对其进行分项的详细估算。

(2) 分项详细估算法。分项详细估算法就是对流动资产和流动负债的主要构成要素即存货、现金、应收账款、预付账款以及应付账款和预收账款等几项内容分别进行估算,然后加以综合的计算方法。营运资金估算的具体操作是先计算各分项周转次数,再分项估算,最后予以合成。

① 周转次数计算。无论是应收账款、应付账款、存货等流动资产与流动负债项目,都存在一定的周转时间,要转化为现金需求都需要考虑其周转情况和周转次数。

$$周转次数 = 360/最低周转天数 \tag{10-8}$$

各项目类流动资产和流动负债的最低周转天数取值对营运资金估算的准确程度有较大影响,在确定其取值时,应参照同类企业的平均周转天数并结合项目特点确定,或按部门(行业)规定,在确定最低周转天数时应考虑储存天数、在途天数,并考虑适当的保险系数。

② 流动资产估算。

$$流动资产 = 应收账款 + 存货 + 现金 \tag{10-9}$$

A. 存货的估算。

$$\begin{aligned}
&存货 = 外购原材料 + 外购燃料 + 在产品 + 产成品 \\
&外购原材料、燃料 = 年外购原材料、燃料费用/年周转次数^{①} \\
&其他材料 = 年其他材料费用/其他材料年周转次数 \\
&在产品 = (年外购原材料、燃料动力费用 + 年工资及福利费 + 年修理费 \\
&\qquad\qquad + 年其他制造费用)/在产品年周转次数 \\
&产成品 = (年经营成本 - 年营业费用)/产成品周转次数
\end{aligned} \tag{10-10}$$

B. 应收账款估算。

应收账款是指企业对外销售商品、提供劳务尚未收回的资金,计算公式为

$$应收账款 = 年经营成本/应收账款周转次数 \tag{10-11}$$

---

① 注意对外购原材料、燃料应按种类分项确定最低周转天数进行估算。

C. 预付账款估算。

预付账款是指企业为购买各类材料、半成品或服务所预先支付的款项,计算公式为

$$\text{预付账款} = \text{外购商品或服务年费用金额} / \text{预付账款周转次数} \tag{10-12}$$

D. 现金需要量估算。

现金是指为维持正常生产运营必须预留的货币资金,计算公式为

$$\text{现金} = (\text{年工资及福利费} + \text{年其他费用}) / \text{现金周转次数}$$

$$\text{年其他费用} = \text{制造费用} + \text{管理费用} + \text{营业费用} - (\text{以上三项费用中所含的工资及福利费、折旧费、摊销费、修理费}) \tag{10-13}$$

③ 流动负债估算。

流动负债估算只考虑应付账款和预收账款两项。

流动负债＝应付账款＋预收账款

应付账款＝外购原材料、燃料动力及其他材料年费用/应付账款周转次数

预收账款＝预收的年营业收入/预收账款周转次数

营运资金＝流动资产－流动负债

营运资金本年增加额＝本年营运资金－上年营运资金 (10-14)

【案例 10-2】

已知 XK 项目的成本资料和流动资产与流动负债周转天数情况如表 10-2 和表 10-3 所示,现根据这些资料对 XK 项目的营运资金需求进行估算。

表 10-2 XK 项目的成本表　　　　单位:万元

项目	合计	初创期	
		3	4
外购原材料	90 000	4 000	6 000
外购燃料动力	12 900	600	900
工资及福利费	10 940	1 094	1 094
修理费	25 000	2 500	2 500
其他费用	25 000	2 500	2 500
经营成本*	164 440	10 694	12 994
销售收入	405 000	18 000	27 000

表 10-3 XK 项目流动资产与流动负债周转情况　　　　单位:天

项目	周转天数	项目	周转天数	项目	周转天数
应收账款	80	在产品	30	预付账款	30
原材料	100	产成品	12	应付账款	40
燃料	60	现金	15	预收账款	40

营运资金估算是这样进行:先将周转天数按照年周转次数＝360/年周转天数折算成相应的周转次数,填入相应的表格之中的第3列,同时,在营运资金估算中,要求使用含税价格,故需要在相关表各年原来不含税的费用和收益中,分别加入进项税或销项税(17%)。以计算第3年为例予以说明。

① 应收账款＝(年经营成本＋原材料和燃料动力的进项税)/年周转次数
$$= (10\,649 + (4\,000 + 600) \times 17\%)/4.5 = 2\,550 \text{ 万元}$$

② 存货。

原材料＝(外购原材料＋外购原材料的进项税)/年周转次数
$$= (4\,000 + 4\,000 \times 17\%)/3.6 = 1\,300 \text{ 万元}$$

燃料＝外购燃料＋外购原料的进项税 /年周转次数
$$= (600 + 600 \times 17\%)/6 = 117 \text{ 万元}$$

在产品＝(外购原材料、燃料、动力及进项税＋工资福利费＋修理费)/年周转次数
$$= (4\,000 + 600) \times 117\% + 1\,094 + 2\,500)/12 = 891 \text{ 万元}$$

产成品＝(经营成本＋外购原材料、燃料、动力的进项税)/年周转次数
$$= [10\,649 + (4\,000 + 600) \times 17\%]/12 = 383 \text{ 万元}$$

存货＝外购原材料＋燃料＋在产品＋产成品
$$= 1\,300 + 117 + 891 + 383 = 2\,691 \text{ 万元}$$

③ 现金＝工资福利费＋其他费用/年周转次数
$$= (1\,094 + 2\,500)/24 = 150 \text{ 万元}$$

④ 设项目运营期间需要预付30%购货费用

预付账款＝外购原材料、燃料、动力及其进项税 ×30%/年周转次数
$$= \{[(4\,000 + 600) \times 117\%] \times 30\%\}/9 = 600 \text{ 万元}$$

流动资产＝应收账款＋预付账款＋存货＋现金
$$= 2\,550 + 600 + 2\,691 + 150 = 5\,991 \text{ 万元}$$

⑤ 应付账款＝外购原材料、燃料、动力及进项税/年周转次数
$$= [(4\,000 + 600) \times 117\%]/12 = 449 \text{ 万元}$$

⑥ 设项目运营期间可预收销售收入×30%,

预收账款＝(销售收入＋销项税)/年周转次数
$$= (18\,000 + 18\,000 \times 17\%)/9 = 468 \text{ 万元}$$

第3年流动负债＝应付账款＋预收账款
$$= 449 + 468 = 917 \text{ 万元}$$

第3年营运资金＝流动资产－流动负债
$$= 5\,991 - 917 = 5\,074 \text{ 万元}$$

同理:第4年营运资金＝6 504(万元)

第5—12年各年的营运资金＝9 363(万元)

表 10-4　XK 项目的营运资金估算表　　　　　　　　　　　　　　　　单位：万元

序号	项目	最低周转次数	投产期 3	投产期 4
1	流动资产		5 991	7 879
1.1	应收账款	4.5	2 550	3 148
1.2	存货		2 691	3 681
1.2.1	原材料	3.6	1 300	1 950
1.2.2	燃料	6	117	176
1.2.3	在产品	12	891	1 083
1.2.4	产成品	30	383	472
1.3	现金	24	150	150
1.4	预付账款	9	600	900
2	流动负债		917	1 375
2.1	应付账款	12	449	673
2.2	预收账款	9	468	702
3	营运资金(1－2)		5 074	6 504

Chapter 11　创业融资渠道

新创企业融资渠道多种多样,既有内部与外部融资之分,也有债权与股权融资之别。不同类型的投资人之间存在投资目的、能力和约束的差异,并采用不同方式保护投资的价值。一些投资人如银行倾向于选择参与度低、风险低、周期短的投资项目。如创业投资人选择积极的监督方式保护投资价值。这些因素决定了新创企业的融资方式选择存在优先序(Pecking Order)。按照戈登·唐纳森的观点,其顺序是,一般先用企业内部的留存收益,再用外部融资;在外部融资方式中,一般先采用债权方式后股权方式;无论哪种融资方式,都需要相应的有形资本或者无形资本作为融资基础。为此,本章主要讨论三个问题:①创业融资的基础;②债权融资;③股权融资。

11.1　创业融资的资本

新创企业漫长、曲折的成长过程,实质是各种资本元素不断循环与累积的过程。正是这些资本元素直接或间接与融资发生关系,而构成创业者融资的赖以依存的基础。法国社会学家 Pierre Bourdieu 认为,这些资本可分划分为文化资本、社会资本与经济资本。鉴于本书主要聚焦于新创企业,企业文化尚在建设之中,故这里重点讨论经济资本与社会资本。

11.1.1　经济资本

经济资本包括有形的不动产、流动资产、人力资本,还有无形的知识产权、资质、商誉等。其中,不动产、流动资产、知识产权、资质、商誉等资本要素是新创企业进行债权融资抵押的基础;而新创企业的人力资本,是股权投资者估值的凭据,是决定股权融资是否成功与融资多少的关键。

经济资本元素具有自累积、自强化、自增强效应。新创企业通过某一具有创意的设想、构思或专利发明,寻找市场契机,实现创意的市场化、商品化以及产业化,进而带动企业的快速成长和资本增值;通过技术引进、产品开发等策略获取投资回报,并迅速进入新一轮的投资回合以实现企业的滚动发展;新创企业在交易中,以资金换取设备、技术、人才以及管理,促进企业经营效率的提高。

知识产权、人力、资质等资本元素都是企业融资的重要资本,只要拥有其中一项,就能使企业拿到一笔投资,这些资本元素是在企业发展过程中逐渐出现的。一个企业并不会同时具备以上这些资本元素,不同的资本元素在企业发展的不同时期会产生不同的作用,从而影响企业的建立和发展。这些资本元素按照不同的逻辑关系,构成了企业不同成长阶段融资过程,即资本链条。

依赖于资本元素的自积累、自强化、自增强,资本链上资本元素之间互强化,新创企业的经济资本得到逐步积累、增强;构成新创企业融资的坚实基础,让新创企业获得一轮又一轮的融资,从而为新创企业的创立和发展带来充足的资金。

技术创业的过程中,知识产权如何估值涉及技术入股的比例、拥有技术的人员激励机制,这里予以重点探讨。

1. 技术资本——知识产权

知识产权是指拥有并受法律保护的权力,由商标、版权、计算机软件、专利、工业设计和商业秘密组成。

(1) 专利技术,指由国家专利主管机关管理的,受国家专利法保护的技术。专利技术是技术持有者的私人财产,其知识产权在转让和使用中的各种权益受到法律保护。它是国家专利机构给予技术发明创造首创者(自然人或法人)在一定时间内享有的不准他人任意创造、使用或销售其专利产品,或者使用其专利方法的专利权。受专利法保护的专利类型有三类:发明专利、实用新型专利、外观设计专利。专利权有三个特点:专有性,即专利权人对其发明的制造、使用和销售享有独占权;地域性,即在申请国和国际专利联盟的成员国范围内有效;时间性,即专利权的有效期限规定不一,一般为10—20年。专利期过后,其知识产权属社会公有。

(2) 专有技术,指技术持有者通过保密措施所独自占有的技术。专有技术设有专门的法律保护。技术转让后,技术供受双方的权益以技术合同的形式确认,受法律保护。专有技术的范围非常广泛,如图纸、设计方案、技术说明书、技术示范等,还可以是使得企业的经营更具活力、获利能力更强的创造性思想和实践。

2. 技术本身的价值

一项技术给予消费者的价值常常是一个多方面的集合体,消费者功效图为研究一项新技术为消费者提供的价值提供了有效的工具。它将新技术对消费者的功效划分为生产率、简明性、方便性、风险、娱乐和外形,环保6个层次,将消费者购买产品到报废过程划分为购买、交付、使用、增补、维修、处置6个阶段;6个层次的功效水平和6个阶段形成了具有36个小区域的功用图,每个小区域表示提供给客户一定的价值。在此以本田氢电汽车的消费者攻效为例来进行详细说明,见表11-1。

表11-1 本田氢电汽车消费者功效

	购买	交付	使用	增补	维修	处置
生产率	价格比非混合动力汽车略低		速度和功率与非混合动力汽车相当	为补充燃料而停驶的次数减少,节省金钱和时间		
简明性	购买者也许会感到难以评估汽车价值		操作起来像普通的内燃引擎汽车	和普通内燃引擎汽车一样补充燃料		混合动力需要更大的电池,在达到使用寿命时需要进行循环利用和妥善处置

(续表)

	购买	交付	使用	增补	维修	处置
方便性		通过传统销售渠道出售	不必担心电源插座	在一般加油站可以买到燃料	同普通内燃引擎汽车一样保养	
风险			购买者可能面临更大的风险,因为产品使用了新技术		购买者可能很难找到替换部件,因为产品采用了新技术	也许难以转售,或者转售价格较低
娱乐和外形		外形显得环保				
环保	购买者感觉他们在支持环境友好型汽车的发展		低污染	需要少量的矿物燃料		

资料来源:W. C. Kim and R. Mauborgne,, Knowing a Winning Business Idea When You See One, Harvard Business Review 2000, 9-10。

一项新技术提供给客户的价值可以用一个小区域来衡量,也可以用几个小区域的组合来衡量。如本田氢电汽车的推出,在客户的使用阶段给予顾客更高的生产率(以节约汽油的形式)、外观收益、环保,在增补、维修阶段提供了与燃油汽车一样的简单、方便性。

这个功效图为管理者提供了一个从技术价值的多维性和客户经历的多个阶段考虑问题的思路。虽然其技术价值构成维度针对消费产品而设计,但基本原理同样也适用于生产性产品。如功效图的生产率可以用多个指标,如速度、效率、可伸缩性、可靠性等来表示,而不是仅仅用客户生产率来表示。

3. 影响技术价值的主要因素[①]

(1) 技术本身的质量,主要包括技术的新颖性、先进性、实用性。

新颖性。是指技术产品的首创性或创造性。对于应用性和实用性技术产品,必须是首次成功地生产出来,并在性能、关键技术和工艺环节上有新的突破。在技术贸易中判定新颖性的基本指标是专利技术、专有技术的应用程度。新颖性还表现为技术产品研究与开发的难度,承担的风险和技术原理、方法、手段上的突破。这种新的突破即形成专有技术上的垄断权和技术市场上的支配权。这种垄断权及专利权越大售价越高;反之、售价较低。

先进性。它是反映技术产品研制的技术水平、技术含量和技术效果的综合性指标。评定一项技术产品的先进性一般包括三方面:①技术原理与现有技术相比的进步程度;②技术结构与现有技术相比的进步程度;③技术使用效果与现有技术相比的差异程度。技术的先进性指标表示技术产品在现代先进技术体系中的地位及应用最新科技成果的能力和对生产要素(资金、劳力、土地等)的替代程度。新技术替代生产要素的能力不同,其价格也不同、而且它在

[①] 陶树人,《技术经济学》,经济管理出版社,1997年版,第146页。

不同地区、不同条件下,价格也不同。例如,一项可用于替代劳动力的技术装备,在发达地区和发达国家劳动力资源短缺、劳动力价格昂贵的地区,它的先进性就较突出、价格较高。而在劳动力剩余的地区,价格较低。

实用性。是指技术产品被使用方采用后所获得的经济价值和社会价值。技术产品的实用性应满足以下条件:符合科学技术发展规律;技术上成熟、可靠性高、具备生产中广泛应用条件;能为使用方产生积极的效益或效果。

(2) 技术的研发成本与成熟度。

从事技术生产的耗费应该得到补偿,技术专业生产者维持简单再生产的基本条件。技术的研制开发成本是决定技术价格的基本因素。就具体技术而言,其本身质量特性决定了研制开发成本不能作为唯一依据。技术处于实验室、小试、中试、工业化试验、商业化投产的不同阶段,其成熟程度上存在较大的差异,技术越成熟,可信程度越高,风险越小,价格也会越高。

(3) 买方对新技术成果、产品价格的影响。

购买方的急需程度。买方一般均在自身从事的行业或专业内选择适宜的技术,若买方急需用新的技术更新旧技术,对价格让步大、价格相对高;反之则低。

买方购得技术后实施的能力。买方在资金、技术、设备、管理能力等上的差异,使技术成果或产品使用后效益也不同,价格也不同。

买卖双方合作形式。合作形式不同,技术使用者是技术的研究开发风险理论上的最终承担者,风险由开发者和使用者共担。技术开发风险越大,价格也越高。技术使用风险影响了技术使用的预期收益,因此也影响了价格,使用风险越大,其价格越低。

(4) 技术市场的供求关系与技术的垄断程度。

与一般商品价格受供求关系的决定一样,技术价格也受供求关系的决定,但又有其特殊性。技术的供给量取决于可交换的技术商品数量和同一技术可转让的次数,而前者又取决于研究开发能力和投入。技术的需求量受市场竞争状况及企业技术进步迫切性的影响。技术供不应求则价格上升,技术供过于求则价格下降。

技术的法律状况(是否申请专利、专利的保护时间等)、保护的有效性等影响技术的垄断性,从而影响技术的价格;技术交易的方式不同,技术受让方对该项技术的垄断强度也不同,价格也会不同,导致受让方垄断越强的技术交易方式,价格也会越高。与此相应,若技术出让方可重复出让技术,则一次交易的价格较低;若受让方有权再出让技术,则价格会较高。

(5) 技术市场的宏观环境。其中包括:技术成果法律程序的完备性,如"技术合同法""专利法"等一系列赋予技术的法律特征。技术成果的这一特征是享受技术市场优惠政策的依据,直接影响产品成交价格;技术成果的社会效果;国际市场的价格。

4. 专利技术的评价方法[①]

(1) 成本法。

① 成本法的理论模型。成本法是指以该专利技术项目的历史成本为基础,运用适当方法将其修正至评估基准日的现实成本,再综合考虑其机会成本和功能性损耗等因素,确定其评估值的方法。其公式如下:

$$P = Cr + Ct + Co - D \tag{11-1}$$

---

① 吴贵生,《技术创新管理》,清华大学出版社,2000年版,第197页。

其中，P 为技术商品的价格；Cr 为研究开发成本；Ct 为交易成本；Co 为机会成本。

研究开发成本（Cr）是指研发过程中的直接成本如材料能源费、人工费用、专用设备折旧费信息资料费、外协费、咨询鉴定费、培训费、差旅费、其他费用以及间接成本如管理费、折旧费、摊销费等。

从理论上讲，研究开发成本应按评估日的社会平均成本计算，但由于技术生产的一次性，可作为计算依据的只有对历史成本进行修正或重新估算，即"重置成本"。技术重置成本的估算，通常采用物价指数法等，即以该项技术的账面历史成本为基础，用价格变动指数进行调整估算重置成本的方法。价格指数变动常用国家公布的定基物价指数，即在物价指数数列中，各期指数都是以某一固定时期为基期计算。采用指数法估算技术的重置成本的公式为

$$C_R = Cr \cdot \alpha \tag{11-2}$$

其中：C_R 为技术的重置成本；Cr 为技术研究开发账面历史成本；α 为物价指数调整系数。

交易成本（Ct），是指发生在技术的交易过程中技术服务费、差旅费及管理费、有关的手续费、税金、广告、宣传费、其他费用等。

机会成本（Co），是指由于因技术转让而使供方失去在买方所在国或地区的全部或部分产品投资或销售机会而造成的可能的损失。机会成本较难估计，在技术价格评估中通常不考虑机会成本，只有在机会成本较明确时，易计量才计入。

② 技术的损耗及计算。技术在置存期间因为科技进步和经济因素的变化导致其垄断程度减弱和使用寿命缩短，而产生技术的无形损耗，其值可采用公式予以计算：

$$D = C_R \cdot \frac{T_u}{T_t} = C_R \cdot \frac{T_u}{T_u + T_c} \tag{11-3}$$

式中，D 为技术损耗贬值额；CR 为技术重置成本；T_u 为技术研制成功至评估日的时间长度（年）；T_t 为技术寿命（年）；T_c 为技术剩余寿命（评估日至技术失效的时间长度）。

技术寿命可根据法定保护期限（对专利技术而言）、合同期限（对转让技术而言）、预测期限等加以确定，需要注意的是，技术寿命可能不等于法定保护期，由于技术进步的加速，新技术出现可能使专利技术提前失效，此时应按预测期限计算。

③ 成本法的实际估算。根据评估目的的不同，考虑成本范围也不一样，在实际的成本法评估之中通常考虑研究开发成本、交易成本以及机会成本中一部分或者全部。这里给出综合考虑研究开发成本与机会成本的实际估算方法。

技术资产的价值＝重置全价×成新率

重置全价以技术资产的账面历史成本为基础，将其按开发时的实际投入情况分解为材料、设备和人工成本投入，分别以相应的价格调整系数和机会成本调整系数对其进行调整而求出。

$$\begin{aligned}重置全价 = \sum_{t=1}^{n} &(第\,t\,年材料成本投入 \times 第\,t\,年相应的价格调整系数 \times \\ &第\,t\,年机会成本调整系数 + 第\,t\,年设备成本投入 \times 第\,t\,年设备\\ &价格调整系数 \times 第\,t\,年机会成本调整系数 + 第\,t\,年人工成本投入 \times \\ &第\,t\,年商品零售价格调整系数 \times 第\,t\,年机会成本调整系数)\end{aligned} \tag{11-4}$$

$$成新率 = \frac{\text{Min}(法定剩余保护年限,剩余经济年限)}{已转让年限 + \text{Min}(法定剩余保护年限,剩余经济年限)} \tag{11-5}$$

（2）收益法。

收益法的基本思路是：按技术所产生的经济收益来估算技术的价值。收益的确定是收益法应用的关键，B_t 可有多种操作性计算方法，每一种计算方法就形成一种收益模型的具体方法。其中，最重要的是超额收益法和收益分成法两种。

① 超额收益法。超额收益法以技术使用后获得的超额收益作为技术价格计算的基础，但因为技术的作用不同而存在差异。技术收益额实际上是由技术带来的超额收益，通过对比分析未使用技术与使用技术的前后收益情况予以确定。

a. 收入增加型。其原因在于：第一，运用技术的产品的销售价格高于同类产品的销售价格而获得的超额收益

$$\Delta B = (P_2 - P_1)Q(1-T) \tag{11-6}$$

式中：ΔB 为超额收益；P_1、P_2 分别为使用技术前、后产品的单价；Q 为产品销售量（此处假定销售量不变）；T 为所得税税率。

第二，运用技术的产品在其销售价格与同类产品相同价格的情况下，销售数量能够大幅度增加，市场占有率扩大，从而获得超额收益。

$$\Delta B = (Q_2 - Q_1)P(1-T) \tag{11-7}$$

式中：Q_1、Q_2 分别为使用技术前、后产品的销售量；P 为产品价格（此处假定价格不变）；C 为产品的单位成本。

销售量增加不仅可以增加销售收入，还会引起成本的增加，估算销售量增加形成收入增加，从而形成超额收益时，必须扣减由于销售量增加而增加的成本。

b. 费用节约型技术，是指技术的应用，使得生产产品中的成本费用降低，从而形成超额收益。可以用下列公式计算为投资者带来的超额收益。

$$\Delta B = (C_1 - C_2)Q(1-T) \tag{11-8}$$

式中：C_1、C_2 分别为使用技术前、后产品的单位成本；Q 为产品销售量（此处假定销售量不变）。

技术的超额收益，有时可能是收入增加和成本节约共同形成的，应根据实际分析结果，对上述三种情况进行不同组合，合理预测技术的综合超额收益。

上述三种计算方式中都涉及产品销售量，如果预期中不是采用企业评估基准年份的实际销售量，就存在销售量预测问题，预测销售量时需考虑企业生产能力的配套，超出企业现有生产负荷能力，对扩大销售引起的投资增加因素，在计算超额收益时要做必要的扣除。

② 收益分成法。收益分成法是对技术使用的收益按一定的分成比例来评估技术价值的方法。此法即根据专利技术项目在评估基准日后的剩余使用年限内尚可产生的收益情况，采用适当的资本化率进行折现，确定评估值的方法。

技术项目第 t 年产生的净收益为

$$P = \sum_{t=1}^{n} \frac{B_t}{(1+r)^t} = \sum_{t=1}^{n} \frac{S_t \times \alpha_t}{(1+r)^t} \tag{11-9}$$

式中：B_t 为第 t 年技术提成所获得的收益，S_t 为第 t 年的销售收入；n 为剩余使用年限；r 为资

本化率，α_t 为第 t 年的收益提成率（$0<\alpha<1$）。

a. 未来净收益的确定。在持续经营、资产持续使用、技术进步基本不变和政策稳定的前提下，年度的技术转让收益情况，考虑行业专家对其技术先进性、市场竞争程度、市场容量、技术转让情况的评价意见，对该项专利技术的未来剩余经济使用年限中可获得的转让净收益进行合理预测。另一方面，通过对应用该技术生产的产品未来市场需求量的调查，根据该技术的先进性、转让情况和市场占有情况，在未来继续保持现有市场占有率不变的假设情况下，对未来由于转让技术而形成的可提成销售收入进行谨慎、稳健预测。同时，根据行业调查和分析测算，确定销售收入分成率，考虑所得税，测算净收益。

b. 资本化率的确定。资本化率的确定是无风险利率与风险报酬率之和。

c. 提成率的确定方法主要有两类：一类是根据技术转让的经验数确定，如 OECD 分成率以技术采用后的利润为分成基数，在上限为 7%，下限为 16% 之间按实际情况确定。另一类是按照一定的方法进行分析计算。如约当投资分成率即按较术开发的折合约当投资与技术需方实施技术投产的约当投资的比例确定利润分成率。

提成率＝技术开发约当投资量／（技术实施约当投资量＋技术开发约当投资量）

技术开发约当投资量＝技术重置成本×（1＋适用成本利润率）

技术实施约当投资量＝购买方投入的总资产的重置净价×（1＋适用成本利润率）

d. 剩余使用年限的确定。取法定剩余保护年限与剩余经济年限两者之间的最小值。

【案例 11-1】

A 公司拥有 B 专利，具有高转化率、高选择性、高稳定性的特点，达到了国际先进水平，以 B 专利为基础的生产产品的国内外市场需求巨大。B 专利于 2012 年 9 月 1 日提出申请，2015 年 12 月获得授权，法定保护年限 20，A 公司已于 2015 年 12 月将 B 专利与 C 公司签订的转让合同，其 2 年来的收益与 B 专利的历史成本内容如表 11-2 所示。有关技术专家估计此专利尚可产生收益的年限为 6 年。

表 11-2　B 专利的历史成本　　　　　　　　　　　单位：万元

项　目	金　额	项　目	金　额
人工费用	256.00	公用工程	39.84
设备购置	632.30	差旅费	7.70
仪器仪表	148.60	调研费	8.18
土建安装	9.14	其他费用	85.65
设计费	0.00	申请费、维持费	3.10
原材料	92.58	合计	1 283.09

通过调查相关投入的对应的化学工业、机械工业、商业零售价格指数，并通过相关计算得到各种投入的价格调整指数如表 11-3 所示。

表 11-3　研发投入对应行业的价格调整系数

年份	价格调整系数			年份	价格调整系数		
	化学工业	机械工业	商业零售		化学工业	机械工业	商业零售
2003	2.954 9	2.354 1	2.905 0	2010	1.583 2	1.228 2	1.517 2
2004	2.633 6	2.241 1	2.707 4	2011	1.371 9	1.121 6	1.271 4
2005	2.187 4	2.007 3	2.284 7	2012	1.087 1	1.055 2	1.107 5
2006	1.832 0	1.656 2	1.939 5	2013	1.051 3	1.038 5	1.043 8
2007	1.803 1	1.611 0	1.899 6	2014	0.962 4	0.962 4	0.950 6
2008	1.760 9	1.567 2	1.816 1	2015	0.981 0	0.981 0	0.975 0
2009	1.714 6	1.470 1	1.751 5	2016	1.000 0	1.000 0	1.000 0

无风险利率银行定期存款利率 4.25%;所在行业风险报酬率为 4.1%,该项目历年技术服务、技术转让收入情况和受让该院历年销售收入情况见表 11-4。为获得技术转让提成率,A 公司对同业 S 公司的技术转让中的提成率进行调查,认为 B 专利的转让提成率的预测参照了同行业 S 公司历年技术服务、技术转让收入情况和受让该院历年销售收入情况,如表 11-4 所示。

表 11-4　A 公司、S 公司历年销售收入、技术转让情况　　　　　　　　　　单位:万元

	年份	2011	2012	2013	2014	2015	2016	合计
A 公司	受让方销售收入	1 500	1 300	1 400	1 100	900	1 000	7 200
	技术服务转让收入	110	200	280	250	190	300	1 330
S 公司	受让方销售收入	4 790.6	5 053.3	5 253.3	2 840	4 893.3	7 700	30 530.5
	技术服务转让收入	206	379	394	213	417	580	2 189
	提成率(%)	4.3	7.5	7.5	7.5	8.52	7.5	7.1

现在评估时间为 2017 年 12 月,依据成本法和收益法分别评估 B 专利的价值。

【案例分析】

1. 成本法

(1) 重置全价。根据已有资料,本专利价值的确定采用重置成本法,先求取重置全价。B 专利研制的历史成本投入主要为化工材料、机械设备的折旧、修理费用以及研究人员工资等,依据相应的价格调整系数对其调整,在此基础之上,还应考虑了 B 专利研制过程中的机会成本,为当年投入的历史成本主要考虑其投入年至评估基准日时每年的机会成本之和,每年的机会成本率均取 A 公司 2015 年平均资本收益率 4.98%。具体计算过程见表 11-5 中③栏,按照式(11-4)重置全价的确定,得到调整后的投入情况见表中④、⑤栏,并将其值进行累计,得到最后的重置成本。

表 11-5　基于成本法的 B 专利价值计算

年份	①历史成本投入				②价格调整系数			③机会成本综合调整系数	④调整后成本投入情况			⑤重置成本
	材料成本	设备成本	人工成本	合计	化学工业	机械工业	商品零售		材料成本	设备成本	人工成本	
2003	8.85	30.43	10.72	50.00	2.9549	2.3541	2.9050	1.4648	38.32	104.93	45.60	188.86
2004	2.66	9.13	3.21	15.00	2.6336	2.2411	2.7074	1.4224	9.95	29.14	12.38	51.47
2005	2.66	9.13	3.21	15.00	2.1874	2.0073	2.2847	1.3813	8.03	25.31	10.14	43.48
2006	1.77	6.09	2.14	10.00	1.8320	1.6562	1.9395	1.3413	4.35	13.52	5.58	23.45
2007	0.00	0.00	0.00	0.00	1.8031	1.6110	1.8996	1.3025	0.00	0.00	0.00	0.00
2008	1.77	6.09	2.14	10.00	1.7609	1.5672	1.8161	1.26148	3.94	12.06	5.00	21.01
2009	3.54	12.17	4.29	20.00	1.7146	1.4701	1.7515	1.2282	7.46	21.98	9.22	38.66
2010	3.54	12.17	4.29	20.00	1.5832	1.2282	1.5172	1.1927	6.69	17.83	7.91	32.13
2011	0.00	0.00	0.00	0.00	1.3719	1.1216	1.2714	1.1581	0.00	0.00	0.00	0.00
2012	35.42	121.72	42.86	200.00	1.0871	1.0552	1.1075	1.1246	43.30	144.4	53.38	241.13
2013	49.58	170.41	60.01	280.00	1.0513	1.0385	1.0438	1.0921	56.93	193.24	68.40	318.61
2014	38.96	133.89	47.15	220.00	0.9624	0.9624	0.9506	1.0605	39.76	136.68	47.53	223.94
2015	19.18	66.95	23.57	110.00	0.9810	0.9810	0.9750	1.0298	19.68	67.635	23.67	110.98
2016	58.99	202.73	71.3939	333.10	1.0000	1.0000	1.0000	1.0000	58.99	202.73	71.39	333.10
合计	227.21	780.91	274.98	1283.10					297.39	969.50	360.21	1627.10

说明：由于四舍五入的影响，合计数与各项数字的加总数可能略有出入。

(2) 成新率。专利技术 B 的申请日为 2012 年 9 月 15 日，2015 年 12 月获得授权，法定保护年限为 20 年，故评估基准日时的法定剩余保护年限为 16 年。该技术项目的首次技术转让发生在 2015 年 12 月，其经济年限为 8 年，故认定该技术项目在评估前 2 年已经开始产生收益，而且尚可继续产生收益的年限为 6 年。

成新率 = min(法定剩余保护年限，剩余经济年限) / 已转让年限 + min(法定剩余保护年限，剩余经济年限)

= min (16, 6) / [2 + min (16, 6)] = 75%

(3) B 专利的评估值 = 重置全价 × 成新率 = 1 627.10 万元 × 75% = 1 220.33 万元

2. 收益法

(1) 未来净收益的确定。在持续经营、资产持续使用、技术进步基本不变和政策稳定的前提下，根据提供的 2010—2016 年度的技术转让收益情况，根据行业调查测算，确定销售收入分成率，考虑所得税，测算净收益。其具体结果如表 11-6。

表 11-6　转让方技术服务转让收益　　　　　　　　　　　　　　单位：万元

年份	转让方技术服务转让收益	年份	转让方技术服务转让收益
2007	300	2010	380
2008	325	2011	350
2009	345	2012	300

(2) 资本化率(r)的确定。无风险利率2.25%;石油化工行业风险报酬率为4.1%,考虑其为科研单位,从事技术开发固有的风险因素,确定其风险报酬率为5.1%。资本化率为7.35%。

(3) 剩余使用年限(t)的确定。法定保护年限为20年剩余经济使用年限为6年。剩余使用年限=min(剩余法定保护年限,剩余经济使用年限)=min(16,6)=6(年)

(4) 求取评估值。

B专利技术项目第t年产生的净收益评估值 = $\dfrac{B专利技术项目第t年产生的净收益(B)}{(1+r)^t}$
=1 568.02万元。

根据技术转让合同可知,现已转让的专利技术之收入不完全是以销售收入提成的方式取得,因此对未来收益预测是建立在一定的、较为科学的收益模型的基础上的,具有较大的参考价值,根据稳健和审慎原则,故此本次评估中评估人员以成本法评估值作为该技术项目的评估值,收益法确定的评估值只作为参考。故评估值为1 220万元。

11.1.2 社会资本

社会资本包括社会网络及其网络之上可能运用的社会资源,可为创业企业提供单纯的经济利益之外的其他社会支持可参与创业企业的非商品交易,也是创业企业不可或缺的创业资本。

博特(1992)认为,在工作的竞争场域中,参与者是带着三种资本而来,分别是财物资本、人力资本与社会资本。"社会资本"是个人在社会的结构位置上所拥有的资源。将社会资本定义为:在个人或社会单位(组织)所拥有的社会网里所蕴含、提供或衍生的各种实际或潜在资源之总和,包括网络本身与透过网络所动员的资产。

社会网络是一个人或一群人组成的小团体为"节点",人与人之间的关系为"线段"所组成。一个网络之中的个人透过关系,在动态的互动过程中相互影响,不但影响了个体的行动,也会改变相互的关系从而影响整体网络。

与经济资本一样,社会资本借助于社会网络结构中逐步扩散、外溢而实现自强化、自积累。如通过与供应商的供应商建立信息共享、快速反应的机制,保障供应商的利益,进而培养与供应商更稳定的供应关系;与战略伙伴的联合投资、共同研发过程中,可以发现更多的信息资源、客户群、市场契机等。

随着经济资本的强盛,其将具有丰厚的品牌效应、社会形象、公众支持、政府关系等,社会资本的增加有助于经济资本新的突破;社会资本,如金融家的信赖、合作伙伴的支持与信任、政府部门的政策倾斜等,社会资本转换为经济资本,巩固社会网络,增加社会资本。社会资本与经济资本既可以自我强化,也可以相互转化。在交易活动与转换过程中,实现资本增值与创业成功。

社会资本与经济资本相互转化。社会资本向经济资本转换的过程,社会资本作为关系型专用资产促进经济资本配置和使用效率,并创造出新的经济资本的过程。借助于政府的倾斜政策,取得某项特许经营权或政府专款支持,以此为基础,创业企业吸引更多的投资主体参与,从而实现经济资本的迅速膨胀;依靠其合作伙伴的品牌效应、社会形象和客户网络,迅速打开其市场局面,提高市场的市场占有率,从而获得直接利润源,等等。

经济资本向社会资本转换的过程,并逐步沉淀的过程。随着创业企业规模的逐步扩大,市场占有率、增长率的提高以及经济实力的增强,企业的竞争地位、社会形象、品牌效应、商誉价值将随之提升,创业企业的潜在客户会在无形中增加,同时创业企业会得到政府、银行、金融家以及风险投资公司的关注和青睐。

11.2 债权融资

创业企业在成长过程中总会缺钱,这时候就需要进行融资。融资从来源的角度主要可以分为内源性和外源性融资。

内源性融资是指通过内部积累的方式实现的融资,包括原始资本投资,利润转投资和折旧。对于企业家的好处就是融资成本最小、风险也最小。但缺点也很明显,光靠企业自身积累将企业做大需要非常长的时间。因此,更多的企业家将目光转向了外源性融资。

外源性融资是企业通过一定的途径或借助某种金融工具获得他人的资金,主要包括债权和股权融资。债权融资的典型形式就是银行贷款,股权融资就是企业家将一部分股份转让给外部投资者来获得企业的发展资金。先债权后股权。

11.2.1 债权融资的模式

资金需求方、金融中介机构、资金供给方或者投资者。金融中介结构(一般是银行),以相对低利率吸收投资者的存款,以相对高利率发放贷款给资金需求方(一般是企业)。金融中介机构获得息差收益,投资者获得固定、可预期的投资收益,资金需求方则得到相对低廉的资金来源(见图11-1)。

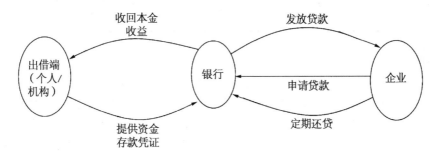

图 11-1 银行信贷运营模式

交易最大的交易风险来自资金需求方的违约风险,为了规避融资过程中的风险,金融中介机构需要确认企业是否具备偿债能力,要么通过抵押物来实现。抵押物的不同设计,为拥有不同资产组合的企业提供了多姿多彩的合约选择,并形成了缤纷多彩的固定收益市场。

第一类是不动产。这类抵押物在企业不直接产生现金流,但在市场上有较为公允的价格,最终可以在市场上交易获利。

房产、土地、建筑物等作为抵押,申请一次性融资或者循环贷款(一次性授信、多次提款、逐笔归还、循环使用)。大型重资产的设备。很多资产密集型的大型制造企业还可以用大型设备或厂房来融资,这就是通常说的化重(资产)为轻(资产)。

第二类是流动性资产。应收账款、存货、融通仓、仓单融资等。由于这些流动性资产有较为确定的现金流产生,因此,金融中介机构也接受。

第三类是信用,即其他企业的信用。一般包括商业汇票融资、联保贷款、联保基金贷款等。这里面,商业汇票是单方面的信用担保,即付款人(可以选择跟企业关系密切的合作伙伴)承认到期将无条件地支付汇票金额;而联保贷款和联保基金贷款则是多个企业之间相互担保,区别的只是前者的担保主体是企业自身,后者的担保主体是由他们组成的联保基金。

第四类是股权质押,比较特殊,因为这类贷款的主体不是企业,而是以上市公司的股东为主。具体操作:有限责任公司和股份有限公司的股东,以自己持有的并拥有处置权的股权作抵押,以获得资金。

以上的抵押贷款合约一般存在于资金需求方和金融中介机构之间,不能公开交易。而如果抵押贷款作为标的变成债券和有价证券,可以在公开市场上交易,就变成了公司债、企业债、中期票据、集合债券、短期融资融券等。

抵押率是指贷款本金与抵押物作价现额之比。质押率是指贷款本金与质物作价现额之比。根据抵押人、出质人的资信程度、经营管理水平、经济效益、借款期限、借款风险、折旧率、抵押物的磨损程度、市场价格变化以及抵押物、质物估价的可信度情况确定。

按照我国的相关金融制度规定,建筑物、房地产和土地使用权等,根据该不动产的地点、建筑年限、类型、实用性和实用价值以及流动性确定,抵押率一般不得超过70%;机器、设备等动产,抵押率一般不得超过50%;但用于抵押价值计算不是设备的公允价格,而是设备的"速销"价格。有价证券根据其易售性和证券发行单位的信用等级确定,其中国库券、金融债券和部分信誉高、企业债券,抵押率一般不得超过90%,但股票的质押率一般不得超过50%。

【案例11-2】

QW公司设备先进,净值为350万元,保留了比目前产量至少还多1/2的生产能力,其最新的市场估价大约为610万元,速销价是300万元。320万元的应收账款大约分散于40位客户,其中只有包括坏账已经计算在内20万元超过了90天的期限。450万元存货之中大约三分之二的为公司批量采购的原材料,80万元为产成品,工厂的市场估值为600万元。根据中国现行的金融相关政策与规定,你估计QW公司凭借自己的资产可以借到多少钱?

【案例分析】

根据上述资料,QW公司能够借款的计算依据,信贷率及借款数额见表11-7。

表 11-7　信贷率及借款数额

抵押品	信贷率	计算依据	贷款额
房地产	<70%	房地产"市价"是 600 万元	600×70%=420
设备	70%—80%	公允价格 610 万元,没有价值;真正相关的是设备的"速销"价格 400 万元	400×80%=320
应收账款	60%—80%	集中度低—40 户,坏账:20/320,信用好	300×0.8=240
存货—原材料	40%—60%	其中 2/3 是原材料。可交易性、可典当,可以从厂房中搬运出来并且容易再出售的话,是不错的抵押物;但是如果不能回收或者再出售,就不容易作为抵押品。属模棱两可的物品	原材料=存货占万元的 2/3 为 335 万元,500 $a^2+b^2=c^2$ 2/3 335*50%=165
存货—成品	40%—60%	100 万元	50%×100=50 总计:1 195 万元

具体计算说明如下:

(1) 房地产市场估价为 600 万元,而这家房地产企业,有完美的财务状况也能够卖出很高的价格——借到 70% 应该是不成问题。600 万元的 70% 可以借款 420 万元。

(2) 设备的公允价格是 610 万元,对借款来说,这个数字没有一点价值。真正相关的是设备的"速销"价格,案例是 400 万元。可以按 80% 来贷款,借款额为 320 万元。

(3) QW 公司的应收账款包括坏账计算在内只有 20 万元超过了 90 天的期限,较低的坏账给贷款加分,减去这个数额,还有 300 万元状况良好的应收账款;同时,考虑到应收账款的集中度,集中度越高,应收账款的质量越差,风险越大。对集中度较高的企业发放贷款时,质押担保率不应超过 20%,即贷款额不能超过应收账款的 20%。

从案例来看,应收账款大约分散于 40 位客户,不存在"分散因素"的压力,意味着不存在"集中度"的因素。QW 公司应收账款的这些特点,在银行看来可能是"完美"的抵押物,以此向银行借款,可以获得大约为"合格应收款"80% 的贷款金额。亦即 300 万元的 80% 为 240 万元。

(4) 存货确实可以作为抵押物,问题是可用它能够获得多少的贷款。企业存货中大概有三分之二是企业批量进货的"原材料存货",推测是原材料。这些原材料有"可交易性"吗?若可以拿来"典当"换取资金。但银行会凭这部分存货准予借款吗?如果可以从厂房中搬运出来并且容易再出售的话,也是不错的抵押物;如果不能回收或者再出售,就不容易作为抵押品。这类存货属于模棱两可的物品。如果有的话,可能可以获得这些原材料价值 50% 的贷款,存货价值是 500 万元,它的 2/3 就是 335 万元,一半就是 165 万元。半成品是没有借贷能力,成品存货则有,假设贷款率是 50%,那么 500 万元存货总额中,有 100 万元是成品,那么 50% 就是 50 万元。用存货总共贷到 215 万元。

11.2.2 新创企业的债务融资困境

(1) 给中小企业贷款缺乏经济性。银行提供给中小企业的贷款,缺乏规模经济,其效益难于成熟企业贷款比。作为公司实体的银行企业,出于经济理性,追求效益、更大、更强目标。虽然中小企业的贷款频率是成熟型大企业的5倍左右,但平均贷款数量只有大型企业的5%左右。做一个小企业,一年只几十万,做一个大企业则几千万贷款;同样一笔贷款,无论是信息采集成本与信贷员耗费的精力相差不大,显然,对中小企业贷款管理的单位成本也远高于大企业。再有,中小企业贷款做多了,会限制银行的自身发展,不利于更大、更强目标的实现。

(2) 信息披露不充分,信用程度低,违约成本低。很多中小企业处于成长阶段,内部管理尚不规范,尤其是财务制度不健全,无法提供全面、完整的企业财务信息;账目多数有假,偷漏税普遍;同时,对经营信息的详细披露比大企业更为谨慎,真实经营状况难以了解清楚;银行对中小企业及其业主的信用记录无法取得,而采用外部审计的成本过于高昂。同时,企业也往往缺少社会品牌的价值,因此,在中小企业经营不善的情况下,关掉原公司注册新公司,既可掩盖老企业税务等方面的问题,又获得新企业的税收优惠,违约收益往往高于违约成本,违约风险高。

(3) 抗风险能力低。中小企业治理结构尚不完善,依赖于创业者的个人的经验,主观性、随意性强,产品单一,市场依赖于少数客户的依赖,业务波动性大。融资能力低、技术含量低,抗风险能力低。

(4) 银行贷款风险难以控制。中小企业到银行贷款,银行首先要审核贷款项目的可行性,并要求企业有相应的资产做抵押,或者由其他公司进行担保。但中小企业难以提供价值稳定、难以转移且易于变现的资产作为抵押,因为信息不对称和经营前景确定性差的问题,很难争取到或者要求实力更强、风险水平更低的主体给予担保。另外,对中小企业,无论是资产水平、经营规模和盈利能力都难以达到银行的信用要求,传统的信贷风险控制技术针对中小企业常常没有用武之地。

【案例 11-3】 **Prosper**

在 Prosper 上,想借钱的人要先登记资料进行最基本的信用征信,登记后会获取自己在 Prosper 平台上的信用评级。信誉最高的为 AA 级,最低的为 HR(High Risk 级)。信用等级将直接关系到借贷利率。之后借款人就可以将自己的贷款理由、个人情况放在 Prosper 平台上,确定贷款金额、时间和还款方式,并提供一篇计划书,告诉大家需要这笔钱做什么用、设定你能接受的利率底限,然后就是等待放款人放款。借款人通常可以申请特定利率下1 000—25 000美元的无担保贷款。

对于放款者的人,可以查看到借款人披露的上述情况和网站给予借款人的信用评级、信用额度、违约记录等信息,同时还可以与借款人沟通询问其还款能力、还款来源等,经过一系列比较和评估后确定要投的标的,最后按照拍卖的步骤进行竞拍。

如果最后集资总额达到了借款目标,那么 Prosper 就以当时最高的借款利率为准,放款给借款方了。这时,放款者将会拿到证券化的债权。Prosper 会发行一个和借款相同金额的债券给放款者持有。借款方每个月固定还款,用户手中的债券金额就会逐渐减少,但存在 Prosper 中的可动用现金则会增加,其中包括借款者还的本金和利息。

Prosper 作为单纯的信贷中介模式,出售平台服务并收取服务费,其收入来自借贷双方,从借款人处提取每笔借贷款的 1%—3% 费用,从出借人处按年总出借款的 1% 收取服务费。

Prosper 在信用风险控制上至今是非常成功的,根据一家专门做民间借贷寄账单业务的公司 Advani 的统计,非网上的个人借贷则会有 14% 左右的坏账,而繁荣市场公司仅仅为 1%—2%。

P2P 网络借贷模式与传统信贷模式的异同点总结如表 11-8 所示。

表 11-8　P2P 网络借贷与传统信贷的异同

相 同 点	不 同 点
皆为金融媒介,匹配借贷双的资金供给与需求	P2P 提供的信息量大,进入门槛较低,小额贷款是其初始阶段打入金融领域的王牌;传统信贷模式的渠道门槛过高,无法满足个人和实力较弱的中小型企业的资金需求
开展借贷业务时都具有风险性,P2P 网贷平台因监管力度薄弱,相比于传统银行模式来说风险性较大	P2P 操作过程简单,成本较低;传统信贷模式的操作过程复杂,成本较高
皆需要对借款人的信用进行分析	P2P 模式的透明性高,出借人和借款人相互了解对方的身份信息、信用信息,出借人能够及时了解借款人的还款进度和生活状况;传统信贷模式的信息透明度较低,且只有单方面的借款人,利率确定不能协商

11.3　股　权　融　资

11.3.1　股权融资的形式

种子期的新创企业主要面临高新技术不成熟的技术风险和能否开发出产品的风险,项目失败率很高,倘若技术开发遇到严重障碍,无法取得突破性进展,投资者就会失去耐心,项目就只能夭折了。同时,从事的研发投资具有正的外部性,即企业从事研发对于社会有很大的贡献,而自身却很难得到全部的好处。种子期的资金需求量较小,但投资风险很大,除政府资金支持和创始人自己投资外,还有朋友、亲人或"傻子"一类的人可能会被你的项目打动,而为你投资,简称"4F":创始人(founder)、朋友(friends)、家人(family)、"傻子"(fools)。其中的"傻子",是指天使投资人,即富裕的个人,他们为处于创业初期企业,甚至是创意期的创业者提供最初的资金支持,以帮助创业企业迅速成长。

进入创建期,许多新创企业已经用竭了来自3F的自有资金,天使投资也只是能够为它们提供帮助的不多的资金来源,企业刚刚创立,成败未卜,风险很大,通过债务融资比较困难。同时,创业者特别需要专家的指导,尤其是专家帮助企业更进一步定位市场潜力领域、整合管理团队,以及对商业计划精细化。创业投资基金成为此阶段的主要融资方式。

成长期的企业面临主要风险已转移到管理运营风险以及规模化生产而形成的资金需求缺口的风险。这一阶段通过中试的产品技术风险大大降低,市场风险、运营风险等均有迹可寻,使得采用股本金以外的较大规模的融资方式已开始具有现实可能性,新创企业还难以不大可能依靠内部资金积累,但此时的企业又不可能上市。许多企业很难跨越这一阶段,此时融资选择呈多样化。因企业具有较好的发展预期,可从银行争取短期贷款,但股权融资依然是企业的主要融资方式,其形式除创业投资外,私募股权投资开始进入。

扩张期的企业上市还存在许多困难,例如股本额、经营业绩史等还达不到正常的上市要求。若从金融机构贷款融资,则需要担保、抵押等,筹资渠道有限,私募股权投资成为主流。此时进入企业的PE主要是成长型基金和收购基金。

这一阶段的融资活动又被称作Mezzanine,中文的意思是"底楼与二楼之间的夹层楼面"。夹层投资的目标主要是已经完成初步股权融资的企业。它是一种兼有债权投资和股权投资双重性质的投资方式,其实质是一种附有权益认购权的无担保长期债权。这种债权总是伴随相应的认股权证,投资人可依据事先约定的期限或触发条件,以事先约定的价格购买被投资公司的股权,或者将债权转换成股权。

进入成熟期,VC开始考虑撤出,筹集资金的最佳方法之一是通过发行股票上市得到的资金,既可为企业增添后劲,拓宽了运作的范围和规模,也为VC的撤出创造了条件。VC通常通过公开上市而撤出,但有时也通过购并方式撤出。

不同阶段股权融资的形式如图11-2所示。

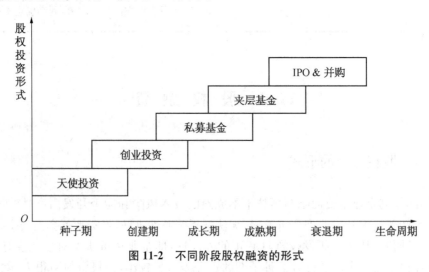

图11-2 不同阶段股权融资的形式

11.3.2 股权众筹融资

1. 众筹的定义及一般运作模式

众筹(crowd funding),是指小企业或者个人利用互联网和社交媒体(social networking services,SNS)向公众展示自己的创意,征求资金援助的一种融资模式。不同于一般的商业融资方式,在众筹融资模式下没有股权的转让,项目发起人享有项目100%的自主权。实质上,众筹是用"团购+预购"的形式来获得 完成项目所需的资金,属于"预消费(pre. consuming)"中的一环。通过筛选出好的创意、出资而后见证产品从设计至生产的全过程,消费者可以获得有别于传统消费模式的全新消费体验。众筹主要有股权和债权两种模式

股权众筹,希望融资的创业者或公司通过互联网渠道面向普通投资者出让一定比例的股份,投资者通过出资入股公司,获得未来收益。与公司IPO发行股票向公众融资的区别在于其通常是较早期处于创业发展阶段的公司,以众筹作为一种同VC类似的融资方式获得启动资金。其一般运作模式如图11-3所示。

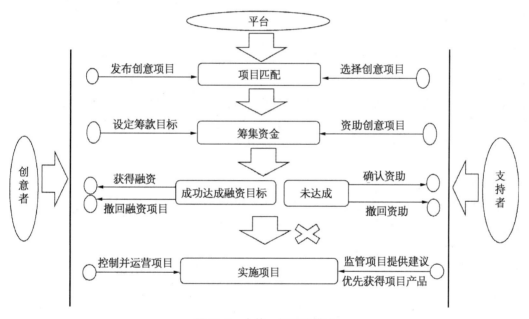

图 11-3 众筹一般运作模式

创业者可在众筹平台上发布创意项目,投资者依据自己的投资理念与原则选择创意项目,平台对创意项目的供求双方进行匹配。创业者依据项目的需要,提出筹资的数量目标与期限要求;投资者在规定时间内确定对选择的创业项目确定自己的投资额,通过平台达到投资协议。如果在创业者的提出的期限内未能完成了筹资目标,创业者撤回融资项目,投资者撤回投资;如果在创业者的提出的期限内完成了筹资目标,创业者便开始实施他的创业项目,并创业项目的运营并加以控制;投资者则对投资的项目加以监管,提供优化项目的相关建议,并优先购买创业项目的产品,最终以股东分得项目经营所的红利,逐步回收投资。

【案例 11-4】 Angelist

Angelist 的诞生得益于美国《创业企业融资法案》的提出,成立至今已经有 10 万张企业挂牌,促成了 1 000 多家创业企业成功融资。

Angelist 严格筛选一批"高客户增长、钱途乐观、受投资者追捧和其他增长信号"的初创公司,在进行项目审核时更多考虑商业性质,可以为投资者带来现金回报。

采用领投—跟投模式,即它会将投资者分为普通投资人和合格投资人,合格投资人中还分为对某个领域非常了解的专业投资人,以及相对而言专业方面差些、但是对风险控制方面有丰富经验的投资人。

"合格的投资者"必须具备年收入超过 20 万美元或者净资产超过 100 万美元身价。任何有资格的人都可以当创业者的"天使",只要对创业者的项目有信心,投资者通过了解公司情况后,挑选他们认为值得投资的公司,投资额度最小为 1 000 美元,并获得真正的股权作为回报。

领投人一般需要履行的职责有:①负责项目分析、尽职调查、项目估值议价、投后管理等事宜;②向项目跟投人提供项目分析与尽职调查结论,帮助创业者尽快实现项目成功融资;③帮助创业者维护协调好融资成功后的投资人关系;④牵头创立合伙制企业。

其业务流程如下。

① 项目筛选。低成本、高效率的筛选出优质项目是众筹模式得以有效运作的前提。创业者需要将项目的基本信息、团队信息、商业计划书上传至平台,平台经验丰富且高效的投资团队对每一个项目做出初步质量审核,并帮助信息不完整的项目完善必要信息,提升商业计划书质量。项目通过审核后,创业者就可以在平台上与投资人进行联络。

② 创业者约谈。Angelist 投资标的主要为初创型企业,企业的产品和服务研发正处于起步阶段,几乎没有市场收入。决定投资与否的关键因素就是投资人与创业者之间的沟通。因此,投资者与创业者及其团队进行约谈,以了解创始团队的能力、格局、诚信等方面。

③ 确定领投人,引进跟投人,设立有限合伙企业。每位投资人进入平台前需要有一个筛选和认证的过程,对其投资经验、风险识别能力、风险承受能力等进行一系列的测试,从中确定领投人,由其领投项目,负责制定投资条款,并对项目进行投后管理、出席董事会以及后续退出。但领投人对跟投人的投资决定不负任何责任。跟投人有全部的义务和责任对项目进行审核,通过跟投项目,获取投资回报。

④ 签订 Term sheet。投资人与创业企业就未来的投资合作交易所达成的原则性约定,作为双方正式签订投资协议前,就重大事项签订的意向性协议,除了保密条款、不与第三人接触条款外,该协议本身并不对协议签署方产生全面约束力。

⑤ 注册公司。投资完成后,创业企业若已经注册公司,则直接增资;若没有注册公司,则新注册公司并办理工商变更。

⑥ 签订正式投资协议。正式投资协议包含 Term sheet 中的主要条款,规定了投资人支付投资款的义务及其付款后获得的股东权利,并以此为基础规定了与投资人相对应的公司和创始人的权利义务。协议内的条款可以由投融资双方根据需要选择增减。

⑦ 投后管理及退出。领投人利用自身的经验与资源为创业者提供诸如发展战略、产品定位、人才引进、公司治理等方面的投后管理服务以帮助创业企业更快成长,最后实现成功的退出。

2. 众筹融资的优势与不足

众筹融资对于创业者来说,具有以下优势。

(1) 拓展资金渠道,降低资金成本。创业者的早期资金一般来自个人储蓄、个人信用卡、朋友和家人投资、天使投资和 VC,打破传统融资方式融资受地域的限制,互联网平台使得出资者和筹资者之间在全球范围内交易、交流变得更加便利,增强出资者的支付意愿,降低融资者的信息成本;同时,众筹融资过程中,在一定条件下投资者可提前获得产品,确认产品的创新价值,依靠销售前期产品降低资金成本。

(2) 获得一批忠实用户和需求信息,提高产品的成功概率。通过众筹找到一批忠实用户,既可做个市场调研获取反馈;只要最终产品能抓住他们的心,还可建立了长久的联系。同时,创业者可根据投资者的反应和选择,判断产品的创新性和实用性,并进一步修正前期的想法和计划,可以对市场需求进行分析和推测,提供符合市场需求的产品,提升后期产品的成功概率。

众筹的不足如下。

(1) 可能存在资金池和项目发起者的违约等风险。若平台在无明确投资项目的情况下,事先归集投资者资金,形成资金池;公开宣传、吸引项目上线,再对项目进行投资,存在非法集资的嫌疑;项目发起者募集成功后不兑现承诺,或者在投资人不知情的情况下将资金池中的资金转移或挪作他用,导致集资诈骗罪的可能。参与对象十分广泛,如果引发诉讼,波及面很大,甚至是集团诉讼。

(2) 支付合法性。法律规定,未经中国人民银行许可,任何非金融机构和个人不得从事或变相从事支付业务,平台没有取得支付业务许可证,但实际上一些平台往往充当支付中介的角色,掌控资金,没有引入合法的第三方支付机构进行资金托管。

(3) 部分股权众筹平台直接向普通民众发售股份,投资者权益的保护极其薄弱。我国现有法律的规定较严,众筹模式在形式上很容易压着违法的红线,股权型众筹存在非法发行、销售股票的严格法律制约。

11.3.3 总结

企业在萌芽、出生、成长、壮大的过程中,每时每刻都离不开资金。资金对于企业,就像血液对于人体一样,鲜血不断地由心脏的跳动流入全身各个器官,以保持一个人旺盛的生命。与自然人相似,对于企业这个具有生命周期的"法律人"来说,资金就是它的血液,资金在各个部门的注入与吐出,起到吐故纳新的作用,使得企业成长、壮大,给企业以无限的生命力。可以说,没有资金,企业就没有生命力。资本是企业赖以生存的命脉。对于初创企业来说,资本的作用就更加重要。

新创企业的融资方式主要有:天使投资、科技孵化器、政府扶持基金、创业投资、私募投资等等。具体言之,包括政府直接投入、政府促进银企合作、政府间接投入、科技开发贷款、银企合作、技术入股组建新公司、引进战略投资者、租赁融资、企业债券、二板或主板上市、国际债券等融资方式中的一种或多种。

新创企业成长不同面临的资本、市场与技术的成熟度、盈利能力不同,决定了其采用融资方式不同,而有些融资方式,则适用于新创企业不同的成长阶段,如股权融资活跃在企业生命周期的各个阶段,尤其是其种子期、初创期和发展期,通常将投入到这三个时期的资金称为早期投资,而投入成熟期、稳定期的则称为晚期投资。股权融资与债权融资的不同特性,早期投资往往采取股权融资方式,而晚期投资可采取股权融资与债权融合的方式。

新创企业提高融资成功率,加快融资进度,降低融资成本,取得较好的融资效果,应针对创业企业成长的不同阶段,还应制定系统、合理的融资策略。这些策略的制定需要考虑以下因素。

(1) 融资机会与风险。创业融资项目面临的机会和风险是投融资双方关注的焦点,融资的过程中,创业者不仅面临产品研制和开发过程中因技术失败而导致的技术风险和用户对新技术、新产品的认可、接受及其需求不确定而千万的市场风险,在融资过程中,还要面临信息外泄、控制权丧失的风险,融资过程中创业者应充分考虑市场发展前景、竞争对手及技术本身发展的各种可能情况,对融资项目的市场机会和可能存在的风险做客观、公正、详细的描述,创业者往往因为过度自信的形成夸大市场、忽视乃至回避风险,如采取估算或推算的方法确定市场需求,混淆市场需求与本公司的实际需求而造成市场预期过高、对风险估计不足,与投资者之间对自己的技术或企业估价的较大偏差,而丧失融资机会。

(2) 融资数量与成本。资金短缺是创业企业成长过程面临的普遍问题,但不同阶段的面临经营问题不同,相应的资金需求量也存在差异,不仅早期研究与开发费高,设备投资大,而且随着创业企业的成长链,资金需求量会成倍、成十倍甚至近百倍增长。投资者在投资其过程中需要承担相关的风险,融资方需要给投资方付出相应的成本,而融资成本越大,降低企业盈利能力的可能性越大,并且不同融资方式、不同阶段的融资成本存在差异,创业者需要在融资需求与融资成本之间做出平衡,进行统筹规划与分阶段实施,制定详细的资金需求计划,明确不同阶段的资金需求总量,对不同阶段的资金流量、流速做好安排,解决资金短期需求与长期需求的矛盾,以保证资金不同阶段的融资持续。

(3) 融资基础与条件。创业融资需要依赖的基础—资本;不同的融资方式存在相应的采用门槛和难度;融资成功须以相应条件为前提。如创业阶段,创业者因为缺乏经济资本、社会资本而难以通过银行信贷的方式解决融资问题,而政府的无偿投入,如研发基金投入、中小企业创新基金投入等,融资成本最低,但需要必须符合政府的相关规定,进入门槛高;IPO是一些新创企业的目标,融资金额较大,但上市评估费用高,准备时间长,更重要的是创业企业不能达到上市的规模及盈利、治理等方面的要求,也难以成功。创业是一个长期、连续的过程。既要大量的资金支持,还要有资金支持的连续性。创业者着眼于长期需要综合考虑融资的基础与融资条件之间平衡,积极创造融资条件,以形成连续的资本链来支持新创企业的持续融资的实现。

【案例 11-5】　　　　　　　　苏越公司的创业之路

苏越科技有限公司(以下简称苏越公司)是 2002 年 12 月成立的有限责任公司,注册资本 500 万元人民币,注册地江苏省苏州市。主要经营医疗器械的研发、生产和销售;以及开发、销售医疗软件。

1. 研究与开发阶段(2000—2001 年)

毕业于中国华南某著名理工科大学的苏越公司董事长孙先生,在当地最大的一家医疗器械企业里从事管理工作,常常见到医生手术时使用的手术器械比较笨重,便着手开发出了一种微型手术器械,因当时市场尚未出现,无法依靠产品销售来提供开发资金,只能靠孙先生本人积蓄。用于样机的开发、所需要的原材料、外观设计及其他各种研发费用共花了近 120 万元,孙先生终于开发出来了样机,并送给周围一些医院的试用,根据这些医院反馈的意见,对样机进行改进使之完善。

2. 创业阶段(2002—2003 年)

经过医院一段的试用和市场的初步调研,孙先生感觉到这种微型手术器械有着很好的市场前景,于 2002 年从原单位离职,并花了 500 万元的资金在当年注册成立了一家工厂,开始微型手术器械的生产,并依据试销情况进一步完善产品或服务。为尽快打开市场,苏越公司组建了相应的管理团队,并对产品市场进行了初步定位,确立了市场营销管理模式。因为缺乏足够的销售收入的支持,市场开拓所需的资金投入难以落实。孙先生个人资金实力有限,公司刚刚成立没有足够的抵押财产获得银行贷款,只能依靠个人的银行储蓄,向亲朋好友的借款,才凑够 500 万元,尚有 300 万元缺口。孙先生抱着试一试的态度,找到刚从国内某著名手术器械公司退休的企业家 S 先生,寻求他的支持。当他将自己的样机与未来的发展思路给 S 先生详谈后,被他的创业激情与坚定的决心、产品的未来发展前景所打动,S 先生不仅给其以资金的支持,而且利用自己在业界的人脉,为孙先生的产品打开销路提供了帮助。

3. 成长阶段(2004—2007 年)

苏越公司通过产品试销与完善后,逐渐打开了市场,并形成了一定的市场规模,年销售额达 1.5 亿元,并在全国大部分地区建立了自己的销售网络,市场营销模式随之基本确立,管理团队也基本稳定。但国外类似的医疗器械开始进入国内市场,苏越公司感到了竞争压力,不得不开始考虑对原有产品进行二次开发,使之功能完善、优化,还开始着手开发新一代产品。

随着市场需求量的急剧增加,急需大量资金投入生产营运。虽然苏越公司凭借着良好的销售业绩作为保证,并采用现款现货的销售模式,积累一定的留存利润和现金流,同时,大量采用银行承兑汇票的结算方式采购或内部销售往来,并凭借其本身良好的信用记录和现金流量状况,获得建设银行的综合授信额度 1 000 万元,但这些还难以缓解公司现金流状况,仍存在着大量的资金缺口。在 S 先生的建议和推荐下,孙先生与国内一家创业投资 T 公司进行接洽,通过艰难的调查、谈判,最终以苏越公司的 10% 的股权融到了 T 公司的 1 000 万元。

4. 加速成长阶段(2008—2013年)

自2008年伊始,苏越公司步入加速成长的阶段,不仅在市场拥有一席之地,而且建立了相应的品牌知名度。为适应公司快速扩张的需要,苏越公司制定了立足江苏,辐射全国的发展战略,并完善了组织体系。组建了财务部、行政部、销售部、市场部、研发部、生产部、品控部,并聘请国内的管理咨询公司对公司的品牌进行策划推广,规范企业的内部管理,健全了管理体系和运作流程。

为扩大销售和降低北方地区的物流费用,苏越公司计划在北京投资建设一个新厂,同时,准备对另外一个小企业实施股权兼并收购。面临着生产规模的扩大,产品质量需要进一步提高,管理的完善等诸多问题,苏越公司需要持续的资金供应,以抓住高速成长的机会,其采取了以下举措:通过几年的经营,公司内部到2012年年底累计经营盈利1 065万元,将盈利转化为再投资;依靠企业本身银行信用较好,资产也达到一定规模,具备抵押贷款的能力,再次获得建设银行年授信额度3 000万元的支持;更重要的是,利用产品本身的科技含量,现有产品和即将开发上市的新产品具有的良好市场前景,获得了国内一家私募股权投资基金K公司3 000万元的支持。

5. 重整阶段(2015年至今)

面对微型机械的发展趋势,市场上出现与软件融合一体的新型机械,国内外的竞争者经过3年的厉兵秣马进入市场,对于苏越的发展形成挤压之势,市场急剧萎缩,尽管苏越公司采取自主开发与产、学、研相结合的方式,加大二代产品的开发,但其研发的实力,开发的节奏与未能适应快速市场发展的需要,财务等方面的问题而陷入困境。私募投资股权基金K公司知道这一情况,想联合其他几家基金公司投资对其进行重组,但具体重组方案正处于接触、谈判之中。

图书在版编目(CIP)数据

创业投资与融资/张青编著. —上海:复旦大学出版社,2019.4(2021.12重印)
创业与领导力经验教程系列
ISBN 978-7-309-14170-2

Ⅰ.①创… Ⅱ.①张… Ⅲ.①创业投资-教材②企业融资-教材
Ⅳ.①F830.59②F275.1

中国版本图书馆 CIP 数据核字(2019)第 034034 号

创业投资与融资
张　青　编著
责任编辑/姜作达

复旦大学出版社有限公司出版发行
上海市国权路 579 号　　邮编:200433
网址:fupnet@fudanpress.com　　http://www.fudanpress.com
门市零售:86-21-65102580　　团体订购:86-21-65104505
出版部电话:86-21-65642845
上海四维数字图文有限公司

开本 787×1092　1/16　印张 17.25　字数 409 千
2021 年 12 月第 1 版第 3 次印刷

ISBN 978-7-309-14170-2/F·2550
定价:48.00 元

如有印装质量问题,请向复旦大学出版社有限公司出版部调换。
版权所有　　侵权必究